地方上級／国家総合職・一般職・専門職

公務員試験

新スーパー過去問ゼミ**7**

マクロ経済学

JN078187

資格試験研究会編
実務教育出版

新スーパー過去問ゼミ 7

刊行に当たって

　公務員試験の過去問を使った定番問題集として，公務員受験生から圧倒的な信頼を寄せられている「スー過去」シリーズ。その「スー過去」が大改訂されて「**新スーパー過去問ゼミ7**」に生まれ変わりました。

　「**7**」では，最新の出題傾向に沿うよう内容を見直すとともに，より使いやすくより効率的に学習を進められるよう，細部までブラッシュアップしています。

「新スーパー過去問ゼミ7」改訂のポイント

　① 令和3年度〜5年度の問題を増補
　② 過去15年分の出題傾向を詳細に分析
　③ 1行解説・STEP解説，学習方法・掲載問題リストなど，
　　 学習効率向上のための手法を改良

　もちろん，「スー過去」シリーズの特長は，そのまま受け継いでいます。

　　・テーマ別編集で，主要試験ごとの出題頻度を明示
　　・「必修問題」「実戦問題」のすべてにわかりやすい解説
　　・「POINT」で頻出事項の知識・論点を整理
　　・本を開いたまま置いておける，柔軟で丈夫な製本方式

　本シリーズは，「**地方上級**」「**国家一般職［大卒］**」試験の攻略にスポットを当てた過去問ベスト・セレクションですが，「**国家総合職**」「**国家専門職［大卒]**」「**市役所上級**」試験など，大学卒業程度の公務員採用試験に幅広く対応できる内容になっています。

　公務員試験は難関といわれていますが，良問の演習を繰り返すことで，合格への道筋はおのずと開けてくるはずです。本書を開いた今この時から，目標突破へ向けての着実な準備を始めてください。

　あなたがこれからの公務を担う一員となれるよう，私たちも応援し続けます。

資格試験研究会

本書の構成と過去問について

本書の構成

❶学習方法・問題リスト：巻頭には，本書を使った効率的な科目の攻略のしかたをアドバイスする「**経済原論の学習方法**」と，本書に収録した全過去問を一覧できる「**掲載問題リスト**」を掲載している。過去問を選別して自分なりの学習計画を練ったり，学習の進捗状況を確認する際などに活用してほしい。

❷試験別出題傾向と対策：各章冒頭にある出題箇所表では，平成21年度以降の国家総合職（国家Ⅰ種），国家一般職（国家Ⅱ種），国家専門職（国税専門官），地方上級（全国型・東京都・特別区），市役所（Ｃ日程）の出題状況が一目でわかるようになっている。具体的な出題傾向は，試験別に解説を付してある。

※市役所Ｃ日程については令和5年度の情報は反映されていない。

テーマ別出題頻度表示の見方

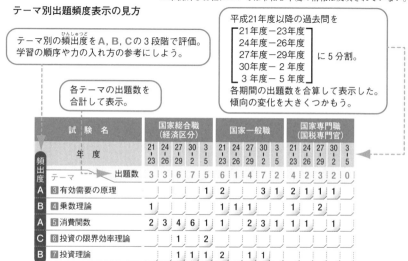

テーマ別の頻出度を**A, B, C**の3段階で評価。学習の順序や力の入れ方の参考にしよう。

各テーマの出題数を合計して表示。

平成21年度以降の過去問を
```
21年度－23年度
24年度－26年度
27年度－29年度
30年度－ 2年度
 3年度－ 5年度
```
に5分割。
各期間の出題数を合算して表示した。傾向の変化を大きくつかもう。

試 験 名	国家総合職（経済区分）					国家一般職					国家専門職（国税専門官）				
年 度	21～23	24～26	27～29	30～2	3～5	21～23	24～26	27～29	30～2	3～5	21～23	24～26	27～29	30～2	3～5
頻出度 テーマ 出題数	3	3	6	7	5	6	1	4	7	2	4	2	3	2	0
A ③有効需要の原理				1	2			3	1	2	1	1	1		
B ④乗数理論	1				1	1	1		1	2					
A ⑤消費関数	2	3	4	2	1	2				1	1				
C ⑥投資の限界効率理論			1	2											
B ⑦投資理論	1	1	1	2	1	1				1					

❸必修問題：各テーマのトップを飾るにふさわしい，合格のためには必ずマスターしたい良問をピックアップ。解説は，各選択肢の正誤ポイントをズバリと示す「**1行解説**」，解答のプロセスを示す「**STEP解説**」など，効率的に学習が進むように配慮した。また，正答を導くための指針となるよう，問題文中に以下のポイントを示している。

　　　　　（アンダーライン部分）：正誤判断の決め手となる記述

　　　　　（色が敷いてある部分）：覚えておきたいキーワード

　「**FOCUS**」には，そのテーマで問われるポイントや注意点，補足説明などを掲載している。

　必修問題のページ上部に掲載した「**頻出度**」は，各テーマをA，B，Cの3段階で評価し，さらに試験別の出題頻度を「★」の数で示している（★★★：最頻出，★★：頻出，★：過去15年間に出題実績あり，―：過去15年間に出題なし）。

❹POINT：これだけは覚えておきたい最重要知識を，図表などを駆使してコンパクトにまとめた。問題を解く前の知識整理に，試験直前の確認に活用してほしい。

❺**実戦問題**：各テーマの内容をスムーズに理解できるよう，バランスよく問題を選び，詳しく解説している。問題ナンバー上部の「＊」は，その問題の「**難易度**」を表しており（＊＊＊が最難），また，学習効果の高い重要な問題には💎マークを付している。

💎 **No.2** ＊＊ 　必修問題と💎マークのついた問題を解いていけば，スピーディーに本書をひととおりこなせるようになっている。

　　　なお，収録問題数が多いテーマについては，「**実戦問題❶**」「**実戦問題❷**」のように問題をレベル別またはジャンル別に分割し，解説を参照しやすくしている。

❻**索引**：巻末には，POINT等に掲載している重要語句を集めた用語索引がついている。用語の意味や定義の確認，理解度のチェックなどに使ってほしい。

本書で取り扱う試験の名称表記について

　　本書に掲載した問題の末尾には，試験名の略称および出題年度を記載しています。

①**国家総合職**：国家公務員採用総合職試験，
　　　　　　　　国家公務員採用Ⅰ種試験（平成23年度まで）

②**国家一般職**：国家公務員採用一般職試験［大卒程度試験］，
　　　　　　　　国家公務員採用Ⅱ種試験（平成23年度まで）

③**国税専門官，財務専門官，**
　　労働基準監督官：国税専門官採用試験，財務専門官採用試験，
　　　　　　　　　　　労働基準監督官採用試験

④**地方上級**：地方公務員採用上級試験（都道府県・政令指定都市）

　　（全国型）：広く全国的に分布し，地方上級試験のベースとなっている出題型

　　（東京都）：東京都職員Ⅰ類B採用試験（平成20年度まで）

　　（特別区）：特別区（東京23区）職員Ⅰ類採用試験

　　　※地方上級試験については，実務教育出版が独自に分析し，「全国型（全国型変形タイプ）」「関東型（関東型変形タイプ）」「中部・北陸型」「法律・経済専門タイプ」「その他の出題タイプ」「独自の出題タイプ（東京都，特別区など）」の6つに大別している。

⑤**市役所**：市役所職員採用上級試験（政令指定都市以外の市役所）

　　　※市役所上級試験については，試験日程によって「A日程」「B日程」「C日程」の3つに大別している。

本書に収録されている「過去問」について

①平成9年度以降の国家公務員試験の問題は，人事院により公表された問題を掲載している。地方上級の一部（東京都，特別区）も自治体により公表された問題を掲載している。それ以外の問題は，受験生から得た情報をもとに実務教育出版が独自に編集し，復元したものである。

②問題の論点を保ちつつ問い方を変えた，年度の経過により変化した実状に適合させた，などの理由で，問題を一部改題している場合がある。また，人事院などにより公表された問題も，用字用語の統一を行っている。

③東京都1類の専門択一式試験は，平成21年度から廃止されている。しかし，東京都の問題には良問が多く，他の試験の受験生にも有用であるため，本書では平成20年度までの東京都の問題を一部掲載している。

CONTENTS

公務員試験　新スーパー過去問ゼミ7

マクロ経済学

「新スーパー過去問ゼミ7」刊行に当たって ……………………………… 1
本書の構成と過去問について ……………………………………………… 2
経済原論の学習方法 ………………………………………………………… 6
合格者に学ぶ「スー過去」活用術 ………………………………………… 10
学習する過去問の選び方 …………………………………………………… 11
掲載問題リスト ……………………………………………………………… 12

第1章	国民経済計算体系	15

テーマ**1**　GDP統計 …………………………………………… 18
テーマ**2**　産業連関分析 ……………………………………… 36

第2章	財市場の分析	51

テーマ**3**　有効需要の原理 ………………………………… 54
テーマ**4**　乗数理論 ………………………………………… 72
テーマ**5**　消費関数 ………………………………………… 92
テーマ**6**　投資の限界効率理論 ………………………… 110
テーマ**7**　投資理論 ……………………………………… 124

第3章	貨幣市場と*IS-LM*分析	143

テーマ**8**　金融資産市場 ………………………………… 146
テーマ**9**　貨幣需要 ……………………………………… 166
テーマ**10**　*IS-LM*分析（1）……………………………… 186
テーマ**11**　*IS-LM*分析（2）……………………………… 208
テーマ**12**　国際マクロ経済学 ………………………… 232

第4章	**総需要・総供給分析**	**259**
テーマ⑬	総需要曲線 …………………………………………………	262
テーマ⑭	労働市場と総需要・総供給曲線 ……………………………	280
テーマ⑮	フィリップス曲線 …………………………………………	312
テーマ⑯	インフレ需要曲線・供給曲線 ………………………………	332

第5章	**経済変動理論**	**353**
テーマ⑰	ハロッド=ドーマー型経済成長理論 ………………………	356
テーマ⑱	新古典派経済成長理論 ……………………………………	372

| 索引 | ………………………………………………………………………… | 392 |

カバー・本文デザイン／小谷野まさを　　書名ロゴ／早瀬芳文

1　マクロ経済学の全体像

　経済原論（経済理論）は，公務員試験受験生にとっては苦手意識の高い科目といわれている。複雑な理論を理解するのにも手間がかかるうえ，それを覚えるだけではなく，グラフ化したり，計算したりと，いろいろな作業が必要である。しかし，公務員試験では出題ウエートも高い科目であるため，苦手科目として敬遠するわけにもいかない。本書は，少なくとも平均水準までは解けるレベルになってほしいという思いで作っている。

　経済原論は，ミクロ経済学とマクロ経済学で成り立っている。ここでは，マクロ経済学の学習を始めるに当たって，まずはマクロ経済学の全体像を把握しておこう。

　マクロ経済学の中心概念である，**国民所得を時系列的にまた国際的に比較可能な形で整備した経済統計が，SNA（System of National Accounts）体系である**（第1章）。この**SNA体系に理論的に対応するものが45度線分析**（第2章）であり，国民所得がどのように決まるか，また，どのように管理できるかを分析するものである。ここから，マクロ経済理論は，**貨幣市場を導入した*IS-LM*分析**（第3章），さらに**労働市場を考慮した総需要・総供給分析**（第4章）へと展開される。

　以上，ここまでの流れが，短期的な国民所得の決定を分析する「静学理論」である。

　最後の，**経済変動理論**（第5章）は，**長期的に国民所得が時間とともにどのように推移するか**を「動学理論」（時間の要素を導入した理論）として分析するものである。

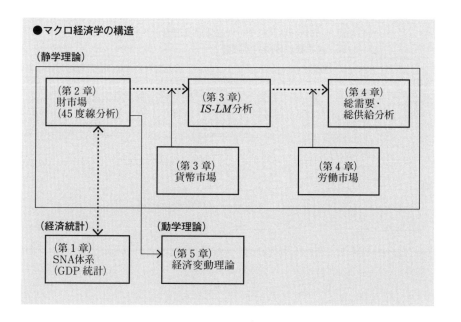

●マクロ経済学の構造

2　ミクロ経済学との関連

学習順序についてであるが，皆さんが，すでにマクロ経済学の理論を学習済みで，かつ問題演習にも手を着けているケースでなければ，マクロ経済学の前にミクロ経済学に取り組んでおいたほうがよい。

理由の一つは，ミクロ経済理論を知っているほうがマクロ経済理論を理解しやすいことが多いからである。一国全体の動きを想定しなければならないマクロ経済学に比べ，代表的な消費者や一企業の行動を取り扱うミクロ経済学のほうがイメージしやすい。たとえば，先にミクロ経済学で個人の消費行動を理解しておけば，マクロ経済において経済全体の消費動向を理解する助けとなる。

また，難易度の点からもミクロ経済学を先行させることは有益である。本書の冒頭（第1章）のみ見れば，ミクロ経済学の消費者理論よりはるかに易しい。しかし，似た理論構造が繰り返されるミクロ経済学と比べると，さまざまな要素を付け加えていくマクロ経済学のほうが，最終的には難易度が高くなっている。

3　公務員試験におけるマクロ経済学

受験する試験の種類によらず，マクロ経済学の出題のコアな部分は，第2章の45度線分析，第3章の*IS-LM*分析，第4章の総需要・総供給分析であり，特に前2者が大半を占める。第5章の経済変動理論は，出題頻度が試験によって異なりがちである（第5章の出題傾向と対策を参照）。

一方，第1章のGDP統計は，出題頻度が試験によって異なるものの，教養試験（基礎能力試験）での出題もありうるので，どの試験でも一定の頻度で出題されるものと想定しておくとよい。

4　マクロ経済学の出題の特徴

出題パターン自体はミクロ経済学と同じであり，①計算問題，②グラフ問題，③文章題（理論問題）である。

①の計算問題については，ミクロ経済学とやや傾向が異なる。ミクロ経済学では効用や利潤といった経済活動の目標を最大化するべく，そこに与えられた条件を織り込んでいくパターンが中心であった。それに対し，マクロ経済学では一国の経済を連立方程式の体系（経済モデル）として表し，これを組み合わせることで目標（多くの場合は国民所得）を求める。結果的に，マクロ経済学の計算問題のほうが式の数は多くなる。ただし，ミクロ同様，公式への当てはめで解ける出題例も一定数あるので，まずはそういった部分からなじんでいくのがよい。

②のグラフ問題は，*IS-LM*分析および総需要・総供給分析における政策効果に関して出題されることが多い。比較的パターン化されており，グラフの形状やシフトなどのポイントをマスターすれば，安定して解けるようになる。なお，表を用いた分析（テーマ2の産

業連関分析が典型）もパターン化の度合いが高い。

　③の文章題は，ミクロ経済学との違いが最も出る部分である。ミクロ経済学においては貿易理論など一部でしか現れない学説比較が，マクロ経済学においてはかなりのウエートを占めるからである。そして，学説比較の柱となるのが，古典派理論とケインズ理論の相違である。下表のとおり，両者は経済の多くの領域で正反対の立場をとる。この比較は，②のグラフ問題の形式でも頻繁に出題されるため，特に重要である。

●古典派とケインジアンの学説の概要

	古典派	ケインジアン
全般的市場観	価格機構に対する信頼	価格機構は不完全（物価は硬直的）
財市場	供給側重視（セイの法則）	需要側重視（有効需要の原理）
貨幣観	取引（決済）の手段	取引手段・資産形成の一手段
労働市場観	完全雇用が達成される	非自発的失業の発生
経済成長観	安定成長	不安定成長
政府の役割	市場の失敗の是正	経済（景気）の安定化

　加えて，短期的にはケインジアンに近い考え方をとるが長期的には古典派が正しいと考えるフリードマンのような折衷的な立場をはじめとする，他の学派も複数存在することもあり，単純な二分法でもない。ただし，極論すればケインジアン以外の学派はほぼすべて反ケインジアンである。当たり前のように思えるが，知っていると意外に選択肢の取捨選択に有益である（このことから表は大きく古典派とケインジアンに二分している）。

　また，家計部門の消費（テーマ５），企業部門の投資（テーマ６およびテーマ７）が何に依存して決定されるのかといった問題のように，古典派とケインジアンの枠にとらわれず，複数の学説が並立しているケースもある。これらのことから，学説比較問題の攻略は，マクロ経済学の一つのカギを握っている。

5　マクロ経済学の学習のポイント
①計算問題は反復練習によって，速度と精度を上げる。

　計算問題はパターン化されており，意味がわからなくても正答できる。反復練習によって，パターンを身につけてほしい。必要な数学レベルはほぼミクロ経済学と同等である。式の本数が多い問題もあるが，核となる式は少数なので反復練習によってなじんでいこう。

②グラフ問題は，軸にとられた変数に注意して，言葉に置き換えてみる。

　マクロ経済学では，グラフを書いてみないとわからない文章題も多い。逆に，グラフは，背景にある理論を理解していないと混同しがちである（基本的には，ほとんどが右下がり

と右上がりのグラフの交差型）。両者の関連づけができれば，グラフ問題と文章題の双方の正答率が上がる。これも反復によって身につけよう。

③文章題（理論問題）は，反復によって理解の深度を拡張する。

　学説比較，なかでも消費理論や投資理論は，初学者にとって違いがわかりにくいものが多い。一度に詰め込もうとして誤った理解をしてしまうよりは，肝心と思われる部分を大きく理解して，２度目以降で細部を整理するようにしよう。

合格者に学ぶ「スー過去」活用術

　公務員受験生の定番問題集となっている「スー過去」シリーズであるが，先輩たちは本シリーズをどのように使って，合格を勝ち得てきたのだろうか。弊社刊行の『公務員試験受験ジャーナル』に寄せられた「合格体験記」などから，傾向を探ってみた。

 自分なりの「戦略」を持って学習に取り組もう！

　テーマ1から順番に一つ一つじっくりと問題を解いて，わからないところを入念に調べ，納得してから次に進む……という一見まっとうな学習法は，すでに時代遅れになっている。
　合格者は，初期段階でおおまかな学習計画を立てて，戦略を練っている。まずは各章冒頭にある「試験別出題傾向と対策」を見て，自分が受験する試験で各テーマがどの程度出題されているのかを把握し，「掲載問題リスト」を利用するなどして，**いつまでにどの程度まで学習を進めればよいか，学習全体の流れをイメージ**しておきたい。

 完璧をめざさない！ザックリ進めながら復習を繰り返せ！

　本番の試験では，6～7割の問題に正答できればボーダーラインを突破できる。裏を返せば**3～4割の問題は解けなくてもよい**わけで，完璧をめざす必要はまったくない。
　受験生の間では，「問題集を何周したか」がしばしば話題に上る。問題集は，1回で理解しようとジックリ取り組むよりも，初めはザックリ理解できた程度で先に進んでいき，何回も繰り返し取り組むことで徐々に理解を深めていくやり方のほうが，学習効率は高いとされている。**合格者は「スー過去」を繰り返しやって，得点力を高めている。**

 すぐに解説を読んでもOK！考え込むのは時間のムダ！

　合格者の声を聞くと**「スー過去を参考書代わりに読み込んだ」**というものが多く見受けられる。科目の攻略スピードを上げようと思ったら「ウンウンと考え込む時間」は一番のムダだ。過去問演習は，解けた解けなかったと一喜一憂するのではなく，**問題文と解説を読みながら正誤のポイントとなる知識を把握して記憶することの繰り返し**なのである。

 分量が多すぎる！という人は，自分なりに過去問をチョイス！

　広い出題範囲の中から頻出のテーマ・過去問を選んで掲載している「スー過去」ではあるが，この分量をこなすのは無理だ！と敬遠している受験生もいる。しかし，**合格者もすべての問題に取り組んでいるわけではない。**必要な部分を自ら取捨選択することが，最短合格のカギといえる（次ページに問題の選択例を示したので参考にしてほしい）。

 書き込んでバラして……「スー過去」を使い倒せ！

　補足知識や注意点などは本書に直接書き込んでいこう。**書き込みを続けて情報を集約していくと本書が自分オリジナルの参考書になっていく**ので，インプットの効率が格段に上がる。それを繰り返し「何周も回して」いくうちに，反射的に解答できるようになるはずだ。
　また，分厚い「スー過去」をカッターで切って，章ごとにバラして使っている合格者も多い。**自分が使いやすいようにカスタマイズして，「スー過去」をしゃぶり尽くそう！**

学習する過去問の選び方

●具体的な「カスタマイズ」のやり方例

本書は全146問の過去問を収録している。分量が多すぎる！と思うかもしれないが，合格者の多くは，過去問を上手に取捨選択して，自分に合った分量と範囲を決めて学習を進めている。

以下，お勧めの例をご紹介しよう。

❶必修問題と ✿ のついた問題に優先的に取り組む！

当面取り組む過去問を，各テーマの「**必修問題**」と✿マークのついている「**実戦問題**」に絞ると，およそ全体の5割の分量となる。これにプラスして各テーマの「POINT」をチェックしていけば，この科目の典型問題と正誤判断の決め手となる知識の主だったところは押さえられる。

本試験まで時間がある人もそうでない人も，ここから取り組むのが定石である。まずはこれで1周（問題集をひととおり最後までやり切ること）してみてほしい。

❶を何周かしたら次のステップへ移ろう。

❷取り組む過去問の量を増やしていく

❶で基本は押さえられても，❶だけでは演習量が心もとないので，取り組む過去問の数を増やしていく必要がある。増やし方としてはいくつかあるが，このあたりが一般的であろう。

◎**基本レベルの過去問を追加**（難易度「＊」の問題を追加）
◎**受験する試験種の過去問を追加**
◎**頻出度Aのテーマの過去問を追加**

これをひととおり終えたら，前回やったところを復習しつつ，まだ手をつけていない過去問をさらに追加していくことでレベルアップを図っていく。

もちろん，あまり手を広げずに，ある程度のところで折り合いをつけて，その分復習に時間を割く戦略もある。

●掲載問題リストを活用しよう！

「**掲載問題リスト**」では，本書に掲載された過去問を一覧表示している。

受験する試験や難易度・出題年度等を基準に，学習する過去問を選別する際の目安としたり，チェックボックスを使って学習の進捗状況を確認したりできるようになっている。

効率よくスピーディーに学習を進めるためにも，積極的に利用してほしい。

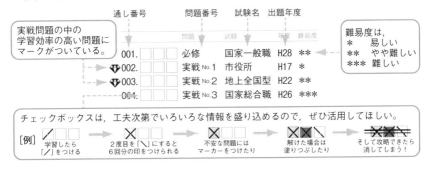

掲載問題リスト

本書に掲載した全146問を一覧表にした。□に正答できたかどうかをチェックするなどして，本書を上手に活用してほしい。

第1章 国民経済計算体系

テーマ 1 GDP統計

		問題	試験	年度	難易度
001.		必修	国家一般職	H28	*
◆ 002.		実戦 No.1	地上全国型	H28	*
003.		実戦 No.2	地上特別区	H30	*
004.		実戦 No.3	地上全国型	H23	**
◆ 005.		実戦 No.4	地上特別区	R3	*
006.		実戦 No.5	国家一般職	H20	**
007.		実戦 No.6	国家一般職	R4	**

テーマ 2 産業連関分析

		問題	試験	年度	難易度
008.		必修	地上特別区	H23	*
◆ 009.		実戦 No.1	地上特別区	R4	*
◆ 010.		実戦 No.2	国家総合職	R5	**
011.		実戦 No.3	国家一般職	H14	**
012.		実戦 No.4	国家総合職	H11	**

第2章 財市場の分析

テーマ 3 有効需要の原理

		問題	試験	年度	難易度
013.		必修	国家一般職	R元	*
014.		実戦 No.1	労働基準監督官	R4	*
015.		実戦 No.2	国家総合職	R5	**
016.		実戦 No.3	地上特別区	H9	*
◆ 017.		実戦 No.4	国家一般職	H15	**
◆ 018.		実戦 No.5	国税/財務/労基	H27	**
019.		実戦 No.6	国家一般職	R4	***
◆ 020.		実戦 No.7	地上特別区	R3	**
021.		実戦 No.8	国家一般職	R2	***

テーマ 4 乗数理論

		問題	試験	年度	難易度
022.		必修	国家一般職	H29	**
◆ 023.		実戦 No.1	地上特別区	H29	*
◆ 024.		実戦 No.2	国税/労基	H23	**
025.		実戦 No.3	地上全国型	H22	**
026.		実戦 No.4	地上特別区	H16	**
027.		実戦 No.5	国家一般職	H16	**
028.		実戦 No.6	市役所	R4	**
029.		実戦 No.7	地上特別区	H26	**
030.		実戦 No.8	市役所	H24	***

テーマ 5 消費関数

		問題	試験	年度	難易度
031.		必修	国家一般職	H27	*
◆ 032.		実戦 No.1	地上特別区	R5	*
033.		実戦 No.2	労働基準監督官	H16	**
034.		実戦 No.3	国家総合職	R5	**
◆ 035.		実戦 No.4	国家一般職	R2	**
◆ 036.		実戦 No.5	地上特別区	H28	**
037.		実戦 No.6	国税/財務/労基	H30	**
038.		実戦 No.7	財務/労基	H26	***

テーマ 6 投資の限界効率理論

		問題	試験	年度	難易度
039.		必修	地方上級	H9	*
◆ 040.		実戦 No.1	市役所	H11	*
041.		実戦 No.2	国税専門官	H4	**
◆ 042.		実戦 No.3	国家総合職	R5	**
043.		実戦 No.4	国家総合職	H17	***
044.		実戦 No.5	地方上級	H15	***

テーマ 7 投資理論

		問題	試験	年度	難易度
045.		必修	地上特別区	H29	**
◆ 046.		実戦 No.1	国家総合職	H16	**
047.		実戦 No.2	国家一般職	H19	**
◆ 048.		実戦 No.3	地上特別区	R元	*
049.		実戦 No.4	国家一般職	H28	**
050.		実戦 No.5	国家一般職	R元	**
051.		実戦 No.6	国家総合職	R3	**
052.		実戦 No.7	国家一般職	H21	**

第3章 貨幣市場とIS-LM分析

テーマ⑧ 金融資産市場

	問題	試験	年度	難易度
053.	必修	国家総合職	H26	*
◆ 054.	実戦 No.1	地上特別区	R3	*
◆ 055.	実戦 No.2	国家一般職	H30	*
056.	実戦 No.3	国家一般職	H26	**
057.	実戦 No.4	地上全国型	H15	**
058.	実戦 No.5	財務／労基	R4	**
◆ 059.	実戦 No.6	財務／労基	H28	**
060.	実戦 No.7	労働基準監督官	R3	**
061.	実戦 No.8	国家一般職	R3	**
062.	実戦 No.9	地上全国型	H21	**

テーマ⑨ 貨幣需要

	問題	試験	年度	難易度
063.	必修	地上特別区	H14	**
◆ 064.	実戦 No.1	地上特別区	H24	**
◆ 065.	実戦 No.2	労働基準監督官	R元	*
066.	実戦 No.3	国税専門官	H8	*
067.	実戦 No.4	労働基準監督官	H20	**
068.	実戦 No.5	国税／財務／労基	H26	**
◆ 069.	実戦 No.6	国家総合職	H30	**
070.	実戦 No.7	地上全国型	H19	***
071.	実戦 No.8	国家総合職	H27	***

テーマ⑩ IS-LM分析（1）

	問題	試験	年度	難易度
072.	必修	地上全国型	H28	**
◆ 073.	実戦 No.1	地方上級	H7	*
◆ 074.	実戦 No.2	国家一般職	H18	*
◆ 075.	実戦 No.3	地上全国型	H6	*
076.	実戦 No.4	国税／財務	R元	*
◆ 077.	実戦 No.5	国税専門官	H4	**
078.	実戦 No.6	国家総合職	H22	**
◆ 079.	実戦 No.7	国家一般職	H30	**
080.	実戦 No.8	地上全国型	H11	***

テーマ⑪ IS-LM分析（2）

	問題	試験	年度	難易度
081.	必修	地上特別区	H24	**
◆ 082.	実戦 No.1	地上特別区	H30	*
◆ 083.	実戦 No.2	国家一般職	H25	**
◆ 084.	実戦 No.3	国家総合職	R2	**
085.	実戦 No.4	国家一般職	H29	**
◆ 086.	実戦 No.5	国家一般職	H12	**
087.	実戦 No.6	国家一般職	R2	**
◆ 088.	実戦 No.7	国家一般職	R2	***
089.	実戦 No.8	地上特別区	H20	**

テーマ⑫ 国際マクロ経済学

	問題	試験	年度	難易度
090.	必修	地上特別区	R3	*
◆ 091.	実戦 No.1	国税専門官	H23	*
092.	実戦 No.2	国家一般職	H15	*
◆ 093.	実戦 No.3	労働基準監督官	H30	**
094.	実戦 No.4	国家一般職	H30	**
◆ 095.	実戦 No.5	財務専門官	H25	**
096.	実戦 No.6	地上特別区	H21	**
097.	実戦 No.7	地方上級	R4	**
098.	実戦 No.8	地上東京都	H17	***

第4章 総需要・総供給分析

テーマ⑬ 総需要曲線

	問題	試験	年度	難易度
099.	必修	国家一般職	H26	*
◆ 100.	実戦 No.1	労働基準監督官	H26	**
◆ 101.	実戦 No.2	国家総合職	H26	**
102.	実戦 No.3	地上全国型	H16	**
103.	実戦 No.4	国家総合職	H18	**
104.	実戦 No.5	国家一般職	H23	**
105.	実戦 No.6	地上特別区	H16	**

テーマ⓮ 労働市場と総需要・総供給曲線

	問題	試験	年度	難易度
106.	必修	地上特別区	H27	*
♦ 107.	実戦 No.1	地上東京都	H15	**
♦ 108.	実戦 No.2	国税／財務／労基	H30	**
109.	実戦 No.3	地上特別区	R2	**
110.	実戦 No.4	市役所	H5	**
111.	実戦 No.5	国家総合職	R2	**
♦ 112.	実戦 No.6	国税／財務／労基	R3	**
113.	実戦 No.7	国家総合職	R3	**
114.	実戦 No.8	国家一般職	R3	**
115.	実戦 No.9	国家一般職	H20	***

テーマ⓯ フィリップス曲線

	問題	試験	年度	難易度
116.	必修	地上特別区	R元	**
117.	実戦 No.1	地上特別区	H29	*
♦ 118.	実戦 No.2	国税／財務	R4	*
119.	実戦 No.3	国家総合職	H16	*
120.	実戦 No.4	財務／労基	H30	**
121.	実戦 No.5	国家総合職	H17	**
122.	実戦 No.6	国家一般職	R4	***
123.	実戦 No.7	市役所	H7	**

テーマ⓰ インフレ需要曲線・供給曲線

	問題	試験	年度	難易度
124.	必修	国家一般職	H25	**
♦ 125.	実戦 No.1	国家一般職	H15	**
126.	実戦 No.2	国家一般職	H5	**
♦ 127.	実戦 No.3	国家総合職	R4	**
128.	実戦 No.4	国税／労基	H16	**
129.	実戦 No.5	国税／労基	H16	**
130.	実戦 No.6	地上東京都	H13	**

第5章 経済変動理論

テーマ⓱ ハロッド=ドーマー型経済成長理論

	問題	試験	年度	難易度
131.	必修	国家一般職	H24	**
♦ 132.	実戦 No.1	国家一般職	H27	*
133.	実戦 No.2	地上特別区	R4	**
♦ 134.	実戦 No.3	地上特別区	H17	*
135.	実戦 No.4	地上特別区	H29	**
136.	実戦 No.5	国家一般職	H29	*
137.	実戦 No.6	地上全国型	H8	**
138.	実戦 No.7	地上東京都	H19	**

テーマ⓲ 新古典派経済成長理論

	問題	試験	年度	難易度
139.	必修	国家一般職	R元	**
♦ 140.	実戦 No.1	国税／財務／労基	R3	*
141.	実戦 No.2	国家一般職	H29	**
♦ 142.	実戦 No.3	国家一般職	R2	**
143.	実戦 No.4	国家一般職	R3	**
144.	実戦 No.5	国家一般職	R4	**
145.	実戦 No.6	地上特別区	R元	**
146.	実戦 No.7	国家総合職	R4	***

第1章
国民経済計算体系

テーマ **1** GDP統計
テーマ **2** 産業連関分析

試験別出題傾向と対策

	試験名	国家総合職(経済区分)					国家一般職					国家専門職(国税専門官)				
頻出度	年度	21-23	24-26	27-29	30-2	3-5	21-23	24-26	27-29	30-2	3-5	21-23	24-26	27-29	30-2	3-5
	出題数	2	1	0	0	1	0	1	1	0	1	0	0	0	0	0
A	①GDP統計	2	1					1	1		1					
C	②産業連関分析					1										

　経済統計を扱う本章では，いわゆるGDP統計（テーマ１）と産業連関分析（テーマ２）を取り上げる。特にテーマ１の内容は，第２章の有効需要の原理と関連が深い。むしろ，現在の国民経済計算体系は，もともとケインズの国民所得理論をベースに作り上げられたものであるから当然といえば当然であるが，一方の理解が深まればもう一方の理解にもよい影響を及ぼす。GDP統計については，用語と簡単な内容は知識としてすでに持っていることが多いだろうが，意外と間違いやすいテーマでもある（たとえば，GDP統計でいう資本形成とは，経済理論上の投資を意味するが，両者は含まれる対象が若干異なる）。知っているからといって解き飛ばさずに丁寧に知識を定着させよう。また，第２章以降へと進んだ後でも，再度立ち返って理解を深めてほしい。

　テーマ２の産業連関分析は，比較的独立性の強いテーマである。また，試験による難易度の差が小さい。出題内容は，産業連関表の見方に関する出題と産業連関表を用いた波及効果の計算のほぼいずれかであるが，後者であることが多い。

● 国家総合職（経済区分）

　GDP統計（テーマ１）は平成24年度を最後にそれ以降は出題されていない。産業連関分析（テーマ２）は令和５年度に出題されたが，その前は平成20年度と間が空いている。

● 国家一般職

　GDP統計（テーマ１）はかつて３〜４年周期で出題されていたが，平成28年度以降では，令和４年度の出題があるのみである。産業連関分析（テーマ２）についても，少なくとも平成18年以降，出題されていない。

● 国家専門職（国税専門官）

　上の表の該当期間中（平成21年度〜令和５年度），テーマ１およびテーマ２の双方についてまったく出題がない。マクロ経済学からの出題は２問が通例であることもあり，国家総合職および国家一般職同様，もっぱら理論的な内容に集中している。ただし，基礎能力試験対策として，基本事項の確認は少なくともしておこう。

地方上級 (全国型)					地方上級 (特別区)					市役所 (C日程)					
21-23	24-26	27-29	30-2	3-5	21-23	24-26	27-29	30-2	3-5	21-23	24-26	27-29	30-2	3-4	
3	2	3	5	3	2	2	1	1	2	3	0	1	2	2	
3	2	3	5	3	1	2		1	1	3		1	1	2	テーマ1
						1		1		1				1	テーマ2

● 地方上級（全国型）

　テーマ1のGDP統計については出題枠があると考えるべきである。令和元年度は異例の3問の出題であるが，GDP統計，経済成長率，物価指標のおのおのについて各1問と異なる内容であった。大方の年度においては1問であり，内容はGDP統計関連が多い。産業連関分析（テーマ2）に関する出題は見られない。

● 地方上級（特別区）

　ほぼ2年に1度のペースで出題されている。テーマ1とテーマ2の両者が交互に出題されているといった規則性は見いだせず，両者が同時に出題されたこともない（どちらの出題もない年度もある）。出題内容はそれほど難易度の高くないものが多い。他の章にもいえることであるが，特別区対策では幅広く基本事項の知識を持つような学習が有効である。

● 市役所

　テーマ1のGDP統計の内容が，平均すれば3年に1度程度の周期で出題されているが，内容はそれほど高度ではない。テーマ2の産業連関分析については，直近15年中で1問のみの出題であり，出題可能性は高くないと考えてよい。

GDP統計

必 修 問 題

　ある経済の国民経済計算（SNA）の「国内総生産勘定（生産側および支出側）」に掲載されている項目の数値が以下のように与えられているとする。このとき，国内総生産（GDP）の数値はいくらか。ただし，「統計上の不突合」はゼロであるとする。　　　　　　【国家一般職・平成28年度】

政府最終消費支出	120
在庫品増加	−5
雇用者報酬	298
固定資本減耗	122
総固定資本形成	129
民間最終消費支出	356
財・サービスの輸入	115
補助金	4
生産・輸入品に課される税	50
財・サービスの輸出	96
営業余剰・混合所得	115

1　457

2　476

3　535

4　581

5　586

難易度　＊

必修問題 の 解説

マクロ経済理論は，本質的には国民所得がいかに決まるかという理論である。その国民所得の集計方法のマニュアルが国民経済計算体系（SNA：System of National Accounts）である。したがって，SNAはマクロ経済学の統計的基礎に当たるといってよい。

STEP❶ 三面等価の原則

この国民経済計算体系において中心となっているのが，**国内総生産（GDP）**であり，このGDPは生産面，分配面および支出面のいずれから測っても，理論上は同値となる。これを**三面等価の原則**という（実際には統計上の不突合（ふとつごう）が生じる）。

STEP❷ 支出面からみたGDP

GDPを支出側からみれば，大きく国内需要と海外需要（財・サービスの純利益）に大別され，内需は民間需要と公的需要といった主体別に，またおのおのが消費と投資に二分されるが，民間部門の投資と公的部門の投資（公的資本形成）の合計を国内総固定資本形成として，

GDP＝民間最終消費支出＋国内総固定資本形成＋在庫品増加＋
政府最終消費支出＋財・サービスの輸出－財・サービスの輸入

と定義される。ここに，数値を当てはめていけば，

GDP＝356＋129＋（－5）＋120＋96－115＝581

になる。なお，在庫品増加は広義の投資（在庫投資）としてとらえることができるが，国内総固定資本形成とは別に計上する。

よって，正答は**4**である。

正答 **4**

FOCUS

SNA統計（GDP統計）に関する用語は，ニュースなどで耳にする機会もあるため，おそらく知っている用語もあるだろう。公務員試験においては，教養試験（基礎能力試験）と専門試験の双方で出題される。そのうえ，市役所試験から国家総合職まで多くの試験において出題されることからも想像できるように，比較的容易に解ける問題から，かなり難易度の高い問題まで存在する。わかったつもりにならないよう，用語を丁寧に理解しておこう。

重要ポイント 1 三面等価の原則

　1国の経済規模とその内容は，国際連合統計委員会の定める**国民経済計算体系SNA**（System of National Accounts）で測られる。わが国では，2016年より，08SNA（2009年に国際連合統計委員会で勧告された方法）を採用し，GDP中心の発表を行っている。ゆえに，SNAはGDP統計と呼ばれることもある。

　SNA上，GDP統計は，**生産面，分配面，支出面**の各面が必ず一致する。これを**三面等価の原則**という。

重要ポイント 2 生産面から見たGDP

①**GDP**（Gross Domestic Products：**国内総生産**）

　GDP＝1国内で1年間の経済活動によって生産された付加価値総額

②**NDP**（Net Domestic Products：〈市場価格表示の〉**国内純生産**）

　NDP＝GDP－固定資本減耗（減価償却）

③**DI**（Domestic Income：**国内所得**）

　DI＝NDP－純間接税

　純間接税とは，間接税から補助金を控除したものである。なお，現行のSNAでは，DIではなく「要素費用表示のNDP」の語を用いる。

④**NI**（National Income：〈要素費用表示の〉**国民所得**）

　NI＝NDP－純間接税＋海外からの純要素所得受取

　DIの語を用いれば，

　NI＝DI＋海外からの純要素所得受取

と書ける。また，⑥のGNIを基準とすれば，**NI＝GNI－固定資本減耗－純間接税**になる。

⑤**NNI**（Net National Income：**国民純所得**）

　NNI＝NI＋純間接税

　なお，現行のSNAでは，NNIではなく「市場価格表示のNI」の語を用いる。また，GNIを基準とすれば，**NNI＝GNI－固定資本減耗**になる。

⑥**GNI**（Gross National Income：**国民総所得**）

　GNI＝NI＋純間接税＋固定資本減耗

　NNIの語を用いれば，**GNI＝NNI＋固定資本減耗**である。

これは，68SNAにおけるGNPに相当する概念であり，GNPは1国民が1年間の経済活動によって生産した付加価値総額と定義されることから，次の関係が成立する。

GNI＝GDP＋海外からの純要素所得受取

これら諸概念を図にすると次のようになる。

国内総生産GDP

国内純生産（要素費用表示）	純間接税	固定資本減耗

国内純生産NDP

（市場価格表示）

国内純生産（要素費用表示：いわゆる国内所得DI）

雇用者報酬	営業余剰

国民所得NI（要素費用表示）

国内純生産（要素費用表示）

└─ 海外からの要素所得の純受取

国民所得NI（市場価格表示：いわゆる国民純所得NNI）

国民所得（要素費用表示）	純間接税

国民総所得GNI

国民所得（市場価格表示）	固定資本減耗

【GDP統計上の注意点】

①**GDPなどの国民所得概念はフロー変数である。**したがって，土地のような実物資産や株式のような金融資産など**ストック変数の価格変動はGDPに計上しない。**地価や株価の変動（値上がり益をキャピタル・ゲイン，値下がり損をキャピタル・ロスという）は新たな付加価値を生み出さないからである。ただし，資産取引に伴う仲介サービスの提供は付加価値を生み出すため，GDPに計上する。

なお，GDPに対応する**ストック**概念は**国富**と呼ばれ，実物資産と金融資産の純額に当たる。

②本来，市場で取引されるべきものが市場を通さず消費されるような場合，それら
を国民所得に加える。これを**帰属計算**という。たとえば，農家による農産物の自
家消費が挙げられる。ただし，主婦の家事労働サービスについては，経済活動で
はないので**GDPに計上しない**。
③**公的部門の生産物**は，該当する財・サービスの市場価格で推計するが，市場価格
が存在しない場合は費用でもって**GDPに計上される**。また，対家計民間非営利
団体の生産額もGDPに計上する。

【用語解説】
①付加価値
　付加価値とは，各生産者が財を生産する過程で，中間投入物（素原材料などのこ
と）に新たに付け加えた価値のことであり，

付加価値＝総産出額−中間投入額

と定義される。国税庁はこれを売上−仕入と，簡単に説明している。
　GDPが単純に産出額合計ではなく付加価値合計と定義されるのは，中間投入額
が他企業の産出額に当たることから**二重計算を避ける**ためである。したがって，最
終生産物に対する支出額（需要額）を合計すれば，そこには中間投入額も含まれる
ことになるので，流通の各段階での付加価値合計に等しくなる。つまり，

付加価値合計＝最終需要額合計

が成立する。
②固定資本減耗
　資本とは資本金などの意味ではなく，投資によって蓄積された生産設備などをさ
す。固定資本とは，流動性の高い資本金などと区別するための呼称と考えるとよ
い。そして，資本が生産活動によって価値を減少させた部分が固定資本減耗であ
り，物理的に摩耗・破損する，あるいは旧式化・陳腐化して経済的な価値が低下す
ることを意味する。おもに，企業等の会計で用いられる**減価償却**も同義である。
③国民
　「国民」とは，国籍の有無のような法的な概念ではない。総務省統計局は，外国
人の場合，「本邦に入国後6か月以上経過するに至った者」や「外国の法人等の本
邦にある支店，出張所その他の事務所」などが居住者となり，日本人の場合，「2
年以上外国に滞在する目的で出国し外国に滞在する者」を非居住者とするとしてい
る。したがって，「国民」には**法人も含む**ことになる。
④海外からの純要素所得受取
　海外からの要素所得受取とはある国の国民が海外で得た所得額のことであり，海
外への要素所得支払とは外国民が自国内で得た所得のことである。そして，両者の
差が海外からの純要素所得受取である。要素とは，ミクロ経済学における生産要
素，すなわち労働と資本のことであり，「国民」の概念が個人（労働力の保有者）

だけでなく法人(資本の保有者)を含んでいることに対応する。

⑤フローとストック

　経済変数は大きくフローとストックに分類できる。**一定期間中の変数の変動分を表すものがフローであり、変数の一定時点までの蓄積分を表すものがストック変数**である。政府の予算を例に取れば、当該年度の財政赤字がフローであり、累積赤字の残高がストックである。

重要ポイント 3　分配面から見たGDP

　国内所得DIは、労働者の所得(雇用者報酬)と生産者の利潤(営業余剰・混合所得)に完全分配される。ここに固定資本減耗と純間接税を差し戻すと分配面から見たGDPになる。これは**国内総所得GDI**(Gross Domestic Income)とも呼ばれる。

分配面から見たGDP＝雇用者報酬＋営業余剰＋固定資本減耗＋純間接税

　なお、個人企業の所得が混合所得である。

重要ポイント 4　支出面から見たGDP

　国内総生産は、必ずなんらかの形で支出されることになる。これが**支出面から見たGDP**、もしくは**国内総支出GDE**(Gross Domestic Expenditure)であり、次のような項目に分類される。

支出面から見たGDP＝民間最終消費支出＋国内総固定資本形成＋在庫品増加
＋政府最終消費支出＋純輸出

　右辺は第1〜第4項が民間需要と公的需要の和である**国内需要(内需)**を、第5項が**海外需要(外需)**を表している。なお、**純輸出**は輸出－輸入と定義される。

【用語解説】

国内総固定資本形成

　資本形成とは投資のことである。投資とは金融資産への資金の投下を意味するのではなく、生産設備などに支出し、資本を増加させることを意味する(資本形成の対義語が資本減耗である)。民間投資は大きく、民間企業設備投資と民間住宅投資に区分される(おのおのの支出対象を資本財と建設財と呼ぶ)。なお、在庫品増加も統計上、在庫投資として計上される。

　公的需要は、政府最終消費支出、公的資本形成、公的在庫品増加に区分されるが、GDP統計では、民間企業設備投資と民間住宅投資に公的資本形成を加えたものを**国内総固定資本形成**と、民間と政府の在庫品増加の和を**在庫品増加**として計上する。

支出面から見たGDPを、理論上、以下のように定義する。

$$Y^D = C + I + G + (X - M)$$
総需要　消費　投資　政府支出　輸出－輸入

　一方、可処分所得（税引き後所得）を$Y-T$（Y：GDP、T：租税）と表すと、租税を納付した後の所得は、消費または貯蓄に分かれる。これを$Y-T=C+S$（C：消費、S：貯蓄）と表し、移項したものを総供給と定義する。ここでは、総供給（総生産額）Y^Sを総所得Yに等しいものとしている（三面等価の原則）。

$$Y^S = C + S + T$$
総供給　消費　貯蓄　租税

　総需要Y^Dと総供給Y^Sを等しいとおけば、$C+I+G+(X-M)=C+S+T$になる。両辺の消費Cを消去すると、以下の*IS*バランス式と呼ばれる関係が導かれる。
$$(I-S) + (G-T) + (X-M) = 0$$
　これは、民間部門、政府部門、海外部門の収支の和が恒等的にゼロになることを示している。*IS*バランス式は、以下のように移項して用いることが多い。

$$(X-M) = (S-I) + (T-G)$$

　間接税を含む市場価格で集計された付加価値総額が名目GDPであり、財・サービスの価格が基準年から変化がなかったものとして集計されたものを実質GDPという。一般に、名目値を物価水準で割れば実質値になるから、名目値を実質値で割れば物価水準を得ることができる。このことを利用すれば次の関係が成立する。

$$\frac{名目GDP}{実質GDP} = GDPデフレーター$$

　この**GDPデフレーター**は、付加価値ベースで見た物価指標であるが、名目国民所得と実質国民所得の比として事後的に計算される。
　また、上式の変化率は近似的に以下のように表される。

名目GDP成長率＝実質GDP成長率－GDPデフレーター変化率（インフレ率）

　通常、**実質GDP成長率で経済成長率を測る。**
　なお、実質値では三面等価の原則は成立しない。実質GDPと実質GDIの間には次の関係が成立する。

実質GDP＝実質GDI－交易利得

重要ポイント 7　一般物価指数

　一般物価指数とは，基準年次の物価に対して比較年次の物価がどれだけの水準にあるかをみる指数であり，代表的な財の価格の加重平均として計算される。加重平均を求める際のウエートに基準年次の数量を用いる**ラスパイレス指数**P_Lと比較年次の数量を用いる**パーシェ指数**P_Pが，代表的な物価指数である。

　財がxおよびyの2種類の場合，おのおのは以下のように定義される（p：財価格，Q：財の数量，上付添字0：基準年次，t：比較年次）。

ラスパイレス指数：$P_L = \dfrac{p_x^t Q_x^0 + p_y^t Q_y^0}{p_x^0 Q_x^0 + p_y^0 Q_y^0}$

パーシェ指数：$P_P = \dfrac{p_x^t Q_x^t + p_y^t Q_y^t}{p_x^0 Q_x^t + p_y^0 Q_y^t}$

　ラスパイレス指数は，比較年において基準年と同量の財を購入する場合の必要額が，基準年の総額と比較してどの程度変化したかをみるものであり，計算に必要なデータを得やすい。**ラスパイレス指数は，消費者物価指数（CPI）や企業物価指数（CGPI）などに用いられる。**

　パーシェ指数は，比較年の財の購入総額が，基準年において比較年と同量の財を購入する場合の必要額からどの程度変化したかをみるものであり，より現実の動きを反映したものになる。**GDPデフレーターはパーシェ指数である。**

　なお，計算上，ラスパイレス指数は上方バイアスがかかり，値が高めに出やすい一方，パーシェ指数は下方バイアスが生じやすい。

実 戦 問 題 **1** 　基本レベル

＊
No.1 　国内総生産（GDP）に関する次の記述のうち，妥当なものはどれか。

【地方上級（全国型）・平成28年度】

1 　GDPとは，1国全体の付加価値の合計ではなく，財・サービスの生産額の合計であり，原材料などに使われた中間生産物価値と最終生産物価値の合計である。

2 　GDPを分配面から見ると，雇用者報酬と営業余剰・混合所得の合計に補助金を加え，生産および輸入に係る租税を引いたものから，さらに固定資本減耗を引いたものである。

3 　GDPを支出面から見ると，民間消費，民間投資，政府支出および輸入の合計から輸出を引いたものである。民間投資には，設備投資と住宅投資が含まれるが，在庫投資は含まれない。

4 　GDPには，株や土地などの資産の価格上昇に伴う利益や中古品の売上げは含まれるが，政府が提供する行政サービスや持ち家の住宅サービスは含まれない。

5 　ある国の海外からの要素所得受取りが海外への要素所得支払いよりも大きくなると，GDPより国民総所得（GNI）のほうが大きくなる。

＊
No.2 　次のA～Eの記述のうち，国内総生産（GDP）に含まれるものの組合せとして，妥当なのはどれか。 【地方上級（特別区）・平成30年度】

A：土地や株式の取引における仲介手数料

B：保有資産の価格が変動することによって得られるキャピタル・ゲイン

C：警察，消防，国防といった政府が提供する公共サービス

D：農家が自分で生産したものを市場に出さないで自分で消費する農家の自家消費

E：掃除，洗濯，料理といった主婦または主夫による家事労働

1 　A，B，D

2 　A，C，D

3 　A，C，E

4 　B，C，E

5 　B，D，E

No.3 次の数値は，ある国の経済活動の規模を表したものである。この国の説明として妥当なものはどれか。 【地方上級（全国型）・平成23年度】

民間最終消費支出：200
国内総固定資本形成：0
政府最終消費支出：100
財・サービスの純輸出：50
海外からの所得の純受取り：10
在庫品増加：20
間接税：50
補助金：30
固定資本減耗：20

1 国内総生産は350である。

2 市場価格表示の国内純生産は330である。

3 要素費用表示の国内純生産は370である。

4 市場価格表示の国民所得は320である。

5 要素費用表示の国民所得は340である。

No.4 ある国の経済が，

$Y＝C＋I＋G＋X－M$
$Y＝C＋S＋T$

［ Y：国民所得， C：民間消費， I：民間投資，
G：財政支出， X：輸出， M：輸入，
S：民間貯蓄， T：租税 ］

で示されるとき，ISバランス・アプローチにおける，この国の民間部門の貯蓄超過，経常収支の黒字および政府部門の黒字に関する記述として，妥当なのはどれか。

【地方上級（特別区）・令和3年度】

1 経常収支が黒字で，民間部門において投資が貯蓄を上回るならば，政府部門は赤字である。

2 政府部門が黒字で，民間部門において貯蓄が投資を上回るならば，経常収支は赤字である。

3 民間部門において貯蓄と投資が等しく，政府部門が赤字ならば，経常収支は黒字である。

4 政府部門の収支が均衡し，民間部門において投資が貯蓄を上回るならば，経常収支は黒字である。

5 経常収支が均衡し，民間部門において貯蓄が投資を上回るならば，政府部門は赤字である。

No.1 の解説 GDPと三面等価の原則　　　　　　　　→問題はP.26 **正答5**

　　GDPに関する基本的論点を列挙した問題である。

1 ✕ **GDPとは，1国全体の付加価値の合計である。**

したがって，GDPは，財・サービスの生産額の合計から中間生産物価値の合計を差し引いたものである。また，最終生産物価値の合計に等しくなる。

2 ✕ **GDPは粗（グロス）概念である。**

GDPを分配面から見ると，雇用者報酬，営業余剰・混合所得，固定資本減耗，生産および輸入に係る租税の和から補助金を引いたものである。固定資本減耗を含むものが粗概念であるから，粗概念であるGDPが固定資本減耗を引いたものと定義されることはありえない。なお，固定資本減耗を差し引いたものは純（ネット）概念である。

3 ✕ **支出面から見たGDPには，輸出−輸入（海外需要）が含まれる。**

支出面から見たGDPは，理論上，国内需要としての民間消費，民間投資および政府支出と海外需要としての純輸出（輸出−輸入）の合計である。また，民間投資は設備投資，住宅投資および在庫投資に区分される。

4 ✕ **GDPには，株や土地などの資産の価格変動分は計上しない。**

また，中古品の売上げも含まない（ただし，株式や土地，中古品の仲介業者の手数料は含む）。一方で，政府が提供する行政サービスは政府支出として計上され，持ち家の住宅サービスは帰属家賃として民間消費に計上される。

5 ◎ **GDP＋海外からの要素純所得受取り＝GNIである。**

妥当である。海外からの要素純所得受取り＝海外からの要素所得受取り−海外への要素所得支払いであるから，これがプラスになると，GDP＜GNIとなる。

No.2 の解説 GDPへの計上

→問題はP.26 **正答2**

　GDPに関する基本知識を具体例で確認する問題である。なお，以下では，GDPに含まれるケースを○，含まれないケースを×で示す。

A○ **GDPは一定期間内の変化を表すフロー変数である。**

土地や株式のような資産はストック変数であり，それ自体の価値はGDPには計上しない。しかし，これらの仲介手数料は，仲介というサービスを生産したことで得られる所得であるから，GDPに計上する。

B× **GDPにキャピタルゲイン（キャピタルロス）は計上しない。**

Aと同様，たとえ土地や株式のような資産の価値が変動してキャピタルゲイン（キャピタルロス）が発生しても，それは資産自体の価値の変動であり，GDPには計上しない。

C○ **GDPには，公共サービスの提供を市場価値に換算して計上する。**

GDPには，民間部門，公的部門を問わず，1国内の生産額を計上する。

D○ **GDPは生産額の指標であり，だれが消費したかを問題としていない。**

生産者が自らの生産物を自家消費した場合でも，1国内での生産物であれば自己に売却したとみなし，市場価値に換算して計上する。これを帰属計算という。

E× **GDPは，原則として，経済活動による生産物を計上する。**

したがって，主婦または主夫の家事労働は経済活動ではないために計上しないが，同じ行為を家事サービスとして家政婦（家政夫）が対価を得て行う場合はGDPに計上される。ただし，Cで挙げた政府の公共サービスの提供がGDPに計上されるように，民間非営利団体によるサービスの提供もGDPに計上される。

　よって，正答は**2**である。

現行のSNAでは，国内総生産GDPから狭義の国民所得NIを求めることが中心となるが，この過程で現行のSNAでは用いられなくなった表現が存在する。この点についての出題であり，やや専門的である。

STEP❶ GDPとその系列指標

支出面から，この国の国内総生産GDPを求めると，

GDP＝民間最終消費支出＋国内総固定資本形成＋在庫品増加＋政府最終消費支出＋財・サービスの純輸出
＝200＋0＋20＋100＋50＝370

である（**1**は誤り）。ここで，純輸出とは，輸出－輸入のことである。

次に，国内純生産NDP（市場価格表示）は，

NDP＝国内総生産－固定資本減耗＝370－20＝350

である（**2**は誤り）。また，要素費用表示の国内純生産は，いわゆる国内所得DIとして，

DI＝国内純生産－（間接税－補助金）＝350－（50－30）＝330

となる（**3**は誤り）。現行のSNAでは，DIという概念を用いないので，DIが労働という生産要素の取り分である雇用者報酬と資本という生産要素（を所有する経済主体）の取り分である営業余剰に大別できることを踏まえ，要素費用表示の国内純生産と表現する。

STEP❷ NIとその系列指標

国民総所得GNI（以前の国民総生産GNP）は，

GNI＝国内総生産＋海外からの所得の純受取＝370＋10＝380

である。次に，市場価格表示の国民所得はいわゆる国民純所得NNIとして，

NNI＝国民総生産－固定資本減耗＝380－20＝360

となる（**4**は誤り）。また，要素費用表示の国民所得NIは，

NI＝市場価格表示の国民純生産－（間接税－補助金）
＝360－（50－30）＝340

となる。よって，正答は**5**である。

補足：GNIとGNP

現行のSNAでは，国内純生産（市場価格表示）から純間接税（間接税－補助金）を控除し，海外からの純要素所得受取を加えることで，国民所得NIを算出する（したがって，上述のように国内所得DIの概念を用いない）。そして，これに純間接税および固定資本減耗を加え戻すことで，いわゆる国民総生産GNPに相当する値を得る。海外からの要素所得受取を含めるために，「生産」よりは「所得」の意味合いの強い概念となるため，国民総所得GNIと呼ぶ。また，この過程において国民純所得NNIという概念は現れないため，この概念を表す際には市場価格表示（純間接税を差し戻したことで市場価格になるため）の国民所得との呼び表し方を用いる。

No.4 の解説 *ISバランス式*　　　　　　　　　　→問題はP.27　**正答5**

1式目の総需要の式$Y＝C＋I＋G＋X－M$と2式目の総供給の式$Y＝C＋S＋T$の右辺同士を等しいとおくと,

$C＋S＋T＝C＋I＋G＋X－M$

を得る。これを整理すれば,

$(X－M)＝(S－I)＋(T－G)$　……※

との形で, *IS*バランス式を得る。以下, この※式をもとに説明する。

この式は, 左辺$(X－M)$が経常収支（正値が経常黒字）, 右辺第1項$(S－I)$が民間部門の貯蓄・投資バランス, 右辺第2項$(T－G)$が財政収支（正値が財政黒字）をおのおの表している。

なお, $X－M$の項は, 厳密には経常収支ではなく, 貿易・サービス収支を表す。統計上, 経常収支にはこれ以外に所得収支および経常移転収支を含むが, 問題を解くうえでは, 言及されていないこれら2つの項目を度外視して, $X－M$を経常収支とみなす。

1 ✕ 経常収支が黒字ならば左辺は正値である。一方, 民間部門で投資が貯蓄を上回っているなら右辺第1項は負値であるから, 等式が成立するためには, 右辺第2項の政府部門の収支は黒字（正値）でなければならない。

2 ✕ 右辺第2項の政府部門が黒字（正値）であり, 右辺第1項において貯蓄が投資を上回る, つまり民間部門の収支も黒字（正値）であるならば, 左辺の経常収支は必ず黒字（正値）になるはずである。

3 ✕ 貯蓄と投資が等しければ右辺第1項はゼロである。したがって, 政府部門の赤字によって右辺が負値になるから, 左辺の経常収支も赤字（負値）でなければならない。

4 ✕ 政府部門の収支が均衡している（$T＝G$）なら右辺第2項はゼロであり, 民間部門において投資が貯蓄を上回るなら右辺第1項は赤字（負値）になる。つまり, 右辺は赤字であるから, 左辺の経常収支も赤字になるはずである。

5 ◎ 妥当である。経常収支が均衡している, つまり左辺がゼロであるならば, 右辺もゼロになる。ここで, 民間部門において貯蓄が投資を上回っているならば右辺第1項は黒字（正値）であるから, 右辺第2項の政府部門の収支は赤字（負値）でなければならない。

No.5 A財, B財のみが生産されている経済を考える。この経済の基準年における名目GDPは1,200であり, このうち半分はA財の生産によるものである。また, 比較年における名目GDPは40%増加しているが, この名目GDPに占めるA財の割合は不変である。さらに, 基準年と比較年との間において, A財の価格は変化せず, B財の価格は20%上昇している。基準年のA財とB財の価格がともに1であるとき, 比較年の実質GDPはいくらか。 【国家一般職・平成20年度】

1 1,400

2 1,470

3 1,540

4 1,610

5 1,680

No.6 2019年，2020年のそれぞれにおける財Aと財Bの価格と販売量は次の表のとおりであった。

価格	2019年	2020年
財A	20	10
財B	10	20

販売量	2019年	2020年
財A	20	10
財B	10	20

2019年を基準年（基準年の物価指数＝100）として2020年の物価指数を，①ラスパイレス方式，②パーシェ方式でそれぞれ求めた値の組合せとして妥当なのはどれか。

【国家一般職・令和4年度】

	①	②
1	80	100
2	80	125
3	100	80
4	100	100
5	125	80

実戦問題❷の解説

物価指数の定義を知らなくても、実質値の意味がわかっていれば解ける問題である。ただし、本問を理解すれば、GDPデフレーターが事後的に定義される物価指標であることの意味が明らかとなる。

STEP❶　名目GDPと実質GDPの意味

名目GDPとは、各財の生産額の総和である。生産額は価格×生産量であるから、名目GDPは、各財の価格×生産量の総和になる。

実質GDPは、基準年の価格を比較年の生産量を乗じることで、物価変動がなかった場合の比較年の生産額の総和である。

なお、GDPは付加価値ベースで測られるが、付加価値総額は最終需要総額に等しくなるから、ここでの2財は最終消費財と考えることもできる。

STEP❷　基準年と比較年の名目GDPの要因分解

まず、基準年においては、名目GDPの1200についてA財とB財の占める比率が半分ずつであり、かつ2財の価格がともに1であることから、

名目GDP＝A財価格P_A^0×A財生産量Q_A^0＋B財価格P_B^0×B財生産量Q_B^0

$$1200 = 600 + 600$$
$$= 1 \times Q_A^0 + 1 \times Q_B^0$$

が成立する。なお、価格Pおよび生産量Qの上付き添字0は基準年を表している。ここから、基準年の生産量はおのおの$Q_A^0 = 600$、$Q_B^0 = 600$、である。

次に、比較年における名目GDPは40%増加しているから1.4×1200＝1680である。ここに占めるA財とB財の割合は不変であるから、2財の生産額は840ずつである。また、比較年では、A財価格は1、B財価格は1.2であるから、

名目GDP＝A財価格P_A^1×A財生産量Q_A^1＋B財価格P_B^1×B財生産量Q_B^1

$$1680 = 840 + 840$$
$$1680 = 1 \times Q_A^1 + 1.2 \times Q_B^1$$

であり、比較年の生産量がおのおの$Q_A^1 = 840$、$Q_B^1 = 700$であることがわかる。

以上の内容をまとめたものが次の表である。

	P_A	Q_A	P_B	Q_B	GDP
基準年	1	600	1	600	1200
比較年	1	840	1.2	700	1680

STEP❸　比較年の実質GDPの算出

比較年の実質GDPは、上の表において、比較年における各財の価格が基準年のままであった場合の生産額の総和である。したがって、

実質GDP＝A財価格P_A^0×A財生産量Q_A^1＋B財価格P_B^0×B財生産量Q_B^1

$$= 1 \times 840 + 1 \times 700$$

$$=1540$$

となる。よって，正答は**3**である。

補足：比較年の名目GDPと実質GDPの意味

比較年について，名目GDPの実質GDPに対する比をとると，

$$\frac{P_A^t \times Q_A^t + P_B^t \times Q_B^t}{P_A^0 \times Q_A^t + P_B^0 \times Q_B^t}$$

となる。これは各財価格の変化を比較年の数量で評価したものであるから，パーシェ型物価指数の定義にほかならない。パーシェ型物価指数として計算されるGDPデフレーターは，直接に計算されるのではなく，上のように名目GDPと実質GDPの比として事後的に得られる。ここから，GDPデフレーターは陰伏的（インプリシット）な物価指数であるといわれる。

No.6 の解説 ラスパイレス型物価指数 →問題はP.33 正答**2**

STEP❶ 物価指数の定義

価格をP_t^i，数量をQ_t^iとおき，下付き添字tで時間を（$t=19$(2019年)，$t=20$(2020年)），一方，上付き添字iで財を（$i=A,B$）それぞれ表すとすると，①ラスパイレス方式による物価指数P^Lおよび②パーシェ方式による物価指数P^Pは，おのおの，

$$P^L = \frac{P_{20}^A Q_{19}^A + P_{20}^B Q_{19}^B}{P_{19}^A Q_{19}^A + P_{19}^B Q_{19}^B} \quad \cdots\cdots ①$$

$$P^P = \frac{P_{20}^A Q_{20}^A + P_{20}^B Q_{20}^B}{P_{19}^A Q_{20}^A + P_{19}^B Q_{20}^B} \quad \cdots\cdots ②$$

と定義される。

STEP❷ 数値の代入

①式および②式に問題文の数値を与えると，

$$P^L = \frac{10 \times 20 + 20 \times 10}{20 \times 20 + 10 \times 10} = 0.8 \quad \cdots\cdots ①'$$

$$P^P = \frac{10 \times 10 + 20 \times 20}{20 \times 10 + 10 \times 20} = 1.25 \quad \cdots\cdots ②'$$

と，具体的な数値が求められる。なお，基準年を100としているので，計算結果を100倍して，①$P^L=80$，②$P^P=125$となる。

よって，正答は**2**である。

産業連関分析

必修問題

　次の表は，封鎖経済の下で，すべての国内産業がA，BおよびCの3つの産業部門に分割されているとした場合の単純な産業連関表であるが，表中のア〜カに該当する数字の組合せとして，妥当なのはどれか。

【地方上級（特別区）・平成23年度】

投入＼産出		中 間 需 要			最終需要	総産出額
		A産業	B産業	C産業		
中間投入	A産業	20	30	50	ア	イ
	B産業	40	40	20	60	160
	C産業	ウ	30	110	60	エ
付加価値		100	オ	90		
総投入額		230	カ	270		

	ア	イ	ウ	エ	オ	カ
1	130	220	60	260	60	160
2	120	220	60	270	50	150
3	120	220	60	260	50	150
4	130	230	70	270	50	160
5	130	230	70	270	60	160

難易度　＊

必修問題の解説

　産業連関表の見方を問う問題である。これは産業連関分析の基礎となるため，必ずマスターしておきたい。

STEP❶　産業連関表の横方向の意味

　産業連関表を横に見ると，各産業の生産物の需要先ごとの販売額を表している。これは，たとえば，コメを加工して別の財を生産するために需要されるケースと食卓に載せるために需要されるケースがあるように，大きく中間需要と最終需要に分かれる。なお，最終需要は国内需要と海外需要に分けることもできる。

　したがって，中間需要額と最終需要額の和は総産出額になるため，各行の最も右の欄はそれまでの欄の合計になる。つまり，

　A産業：20＋30＋50＋**ア**＝**イ**　……①

B産業：40＋40＋20＋60＝160　……②

C産業：**ウ**＋30＋110＋60＝**エ**　……③

が成り立つ。

STEP❷　産業連関表の縦方向の意味

　産業連関表を縦に見ると，各産業の投入物の供給元ごとの調達額を表している。これは，表の左上の20は横に見るとA産業がA産業に販売した額となるが，縦に見るとA産業がA産業から調達した原材料の額となる。たとえば，種もみとして生産されるコメを農業者が調達するようなケースを考えればよい。なお，付加価値は労働による部分と資本による部分に分けることもできる。

　したがって，中間投入額と付加価値額の和は総投入額になるため，各列の最も下の欄はそれまでの欄の合計になる。つまり，

A産業：20＋40＋**ウ**＋100＝230　……①′

B産業：30＋40＋30＋**オ**＝**カ**　……②′

C産業：50＋20＋110＋90＝270　……③′

が成り立つ。ここから，**ウ**＝230－（20＋40＋100）＝70になる。

STEP❸　産業連関表の横と縦の関係

　各産業では，調達した中間投入に付加価値を付して財・サービスを産出するのであるから，付加価値を含めた総投入額は総産出額に等しくなる。つまり，各産業において，横方向の最も右の値と縦方向の最も下の値は定義上等しくなる。つまり，

A産業：**イ**＝230　……①″

B産業：160＝**カ**　……②″

C産業：**エ**＝270　……③″

が成り立つ。

STEP❹　空欄の計算

　以上の関係より，

①に①″を代入すると，**ア**＝230－（20＋30＋50）＝130

②に②″を代入すると，**オ**＝160－（30＋40＋30）＝60

となる。よって，正答は**5**である。

正答 **5**

FOCUS

　産業連関表はレオンチェフが考案したものである。産業連関表においては産出と投入の比率（投入係数）が，労働と資本の投入も含め，一定となる。したがって，投入係数一定型の生産関数をレオンチェフ型と称する。なお，国際貿易論（ミクロ経済学）のヘクシャー＝オリーン定理がアメリカ合衆国において実証的に成立しないことを示すレオンチェフの逆説も，産業連関表から導かれたものである。

重要ポイント 1 ▶ 産業連関表

レオンチェフの考案した**産業連関表**は，マクロ経済をいくつかの部門に区分した
うえで，相互の関連について示したものである。通常は，異なる部門を同時に分析
するため，GDP同様，金額単位で表される。

投入 ＼ 産出	中 間 需 要		最終需要	産出
	部門1（農業）	部門2（工業）		
部門1（農業）	40	40	20	100
部門2（工業）	20	20	40	80
付加価値 営業余剰	10	5		
雇用者報酬	30	15		
投　入	100	80		

表の横方向は，産出物の販売先を示すものであり，原材料などの購入である中間
需要と直接に利用するための最終需要に大別できる。たとえば，同じコメでも，他
の財に加工する業者に売ることも食用にする消費者に売ることもできる。

表の縦方向は，産出を行うために必要な投入物の調達額を示すものであり，原材
料などとそれを加工して付加価値を与えるための生産要素に大別できる。

表は，産出と投入が等しくなるように定義されるので，各産業で縦方向に足して
いくと最も下の値に，横方向に足していくと最も右の値になるが，縦の合計と横の
合計は必ず等しくなる（ただし，縦の列の合計が示されないケースもあるので注意
が必要である）。たとえば，上の表では，第1産業の生産は，横方向では，

部門1への40の中間需要＋部門2への40の中間需要＋20の最終需要＝100の産出

となり，縦方向では，

部門1からの + 部門2からの + 資本に対する + 労働者への = 100の投入
40の投入　　　20の投入　　　10の支払い　　　30の支払い

となる。

重要ポイント 2 ▶ 三面等価原則との関連

産業連関表において，2部門をまとめて横方向に見ると，

中間需要総額＋最終需要総額＝産出総額

となるが，縦方向に見ると，

中間投入総額＋付加価値総額＝投入総額

となる。中間需要と中間投入は，表では同じ箇所をさしていることからわかるよう
に実際には同一であり，また，産出総額と投入総額は定義上等しくなるので，

最終需要総額＝付加価値総額

が成立する。最終需要とは国内需要と海外需要の和になるので，この式は支出面か

ら見たGDPが生産面から見たGDP（定義上，付加価値総額に当たる）に等しいことを表している。

また，付加価値総額の内訳が，

付加価値総額＝営業余剰＋雇用者報酬

であるのは，生産面から見たGDPの内訳が分配面から見たGDPに等しくなることを表している（ここでは固定資本減耗や純間接税は考慮していない）。

重要ポイント 3 ▶ 投入係数

産業連関表において，各部門の中間投入（①の表の下線部）の各項をその部門の投入で割った値を**投入係数**という。これは，ある部門の投入のうち特定の部門からの投入がどれだけの比率を占めるかという値である。

①の例で計算すれば，次の表のようになる。たとえば，表中の左上の欄の0.4は，部門1の投入100のうちの部門1からの投入40の占める割合である。

産業連関分析においては投入係数の値は一定と仮定される。

0.4	$\left(=\dfrac{40}{100}\right)$	0.5	$\left(=\dfrac{40}{80}\right)$
0.2	$\left(=\dfrac{20}{100}\right)$	0.25	$\left(=\dfrac{20}{80}\right)$

重要ポイント 4 ▶ 産業連関分析

重要ポイント3の投入係数を用いて，①の表の横の行を書き改めれば，以下のようになる。

$0.4 \times 100 + 0.5 \times 80 + 20 = 100$

$0.2 \times 100 + 0.25 \times 80 + 40 = 80$

これをより一般的に，部門1の産出をQ_1，部門2の産出をQ_2とすると，

$0.4Q_1 + 0.5Q_2 + 20 = Q_1$

$0.2Q_1 + 0.25Q_2 + 40 = Q_2$

になる。これは数量方程式と呼ばれる関係であり，ここからQ_1とQ_2の値を求めることができる。もちろん，そのまま連立すれば，もとの$Q_1=100$，$Q_2=80$に戻るだけであるが，特定部門の内需もしくは外需，すなわち最終需要が増加した場合の，他部門などへの波及効果を分析することが可能になる。これを**産業連関分析**という。

実 戦 問 題

No.1 次の表は，ある国の，2つの産業部門からなる産業連関表を示したものであるが，この表に関する以下の記述において，文中の空所A，Bに該当する数字の組合せとして，妥当なのはどれか。ただし，投入係数は，すべて固定的であると仮定する。

【地方上級（特別区）・令和4年度】

投入 ＼ 産出		中間需要		最終需要		総産出額
		産業Ⅰ	産業Ⅱ	国内需要	純輸出	
中間投入	産業Ⅰ	50	50	ア	10	イ
	産業Ⅱ	25	100	40	35	200
付加価値		75	50			
総投入額		150	ウ			

この国の，現在の産業Ⅰの国内需要「ア」は　A　である。

今後，産業Ⅰの国内需要「ア」が70％増加した場合，産業Ⅱの総投入額「ウ」は　B　％増加することになる。

	A	B
1	40	6
2	40	8
3	40	24
4	80	46
5	80	68

◆ **No.2** ** ある国の経済は，産業１，産業２の２部門からなり，その産業連関表は次のように与えられる。

投入＼産出		中間需要		最終需要	総生産量
		産業１	産業２		
中間投入	産業１	8	6	6	20
	産業２	4	12	14	30
付加価値		8	12		
総生産量		20	30		
雇用者数（人）		200	300		

各産業において，生産量と雇用者数は比例するものとする。今，産業１の最終需要が６から10増えて16になり，さらに産業２の最終需要が14から６増えて20になったとする。

このとき，経済全体の総雇用者数の増加人数として最も妥当なのはどれか。

【国家総合職・令和５年度】

1 400人
2 450人
3 500人
4 550人
5 600人

** **No.3** AおよびBの２つの産業からなる産業連関表において，投入係数の値が次のように与えられている。ここで，各産業の総産出量が，A産業は300，B産業は200であるとするとき，各産業の付加価値の組合せとして正しいのはどれか。

【国家一般職・平成14年度】

投入＼産出	A産業	B産業
A産業	0.04	0.20
B産業	0.24	0.30

	A産業	B産業
1	52	40
2	72	60
3	84	56
4	184	132
5	216	100

表は産業Ⅰ，産業Ⅱの２つの産業部門からなる産業連関表である。この表に関する以下の文章のA，Bに入る数値の組合せとして，妥当なのはどれか。ただし，CO_2排出量は総産出量に比例するものとし，また，投入係数は不変とする。

【国家総合職・平成11年度】

投入 \ 産出	産業Ⅰ	産業Ⅱ	最終需要	総産出量
産業Ⅰ	20	20	10	50
産業Ⅱ	25	50	25	100
付加価値	5	30		
CO_2排出量	5	10		

　産業Ⅰと産業Ⅱの最終需要がそれぞれ10増加した場合，産業Ⅰの総産出量は　A　となる。また，最終需要を減らして産業Ⅰ，産業ⅡのCO₂排出量をそれぞれ 2，5にするためには，産業Ⅱの最終需要は　B　としなければならない。

	A	B
1	85	12.5
2	85	15
3	60	12.5
4	60	15
5	75	12.5

実 戦 問 題 の 解 説

No.1 の解説　産業連関分析　　　　　　　　　　→問題はP.40　正答**2**

STEP❶　産業連関表の見方

　　産業連関表は，縦方向の投入総額と横方向の産出総額が等しくなるように構成されている。したがって，産業Ⅰの総投入額が150であるなら，横方向の総産出額も150である（イの値）。

　　また，横方向に，

　　　$50+50+$ア$+10=$イ

が成り立つのであるから，アの値は40になる（**A**の答え）。

　　なお，産業Ⅱの総産出額は200であるから，総投入額も200である（ウの値）。

STEP❷　投入係数の算出

　　STEP❶で完成させた表を，産業ごとに縦方向に割る（産業ごとに，各産業からの中間投入額を総投入額で割る）ことで投入係数を計算すると，次の表のようになる。

	産業Ⅰ	産業Ⅱ
産業Ⅰ	$\dfrac{50}{150}=\dfrac{1}{3}$	$\dfrac{50}{200}=\dfrac{1}{4}$
産業Ⅱ	$\dfrac{25}{150}=\dfrac{1}{6}$	$\dfrac{100}{200}=\dfrac{1}{2}$

STEP❸　数量方程式の立式

　　産業Ⅰの国内需要が70%増加して（$40×1.7=$）68になった場合の数量方程式を，産業Ⅰの総産出額（＝総投入額）をX，産業Ⅱの総産出額（＝総投入額）をYとしたうえで，**STEP❷**で求めた投入係数を用いて立てると，

$$\frac{1}{3}X+\frac{1}{4}Y+68+10=X \quad \cdots\cdots①$$

$$\frac{1}{6}X+\frac{1}{2}Y+40+35=Y \quad \cdots\cdots②$$

になる。

STEP❹　数量方程式の連立

　　①②を変形して不要なXを消去すると，

$$-\frac{2}{3}X+\frac{1}{4}Y+78=0 \quad \cdots\cdots①'$$

$$\frac{2}{3}X-2Y+300=0 \quad \cdots\cdots②'$$

$$Y=216$$

を得る。したがって，当初の200より16だけ増加する，つまり8%だけ増加する（**B**の答え）。

　　よって，正答は**2**である。

本問では，雇用量の増加が問われているが，生産量と雇用者数は比例するのであるから，まず生産量を求めておけば，雇用量はそれに比例させればよい。

STEP❶ 投入係数の産出

産業連関分析では，雇用だけでなく，各産業からの中間投入の割合も一定であると仮定する。その割合が投入係数であり，それらを表にした投入行列表を次のように求める。計算に際しては，産業連関表を縦方向に見ながら，各産業からの投入係数を求めなければならない（横方向に割っても正しい計算結果は得られない）。

	産業1	産業2
産業1	$\frac{8}{20}=0.4$	$\frac{6}{30}=0.2$
産業2	$\frac{4}{20}=0.2$	$\frac{12}{30}=0.4$

STEP❷ 需要増加による産業連関表の変形

STEP❶の結果を踏まえ，需要増加後の産業連関表を表すと以下のようになる。なお，ここで産業 i の総生産量を q_i $(i=1,2)$ とする。また，付加価値より下の欄は，計算を展開するうえで不要なので示さない。

投入＼産出		中間需要		最終需要	総生産量
		産業1	産業2		
中間投入	産業1	$0.4q_1$	$0.2q_2$	16	q_1
	産業2	$0.2q_1$	$0.4q_2$	20	q_2

STEP❸ 数量方程式の立式と連立

産業連関表を横方向に見れば，中間需要と最終需要の和が総生産量を表している。これを数式にしたものが数量方程式であり，次のように示される。

$$0.4q_1+0.2q_2+16=q_1 \quad \cdots\cdots①$$
$$0.2q_1+0.4q_2+20=q_2 \quad \cdots\cdots②$$

これらを連立すると q_1 および q_2 が得られる。たとえば，①式の両辺から q_1 を差し引いて3倍した式と，②式の両辺から q_2 を差し引いた式を，

$$-1.8q_1+0.6q_2+48=0 \quad \cdots\cdots①'$$
$$0.2q_1-0.6q_2+20=0 \quad \cdots\cdots②'$$

とし，①′式と②′式を足し合わせば，

$$q_1=42.5, \quad q_2=47.5$$

を得る。

STEP❹ 雇用者数の算出

　　産業 i の雇用者数を L_i（$i=1,2$）とすると，産業 1 においては，当初，20の総生産量に対して200の雇用者数であったのであるから，$L_1=10q_1$ が成り立つ。同様に，産業 2 においては，当初，30の総生産量に対して300の雇用者数であったのであるから，$L_2=10q_2$ が成り立つ。つまり，

　　　　$L_1=10\times42.5=425$

　　　　$L_2=10\times47.5=475$

であり，当初の雇用者数と比較すれば，各産業における雇用者数の増加は，

　　　　$\Delta L_1=425-200=225$

　　　　$\Delta L_2=475-300=175$

つまり，経済全体の総雇用者数の増加人数は，$225+175=400$〔人〕になる。よって，正答は**1**である。

〈別解〉

STEP❸ 変化分でみた数量方程式の立式と連立

　　STEP❷における修正された産業連関表を，変化分のみをみることで，

投入 ＼ 産出		中間需要		最終需要	総生産量
		産業 1	産業 2		
中間投入	産業 1	$0.4\Delta q_1$	$0.2\Delta q_2$	10	Δq_1
	産業 2	$0.2\Delta q_1$	$0.4\Delta q_2$	6	Δq_2

とすれば，これを用いて，数量方程式も変化分のみで，次のように表せる。

　　　　$0.4\Delta q_1+0.2\Delta q_2+10=\Delta q_1$

　　　　$0.2\Delta q_1+0.4\Delta q_2+6=\Delta q_2$

これを解くと，各産業の総生産量の増加分を，

　　　　$\Delta q_1=22.5, \quad \Delta q_2=17.5$

と得る。

STEP❹ 雇用者数の増加人数の算出

　　各産業の雇用者数 L_i（$i=1,2$）は総生産量と比例するので，

　　　　$\Delta L_1=10\Delta q_1, \quad \Delta L_2=10\Delta q_2$

となる。ここに**STEP❸**で求めた各産業の総生産量の増加分を代入すると，

　　　　$\Delta L_1=10\times22.5=225, \quad \Delta L_2=10\times17.5=175$

になるので，経済全体の総雇用者数の増加人数は，$225+175=400$〔人〕になる。

　与えられた投入係数から，もとの産業連関表を復元することで解ける問題である。産業連関表をよく理解していないと，この逆算は意外に手間取る。

STEP❶　もとの産業連関表の構成

　もとの産業連関表は下図のように，横方向には，その産業の算出額が各産業の中間投入として，または消費者に最終消費として需要された額を表し，縦方向には，その産業が各産業から調達した投入額に付加価値を加えた産出額を表している。

産出 投入	産業A	産業B	最終消費	産出
産業A	A_1	A_2	A_3	300
産業B	B_1	B_2	B_3	200
付加価値	V_A	V_B		
産出	300	200		

STEP❷　産業連関表と投入係数の関係

　このとき，投入係数は，産業連関表を縦方向に生産額で割ることで得られ，図の青枠内のようになる。

産出 投入	産業A	産業B
産業A	$A_1/300$	$A_2/200$
産業B	$B_1/300$	$B_2/200$
付加価値	$V_A/300$	$V_B/200$
産出	300/300	200/200

ここから，

$$A_1/300=0.04 \qquad A_2/200=0.20$$
$$B_1/300=0.24 \qquad B_2/200=0.30$$

が成立するので，

$$A_1=12 \qquad A_2=40$$
$$B_1=72 \qquad B_2=60$$

を得る。当初の産業連関表に差し戻せば，

産出 投入	産業A	産業B
産業A	12	40
産業B	72	60
付加価値	V_A	V_B
産出	300	200

となり，各産業の付加価値は，産業連関表の中間投入額と付加価値の和が産出額になることから，

$$12+72+V_\mathrm{A}=300 \qquad \Leftrightarrow \qquad V_1=216$$
$$40+60+V_\mathrm{B}=200 \qquad \Leftrightarrow \qquad V_2=100$$

が成立し，ここから，各産業の付加価値は，

$$V_\mathrm{A}=216$$
$$V_\mathrm{B}=100$$

になる。よって，正答は**5**である。

別解：STEP❷の最初の表に，問題文で与えられた投入係数の値を書き入れる。

投入＼産出	産業A	産業B
産業A	$A_1/300=0.04$	$A_2/200=0.20$
産業B	$B_1/300=0.24$	$B_2/200=0.30$
付加価値	$V_\mathrm{A}/300=X_\mathrm{A}$	$V_\mathrm{B}/200=X_\mathrm{B}$
産出	$300/300=1.00$	$200/200=1.00$

ここで，X_AとX_Bは付加価値の産出に占める割合である。また，各産業の投入割合（投入係数）の和に付加価値の割合を加えると1になることから，

$$0.04+0.24+X_\mathrm{A}=1.00$$
$$0.20+0.30+X_\mathrm{B}=1.00$$

が成立する。つまり，付加価値も含めたすべての投入物の割合の和は1になるということである。ここから，

$$X_\mathrm{A}=1.00-0.04-0.24=0.72$$
$$X_\mathrm{B}=1.00-0.20-0.30=0.50$$

になる。したがって，これを表に差し戻せば，

$$V_\mathrm{A}/300=0.72$$
$$V_\mathrm{B}/200=0.50$$

になるので，これを解いて，

$$V_\mathrm{A}=216$$
$$V_\mathrm{D}=100$$

を得る。

産業連関分析による波及効果の計算であるが，CO_2排出量といった産業連関表と直接には関連しない対象への影響を求めるものである。しかし，計算パターンは同じ構造であることに気づいてほしい。

STEP❶　産業連関表の補完と投入係数の算出

前問同様，示されていない縦方向の投入合計を補う。

投入＼産出	産業Ⅰ	産業Ⅱ	最終需要	総産出
産業Ⅰ	20	20	10	50
産業Ⅱ	25	50	25	100
付加価値	5	30		
投入合計	50	100		

この表を縦方向に見ることで，投入係数を次のように計算する。

	産業Ⅰ	産業Ⅱ
産業Ⅰ	0.4	0.2
産業Ⅱ	0.5	0.5
付加価値	0.1	0.3

STEP❷　Aについて産業連関表の修正

2つの産業の最終需要が10ずつ増加した場合の産業連関表を次に示す。ここで，産業Ⅰの産出量を$q_Ⅰ$，産業Ⅱの産出量を$q_Ⅱ$と表す。

投入＼産出	産業Ⅰ	産業Ⅱ	最終需要	総産出
産業Ⅰ	$0.4q_Ⅰ$	$0.2q_Ⅱ$	20	$q_Ⅰ$
産業Ⅱ	$0.5q_Ⅰ$	$0.5q_Ⅱ$	35	$q_Ⅱ$
付加価値	$0.1q_Ⅰ$	$0.3q_Ⅱ$		
投入合計	$q_Ⅰ$	$q_Ⅱ$		

STEP❸　数量方程式の立式と連立

修正された産業連関表を各産業について横方向に見ることで，各産業からの中間需要と最終需要の和が総産出量に等しくなることを，次の数量方程式で表す。

$$0.4q_Ⅰ+0.2q_Ⅱ+20=q_Ⅰ$$
$$0.5q_Ⅰ+0.5q_Ⅱ+35=q_Ⅱ$$

これをたとえば，

$$-3q_{\mathrm{I}}+q_{\mathrm{II}}+100=0$$
$$q_{\mathrm{I}}-q_{\mathrm{II}}+70=0$$

として，2式の辺々を足すことでこれを解けば，$q_{\mathrm{I}}=85$，$q_{\mathrm{II}}=155$を得る。

STEP❹ **Bについて産業連関表の修正**

当初の産業連関表を見ると，産業Ⅰでは50の産出に対して5のCO$_2$排出であり，産業Ⅱでは100の産出に対して10のCO$_2$排出であるから，両産業ともに産出の0.1の割合でCO$_2$を排出している。したがって，各産業のCO$_2$排出量を2，5にするには，$q_{\mathrm{I}}=20$，$q_{\mathrm{II}}=50$であればよいことになる。これを実現するような各産業の最終需要をd_{I}，d_{II}とすると，産業連関表は以下のように修正できる。ここで，中間投入の各欄の乗算は，投入合計に投入係数をかけて投入を逆算している。

投入＼産出	産業Ⅰ	産業Ⅱ	最終需要	総産出
産業Ⅰ	0.4×20	0.2×50	d_{I}	20
産業Ⅱ	0.5×20	0.5×50	d_{II}	50
付加価値	0.1×20	0.3×50		
投入合計	20	50		
CO$_2$排出量	2	5		

STEP❺ **数量方程式の立式と連立**

上の産業連関表の各産業について，中間投入と最終需要の和が総産出になることを，次の数量方程式として表す。

$$0.4\times20+0.2\times50+d_{\mathrm{I}}=20$$
$$0.5\times20+0.5\times50+d_{\mathrm{II}}=50$$

であり，これを整理すれば，

$$8+10+d_{\mathrm{I}}=20$$
$$10+25+d_{\mathrm{II}}=50$$

となるので，ここから$d_{\mathrm{II}}=15$（と$d_{\mathrm{I}}=2$）を得る。

よって，正答は**2**である。

第2章
財市場の分析

テーマ❸ 有効需要の原理
テーマ❹ 乗数理論
テーマ❺ 消費関数
テーマ❻ 投資の限界効率理論
テーマ❼ 投資理論

新スーパー過去問ゼミ**7**

マクロ経済学

試 験 別 出 題 傾 向 と 対 策

頻出度	試 験 名 / 年 度 / テーマ	国家総合職（経済区分）					国家一般職					国家専門職（国税専門官）				
		21〜23	24〜26	27〜29	30〜2	3〜5	21〜23	24〜26	27〜29	30〜2	3〜5	21〜23	24〜26	27〜29	30〜2	3〜5
	出題数	3	3	6	7	5	6	1	4	7	2	4	3	3	2	1
A	③有効需要の原理					1	2			3	1	2	1	1	1	
B	④乗数理論	1					1	1	1			1		2		
A	⑤消費関数	2	3	4	6	1	1		2	3	1	1	1		1	
C	⑥投資の限界効率理論			1		2										
B	⑦投資理論			1	1	1	2		1	1						1

　本章の内容は大きくテーマ3〜4とテーマ5〜7に二分できる。前半はケインズの国民所得決定理論である有効需要の原理（テーマ3）と，そこから導かれる国民所得をコントロールする手法である乗数理論（テーマ4）からなる。双方とも出題は計算問題の比重が高く，グラフ問題や文章題の形式をとっていても計算が絡むケースが多い。また，有効需要の原理と乗数のいずれを用いても解ける問題もあるほど両者は関連が深いが，原則として，国民所得の水準そのものを求めたい場合は有効需要の原理を，国民所得の変化分を求めたい場合は乗数を用いると覚えておこう。

　本章の後半は，有効需要（総需要）の二大項目である消費と投資のおのおのが何によって決定されるのかを検討する。ここでは学説間の違いを把握することが学習の柱となる。その際，背景の用語や定義も知っていなければ理解は進みにくいから，先行するテーマ群，特にテーマ1やテーマ3もあわせて復習するとよいだろう。

● 国家総合職（経済区分）

　有効需要の原理（テーマ3）および乗数理論（テーマ4）からの出題は1問ずつである。一方，消費については，平成26年度以降，複数問出題された年度も多く，かなり重視されている。また，学説比較よりも特定の学説を踏まえた計算が多い。投資についても同様に，特定の投資理論の計算がやや多い。内容も深いことが多いので，消費理論と投資理論は重点的に学習しよう。

● 国家一般職

　有効需要の原理（テーマ3）と乗数理論（テーマ4）のいずれかから1問出題されることが多いが，直近では出題ペースがやや落ちている。消費理論（テーマ5）は数年連続して出題された後，数年休止することの繰り返しである。一方で，投資理論に関する出題は，テーマ7から数年に一度出る程度である。なお，消費，投資とも，特定の学説を単独で問う計算問題と諸学説を比較するケースの双方の出題

地方上級 (全国型)					地方上級 (特別区)					市役所 (C日程)					
21~23	24~26	27~29	30~2	3~5	21~23	24~26	27~29	30~2	3~5	21~23	24~26	27~29	30~2	3~4	
1	3	3	4	0	3	6	7	6	4	5	3	3	1	2	
	1				1	3	2	2	1	1	1		1		テーマ3
1	1		1			1	2	1						2	テーマ4
	1	2	1		2		2	1	2	1	2				テーマ5
			1												テーマ6
		1	1			2	1	2	1	2	1	1			テーマ7

パターンが混在する。各テーマについて幅広い学習をして，ランダムな出題に対応できるようにしよう。

● **国家専門職（国税専門官）**

かつては，有効需要の原理（テーマ3）と乗数理論（テーマ4），または消費理論（テーマ5）のいずれかから1問出題される年度が多かった。しかし近年は，令和2年度（テーマ3）および令和4年度（テーマ7，なお，投資理論に関する出題は，過去15年では初めて）のみである。

● **地方上級（全国型）**

有効需要の原理（テーマ3）と乗数理論（テーマ4）の両者をあわせても，この分野からは5年に1度の出題ペースであり，内容的にも特に難解ではない。消費関数（テーマ5）もおおむね5年に1度の出題ペースであるが，投資理論については，平成29年度～令和2年度の前後ではまったく出題がなくなっている。この章からの出題は令和3年度以降途絶えているので，今後の出題については注意したい。

● **地方上級（特別区）**

有効需要の原理（テーマ3）と乗数理論（テーマ4）のいずれかから1問，消費と投資のいずれかからも1問，合計2問の出題であることが多い。内容に関しては，文章による学説比較と特定の学説を踏まえた計算が半々程度であるが，一定期間の経過後，類題が再び出題されるケースが多いので，特別区については過去の出題例を重視しよう。

● **市役所**

平成22年度以降，投資の限界効率理論（テーマ6）以外のいずれかから1問程度出題されることが多い。内容はさほど難解ではないものの範囲が多岐にわたっており，出題のないテーマは意図的に出題していないといっよりは，これまで偶然出題がなかったと考えたほうがよい。このため，幅広く学習しておいたほうがよい。

3 有効需要の原理

必修問題

　45度線分析の枠組みで考える。ある国のマクロ経済の体系が次のように示されている。

$Y＝C＋I＋G$

$C＝60＋0.75Y$ 〔Y：国民所得，C：消費，I：投資，G：政府支出〕

　この経済の完全雇用国民所得が1040，$I＝90$，$G＝100$であるとき，経済の需給ギャップに関する次の記述のうち，妥当なのはどれか。

【国家一般職・令和元年度】

1 10のインフレ・ギャップが存在している。

2 10のデフレ・ギャップが存在している。

3 20のインフレ・ギャップが存在している。

4 20のデフレ・ギャップが存在している。

5 40のデフレ・ギャップが存在している。

難易度 ＊

必修問題の解説

　45度線分析は，ケインズの有効需要の原理に基づく国民所得の決定理論であり，財市場（生産物市場）のみを分析対象とする。ケインズによると，国民所得は総需要の大きさによって決まるので，完全雇用国民所得が実現しない理由は総需要が不足しているか過剰であるかのいずれかである。この過不足を需給ギャップと呼び，完全雇用国民所得を達成する総需要と比較して，現実の総需要の不足分をデフレ・ギャップ，現実の総需要の超過分をインフレ・ギャップという。

STEP❶ 総需要と総供給を作図する

　問題文の$Y＝C＋I＋G$は，総供給$Y^s＝Y$と総需要$Y^D＝C＋I＋G$が一致した均衡国民所得の決定条件式であるので，これらを分離した図で考える。なお，マクロ経済学では国民所得Yは横軸に，総供給Y^sと総需要Y^Dは縦軸にとる。

　総供給Y^sについては，付加価値ベースの生産額が必ず労働または資本の保有者の所得Yとして完全分配されることから$Y^s＝Y$，つまり45度線として表される。

　総需要Y^Dは，$C＋I＋G$の各項に問題文の数式および数値を代入することで，

$Y^D＝C＋I＋G$

$＝60＋0.75Y＋90＋100$

$＝250＋0.75Y$

となる。つまり，正の縦軸切片と1未満の傾きを持つ直線である。なお，傾きの

0.75は消費関数$C=60+0.75Y$に由来し，限界消費性向と呼ばれる。

　以上より，均衡国民所得は総供給$Y^s=Y$と総需要$Y^D=250+0.75Y$の交点として，

$$Y=250+0.75Y$$

$$Y^*=1000$$

と求められる。

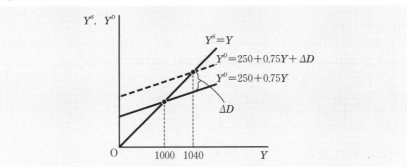

STEP❷　需給ギャップを図示して計算する

　需給ギャップΔDが解消され，完全雇用が達成される場合の総需要は，

$$Y^D=C+I+G+\Delta D=250+0.75Y+\Delta D$$

になる（ΔDが正ならデフレ・ギャップ，負ならインフレ・ギャップを表す）ので，この場合の国民所得は，

$$Y=250+0.75Y+\Delta D$$

$$=1000+4\Delta D$$

である。そして，この国民所得は完全雇用国民所得の1040になっているのであるから，$Y=1040$を代入すると，需給ギャップΔDは，

$$1040=1000+4\Delta D$$

$$\Delta D=10$$

つまり，10のデフレ・ギャップが存在していることになる。

　よって，正答は**2**である。

正答 **2**

FOCUS

　ケインズの有効需要の原理は，国民経済計算体系，特に三面等価原則を知っていると理解しやすい（実際には，ケインズ理論のほうが，国連の定める国民経済計算体系より時間的には先行しているが）。両者の類似性から，経済理論がどのように現実の経済を描写しているかに目を向けよう。

重要ポイント 1 マクロ経済モデルの基礎概念

付加価値ベースの総生産額は労働者か企業の所得になるから，国民所得Yは総供給Y^sに等しくなる。これを次のように表す。

$$Y^s=Y$$

総供給は，ケインズに従うと，有効需要の大きさで決まる。つまり，**国民所得は有効需要で決まる。これが有効需要の原理である。**

総需要Y^Dは，国内需要と海外需要の和であり，前者は民間消費C，民間投資I，公的需要Gの和であり，後者は純輸出（輸出X－輸入M）である。したがって，

$$Y^D=C+I+G+X-M$$

が成立する。有効需要の原理によると，国民所得Yは，一般的に$Y^s=Y^D$より，

$$Y=C+I+G+X-M$$

を満たすように決まる。これを財市場の均衡条件という。

財市場の均衡条件：$Y=C+I+G+X-M$

なお，総需要Y^Dの各要素は次のように決まると考えられる。

C：国民所得Y（もしくは可処分所得）の増加関数
I：利子率の減少関数
G：政府が決める外生変数
X：為替レートeの増加関数
M：国民所得の増加関数かつ為替レートeの減少関数

注意：記号Yは，過去の出題上，国民所得，GDP，総生産などと定義されている。狭義には国民所得は，SNA体系上の国民所得NIであるが，固定資本減耗，純間接税や海外からの純要素所得受取を考慮しなければGDPに等しいので，簡素化されたモデルではこれらを区別しない。また，GDPの関連概念の総称を（広義の）国民所得概念と表すことがあるので，この意味で用いているとも捉えられる。なお，単純に所得の語が用いられた場合も，マクロ経済理論上，国民所得の意味である。

また，特に明記しない限り，通常は**財市場の経済変数は実質値で表す**。

重要ポイント 2 消費関数（ケインズ型）

消費関数を，ケインズに従って，

$$C=C_0+cY$$

とする。C_0は**基礎消費**（独立消費）といい，所得に依存しない最低限の消費を表す定数である。所得が増加した場合，消費に充てる割合が**限界消費性向**cであり，0と1の間の値をとる。これを図にすれば以下のようになる。

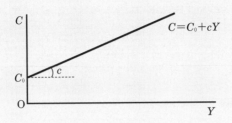

　なお，租税Tが存在する経済では，消費は可処分所得$Y-T$に依存すると考えられるため，消費関数は，

$$C=C_0+c(Y-T)$$

と修正されることになる。租税についてはテーマ4で取り上げる。

重要ポイント 3　**有効需要の原理による国民所得の決定**

　海外部門を無視した**閉鎖経済（封鎖経済）**を考える（海外部門を含む場合は**開放経済**）。貨幣市場で決まる利子率に依存する投資は一定とし，$I=\bar{I}$と表す。重要ポイント2の消費関数も考慮すると，総需要Y^Dは，

$$Y^D=C_0+cY+\bar{I}+G$$
$$=(C_0+\bar{I}+G)+cY$$

となる。カッコ内を切片とみれば，消費関数のグラフを上方に$\bar{I}+G$だけシフトさせたグラフになり，総需要が国民所得の関数であることになる。このように**所得に裏付けられた需要**のことをケインズは有効需要と呼んだが，**総需要と同義**である。

　これを総供給の式$Y^S=Y$と合わせて，グラフで表したものが以下である。これは総供給の式が45度線に当たることから**45度線分析**と呼ばれる。

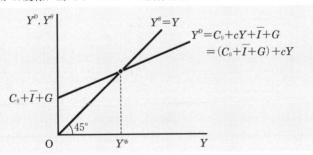

　重要ポイント1で説明した有効需要によって国民所得が決まることは，図のY^SとY^Dの交点で**均衡国民所得**Y^*が決まることに対応している。これは，$Y^S=Y^D$より，

$$Y=(C_0+\bar{I}+G)+cY$$

$$Y^*=\frac{C_0+\bar{I}+G}{1-c}$$

と求まる。

重要ポイント 4 **完全雇用国民所得と需給ギャップ**

　国民所得の望ましい水準として，**完全雇用国民所得Y_F（潜在国民所得）**を想定する。有効需要の原理によれば，完全雇用国民所得が達成されない理由は総需要の不足になる。そして，**完全雇用国民所得を達成する総需要と比較した現実の総需要の不足分をデフレ・ギャップ**と呼ぶ。逆に，**完全雇用国民所得を達成する総需要と比較した現実の総需要の超過分をインフレ・ギャップ**という。

> デフレ・ギャップ　：完全雇用国民所得を達成する総需要に対する現実の総需
> 　　　　　　　　　　要の不足分
> インフレ・ギャップ：完全雇用国民所得を達成する総需要に対する現実の総需
> 　　　　　　　　　　要の超過分

　図では，完全雇用国民所得を達成する総需要を点線で，現実の総需要を実線で表している。なお，完全雇用国民所得と均衡国民所得の差（$Y^* - Y_F$）は**GDPギャップ**と呼ばれる。

　デフレ・ギャップが生じている場合，完全雇用は達成されないから，失業が発生しており，また需要不足からデフレ圧力が生じている。逆に，インフレ・ギャップが生じているときは，労働者の不足とインフレ圧力が生じている。

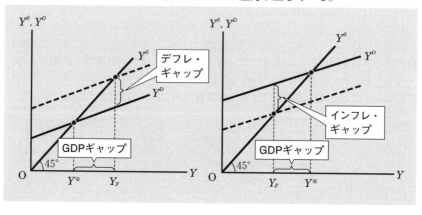

実戦問題 ❶ 基本レベル

No.1 *
45度線分析の枠組みで考える。ある国のマクロ経済が以下のように示されている。

$Y = C + I + G$　　　　⎡Y：国民所得，C：消費，⎤
$C = 150 + 0.8Y$　　　⎣I：投資，G：政府支出⎦

今，$I = 80$，$G = 100$であり，この経済のデフレギャップは30であった。このとき，現在の均衡国民所得は完全雇用国民所得をいくら下回っているか。

【労働基準監督官・令和4年度】

1　150
2　165
3　180
4　195
5　210

No.2 **
45度線分析の枠組みで考える。ある国において，政府は均衡予算による財政運営を行っており，この国のマクロ経済は，次のように示される。

財市場均衡条件：$Y = C + I + G$　　⎡Y：国民所得，C：消費，⎤
消費関数：$C = 0.6(Y - T) + 100$　⎢I：投資，G：政府支出，⎥
$T = 0.25Y$　　　　　　　　　　　⎣T：税収　　　　　　　　⎦
$I = 80$
$G = T$

今，この経済において発生しているインフレ・ギャップまたはデフレ・ギャップに関する記述として最も妥当なのはどれか。

ただし，完全雇用国民所得は500とする。

【国家総合職・令和5年度】

1　30のインフレ・ギャップが発生している。
2　100のインフレ・ギャップが発生している。
3　30のデフレ・ギャップが発生している。
4　70のデフレ・ギャップが発生している。
5　100のデフレ・ギャップが発生している。

No.3 次の図は縦軸に消費，投資および政府支出の合計を，横軸に国民所得を
とり，総需要曲線を*D*で表したものである。今，均衡国民所得を*Y₁*，完全雇用国民
所得を*Y₂*としたとき，有効需要理論による国民所得の決定メカニズムに関する次の
記述のうち，妥当なのはどれか。　　　　　　　　　　【地方上級（特別区）・平成9年度】

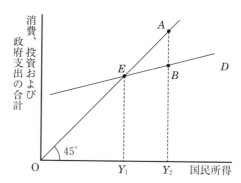

1　Y_2とY_1との差はインフレ・ギャップを表しており，これを解消するためには貯
蓄性向の引下げ，投資の縮小または政府支出の削減が必要である。

2　*AB*はインフレ・ギャップを表しており，これを解消するためには貯蓄性向の
引下げ，投資の縮小または政府支出の削減が必要である。

3　*AB*はデフレ・ギャップを表しており，これを解消するためには貯蓄性向の引
下げ，投資の縮小または政府支出の削減が必要である。

4　*AB*はデフレ・ギャップを表しており，これを解消するためには消費性向の引
上げ，投資の拡大または政府支出の増加が必要である。

5　Y_2とY_1の差はデフレ・ギャップを表しており，これを解消するためには消費性
向の引上げ，投資の拡大または政府支出の増加が必要である。

No.4 今期のマクロ経済モデルが，次のように表される**とする。**

$$Y = C + I + G$$
$$C = 80 + 0.75Y$$
$$I = 300$$
$$G = 120$$

$\begin{bmatrix} Y：国民所得，\ C：民間消費， \\ I：民間投資，\ G：政府支出 \end{bmatrix}$

ここで，来期においては，民間投資が20増加して，320になるという条件の下で，来期の国民所得を今期より10%増加させるには，政府支出をどれだけ増加させればよいか。

【国家一般職・平成15年度】

1 10

2 15

3 20

4 25

5 30

実戦問題 **1** の 解 説

No.1 の解説　需給ギャップ

→問題はP.59 **正答 1**

　必修問題の逆算に当たる出題である。需給ギャップの問題は図を描くと意味を理解しやすい。できるだけ作図する習慣を持ってほしい。

STEP①　均衡国民所得の計算と図示

　現在の均衡国民所得Y^*を求める。財市場均衡条件$Y=C+I+G$の右辺（総需要の各項目）に消費関数とIおよびGの数値を代入することで，

$$Y=C+I+G$$
$$=150+0.8Y+80+100$$
$$=330+0.8Y$$
$$Y^*=1650$$

を得る。図は，横軸に国民所得Y，縦軸に総供給Y^Sおよび総需要Y^Dを取った平面上において，総供給$Y^S=Y$のグラフ（45°線）と総需要$Y^D=330+0.8Y$のグラフの交点として均衡国民所得が$Y=1650$と定まることを表している（$Y=C+I+G$は総供給Y^Sと総需要Y^Dの式を等しいとおいているために，均衡条件と呼ばれる）。

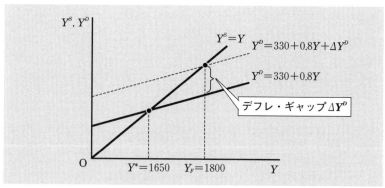

STEP②　デフレ・ギャップの計算

　完全雇用を実現する総需要と現実の総需要との差がデフレ・ギャップΔY^Dである。したがって，これが解消されれば完全雇用国民所得が実現する。図中では，総需要Y^Dが点線のグラフ（$Y^D=330+0.8Y+\Delta Y^D$）まで押し上げられたときの均衡国民所得が完全雇用水準Y_Fになっている。したがって，デフレ・ギャップ$\Delta Y^D=30$を総需要に付け加えて，均衡国民所得を再計算すれば，

$$Y=C+I+G+\Delta Y^D$$
$$=150+0.8Y+80+100+30$$
$$=360+0.8Y$$
$$Y_F=1800$$

となる。これが完全雇用国民所得であるから，現在の均衡国民所得は完全雇

　用国民所得を150下回っていることになる。
　　よって，正答は**1**である。

No.2 の解説 需給ギャップ　　　　　　　　　→問題はP.59　**正答1**

　　前間と同傾向の問題であるが，あえて図を描いていない。この場合，財市場均衡条件の左辺が総供給，右辺が総需要を表していることを意識してほしい。両辺のYを整理してしまうと，何を計算しているのか，意味が取りづらくなってしまう。

STEP❶　インフレ・ギャップおよびデフレ・ギャップの定義の確認

　　インフレ・ギャップまたはデフレ・ギャップとは現実の総需要と完全雇用を実現する総需要の差であり，正値であればインフレ・ギャップ，負値であればデフレ・ギャップとなる。

STEP❷　現在の国民所得の計算

　　ここで，財市場均衡条件の右辺に，問題文の条件を与えていくと，

　　　$Y=0.6(Y-T)+100+80+G$

を得る。ここに，$G=T=0.25Y$を代入すると，

　　　$Y=0.6(Y-0.25Y)+100+80+0.25Y$

となるが，総需要を表す右辺を整理すると，

　　　$Y=0.7Y+180$

となる。

STEP❸　インフレ・ギャップの計算

　　ここで，インフレ・ギャップをΔY^Dとおいて，これを総需要から差し引けば，完全雇用国民所得$Y=500$が実現することを，

　　　$500=0.7\times500+180-\Delta Y^D$

と表し，これを整理すれば，インフレ・ギャップを，

　　　$\Delta Y^D=30$

と得る。

　　よって，正答は**1**である。

　　Y_2 が完全雇用国民所得であるから，総需要が図中の D' であれば完全雇用
国民所得が実現する。つまり，現実の総需要が不足しているのであるから，
その差である AB がデフレ・ギャップである。一般に，完全雇用国民所得を
基準に，

　　完全雇用国民所得を実現する総需要－実際の総需要＝デフレ・ギャップ
　　実際の総需要－完全雇用国民所得を実現する総需要＝インフレ・ギャップ
である。

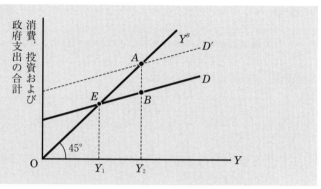

1✗　総需要と総供給は縦軸にとるので，需給ギャップは縦軸で測る。
　　Y_1 と Y_2 との差は，一般にはGDPギャップと呼ばれる。

2✗　AB はインフレ・ギャップではなく，デフレ・ギャップである。
　　完全雇用国民所得を実現する総需要よりも実際の総需要が少ない場合の需要
　　不足をデフレ・ギャップと呼ぶ。逆に実際の総需要の超過がインフレ・ギャ
　　ップである。

3✗　投資と政府支出の削減はデフレ・ギャップを拡大する。
　　投資と政府支出は総需要の一項目であるから，これらの削減はデフレ・ギャ
　　ップを解消するのではなく，むしろ拡大する。また，貯蓄性向の引下げは消
　　費性向の引上げを意味する（**テーマ5**も参照）から，これはデフレ・ギャッ
　　プの解消に寄与する。

4◎　総需要の各項目の増加はデフレ・ギャップを解消させる。
　　妥当である。消費，投資および政府支出はいずれも総需要の一項目であるか
　　ら，これらを刺激することは，総需要の不足あるデフレ・ギャップを解消す
　　る。

5✗　Y_1 と Y_2 との差は，インフレ・ギャップでもデフレ・ギャップでもない。
　　Y_1 と Y_2 の差は，GDPギャップと呼ばれる。

No.4 の解説　今期と来期の国民所得

→問題はP.61 **正答5**

　国民所得が，毎期，独立に決まるフロー変数であることをうまく活用するのが簡単に解くコツである。

STEP①　今期の国民所得

　今期の国民所得を求めるため，有効需要の原理に基づく財市場の均衡条件である$Y=C+I+G$の右辺に問題文のCの式およびIとGの値を代入すれば，

　　$Y=80+0.75Y+300+120$　　⇔　　$0.25Y=500$

より，今期の国民所得を$Y=2000$を得る。

STEP②　来期の国民所得

　来期の国民所得も，今期同様に，$Y=C+I+G$の右辺に問題文のCの式および$I=320$，政府支出$120+\Delta G$を代入すれば，

　　$Y=80+0.75Y+320+120+\Delta G$　　⇔　　$0.25Y=520+\Delta G$

になる。ここで，来期の国民所得を10％増加した$Y=2200$にするために必要な政府支出の増加額をΔGとして今期の政府支出120に付け加えている。そして，ここに目標とする$Y=2200$を代入すると，$0.25\times2200=520+\Delta G$より，

　　$\Delta G=30$

を得る。

　よって，正答は**5**である。

【別解】乗数効果を使う

STEP①　目標の設定

　今期の国民所得を$Y=2000$と求めるところまでは上記に同じであるが，来期の国民所得は，10％の増加分である$\Delta Y=2000\times0.1=200$を目標とする。

STEP②　乗数効果の適用

　国民所得の増加$\Delta Y=200$が，投資の増加$\Delta I=20$と政府支出の増加ΔGによって達成されると考える。本問は租税が存在しない閉鎖経済なので，乗数は$\dfrac{1}{1-c}$である。よって投資と政府支出が同時に増えると，乗数の式は，

$$\Delta Y=\frac{1}{1-c}(\Delta I+\Delta G)$$

となる。これへ限界消費性向$c=0.75$，$\Delta I=20$および$\Delta Y=200$を代入して，

　　$200=4\times20+4\times\Delta G$

とすれば，これを解いて，

　　$\Delta G=30$

になる。

第2章　財市場の分析

**
No.5　次のような開放マクロ経済のモデルを考える。

$$Y=C+I+G+X-M$$
$$\begin{bmatrix} Y：国民所得，　C：消費，　I：投資， \\ G：政府支出，　X：輸出，　M：輸入 \end{bmatrix}$$

ここで，消費関数が，

$$C=0.8（Y-T）+30　〔T：租税〕$$

で与えられ，輸入関数と租税関数が，それぞれ，

$$M=0.1Y$$

$$T=0.25Y$$

で与えられ，I，G，Xがそれぞれ一定として，

$$I=40，G=60，X=20$$

で与えられているとする。

このとき，貿易収支はいくらになるか。

【国税専門官／財務専門官／労働基準監督官・平成27年度】

1　20の貿易赤字
2　10の貿易赤字
3　0
4　10の貿易黒字
5　20の貿易黒字

No.6 ^{***} ある国のマクロ経済が次のように示されている。

$Y=C+I+G$

$C=20+0.8(Y-T)$

$I=70$

$G=150$

$T=tY$

ここで，Yは国民所得，Cは消費，Iは投資，Gは政府支出，Tは租税，tは限界税率である。

今，政府が完全雇用を達成するように限界税率tを定めた場合，政府の財政収支に関する次の記述のうち，妥当なのはどれか。なお，完全雇用国民所得は600とする。

【国家一般職・令和4年度】

1 均衡する。

2 25の黒字となる。

3 30の黒字となる。

4 25の赤字となる。

5 30の赤字となる。

No.7 ^{**} ある国の経済において，マクロ経済モデルが次のように表されているとする。

$Y=C+I+G+X-M$ 　$\begin{bmatrix} Y：国民所得，C：民間消費，I：民間投資， \\ G：政府支出，X：輸出，M：輸入 \end{bmatrix}$

$C=0.4Y+8$

$I=16$

$G=52$

$X=60$

$M=0.4Y+20$

このモデルにおいて，貿易収支を均衡させるために必要となる政府支出Gの変化に関する記述として，妥当なのはどれか。　【地方上級（特別区）・令和3年度】

1 政府支出を12減少させる。

2 政府支出を16減少させる。

3 政府支出を20減少させる。

4 政府支出を24増加させる。

5 政府支出を28増加させる。

No.8 ある国のマクロ経済が，次のように示されるとする。

$Y=C+I+G+X-M$　　〔Y：国民所得，C：消費，I：投資，
$C=40+0.8Y-T$　　　G：政府支出，X：輸出，M：輸入，T：税〕
$I=50$
$G=150$
$X=60$
$M=0.1Y$

　なお，投資，政府支出，輸出の大きさは一定であるとする。また，$T=tC$（t は定数で $0<t<1$）という関係が成立しているものとする。今，政府が経常収支（輸出－輸入）を均衡させるように t を決定した場合，財政収支（税－政府支出）に関する次の記述のうち，妥当なのはどれか。　　　　　【国家一般職・令和2年度】

1　均衡する。
2　15の黒字になる。
3　30の黒字になる。
4　15の赤字になる。
5　30の赤字になる。

実 戦 問 題 **2** の 解 説

→問題はP.66 **正答2**

No.5 の解説　貿易収支

貿易収支は$X-M=20-0.1Y$であるから，実質的には均衡国民所得Yを求める問題である。式数の多い見た目より易しい。

STEP❶　均衡国民所得

均衡国民所得Yを求めるには，総需要の各項目を埋めればよい。財市場の均衡条件式である$Y=C+I+G+X-M$に与えられた式や値を代入すると，

$$Y=0.8(Y-0.25Y)+30+40+60+20-0.1Y \quad ⇔ \quad 0.5Y=150$$

より，均衡国民所得は$Y=300$になる。

STEP❷　貿易収支の計算

貿易収支に均衡国民所得を代入すると，

$$X-M=20-0.1Y=20-0.1×300=-10$$

つまり，10の貿易赤字になる。

よって，正答は**2**である。

No.6 の解説　完全雇用と財政収支の均衡

→問題はP.67 **正答1**

STEP❶　完全雇用の実現に必要な税率

財市場均衡条件である$Y=C+I+G$の右辺各項に需要項目の各式および租税の式を代入し，これを整理すると，

$$Y=20+0.8(Y-tY)+70+150$$
$$=240+0.8(Y-tY)$$
$$=240+0.8(1-t)Y$$
$$Y-0.8(1-t)Y=240$$
$$1-0.8(1-t)=\frac{240}{Y}$$
$$0.8t=\frac{240}{Y}-0.2$$
$$t=\frac{300}{Y}-0.25$$

を得るが，ここに完全雇用国民所得$Y=600$を与えると，必要な税率を，

$$t=\frac{300}{600}-0.25=0.25$$

とできる。

STEP❷　財政収支の計算

このときの財政収支は，

$$G-T=150-0.25×600=0$$

となり，収支は均衡する。

よって，正答は**1**である。

STEP①　貿易収支の定義と均衡

　　貿易収支は輸出－輸入$(X-M)$と表すことができるから，その均衡$(X-M$ $=0)$は$X＝M$であり，ここに問題文の条件を与えると，

　　　　$60＝0.4Y＋20$

　　　　$Y＝100$

となる。つまり，貿易収支を均衡させるには国民所得$Y＝100$であることが必要である。

STEP②　国民所得の決定

　　$Y＝100$を達成するのに必要な政府支出Gを求める。財市場均衡条件$Y＝C$ $＋I＋G＋X－M$の右辺の総需要の各項目に問題文の数式および数値を与えることで，

　　　　$Y＝0.4Y＋8＋16＋52＋\varDelta G＋60－(0.4Y＋20)$

　　　　$Y＝116＋\varDelta G$　……①

を得る。ただし，変化させる政府支出については$G＝52＋\varDelta G$としている。

STEP③　国民所得を100にするのに必要な政府支出

　　政府支出を適切に変化させることで，国民所得が100になるのであるから，①式に$Y＝100$を与えれば，

　　　　$100＝116＋\varDelta G$

となる。つまり，政府支出を当初より16だけ減少させればよい。

　　よって，正答は**2**である。

　　有効需要の原理に基づく問題は，結局，国民所得を求める問題に帰着することが多い。本問はその点を踏まえて税率を計算する。問題文の表面上問われている点を得るには何が必要となるのかを考えるようにしよう。

STEP①　題意の確認

　　本問では財政収支が問われているが，これは$T－G＝tC－G$と表せる。そして，消費関数は$40＋0.8Y－T$であるから，国民所得Yが必要となる。

　　一方で，政府は経常収支$X－M$を均衡させることから，

　　　　$X－M＝60－0.1Y＝0$

より，国民所得は，

　　　　$Y＝600$

でなければならない。そして政府の決定した税率tの下で$Y＝600$が実現するのであるから，財市場均衡条件$Y＝C＋I＋G＋X－M$を用いて，$Y＝600$となるtを求めればよい。

STEP②　消費関数の整理

70

本問では，租税が$T=tC$のように，消費Cに課せられているので，財市場均衡条件にCを代入できるよう，先に消費関数を，次のように整理しておく。

$$C=40+0.8Y-T=40+0.8Y-tC$$
$$(1+t)C=40+0.8Y$$
$$C=\frac{40}{1+t}+\frac{0.8}{1+t}Y$$

STEP③ 税率の計算

財市場均衡条件$Y=C+I+G+X-M$に，**STEP②**の結果および問題文の条件を代入すると，

$$Y=\frac{40}{1+t}+\frac{0.8}{1+t}Y+50+150+60-0.1Y$$

$$1.1Y=\frac{40}{1+t}+\frac{0.8}{1+t}Y+260$$

を得る。ここに$Y=600$を代入，整理すると，次のように税率tが求まる。

$$1.1\times600=\frac{40}{1+t}+\frac{0.8}{1+t}\times600+260$$

$$660-260=\frac{40+0.8\times600}{1+t}$$

$$t=0.3$$

STEP④ 財政収支の計算

これまでに求めた$Y=600$および$t=0.3$を消費関数に代入すると，

$$C=\frac{40}{1+t}+\frac{0.8}{1+t}Y=\frac{40}{1+0.3}+\frac{0.8}{1+0.3}\times600=\frac{40+0.8\times600}{1.3}=\frac{520}{1.3}$$

となる。財政収支の式に，この消費額および$t=0.3$を代入すると，

$$T-G=tC-G=0.3\times\frac{520}{1.3}-150=120-150=-30$$

つまり，30の赤字となる。よって，正答は**5**である。

乗数理論

必修問題

ある国のマクロ経済が，以下の式で示されているとする。

$Y = C + I + G$

$C = 100 + 0.8(Y - T)$

$I = I_0$

$T = T_0 + tY$

$$\left[\begin{array}{l} Y：国民所得，C：消費，I：投資，G：政府支出， \\ T：税収，t：限界税率，I_0，T_0：正の定数 \end{array}\right]$$

このとき，①税収が所得に依存し，$t = 0.25$である場合，および②税収が所得に依存しない場合（$t = 0$）のそれぞれの場合における政府支出乗数の組合せとして妥当なのはどれか。　　　　　　【国家一般職・平成29年度】

	①	②
1	0.8	1.25
2	0.8	2.5
3	1.25	5
4	2.5	2.5
5	2.5	5

難易度　＊＊

必修問題の解説

　乗数の求め方は，有効需要の原理に基づいて国民所得を求め，乗数効果を求めたい変数で微分する，という2つのステップである。同じ政府支出乗数でも租税のあり方（①の比例所得税か，②の定額税か）によって乗数の値が変わってしまうが，2度計算する必要はない。STEP❸で示すように，所得税率tに正の値を与えるか0を入れるかで解き分けられるからである。

STEP❶　均衡国民所得の計算

　財市場の均衡条件である$Y = C + I + G$の右辺の総需要の各項目に与えられた条件を代入する。より一般的な乗数を得るために，消費関数$C = 100 + 0.8(Y - T)$における限界消費性向0.8は，あえてcとしておく。

$$Y = 100 + c\{Y - (T_0 + tY)\} + I_0 + G$$
$$= 100 + c\{(1 - t)Y - T_0\} + I_0 + G$$
$$= 100 + c(1 - t)Y - cT_0 + I_0 + G$$

求めたい国民所得Yを含む項を左辺に集約し，Yでくくり出す。

$$Y-c(1-t)Y=100-cT_0+I_0+G$$

$$\{1-c(1-t)\}Y=100-cT_0+I_0+G$$

$$Y=\frac{100}{1-c(1-t)}+\frac{-c}{1-c(1-t)}T_0+\frac{1}{1-c(1-t)}I_0+\frac{1}{1-c(1-t)}G$$

STEP❷　乗数の導出

需要の各項目のうち，変化の影響を見たい項目で微分すれば，当該変数の与える乗数を求めることができる。本問の場合，政府支出乗数が問われている。これは政府支出Gの変化の影響をみるということなのでGで微分して，

$$\frac{dY}{dG}=\frac{1}{1-c(1-t)}$$

とすれば，国民所得の増加分と政府支出の増加分の比$\dfrac{dY}{dG}$が$\dfrac{1}{1-c(1-t)}$倍であることがわかる。これは，微分の記号dを変化分の記号Δと読み替えて$\Delta Y=\dfrac{1}{1-c(1-t)}\Delta G$とすれば，「国民所得の増加＝政府支出乗数×政府支出の増加」という取り扱いやすい形になる。

なお，T_0で微分すれば租税乗数を$\dfrac{-c}{1-c(1-t)}$と，I_0で微分すれば投資乗数を$\dfrac{1}{1-c(1-t)}$と導ける。

STEP❸　各ケースの乗数

先に求めた乗数に，限界消費性向$c=0.8$および①の場合は$t=0.25$，②の場合は$t=0$を代入すれば，

① $\dfrac{dY}{dG}=\dfrac{1}{1-0.8(1-0.25)}=2.5$

② $\dfrac{dY}{dG}=\dfrac{1}{1-0.8(1-0)}=5$

となる。よって正答は**5**である。

正答 **5**

FOCUS

乗数理論においては，最も簡単なケースの乗数$\dfrac{1}{1-c}$などは覚えておくべきであるし，その他のケースについても，問題を解いていくうちに覚えてしまうであろうが，見慣れないモデルの場合にも適用できるよう，なるべく乗数を導けるようにしておきたい。

第2章 財市場の分析

重要ポイント **1** 政府支出乗数

（1）政府支出増加の前後比較による政府支出乗数の導出

閉鎖経済の財市場均衡条件は，

$$Y = C + I + G$$

であり，消費は $C = C_0 + cY$，投資 I は一定，政府支出は外生変数とすると，この場合の均衡国民所得は，$Y = C_0 + cY + \bar{I} + G$ より，

$$Y^* = \frac{C_0 + \bar{I} + G}{1 - c}$$

になる（**テーマ2参照**）。ここで，政府支出を ΔG だけ増加すると，新たな均衡国民所得は，$Y = C_0 + cY + \bar{I} + G + \Delta G$ より，

$$Y^{**} = \frac{C_0 + \bar{I} + G + \Delta G}{1 - c}$$

になり，国民所得の増加分 $Y^{**} - Y^* = \Delta Y$ は，

$$\Delta Y = \frac{C_0 + \bar{I} + G + \Delta G}{1 - c} - \frac{C_0 + \bar{I} + G}{1 - c}$$

$$= \frac{(C_0 + \bar{I} + G + \Delta G) - (C_0 + \bar{I} + G)}{1 - c}$$

$$= \frac{\Delta G}{1 - c}$$

になる。これを

$$\Delta Y = \frac{1}{1 - c} \Delta G$$

とすると，政府支出の追加 ΔG が $\dfrac{1}{1-c}$ 倍の国民所得の増加 ΔY をもたらしたことが

わかる。なお，$0 < c < 1$ との限界消費性向の性質から，$\dfrac{1}{1-c}$ は必ず1を上回るため，これを**政府支出乗数**と呼ぶ。また，政府支出という需要の1項目の増加がそれを上回る国民所得の増加をもたらすことを**乗数効果**という。

（2）微分による政府支出乗数の導出

（1）で求めた当初の均衡国民所得を，次のように変形しておく。

$$Y^* = \frac{C_0 + \bar{I} + G}{1 - c} = \frac{C_0 + \bar{I}}{1 - c} + \frac{1}{1 - c} G$$

これを G で微分すれば，

$$\frac{dY}{dG} = \frac{1}{1 - c}$$

になるから，左辺をΔYとΔGの比と読み替えて移項すれば，（1）と同じ，

$$\Delta Y = \frac{1}{1-c}\Delta G$$

を得る。

（3）等比数列による政府支出乗数の導出

政府支出の増加ΔGは図のように総需要のグラフを上方シフトさせる。このとき，均衡国民所得はY^*からY^{**}へと増加するが，その増加分ΔYは政府支出の増加分ΔGの乗数倍である。このメカニズムを考える。

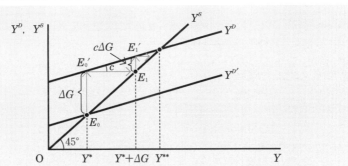

当初の政府支出の増加ΔGは総需要の増加であるため，有効需要の原理によって，同額のΔGだけの総供給と国民所得を増加させる。図中，総需要がE_0からE_0'に増加する（$\Delta G = E_0' - E_0$）と，総供給Y^sも同額のE_1まで増加（Y^sが45度線であることから，$\triangle E_0 E_0' E_1$は直角二等辺三角形であることに注意）し，国民所得は当初の国民所得Y^*からちょうどΔGだけ増加した$Y^* + \Delta G$になる。

しかし，国民所得の増加は，限界消費性向cの割合で消費を増加させるが，これは総需要の1項目の増加であるから，さらにその分の総供給と国民所得を増加させるという波及効果をもたらす。

記号で表せば，増加した所得ΔGのcの割合分の$c\Delta G$だけの消費と同額の国民所得のさらなる増加をもたらす。

図では，横軸の国民所得の$\Delta G = E_1 - E_0'$だけの増加に対して，総需要のグラフの傾きに当たる限界消費性向cを乗じた$c\Delta G = E_1' - E_1$だけ縦軸の総需要が増加したことになる。

そして，当初のΔGの場合と同様に，同額の総供給と国民所得の増加がもたらされる。

これは同様に，$c\Delta G$の所得増が，消費の2次波及効果をもたらすことになり，その大きさは，$c^2\Delta G$である。cは1より小さいのであるから，波及効果そのものは次第に小さくなっていくにせよ，これが無限に連鎖するのであれば，最初の政府支出の増加が与える最終的な所得増加の合計額ΔYは，

$$\Delta Y = \Delta G + c\Delta G + c^2\Delta G + \cdots + c^\infty\Delta G$$

になる。これは，初項ΔG，公比cとして，**無限等比数列の和の公式**を用いると，

$$\Delta Y = \frac{\Delta G}{1-c}$$

となるから，移項すれば，(1)，(2)で求めたものと同じ式を得る。

重要ポイント ② 租税乗数（定額税）

（1）総需要管理政策

　財政支出Gを増加させる代わりに，租税Tを減少させる政策を考える。これは可処分所得を増加させて消費を刺激する政策である。このように総需要のいずれかの項目を刺激する政策を**総需要管理政策**という。

（2）可処分所得と均衡国民所得

　租税Tを一定（**定額税**，一括税，人頭税などと呼ばれる）とし，
$$T = \overline{T}$$
と表す。税引き後の**可処分所得**を$Y-T$と定義すれば，消費関数は，
$$C = C_0 + c(Y - \overline{T}) = C_0 + cY - c\overline{T}$$
になる。これを財市場均衡条件$Y = C + I + G$に代入して（その他の需要項目はこれまでと同じとする），均衡所得を求めると，
$$Y = C_0 + cY - c\overline{T} + \overline{I} + G$$
$$Y - cY = C_0 - c\overline{T} + \overline{I} + G$$
$$(1-c)Y = C_0 - c\overline{T} + \overline{I} + G$$
より，
$$Y^* = \frac{C_0 - c\overline{T} + \overline{I} + G}{1-c}$$
になる。租税の存在は国民所得を$\dfrac{-c\overline{T}}{1-c}$だけ小さくする。

（3）租税乗数の導出

　政府支出乗数の場合同様，**租税乗数**を求める方法はいくつかあるが，最も式展開の少ない微分を用いる。(2)で求めた均衡国民所得Y^*を$Y^* = \dfrac{C_0 + \overline{I} + G}{1-c} + \dfrac{-c}{1-c}\overline{T}$と変形したうえで，定額税$\overline{T}$で微分すると，
$$\frac{dY}{d\overline{T}} = \frac{-c}{1-c}$$
になるので，左辺をΔYとΔTの比とみなして，移項すれば，

$$\Delta Y = \frac{-c}{1-c}\Delta T$$

を得る。ここで，租税乗数の値 $\frac{-c}{1-c}$ は負値であるが，減税の場合，ΔTの値が負値になるので，両者の積である国民所得の増加は正値になる。

（4）政府支出乗数と租税乗数の比較

同額の政府支出増加と減税で国民所得に与える効果の大きさを比較する。所得税がない場合，政府支出乗数の式は $\Delta Y = \frac{1}{1-c}\Delta G$，租税乗数の式は $\Delta Y = \frac{-c}{1-c}\Delta T$

であるが，

$$\left|\frac{1}{1-c}\right| > \left|\frac{-c}{1-c}\right|$$

が成り立つ（分母を払えば，限界消費性向の性質 $0 < c < 1$ より，$1 > |-c|$ になる）。つまり，**政府支出乗数は租税乗数よりも大きな値をとる**から，同額の政府支出増加と減税では，政府支出の増加のほうが国民所得に与える効果は大きい。

（5）均衡予算乗数定理

政府支出を増加し，原資（財源）として同額の増税を行うとする。したがって，$\Delta G = \Delta T$ となり，この条件を均衡予算と呼ぶことにする（※）。

政府支出増加の国民所得に与える効果を $\Delta Y_1 = \frac{1}{1-c}\Delta G$ と，増税の国民所得に与える効果を $\Delta Y_2 = \frac{-c}{1-c}\Delta T$ を，おのおの表せば，両者の効果の合計 $\Delta Y = \Delta Y_1 + \Delta Y_2$ は，

$$\Delta Y = \frac{1}{1-c}\Delta G + \frac{-c}{1-c}\Delta T = \frac{1}{1-c}\Delta G + \frac{-c}{1-c}\Delta G = \left(\frac{1}{1-c} + \frac{-c}{1-c}\right)\Delta G$$

$$= \frac{1-c}{1-c}\Delta G = 1 \times \Delta G$$

と計算でき，**乗数が1になる**ことがわかる。

※本来，**均衡予算とは政府支出と租税収入が等しいこと**である $G = T$ をさす。当初の予算が均衡していなければ，おのおのの追加分のみが等しい $\Delta G = \Delta T$ では，予算全体では均衡しないが，通常，当初の均衡が均衡していることを仮定する。

第2章 財市場の分析

77

（1）租税関数と均衡国民所得

租税関数Tを，

$$T=T_0+tY$$

と定式化する。T_0は**定額税**，tは**所得税率（限界税率）**であり，tの値は0と1の間をとる。なお，ここでいう所得税とは，マクロ的な国民所得に課される税であるから，個人所得と法人所得に一律に課される税と解釈できる。この場合の消費関数は，

$$C=C_0+c(Y-T)=C_0+c\{Y-(T_0+tY)\}=C_0+c(Y-T_0-tY)=C_0-cT_0+c(1-t)Y$$

と書ける。これを財市場均衡条件$Y=C+I+G$に代入して，均衡所得を求めると，

$$Y=C_0-cT_0+c(1-t)Y+\overline{I}+G$$
$$Y-c(1-t)Y=C_0-cT_0+\overline{I}+G$$
$$\{1-c(1-t)\}Y=C_0-cT_0+\overline{I}+G$$

より，

$$Y^*=\frac{C_0-cT_0+\overline{I}+G}{1-c(1-t)}\quad\cdots\cdots※$$

になる。

（2）租税乗数

重要ポイント2同様に租税乗数を求める。均衡国民所得Y^*を$Y^*=\dfrac{C_0+\overline{I}+G}{1-c(1-t)}+$

$\dfrac{-c}{1-c(1-t)}T_0$と変形したうえで，定額税T_0で微分すると，

$$\frac{dY}{dT_0}=\frac{-c}{1-c(1-t)}$$

になるので，左辺をΔYとΔT_0の比とみなして，移項すれば，所得税がある場合の租税乗数の式，

$$\Delta Y=\frac{-c}{1-c(1-t)}\Delta T_0$$

を得る。なお，所得税率に$t=0$を与えれば**重要ポイント2**の租税乗数の式，

$$\Delta Y=\frac{-c}{1-c}\Delta T$$

に戻る。

（3）所得税のある場合の政府支出乗数

所得税率が正であれば，政府支出乗数は低下する。なぜなら，政府支出の増加が所得を増加させても，そこからも所得税を納めるので，消費に回る額はそれだけ減少し，波及効果が低下するからである。（1）で求めた均衡国民所得（※式）を，

$Y^*=\dfrac{C_0-cT_0+\overline{I}}{1-c(1-t)}+\dfrac{1}{1-c(1-t)}G$としたうえで，政府支出$G$で微分すると，

$$\frac{dY}{dG} = \frac{1}{1-c(1-t)}$$

になるので，移項すれば，

$$\Delta Y = \frac{1}{1-c(1-t)}\Delta G$$

と政府支出乗数の式を得る。この場合も，政府支出乗数は租税乗数より大きい。

重要ポイント1の政府支出乗数の式である$\Delta Y = \frac{1}{1-c}\Delta G$と比較すると，限界消費性向$c$が所得税率の存在によって$c(1-t)$に抑制されている。また，ここから最初に一定額を納めればよいだけの定額税では政府支出乗数が低下しないこともわかる。

なお，**所得税がある場合，均衡予算乗数定理は成立しない**。政府支出乗数と租税乗数の式は，おのおの，$\Delta Y = \frac{1}{1-c(1-t)}\Delta G$および$\Delta Y = \frac{-c}{1-c(1-t)}\Delta T$であるが，これらを合計しても，

$$\Delta Y = \frac{1}{1-c(1-t)}\Delta G + \frac{-c}{1-c(1-t)}\Delta T = \frac{1}{1-c(1-t)}\Delta G + \frac{-c}{1-c(1-t)}\Delta G$$

$$= \frac{1-c}{1-c(1-t)}\Delta G$$

のように，乗数は1にはならない。

(4) ビルトイン・スタビライザー

重要ポイント3の政府支出乗数$\frac{dY}{dG} = \frac{1}{1-c(1-t)}$は，所得税率$t$の存在により，

重要ポイント2の政府支出乗数$\frac{dY}{dG} = \frac{1}{1-c}$より値が小さくなっている。つまり，所得税率の存在は政府支出など総需要の変動による国民所得への影響を小さくし，景気の波を平準化する。また，この効果は税率が高いほど大きくなる。所得税制のような，制度が有する景気の自動安定化機能を**ビルトイン・スタビライザー**という。

所得税は，財政の歳入面からのビルトイン・スタビライザーの例であるが，不況期に所得が低下した，あるいは所得を失った者に対して給付を行う社会保障制度は，財政の歳出面からのビルトイン・スタビライザーの例である。

重要ポイント4　海外部門を含むマクロ分析

(1) 輸入関数の定式化

海外と財・サービスの取引を含むマクロ・モデルを以下のように考える。

$Y = C+I+G+X-M$　　財市場均衡条件

$$C = C_0 + cY \qquad 消費関数$$
$$M = M_0 + mY \qquad 輸入関数$$
$$I,\ G,\ X：一定$$

輸入とは海外で生産された財の消費であるから，輸入関数を，消費関数と同様の形式として，基礎的輸入M_0と所得Yに限界輸入性向mを乗じたものの和とする。ここで，限界輸入性向は$0 < m < 1$を満たすものとする。

輸出は，貿易相手国の輸入であり，相手国の所得の増加関数となるが，通常，相手国の所得は一定と仮定し，それに依存する輸出も一定と考える。

なお，**輸出−輸入を純輸出**として，純輸出関数Bを，
$$B = X - M = (X - M_0) - mY = B_0 - mY$$
と書くこともある（ただし，$B_0 = X - M_0$としている）。

（2）均衡国民所得と政府支出乗数の導出

これまでの導出方法も踏まえ，より一般化しつつ，乗数を求める。

A. 均衡国民所得を求める。

A-1　財市場均衡条件式の右辺に総需要の各項目の式と値を代入する。
$$Y = C_0 + cY + \overline{I} + G + \overline{X} - (M_0 + mY)$$

A-2　左辺に国民所得Yを含む項を集約し，Yでくくる。
$$Y - cY + mY = C_0 + \overline{I} + G + \overline{X} - M_0$$
$$(1 - c + m)Y = C_0 + \overline{I} + G + \overline{X} - M_0$$

A-3　$Y = \cdots$の形にして，均衡国民所得を得る。
$$Y^* = \frac{C_0 + \overline{I} + G + \overline{X} - M_0}{1 - c + m}$$

B. 政府支出乗数を求める。

B-1　乗数効果を求めたい項（政府支出G）を分離する。
$$Y^* = \frac{C_0 + \overline{I} + \overline{X} - M_0}{1 - c + m} + \frac{1}{1 - c + m}G$$

B-2　乗数効果を求めたい変数（外生変数G）で微分する。
$$\frac{dY}{dG} = \frac{1}{1 - c + m}$$

B-3　微分を変化分と読み替えて移項する。

$$\Delta Y = \frac{1}{1 - c + m}\Delta G$$

これが政府支出乗数の式である。なお，ここで求めた乗数の値$\dfrac{1}{1-c+m}$は貿易乗数とも呼ばれる。

ここでみたように，乗数は，**A. 均衡国民所得を求める**，**B. 乗数を求めたい変数で微分する**，との大きく2段階で得られる。**A**はどの乗数を求める際にも共通であるから，他の乗数を求めるのであれば，**B**の段階でその変数で微分すればよい。

実 戦 問 題 **1**　基本レベル

💎 **No.1** ※ ある国の経済において，マクロ経済モデルが次のように表されているとする。

$$Y=C+I+G+X-M$$
$$C=56+0.6(Y-T)$$
$$M=10+0.1Y$$
$$I=100$$
$$G=60$$
$$X=60$$
$$T=60$$

Y ：国民所得
C ：民間消費
I ：民間投資
G ：政府支出
X ：輸出
M ：輸入
T ：租税

　このモデルにおいて，完全雇用国民所得が520であるとき，完全雇用を減税によって達成するために，必要となる減税の大きさはどれか。

【地方上級（特別区）・平成29年度】

1　24

2　30

3　40

4　50

5　60

💎 **No.2** ※※ ある国のマクロ経済が次のように示されている。

$$Y=C+I+G+EX-IM$$
$$C=100+0.8(Y-T)$$
$$IM=0.1Y$$

　ここで，Yは国民所得，Cは民間消費，Iは民間投資（一定），Gは政府支出，EXは輸出（一定），IMは輸入，Tは租税を表す。今，政府支出と租税がともに15増加したとする。このとき，均衡国民所得はいくら増加するか。

【国税専門官／労働基準監督官・平成23年度】

1　10

2　15

3　20

4　25

5　30

No.3 ある国のマクロ経済が次のように表される。

$Y=C+I+G$

$C=50+0.8(Y-T)$

$I=100$

$G=30$

〔Y：国民所得，C：消費，I：投資（外生），G：政府支出，T：税収〕

このとき，3つの政策

政策A：10増税し，その税収全額を家計に移転する。

政策B：10増税し，その税収全額を使って公共事業を行う。

政策C：10の公共事業を行う。

が国民所得に与える影響の大きさを正しく示しているものは，次のうちどれか。

【地方上級（全国型）・平成22年度】

1 政策A＞政策B＞政策C

2 政策A＞政策C＞政策B

3 政策B＞政策C＞政策A

4 政策C＞政策A＞政策B

5 政策C＞政策B＞政策A

No.4 封鎖経済の下で，政府支出を増加し，政府支出の増加額と同額の増税によりそれを賄った場合，均衡予算乗数の定理に基づいて計算したときの国民所得の変化に関する記述として，妥当なのはどれか。ただし，租税は定額税であり，限界消費性向は $c(0<c<1)$ とし，その他の条件は考えないものとする。

【地方上級（特別区）・平成16年度】

1 政府支出の増加による国民所得の増加は，増税による国民所得の減少と相殺されるので，国民所得は変化しない。

2 政府支出の乗数効果は，増税による乗数効果より大きいので，国民所得は，政府支出の $\dfrac{1}{1-c}$ 倍から増税額を差し引いた額だけ増加する。

3 均衡予算乗数は $\dfrac{1}{1-c}$ であるので，国民所得は政府支出の増加額の $\dfrac{1}{1-c}$ 倍だけ増加する。

4 均衡予算乗数は $\dfrac{c}{1-c}$ であるので，国民所得は政府支出の増加額の $\dfrac{c}{1-c}$ 倍だけ増加する。

5 均衡予算乗数は1であるので，国民所得は政府支出の増加額と同額だけ増加する。

実 戦 問 題 **1** の 解 説

No.1 の解説 減税の効果 →問題はP.81 **正答4**

テーマ3のいくつかの問題のように結果から逆算しても解ける（別解）が，ここでは乗数を用いて解く。いずれのやり方でも解けるのは，乗数が有効需要の原理から導かれていることによる。

STEP① 政策目標の設定

当初の国民所得は，
$$Y=56+0.6(Y-60)+100+60+60-(10+0.1Y) \quad \Leftrightarrow \quad Y^*=460$$
であるから，完全雇用国民所得$Y=520$を実現するには，国民所得の増加分$\Delta Y=60$が必要である。

STEP② 政策目標の減税による実現

$\Delta Y=60$を減税によって達成するために租税乗数の式$\Delta Y=\dfrac{-c}{1-c+m}\Delta T$を用いる。消費関数より限界消費性向$c=0.6$を，輸入関数より限界輸入性向$m=0.1$を抜き出して，さらに$\Delta Y=60$を代入すれば，$60=\dfrac{-0.6}{1-0.6+0.1}\Delta T$より$\Delta T=-50$を得る。租税の変化$\Delta T$が$-50$であるから，これは50の減税額を意味する。

よって，正答は**4**である。

【別解】

STEP① 政策目標の確認

適切な減税ΔTによって完全雇用国民所得$Y=520$が達成されるということは，総需要$Y^D=C+I+G+X-M$が，
$$Y^D=56+0.6(Y-60-\Delta T)+100+60+60-(10+0.1Y)=0.5Y-0.6\Delta T+230$$
と表される場合に，総供給$Y^s=Y$と一致する均衡国民所得が完全雇用国民所得$Y=520$になるということである。

STEP② 必要な減税額の計算

$Y^s=Y^D$とおけば，
$$Y=0.5Y-0.6\Delta T+230$$
になるので，ここに$Y=520$を代入すれば$\Delta T=-50$を得る。

No.2 の解説 政府支出と租税の変化による効果 →問題はP.81 **正答1**

需要のうちの2項目が同時に変化するケースであるが，海外部門が存在することと値の異なる2つの乗数を用いる点に注意。

STEP① 均衡国民所得の計算

問題文の1式目に，2式目の消費関数および3式目の輸入関数を代入すれば，
$$Y=100+0.8Y-0.8T+I+G+EX-0.1Y$$

になるので，これをYについて解けば次の式を得る。

$$Y=\frac{1000}{3}-\frac{8}{3}T+\frac{10}{3}I+\frac{10}{3}G+\frac{10}{3}EX$$

STEP❷ 乗数の計算

STEP❶で求めた式を政府支出Gおよび租税Tで微分すれば，

$$\Delta Y=\frac{10}{3}\Delta G \ , \quad \Delta Y=-\frac{8}{3}\Delta T$$

を得る。おのおのに$\Delta G=15$，$\Delta T=15$を代入すれば，$\Delta Y=\frac{10}{3}\times15=50$およ

び$\Delta Y=-\frac{8}{3}\times15=-40$になるので，これらの和をとれば，双方が同時にな

される場合の国民所得の変化を$\Delta Y=10$とできる。

よって，正答は**1**である。

補足：

STEP❶で求めた式について，国民所得Y，租税Tおよび政府支出Gについ
て変化分をとれば（Yの式の変数をTおよびGと見て全微分すれば），

$$\Delta Y=-\frac{8}{3}\Delta T+\frac{10}{3}\Delta G$$

になるので，この式に$\Delta T=\Delta G=15$を与えて，$\Delta Y=10$を求めることもでき
る。

No.3 の解説 政策効果の比較　　　　　　　　　　　　→問題はP.82 **正答5**

移転とは所得や資産などの対価を伴わない移動をさすので，政府が行う移
転支出とは，実質的には支援金や補助金のことであり，格差是正のための再
分配政策としての支出である。経済原論より財政学でよく用いられる。

STEP❶ 政策Aの効果

政策Aは，10増税し，10を家計に移転するのであるから，可処分所得は$Y-T-10+10=Y-T$となり，何も変化しない。したがって，消費も変化せ
ず，国民所得も変化しない。

STEP❷ 政策Bの効果

本問は所得税率が設定されていない閉鎖経済である。したがって，租税乗

数の式は$\Delta Y=\frac{-c}{1-c}\Delta T$，政府支出乗数は$\Delta Y=\frac{1}{1-c}\Delta G$である。限界消費

性向は消費関数より$c=0.8$であるから，これに加えておのおのに$\Delta T=10$およ

び$\Delta G=10$（公共事業は政府支出の1項目である）を代入すれば，$\Delta Y=\frac{-0.8}{1-0.8}$

$\times 10 = -40$ および $\Delta Y = \dfrac{1}{1-0.8} \times 10 = 50$ になるから，双方合わせた結果として の国民所得の増加は10である。

STEP❸ 政策Cの効果

政策Bの効果のうち，増税の効果である $\Delta Y = \dfrac{-0.8}{1-0.8} \times 10 = -40$ を除外す ればよいから，国民所得の増加は50である。

つまり，国民所得に与える影響の大きさは，政策C＞政策B＞政策Aとなる。

よって，正答は**5**である。

No.4 の解説 均衡予算乗数の定理 →問題はP.82 **正答5**

均衡予算乗数の定理とは，財市場のみを対象とした分析において，所得税率と海外部門が存在しない場合に，政府支出の増加と同額の増税を同時に行った場合，乗数がちょうど1となるため，政府支出の増加は等倍の国民所得の増加をもたらすというものである。

所得税率と海外部門が存在しない（したがって限界輸入性向が0の）場合，政府支出乗数の式は $\Delta Y = \dfrac{1}{1-c} \Delta G$，租税乗数の式は $\Delta Y = \dfrac{-c}{1-c} \Delta T$ であるから，両者を同時に実施した場合の国民所得への影響は $\Delta Y = \dfrac{1}{1-c} \Delta G + \dfrac{-c}{1-c} \Delta T$ であり，政府支出の増加と同額の増税を行うことを $\Delta G = \Delta T$ とおき，これを代入すれば，

$$\Delta Y = \frac{1}{1-c} \Delta G + \frac{-c}{1-c} \Delta G = \left(\frac{1}{1-c} + \frac{-c}{1-c} \right) \Delta G = \left(\frac{1-c}{1-c} \right) \Delta G = \Delta G$$

になる。つまり，政府支出乗数が1になるのである。

1 ✗ 均衡予算を保つ政府支出の増加は，同額の国民所得の増加をもたらす。

2 ✗ 均衡予算を保つ場合の政府支出の乗数効果は1である。
増税も乗数効果を持つので，増税がその額を差し引いただけの国民所得の減少につながるということはない。

3 ✗ 均衡予算乗数は1なので，国民所得は政府支出と等倍だけ増加する。

4 ✗ 均衡予算乗数は1なので，国民所得は政府支出と等倍だけ増加する。

5 ◎ 一定の条件下で均衡予算乗数が1になることを均衡予算乗数定理という。
妥当である。条件とは，所得税率と海外部門が存在しないことである。

実戦問題 ❷　応用レベル

No.5 ** 政府を含むマクロ経済モデルが次のように表されるとする。

$Y=C+I+G$

$C=C_0+c(Y-T)$

$I=\bar{I}$

$G=G_0+gY$

$T=T_0+tY$

Y：国民所得，C：消費，c：限界消費性向，I：投資（外生）

G：政府支出，$g=\dfrac{\Delta G}{\Delta Y}$，$T$：租税，$t=\dfrac{\Delta T}{\Delta Y}$，$C_0$，$G_0$，$T_0$：定数

　このとき，民間部門だけの場合に比べて，政府部門が存在する場合のほうが，乗数効果を通じた所得変動幅が小さくなるという意味で，政府部門の存在がビルトイン・スタビライザーとして機能するための条件として妥当なのはどれか。

【国家一般職・平成16年度】

1　$g>t$　　　　　　　　　**2**　$ct>g$

3　$1-c>c(1-t)$　　　　　**4**　$1-c+ct>1-t$

5　$1-c(1-t)-g>c(1-t)$

No.6 ** ある国のマクロ経済が次のように表される。

$Y=C+I+G+X-M$

$C=10+0.8Y$

$I=20$

$G=40$

$X=30$

$M=10+0.1Y$

Y：国民所得，

C：消費，

I：投資，

G：政府支出，

X：輸出，

M：輸入

　この国に関する次の文中の空欄ア，イに当てはまる語句の組合せとして，妥当なものはどれか。

【市役所・令和4年度】

　当初の貿易収支は　ア　。政府が政府支出を15増加させるとき，貿易収支においては　イ　。

	ア	イ
1	10の黒字である	黒字が5増加する
2	10の黒字である	黒字が5減少する
3	均衡している	均衡したままである
4	10の赤字である	赤字が5増加する
5	10の赤字である	赤字が5減少する

No.7 国民所得をY, 消費をC, 投資をI, 政府支出をG, 輸出をE, 輸入をMとし,

$Y = C + I + G + E - M$

$C = 0.9Y + C_0$ 〔C_0は定数〕

$M = 0.1Y + M_0$ 〔M_0は定数〕

が成立するものとする。

今, 純輸出（$E - M$）がゼロであるとしたとき, 政府支出Gが200増加された場合, 純輸出（$E - M$）の変化に関する記述として妥当なのはどれか。ただし, 投資Iおよび輸出Eは変化せず, その他の条件は考えないものとする。

【地方上級（特別区）・平成26年度】

1 純輸出は40のプラスとなる。

2 純輸出は80のプラスとなる。

3 純輸出は100のマイナスとなる。

4 純輸出は160のマイナスとなる。

5 純輸出は変化しない。

No.8 ある国のマクロ経済は次のように表される。

$Y = C + I + G + E - M$	Y：国民所得,
$C = 100 + 0.6(Y - T)$	C：消費,
$I = 10$	I：投資,
$G = 5$	G：政府支出,
$T = 5$	E：輸出,
$E = 0.2Y^*$	M：輸入,
$M = 2 + 0.2(Y - T)$	T：租税, Y^*：外国の産出量

この国の経済に関する次の文の空欄ア〜エに当てはまる語句の組合せとして, 妥当なものはどれか。

【市役所・平成24年度】

外国の産出量が増加すると, 自国の輸出は ア し, 輸入は イ する。この結果, 自国の貿易収支は ウ 化し, 自国の国民所得は エ する。

	ア	イ	ウ	エ
1	増加	増加	黒字	増加
2	増加	減少	黒字	増加
3	増加	増加	黒字	減少
4	減少	増加	赤字	減少
5	減少	減少	赤字	増加

第2章 財市場の分析

　　通常は定数とされる政府支出が国民所得の増加関数になっているので，通常の乗数が適用できない。本来の乗数の導き方に立ち返って解いてほしい。

STEP❶　**政府部門が存在する場合**

　　与式の第1式の財市場均衡条件に他の条件式を代入すると，

$$Y = C_0 + cY - cT_0 - ctY + I + G_0 + gY$$

になるので，これを整理して均衡国民所得を求めると以下のようになる。

$$Y_0 = \frac{C_0 - cT_0 + I + G_0}{1 - c + ct - g}$$

　　この式を政府支出Gで微分することで，政府支出乗数を次のように得る。

$$\frac{\Delta Y}{\Delta G} = \frac{1}{1 - c + ct - g}$$

STEP❷　**政府部門が存在しない場合**

　　政府部門がなければ，政府支出Gと租税Tはなくなるので，この場合の均衡国民所得は，

$$Y_1 = \frac{C_0 + I}{1 - c}$$

であるから，政府支出の代わりに民間投資Iが変化するとして投資乗数を求めると，

$$\frac{\Delta Y_1}{\Delta I} = \frac{1}{1 - c}$$

になる。

STEP❸　**政府部門の有無の比較**

　　ビルトイン・スタビライザーが機能するためには，政府部門が存在するときのほうが乗数が小さければよいのであるから，

$$\frac{1}{1 - c} > \frac{1}{1 - c + ct - g} \qquad \Leftrightarrow \qquad 1 - c + ct - g > 1 - c$$

が条件となる。これは，両辺から$1 - c$を引けば，$ct > g$と変形できる。

　　よって，正答は**2**となる。

No.6 の解説 輸出増加の輸入への影響　　　　　　　→問題はP.86　**正答4**

　貿易収支を求めるタイプの出題は，ほとんどが国民所得を求めることに帰着する。このことがわかれば，政府支出の変化は国民所得を変化させるので，収支が変化しない（選択肢**3**）ということはありえない。さらに，国民所得の増加が輸入の増加につながること（また輸出は一定であること）に気づけば，貿易収支が改善する（選択肢**1**・**5**）もありえない。

STEP❶　貿易収支の定義

　貿易収支は輸出と輸入の差であるから，

　　$X-M=30-(10+0.1Y)=20-0.1Y$

と表される。つまり，貿易収支を決めるのは国民所得の水準である。

STEP❷　当初の貿易収支

　当初の貿易収支は，当初の国民所得がわかればよい。国民所得は有効需要で決まるので，財市場の均衡条件である$Y=C+I+G+X-M$の右辺の各需要項目を，問題文で与えられた条件によって埋めていくと，

　　$Y=10+0.8Y+20+40+30-(10+0.1Y)$

　　$Y-0.8Y+0.1Y=90$

　　$0.3Y=90$

　　$Y=300$

と国民所得を得るので，この場合の貿易収支は，

　　$X-M=20-0.1Y$

　　　　　$=20-0.1\times300$

　　　　　$=-10$

である。つまり，10の赤字である。

STEP❸　政府支出増加後の貿易収支

　政府支出が15増加して55になったときの国民所得は，**STEP❷**と同様に，

　　$Y=10+0.8Y+20+55+30-(10+0.1Y)$

　　$Y-0.8Y+0.1Y=105$

　　$0.3Y=105$

　　$Y=350$

と求められるので，この場合の貿易収支は，

　　$X-M=20-0.1Y$

　　　　　$=20-0.1\times350$

　　　　　$=-15$

である。つまり，15の赤字であり，政府支出増加前より5だけ赤字が増加している。

　よって，正答は**4**である。

　　　込み入った問題に見えるが，問われている$(E-M)$の変化のうち，輸出Eは変化しないとされているので，実質的には輸入の変化のみを考えればよい。すると，前問同様，(1)政府支出の増加が国民所得を増加させ，(2)国民所得の増加分の一部が輸入に回る，との2段階で計算すればよいことになる。

STEP❶　政府支出の増加の国民所得への影響

　　　政府支出Gが増加した場合，乗数効果によって国民所得は増加する。本問では，所得税率が設定されていないので，政府支出乗数は$\Delta Y = \dfrac{1}{1-c+m}\Delta G$である（**重要ポイント4（2）B-3**参照）。ここに，限界消費性向$c=0.9$，限界輸入性向$m=0.1$および政府支出の増加$\Delta G=200$を代入すると，

$$\Delta Y = \frac{1}{1-0.9+0.1}\times 200 = 1000$$

と国民所得の増加分を計算できる。

STEP❷　国民所得増加の輸入への影響

　　　問題文の輸入関数の変化分をとれば$\Delta M = 0.1\Delta Y$になるから，ここに$\Delta Y=1000$を代入すれば，輸入の増加は，

$$\Delta M = 0.1 \times 1000 = 100$$

となる。

STEP❸　純輸出の変化

　　　政府支出Gが変化しても問題文より輸出Eは変化しないため$\Delta E=0$である。一方，輸入Mの変化は，**STEP❷**で求めたように$\Delta M=100$である。当初の純輸出$(E-M)$はゼロであるから，輸入の100の増加は純輸出をマイナス100だけ変化させる。

　　　よって，正答は**3**である。

No.8 の解説　外国の産出量増加の貿易への影響　　→問題はP.87　正答1

STEP❶　輸出の変化

外国の産出量Y^*が増加すると，輸出関数は外国の産出量Y^*の増加関数であるので，輸出が増加する。つまり，**ア**には「増加」が入る。

STEP❷　輸入の変化

輸入Xが増加することは外需の増加に当たるので，総需要の増加により国民所得Yも増加する。輸入関数は可処分所得$(Y-T)$の増加関数であるので，輸入は増加する。つまり，**イ**には「増加」が入る。

なお，国民所得Yが増加していることから，この時点で**ウ**に先行して，**エ**に「増加」が入る。

STEP❸　貿易収支の変化

所得税率が設定されていないので，輸出乗数の式は$\Delta Y=\dfrac{1}{1-c+m}\Delta X$になる。また，輸入の増加は$\Delta M=m\,\Delta Y$（輸入関数を一般的に$M=M_0+m(Y-T)=mY-mT$とおいて$Y$で微分すれば得られる）であるので，輸出乗数の式を代入すると，

$$\Delta M=m\,\Delta Y=m\frac{1}{1-c+m}\Delta X=\frac{m}{1-c+m}\Delta X$$

を得る。したがって，貿易収支の変化は，

$$\Delta X-\Delta M=\Delta X-m\frac{m}{1-c+m}\Delta X=\left(1-\frac{m}{1-c+m}\right)\Delta X$$

$$=\left(\frac{1-c+m}{1-c+m}-\frac{m}{1-c+m}\right)\Delta X=\frac{1-c}{1-c+m}\Delta X$$

となり，黒字化することがわかる。なお，限界消費性向cは$0<c<1$の値をとるため，$1-c$も正値である。したがって，$\dfrac{1-c}{1-c+m}$も正値であり，貿易収支の黒字化が確認される。つまり，**ウ**には「黒字」が入る。

よって，正答は**1**である。

消費関数

必修問題

次のケインズ型消費関数について考える。

$$C = c_0(Y-T) + c_1$$

ここで，Cは消費支出，Yは総所得，Tは租税（一定），c_0，c_1は正の定数，$0 < c_0 < 1$である。

このケインズ型消費関数に関する次の記述の　ア　～　オ　に入るものの組合せとして妥当なのはどれか。　【国家一般職・平成27年度】

家計の消費支出は，総所得から租税を差し引いた　ア　と，所得水準に関係なく消費される基礎的消費c_1とに基づいて決定される。

　ア　が1単位増加した際の消費の増加分c_0を　イ　といい，縦軸に消費支出，横軸に　ア　をとった平面上に，線形の消費関数を描いた際の　ウ　に相当する。

また，　ア　に対する消費支出の割合を　エ　といい，上記の平面上においては原点と消費関数上の点を結ぶ直線の傾きに相当し，　ア　が大きくなるほど　エ　は　オ　。

	ア	イ	ウ	エ	オ
1	可処分所得	限界消費性向	傾き	平均消費性向	小さくなる
2	可処分所得	限界消費性向	傾き	平均消費性向	大きくなる
3	可処分所得	平均消費性向	切片	限界消費性向	大きくなる
4	恒常所得	限界消費性向	切片	平均消費性向	小さくなる
5	恒常所得	平均消費性向	傾き	限界消費性向	大きくなる

難易度　＊

必修問題の解説

消費関数の基本に関する出題である。ケインズ型消費関数についてはテーマ3の重要ポイント2で触れているが，本テーマで問題とされる論点の基礎であるので，確認しておいてほしい。

なお，本問では消費のベースとして可処分所得を想定しており，これが現実的ではあるが，過去の出題ではしばしば単純に所得（国民所得）がベースとされる。

頻出度		
A	国家総合職 ★★★	地上特別区 ★★★
	国家一般職 ★★★	市 役 所 C ★★★
	国税専門官 ★★	
	地上全国型 ★★★	

5 消費関数

STEP① 可処分所得

　総所得Yから租税Tを差し引いたもの（$Y-T$）は，家計はこれを自由に消費または貯蓄に支出することができるので，可処分所得（**ア**の答え）と呼ばれる。

STEP② 限界消費性向

　可処分所得が1単位増加した時の消費の増加分は限界消費性向（**イ**の答え）c_0と呼ばれる。これは，縦軸に消費支出，横軸に可処分所得をとった平面では，グラフの傾き（**ウ**の答え）に当たる。

STEP③ 平均消費性向

　可処分所得に対する消費支出の割合$\dfrac{C}{Y-T}$は平均消費性向（**エ**の答え）と呼ばれるが，可処分所得が増加しても限界消費性向の割合でしか消費支出は増加しないため，可処分所得が大きくなると平均消費性向は小さくなる（**オ**の答え）。このことは，平均消費性向$\dfrac{C}{Y-T}$が消費関数上の点と原点を結んだ直線の角度で表されるため，可処分所得が大きくなると，この角度が小さくなることからもわかる。

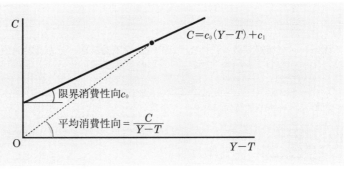

よって，正答は**1**である。

正答 **1**

FOCUS

　消費関数については，最もオーソドックスなケインズ型以外にも，いくつかの型・仮説が存在する。まずは，学説名，提唱者名，キーワードの組合せを正確に覚えよう。そのうえで，各仮説の相互の関係性（類似点，相違点など）にも目を向けてほしい。

重要ポイント **1** 消費関数論争

クズネッツはアメリカの50年にわたる時系列データを解析した結果，**平均消費性向$\frac{C}{Y}$が安定的**であることを発見し，これが成立する消費関数として次の形を提唱した。

$$C=cY$$

この消費関数では，**平均消費性向$\frac{C}{Y}$と限界消費性向$\frac{dC}{dY}$はともに定数cとなる。**

これまで取り上げてきたケインズ型の消費関数

$$C=C_0+cY$$

では，平均消費性向は，

$$\frac{C}{Y}=\frac{C_0+cY}{Y}=\frac{C_0}{Y}+c$$

となり，基礎消費C_0と限界消費性向cが一定であるので，所得Yの増加とともに逓減することになり，クズネッツの発見と整合的ではない。そして，いずれが妥当であるかを巡って消費関数論争が生じた。

> **ケインズ型消費関数：$C=C_0+cY$　（短期消費関数，または絶対所得仮説）**
> **クズネッツ型消費関数：$C=cY$　（長期消費関数）**

ただし，ケインズは短期を想定していたので，クズネッツの長期にわたるデータを利用した分析と両立しうる。

重要ポイント **2** 消費関数仮説

（1）相対所得仮説（デューゼンベリー）

デューゼンベリーは，**消費が，今期の所得Yだけでなく，過去の好況時の最高所得Y^{max}にも依存して決定される**と考えた。短期的な不況で所得が減少しても，過去の好況時の最高所得（Y^{max}）に影響された消費を行うので，消費の減少に歯止めがかかる。これを**ラチェット効果**（歯止めの意味，慣性効果とも訳される）という。

図において，所得がY_0からY_0'に減少した場合，消費は点線の消費関数に沿って緩やかに減少する。そして，経済成長とともに最高所得の水準は更新され所得がY_0からY_1に増加した場合，それに応じて消費も増加し，たとえ短期的に所得がY_0に戻っても，上方シフトした点線の消費関数に沿って緩やかに減少するため，もはや消費は以前の水準まで減少しない。

長期では，なるべく4つの点からの乖離が少なくなるようなグラフを当てはめると，実線のような傾きの急な長期の消費関数が得られる。

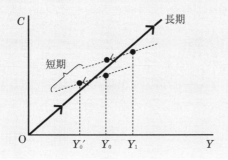

　消費関数を$C=aY^{max}+cY$（a, c：定数, $0<a<1$, $0<c<1$）とおけば，短期的な所得減少時には右辺第1項がaY^{max}が定数となり，cを限界消費性向とするケインズ型に準じるが，長期において$Y=Y^{max}$となれば，$C=(a+c)Y$となり，$a+c$を限界消費性向とするクズネッツ型になる。ここで，$a+c>c$であるから，図のように長期の消費関数のグラフのほうが急な傾きを持つ。

　以上の内容を**時間的相対所得仮説**という（モディリアーニは**習慣形成仮説**と呼んだ）が，提唱者のデューゼンベリーは，さらに周囲の平均的な消費行動に影響されて自らの消費行動を決定することを**空間的相対所得仮説**と呼んだ（これは，**デモンストレーション効果**や**衒示的消費**とも呼ばれる）。

（2）恒常所得仮説（フリードマン）

　労働者が**現在のスキルを前提に，将来にわたって稼得できる平均的な所得水準を恒常所得Y^Pと定義する**。現実の所得は，景気循環など外的要因で，恒常所得から上下に変動する。現実の所得のこの部分を変動所得Y^Tとすれば，現実の所得は$Y=Y^P+Y^T$と表せる。そのうえで，合理的な個人は，消費を恒常所得に基づいて決定すると考える。これが消費の恒常所得仮説であり，$C=cY^P$（c：定数, $0<c<1$）と表される。

　短期的な景気変動を考えると，好況期に正の変動所得を得た場合，消費ではなく貯蓄に充てる。そのため，不況期に変動所得が負となって現実の所得が低下しても，資産の取り崩し（負の貯蓄）を消費に充てることで，消費の落ち込みを抑制できる。つまり，**相対所得仮説同様，所得が減少しても消費の減少は相対的に小さなものになる**のである。

　長期においては，時間の経過とともにスキルが上昇し，恒常所得自体が上昇する。よって，その所得水準からさらに変動が生じるにせよ，相対所得仮説同様，消費は所得に比例的に上昇することになる。

　フリードマンによると，恒常所得仮説の平均消費性向は，$\dfrac{C}{Y}=\dfrac{cY^P}{Y^P+Y^T}=$

$\dfrac{c}{1+(Y^T/Y^P)}$となり，短期では$\dfrac{Y^T}{Y^P}$の項が変動するため一定ではないが，長期では

変動所得Y^*の正負の変動所得が平準化されてゼロと見なせるために$\frac{C}{Y}=c$が成立し，安定するのである。

・恒常所得の計算について

恒常所得の定義である将来にわたって稼得できる所得は，現時点では明らかではない。このため，過去数年の所得の加重平均で恒常所得を近似する。たとえば，今期の所得をY_t，前期の所得をY_{t-1}，前々期の所得をY_{t-2}とすると，今期の恒常所得Y_t^Pは，

$$Y_t^P = \alpha_t Y_t + \alpha_{t-1} Y_{t-1} + \alpha_{t-2} Y_{t-2}$$

と計算される。ただし，加重平均のウエートについては，$1 > \alpha_t > \alpha_{t-1} > \alpha_{t-2} > 0$，かつ$\alpha_t + \alpha_{t-1} + \alpha_{t-2} = 1$を満たすものとする。現在に近いほど大きなウエートを与えることで，経時的なスキルの上昇を恒常所得に反映させているのである。

(3) ライフサイクル仮説（モディリアーニ，アンドウ，ブランバーグ）

生涯の消費可能額を生存年数で除すれば，1年当たりの消費額が求まる。このとき，勤労期に形成した資産からも消費を行うことで，所得が低下する引退期にも勤労期と同水準の消費が可能となる。

ある消費者が，今後L年間生存するが，うちT年間（したがって，$L \geqq T$）は勤労所得Yを得るが，残る$L-T$年は所得がゼロと想定しているとする。そして，現時点で保有する資産Wと勤労所得の和TYの合計である生涯消費可能額を，毎年均等に消費に回すとする。物価変化と利子率は考慮しないとすると，消費は，

$$C = \frac{W+TY}{L}$$

になる。

ここで，資産Wは短期的には一定であるので，$C = \frac{W+TY}{L} = \frac{W}{L} + \frac{T}{L}Y$とすればケインズ型に準じた消費関数を得る。

一方，長期的には所得に比例して増加する（資産は，所得の一定割合を貯蓄に回すことで形成される）ことを，資産Wが所得Yの一定割合sの貯蓄のn年間の蓄積であるととらえてnsYとすると，$C = \frac{W+TY}{L} = \frac{nsY+TY}{L} = \frac{ns+T}{L}Y$となり，クズネッツ型に準じる消費関数を得る。

また，$\frac{ns+T}{L} > \frac{T}{L}$なので短期より傾きが急であること，$\frac{C}{Y} = \frac{ns+T}{L}$を定数とみれば長期的に平均消費性向が一定となることを説明できる。

(4) 流動資産仮説（トービン）

トービンは，ライフサイクル仮説と同様に消費関数に資産を導入するが，特に流動性の高い資産（換金しやすい資産と考えればよい）を想定し，消費関数を，

$$C=C_0+b\frac{W}{P}+cY \qquad \left[\frac{W}{P}:\text{実質流動資産,}\quad b:\text{定数 }(0<b<1)\right]$$

とする。

ここで、平均消費性向は$\frac{C}{Y}=\frac{C_0}{Y}+b\frac{W/P}{Y}+c$であるから、実質資産$\frac{W}{P}$が一定の短期を想定すると、この値は所得の増加とともに逓減する（右辺の、第3項は定数であるが、第1項と第2項が逓減する）。

一方、長期では、$\frac{W/P}{Y}$の値が増加することによって、平均消費性向は安定する（右辺第1項の逓減が第2項の逓増と相殺される）。

重要ポイント3 貯蓄関数

貯蓄Sを次のように定義する。

$S=Y-C$ （S：貯蓄，Y：所得，C：消費）

この定義より、貯蓄はフロー概念である。これに対して預金残高のようなストック変数は資産と呼ぶ。上の式にケインズ型消費関数を代入すると、

$$\begin{aligned}
S&=Y-(C_0+cY)\\
&=-C_0+Y-cY\\
&=-C_0+(1-c)Y\\
&=-C_0+sY
\end{aligned}$$

との貯蓄関数が導ける。ここで、$s\ (=1-c)$ は限界貯蓄性向であり、

$s+c=1$

である。

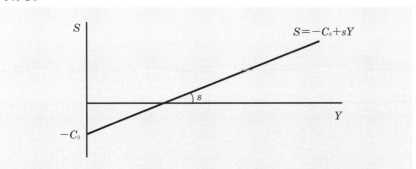

貯蓄Sは、国民所得Yの増加関数であるだけでなく、利子率rの増加関数でもあるとされることが多い。しかし、ミクロ経済学の異時点間最適消費で説明したように、利子率の貯蓄に与える影響の方向は不確定である。たとえば、利子率が上昇し

たとき，利子率を現在消費の価格上昇（将来消費の機会損失増加）ととらえること
で代替効果は現在消費にマイナス，貯蓄にプラスに働くが，利子所得の増加ととら
えることで所得効果は現在消費にプラス，貯蓄にマイナスに働く。

したがって，代替効果と所得効果が相殺する方向に働くので全部効果は不確定で
あり，理論上，利子率の貯蓄（と消費）に与える影響は無視されることが多い。

重要ポイント 4 　貯蓄のパラドックス

個々人がなんらかの理由で限界貯蓄性向sを上昇させたとすると，所得が一定で
ある限りは貯蓄も増加する。しかし，sの上昇は限界消費性向cの低下を意味する
から，有効需要の原理に基づくと，消費需要の減少が国民所得も減少させてしま
う。したがって，マクロ全体では貯蓄は増加しないかもしれない。これを**貯蓄のパ
ラドックス**という。

実戦問題 **1** 基本レベル

No.1 * 消費関数の理論に関する記述として，妥当なのはどれか。

【地方上級（特別区）・令和5年度】

1 ケインズ型消費関数は，消費が現在の所得に依存するものであり，所得が上昇すると，平均消費性向が下落する。

2 クズネッツは，実証研究により，平均消費性向は短期，長期のいずれにおいても一定とはならず，変動することを示した。

3 デューゼンベリーは，消費は現在の所得ではなく過去の最高所得に依存するとするデモンストレーション効果を提唱した。

4 フリードマンは，消費が所得だけではなく，預金などの流動資産にも依存するとする流動資産仮説を提唱した。

5 トービンは，所得を恒常所得と変動所得に分け，消費は恒常所得に依存し，変動所得は消費に影響が及ばないとする恒常所得仮説を提唱した。

No.2 ** 消費関数の理論に関する記述として妥当なのはどれか。

【労働基準監督官・平成16年度】

1 ケインズ型のマクロ消費関数においては，消費が今期の所得水準に依存して決まることから，所得が増加しても平均消費性向は常に一定の値をとるが，消費量は飽和するため限界消費性向は所得が増加するにつれて低下する。

2 ケインズ型のマクロ消費関数においては，顕示欲による消費を考慮して所得が増加するにつれて消費も増加していくことから，平均消費性向は所得が増加するにつれて上昇し，また，限界消費性向も所得が増加するにつれて上昇する。

3 フリードマンによる「恒常所得仮説」においては，消費が今期の所得水準に依存するものではなく，将来の自己の所得獲得能力をも考慮した恒常所得の水準に依存することから，平均消費性向は好況期の時は小さく，不況期には大きくなる。

4 フリードマンによる「恒常所得仮説」は，個人資産からの利子収入など雇用所得以外も考慮した恒常的な所得から合理的に導き出された恒常所得に基づく消費理論であることから，平均消費性向は好況期の時は大きく，不況期には小さくなる。

5 フランコ・モディリアーニなどによる「ライフサイクル仮説」に基づく消費関数は，社会全体の予想所得，社会全体の資産総額や社会全体の平均寿命などからなるものであり，フリードマンによる「恒常所得仮説」とは異なり長期的観点からの消費理論である。

No.3 恒常所得仮説に基づく消費関数と恒常所得は，次のように与えられる。

$$C_t = 0.3 Y_t^P$$

$$Y_t^P = 0.6 Y_t + 0.4 Y_{t-1}$$

〔C_t：第 t 期の消費，Y_t^P：第 t 期の恒常所得，Y_t：第 t 期の所得〕

今，第1期における所得$Y_1 = 240$であり，第2期における平均消費性向は0.5であるとする。このとき，第2期における所得Y_2として最も妥当なのはどれか。

【国家総合職・令和5年度】

1　80

2　90

3　100

4　110

5　120

No.4 ある人は，ライフサイクル仮説に基づき行動し，稼得期以降の生涯を通じて消費を平準化するものとする。この人は，稼得期の初期時点に1000万円の資産を持っており，稼得期の40年間に毎年250万円ずつの労働所得を得る。また，この人は引退してから20年後に死亡するが，引退後の所得は0であり，死後，子孫に2000万円を残すことを予定している。なお，利子率は0とする。

ここで，稼得期の30年目の終わりにこの人が突然転職を決め，31年目以降の残り10年間の労働所得が250万円から400万円に増加するものとする。このとき，この人は30年目の終わりに31年目以降の消費計画を立て直すものとする。この場合，この人の31年目以降の残り30年間の各年の消費水準はいくらになるか。

【国家一般職・令和2年度】

1　100万円

2　150万円

3　175万円

4　200万円

5　250万円

実戦問題 **1** の 解説

No.1 の解説　消費関数理論

→問題はP.99　**正答1**

　　消費関数に関する基本的出題である。本問の一部の選択肢のように提唱者名と学説名，あるいは学説名と内容の組合せが間違っているだけのシンプルな出題は減りつつある。

1 ◎　**ケインズ型消費関数では，平均消費性向は所得の増加によって低下する。**
　　妥当である。なお，ケインズの消費関数は，消費が現在の所得にのみ依存すると考えるので絶対所得仮説とも呼ばれる。

2 ✕　**クズネッツ型消費関数では，平均消費性向は常に一定となる。**
　　クズネッツは長期の時系列データを用いた実証研究によって，消費が所得に正比例することを見出した。この場合，平均消費性向は一定となり，限界消費性向とも同値になる。なお，この結果はケインズ型消費関数と整合的でないと考えられたために論争が生じたが，ケインズが短期を想定していたのに対し，クズネッツは長期的な分析を行っており，必ずしも両者の理論が相容れないわけではない。

3 ✕　**消費が過去の最高所得に依存することはラチェット効果と呼ばれる。**
　　デューゼンベリーは，消費が現在の所得だけでなく，過去の最高所得にも依存するとした。たとえば，現在の所得が低下しても，過去の最高所得の影響をも受ける消費は，その低下に歯止めがかかる。これがラチェット効果である。このデューゼンベリーの主張を時間的相対所得仮説という。なお，デューゼンベリーは，周囲の消費行動が自らの消費に影響することをデモンストレーション効果と呼んだが，このことを踏まえた消費理論は空間的相対所得仮説と呼ばれる。ただし，通常，相対所得仮説といえば前者をさすことが多い。

4 ✕　**流動資産仮説を提唱したのはトービンである。**
　　流動資産仮説の内容は正しい。なお，この仮説によると，家計の流動資産は長期的には増加する傾向にあるので，ここからも消費が行われる結果，長期的な平均消費性向は低下せずに一定となることになる。

5 ✕　**恒常所得仮説を提唱したのはフリードマンである。**
　　なお，恒常所得仮説によると，平均消費性向は所得の上昇に対して，短期的には低下するが，長期的には安定する。短期における低下は，上昇した所得の一部が変動所得と考えて，そこからは消費に回さないためである。一方，長期的には，短期的な変動所得の増減が均されるため，所得に占める恒常所得の割合が一定となり，恒常所得から行われる消費もほぼ一定になることから平均消費性向が安定化するのである。

No.2 の解説　消費関数仮説

→問題はP.99　**正答3**

1 ✕　**ケインズ型の消費関数での平均消費性向は，所得 Y の増加とともに低下する。**
　　ケインズ型のマクロ消費関数は $C = C_0 + cY$〔C：消費，Y：所得，C_0：基礎

消費，c：限界消費性向〕とされる。ここで，限界消費性向cは，基礎消費C_0とともに，定数とみなされるが，平均消費性向$\dfrac{C}{Y}=\dfrac{C_0+cY}{Y}=\dfrac{C_0}{Y}+c$は所得$Y$の増加とともに，右辺第1項が低下するために低下する。

2 × 顕示的消費を提唱したのはヴェブレンである。

限界消費性向および平均消費性向については，**1**の解説を参照。

3 ◎ フリードマンは，実際の所得を恒常所得と変動所得に二分して考える。

妥当である。このように実際の所得を二分したうえで，消費は恒常所得に依存すると考える。**4**の解説も参照。

4 × 恒常所得は，将来の所得獲得能力も考慮した所得の平均的水準である。

したがって，フリードマンの恒常所得仮説では，消費は安定的な恒常所得に依存するから，短期的な高所得（一時的な変動所得の増加）の際にも消費をそれほど増加させないために平均消費性向は小さくなり，逆に短期的な低所得（一時的な変動所得の減少）の際にも消費をそれほど低下させないために平均消費性向はむしろ大きくなる。

5 × フリードマンの理論もモディリアーニの理論も長期的な視点を有している。

消費関数に関する諸仮説（本問で挙げられたものに加えて，デューゼンベリーの相対所得仮説やトービンの流動資産仮説など）は，ケインズ型の短期消費関数とクズネッツ型の長期消費関数を統合しようとする試みであり，この点で，これらはすべて短期的な視点と長期的な観点の双方を内包している。

No.3 の解説 │ 恒常所得仮説

STEP❶ 平均消費性向の変形

第2期における平均消費性向は$\dfrac{C_2}{Y_2}=0.5$であるから，

$C_2=0.5Y_2$ ……①

が成り立つ。

STEP❷ 消費関数の変形

一方，消費関数に恒常所得の定義式を代入することにより，

$C_2=0.3Y_2^P=0.3(0.6Y_2+0.4Y_1)=0.18Y_2+0.12Y_1$

を得る。さらに，問題文より$Y_1=240$であるから，これを与えると，

$C_2=0.18Y_2+0.12\times240=0.18Y_2+28.8$ ……②

となる。

STEP❸ 第2期の所得の導出

①式と②式の右辺同士を等しいとおくと，第2期の所得Y_2を，

$0.5Y_2=0.18Y_2+28.8$

$Y_2=90$

と得る。

よって，正答は**2**である。

No.4 の解説　ライフサイクル仮説　　　　→問題はP.100　**正答4**

経済理論における貯蓄とは，$S＝Y－C$（S：貯蓄，Y：所得，C：消費）と定義されるように，フロー概念である。つまり，預貯金の残高（これはストック概念である）ではなく，当該年度の所得のうち，消費しなかった額である。したがって，所得，消費，貯蓄の単位は正確には万円/年であり，資産のみが万円との単位を持つ。

（1）転職前

STEP❶　ライフサイクルの視覚化

転職前の状況を図にする。なお，子孫に残す2000万円は負値で表している。

	稼得期間（40年）		引退期間（20年）
資産	↑ 1000万円		↑ −2000万円
所得	←―――― 250万円/年 ――――→		←― 0円/年 ―→
消費	←―――― 均等にC万円/年 ――――→		

STEP❷　生涯消費可能額と各年の消費

この個人の生涯全体での消費可能額（所得と資産の和）は，40年分の労働所得250万円に当初保有する1000万円を加え，子孫に残す2000万円を差し引いた，

40年×250万円/年＋1000万円−2000万円＝9000万円

である。

ライフサイクル仮説では各年で均等な消費を行うとするから，これを生涯年数60年で割れば，各年の消費を，

$$C＝\frac{9000}{60}＝150〔万円/年〕$$

とできる。

（2）転職後

STEP❸　ライフサイクルの視覚化

突然の転職であるから，31年目以降に所得が増えることを予想した消費は行っていない。したがって，稼得期の30年目までで，毎年の消費を150万円/年ずつ行ってきたことになる。これは毎年の貯蓄を100万円/年ずつ行ってきたことでもあるから，この時点で資産は1000万円＋100万円/年×30年＝4000万円になっている。

このことを踏まえ，転職後の状況を図にする。

	稼得期間（10年）	引退期間（20年）
資産	↑ 4000万円	↑ −2000万円
所得	← 400万円/年 →	← 0円/年 →
消費	← 均等にC万円/年 →	

STEP④ 生涯消費可能額と各年の消費

　この個人の生涯全体での消費可能額は，残る稼得期10年間の400万円に，この時点で保有する資産4000万円を加え，子孫に残す2000万円を差し引いた，

　　10年×400万円/年＋4000万円−2000万円＝6000万円

である。

　これを各年で均等な消費に回すため，残りの生涯年数30年で割れば，消費は，

$$C = \frac{6000}{30} = 200 \ \text{〔万円/年〕}$$

になる。つまり，転職前より50万円/年だけ増加する。

　よって，正答は**4**である。

実 戦 問 題 ❷ 　応用レベル

第2章
財市場の分析

💎 **No.5** 消費に関する記述として，妥当なのはどれか。

【地方上級（特別区）・平成28年度】

1 絶対所得仮説は，消費は，その時々の所得水準に依存して決まるとするもので，この仮説に基づいたケインズ型の消費関数では，所得水準が高まるにつれて平均消費性向は上昇するとした。

2 相対所得仮説によれば，消費は，過去の消費水準の影響を受けるとされ，景気の後退局面においても，生活水準を低下させるには時間がかかり，ラチェット効果があるとした。

3 トービンは，消費は，所得のみならず現金や預貯金などの流動的な資産によって影響を受けるとし，長期的には平均消費性向が下落していくことを説明した。

4 モディリアーニは，政府が一定の支出を租税で賄おうと，公債発行による借入れで賄おうと，ライフサイクルにおける所得総額は変化しないため，現在の消費には変わりはなく，同じ影響を及ぼすとした。

5 フィッシャーは，異時点間にわたる消費理論を築き，消費は，現在の所得水準にのみ依存するのではなく，現在から将来にわたって稼ぐことができる所得の平均値に依存して決まるとした。

No.6 恒常所得仮説に基づいて行動するある個人の消費と恒常所得がそれぞれ

$$C_t = 0.8Y_t^P$$

$$Y_t^P = 0.4Y_t + 0.3Y_{t-1} + 0.2Y_{t-2} + 0.1Y_{t-3}$$

〔C_t：t 期の消費，Y_t^P：t 期の恒常所得，Y_t：t 期の所得〕

で示され，この個人は，各期においてその期の所得から消費を差し引いた残りのすべてをその期の貯蓄に充てる。

　この個人の所得に関して，$Y_{t+1} = 700$，$Y_t = 600$，$Y_{t-1} = Y_{t-2} = Y_{t-3} = 500$ のとき，$t+1$ 期の貯蓄額はいくらか。

【国税専門官／財務専門官／労働基準監督官・平成30年度】

1 122

2 140

3 168

4 212

5 268

No.7 ある個人は，現在40歳で，今後の稼得期間を20年，その後の引退期間を30年と予測している。この個人は現在2,500万円の資産を有しており，稼得期間には毎年500万円の所得があると想定される一方，引退期間にはまったく所得がないものとする。この個人はライフサイクル仮説に従って，生涯にわたって毎年同額の消費を行うとした場合，現在の限界消費性向および現在の平均消費性向はいくらか。

ただし，遺産は残さず，利子所得はないものとする。また，限界消費性向とは想定年収の限界的変化に対する消費額の限界的な変化とし，平均消費性向とは想定年収に対する消費額の割合とする。　【財務専門官／労働基準監督官・平成26年度】

	限界消費性向	平均消費性向
1	0.4	0.25
2	0.4	0.5
3	0.5	0.25
4	0.5	0.4
5	0.6	0.5

実戦問題❷の解説

　　　　　　　　　　　　　　→問題はP.105　**正答2**

1✕ **ケインズ型の消費関数での平均消費性向は，所得Yの増加とともに低下する。**
絶対所得仮説は，ケインズ型の消費関数$C=C_0+cY$（C：消費，C_0：基礎消費（定数），c：限界消費性向（定数），Y：所得水準）のことである。この消費関数の平均消費性向は$\dfrac{C}{Y}=\dfrac{C_0}{Y}+c$となり，所得水準$Y$が高まるにつれて低下する。

2◎ **デューゼンベリーは，相対所得仮説においてラチェット効果を主張した。**
妥当である。ラチェット（歯止め）効果は，所得が減少しても消費の減少には歯止めがかかることを表している。このため，不況時に所得が低下した場合，平均消費性向（所得に占める消費の割合）は上昇することになる。

3✕ **トービンの流動消費仮説においては，長期的に平均消費性向は安定する。**
トービンの流動消費仮説に限らず，諸消費関数仮説は，平均消費性向が短期的には所得水準の上昇によって下落するが，長期的には安定することを説明するものである。トービンの流動資産仮説は，消費が所得だけでなく，株式や預貯金残高のような流動性の高い金融資産にも依存すると主張するもので，短期において資産が一定であると考えると，所得水準の上昇によって消費が増加した場合，平均消費性向は下落するが，長期において資産がおおよそ所得水準と同様な上昇を示すとすると，所得水準の上昇と資産の増加の双方から消費が増加するため，平均消費性向は安定化することになるのである。

4✕ **モディリアーニは，期待生涯所得を均して各年の消費に充てるとした。**
これがライフサイクル仮説である。なお，代表的な個人の生涯所得は政府が財政支出を租税で賄おうと公債発行による借入れで賄おうと変化しないために，個人の消費計画も政府の原資調達の手段によって変化することはないと主張したのは，リカード／バローの等価定理（中立命題）である。これは財政学で主に扱うが，簡潔に説明すると，償還が次世代に持ち越されない限り国債発行は将来の増税を意味するから，現在の租税徴収も将来の租税徴収に当たる国債発行も，代表的個人の生涯所得に与える影響は等しいという内容である。

5✕ **現在から将来にわたって稼ぐことができる所得の平均値は，恒常所得である。**
フィッシャーが異時点間の最適消費理論を構築したのは正しく，この理論では将来所得も考慮して，現在および将来の最適消費が決定するとされている。しかし，フィッシャーがこの理論で恒常所得に当たる概念を導入したわけではない。

下付き添字 t の用法に注意。この t は任意の期を意味するから，$t+1$ 期であれば，Y_{t+1}，C_{t+1} のように1期分ずつずらして表記しなければならない。

STEP① $t+1$ 期の変数の定義

問題文の定義より，$t+1$ 期の貯蓄 S_{t+1} は，$S_{t+1}=Y_{t+1}-C_{t+1}$ と表される。また，$t+1$ 期の消費 C_{t+1} および $t+1$ 期の恒常所得 Y_{t+1}^P は，与えられた式を1期ずらすことで，おのおの，

$$C_{t+1}=0.8Y_{t+1}^P$$
$$Y_{t+1}^P=0.4Y_{t+1}+0.3Y_t+0.2Y_{t-1}+0.1Y_{t-2}$$

と表される。

STEP② $t+1$ 期の貯蓄の計算

問題文の値を代入していけば，$t+1$ 期の恒常所得は，

$$Y_{t+1}^P=0.4\times700+0.3\times600+0.2\times500+0.1\times500=610$$

になり，$t+1$ 期の消費は，

$$C_{t+1}=0.8\times610=488$$

となる。したがって，$t+1$ 期の貯蓄は，

$$S_{t+1}=700-488=212$$

である。

よって，正答は**4**である。

No.7 の解説 ライフサイクル仮説

→問題はP.106 **正答2**

　ライフサイクル仮説は短期と長期の消費関数の双方の性質を説明できる仮説であるが，長期では限界消費性向と平均消費性向は同一の値になるので，おのおのを個別に問うている本問では短期消費関数の形にいかに持っていくかがポイントになる。

STEP① ライフサイクル仮説による消費額の決定

　ライフサイクル仮説とは，生涯で消費可能な額を生存年数で割ることで，各年の消費を均等化すると考えるものであり，次のように定義できる。

$$消費 = \frac{資産額 + 稼得期間 \times 所得}{稼得期間 + 引退期間} \quad \cdots\cdots①$$

本問の場合，個々の数値を代入すると，

$$消費 = \frac{2500 + 20 \times 500}{20 + 30} = 250 〔万円/年〕$$

のように消費を決定できる。

STEP② 平均消費性向および限界消費性向の計算

　平均消費性向は所得に占める消費の割合であり，$\dfrac{C}{Y} = \dfrac{250}{500} = 0.5$ となる。

　また，①の定義式を変形すれば，

$$消費 = \frac{資産額}{稼得期間 + 引退期間} + \frac{稼得期間}{稼得期間 + 引退期間} \times 所得$$

となる。ここで，資産額（短期では一定），稼得期間，引退期間を定数とみなせば，ケインズ型の消費関数（消費＝基礎消費＋限界消費性向×所得）と同じ形式になる。したがって，この式の右辺第2項を限界消費性向とみなせば，その値は，

$$\frac{稼得期間}{稼得期間 + 引退期間} = \frac{20}{20 + 30} = 0.4$$

となる。

　よって，正答は**2**である。

第2章

財市場の分析

6 投資の限界効率理論

必修問題

　ある企業がA〜Eの設備について投資計画を考える。それぞれの設備の価格，収益は次表に示されているが，利子率が7%のとき，この企業はどの設備に対して投資を実行するのが妥当か。　【地方上級・平成9年度】

(単位：億円)

設備	A	B	C	D	E
設備の価格	30	50	70	90	110
収益	33	53	74	97	117

1　AとB
2　AとD
3　BとC
4　CとE
5　DとE

難易度　＊

必修問題の解説

　ケインズの投資の限界効率理論では，利子率より投資の限界効率が大きいときは投資を実行すると考える。なお，ケインズ本人は「投資」ではなく「資本」の限界効率と呼んだが，ここでは収益率（利潤率）と考えてよい（重要ポイント6参照）。

本問は，資本の使用期間などの条件が示されていないので，単純に 1 期間を考え，期首に資本設備を購入し，期末にそれを用いて生産した財を売却して利潤を計算するものとする。これらのことを踏まえて，表を次のように書き換える。なお，本問での収益は，設備の価格を差し引く前の売上の意味である。そう考えないと値が大きすぎて正答が導けない。したがって，収益率の代わりに利潤率との語を用いた。

STEP❶　表の作成

(単位：億円)

設備	A	B	C	D	E
設備の価格	30	50	70	90	110
収益	33	53	74	97	117
利潤	3	3	4	7	7
利潤率	0.1	0.06	0.057	0.078	0.063

STEP❷　表の読み取り

ここから，利子率 7 ％（0.07）を上回るものは**A**と**D**である。

なお，設備Dについては，次のように考えると計算しなくてもよい。もし設備の価格が100であり収益が 7 であれば，そのときの利潤率は 7 ％（0.07）であるので，D設備の価格，つまり投資にかかる費用が90で済むなら利潤率は 7 ％よりは高くなるはずである。本問は 7 ％より高いかどうかだけがわかればよいので，実際に0.078（7.8％）を求めるまでもない。

【別解】割引現在価値

なお，割引現在価値（**重要ポイント 4 参照**）の概念を用いても解ける。各設備の収益の割引現在価値は以下のように計算される。

$$A : \frac{33}{1+0.07} \fallingdotseq 30.8, \quad B : \frac{53}{1+0.07} \fallingdotseq 49.5, \quad C : \frac{74}{1+0.07} \fallingdotseq 69.2$$

$$D : \frac{97}{1+0.07} \fallingdotseq 90.7, \quad E : \frac{117}{1+0.07} \fallingdotseq 109.4$$

つまり，期首の投資時点の価値に換算して費用よりも大きい収益が得られるのは**A**と**D**である。

よって，正答は**2**である。

正答 **2**

FOCUS

投資理論の中でも，ケインズの投資の限界効率理論は特に重要である。最も出題頻度が高いことに加え，マクロ経済学において重要な位置を占める*IS-LM*分析の基盤にもなっている。

第2章
財市場の分析

重要ポイント **1** 投資と資本

投資とは，将来の所得を生む財への支出である。したがって，経済理論上の投資とは主に設備投資であり，財市場において資本財（投資財）に支出することである。日常的には株式などの金融資産などへの支出も投資と呼ぶが，これは経済理論上の投資は当たらない。

言い換えれば，投資は，ミクロ経済学の生産者理論でいう**資本**を増加することであり，GDP統計では資本形成と呼ばれるものに相当する。したがって，投資がフロー変数であるのに対し，資本はストック変数である。これを式にすれば，

$I = \Delta K$ **（I：投資，K：資本）**

となる。

重要ポイント **2** 資本減耗

資本は生産に伴う物理的な**資本減耗**によって，また時間の経過による陳腐化によってその価値を減少させる。これが資本減耗であり，会計用語としては減価償却を用いる。資本形成と資本減耗を対義とみれば，資本減耗とは負の投資である。資本減耗を考慮した純投資を次のように定義する。

$\Delta K = I - \delta K$ **（K：資本，I：投資，δ：資本減耗率）**

これは，純投資（資本の増加分）＝粗投資－資本減耗（減価償却）との意味であり，資本減耗は資本減耗率δ×既存の資本Kである。

重要ポイント **3** 投資資金の調達

民間部門のみを考えた財市場の均衡条件は$Y = C + I$であるが，移項すれば$S = I$になる（貯蓄の定義$S = Y - C$を用いる）。これは，究極的には，**投資の原資が家計の貯蓄である**ことを表している。

企業は，投資資金について，株式を発行して市場から資金を調達することもできるが，金融機関（銀行）からの借入れによって資金を調達することもできる。前者の場合，株主（投資家）としての家計から直接に資金を調達することになるが，後者の場合でも，金融機関から借り入れた資金の出所は家計の預金であるため，家計の貯蓄は，銀行を介さない（**直接金融**）か銀行を介するか（**間接金融**）の違いのみで，最終的には企業の投資に回る。$S = I$はこのことをさしているのである。

重要ポイント **4** 割引現在価値

　貨幣を金融資産の一つととらえると，リスクがない点に特徴がある。ここでいうリスクとは，株式のように資産価値が変動する（統計学的にいえば，資産価値が正の分散を持つ）ことである。

　預金金利を 1 ％とすれば，現在時点の100万円はリスクなしに将来時点において101万円になる。経済理論では，現在時点の100万円と将来時点の101万円を無差別と考え，現在時点の100万円と将来時点の100万円は等価値とはみなさない。

　一般に，**将来の収益額を対応する現在の金額に直したものが割引現在価値**である。通常，利子率をr（$0<r<1$）とすれば，現在のx円は，1 期後（将来）に（$1+r$）x円になるから，逆に，1 期後の収益額の割引現在価値は（$1+r$）で割ると求められる。たとえば，上の数値例でいえば，1 年後の100万円の割引現在価値は$\dfrac{100}{1+0.01}≒99$万円である。

重要ポイント **5**　投資の限界効率理論（1期間モデル）

（1）投資の原則

　ケインズの投資（資本）の限界効率理論によると，投資を実行する原則は，

投資の期待収益率≧利子率（金利）

である。この定義は，投資資金が借入れで賄われる場合にはほぼ自明である。借入金利以上の収益率が得られなければ損失が発生するからである。しかし，この原則は**投資が自己資金によって賄われる場合にも妥当する**。もし，企業が投資に充てる予定の資金を金融市場で運用する場合の金利が，その資金を実際に投資した場合の収益率よりも大きいのであれば，企業はその資金を投資には回さないからである。なお，金利および収益率については，次のように考える。

①　金融市場は競争的であり，預金金利と貸出金利の差（いわゆる利鞘）は限界まで縮小するため，両者の差を区別しないとする。預金獲得競争は預金金利を上昇させる一方，貸出競争は貸出金利を低下させるからである。

②　ここでは，利子率は一般的に金融資産から得られる収益率，金利は貨幣から得られる収益率との意味で用いているが，リスクがなければ両者は裁定取引によって同値となる（**テーマ8**を参照）。以後，原則として利子率の語を用いる。

（2）投資の限界効率曲線

　ある企業がn個の投資計画（I_1, I_2, I_3, … I_n）を持っており，これらが，おのおのの計画から得られる投資の期待収益率iの高い順にi_1, i_2, i_3, … i_nと並べられているとする。ここで，これらの期待収益率iを各投資の限界効率と呼ぶことにする（厳密な定義は**重要ポイント6**で説明する）。これをグラフにしたものが下図の投資の限界効率曲線である。

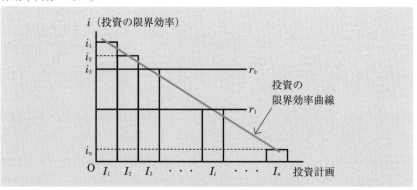

　このとき，市場における利子率がr_0であるとする（企業にとって，市場利子率は所与である）と，企業は少なくとも利子率と同じ収益が得られる3番目の投資計画まで実行することになり，実際に行われる投資額は$I_1+I_2+I_3$に決定する。

　利子率がr_0からr_1に低下すると，r_0では採算のとれなかった投資計画も，金融市場で運用するより有利になるため，投資はI_1の計画まで実行される。利子率rが低下するほど投資Iは増加するのであるから，**投資は利子率の減少関数**である。

(3) 投資関数

　投資Iは利子率rの減少関数であるから，縦軸に利子率r，横軸に投資Iをとった平面上で，**投資関数 $I=I(r)$ のグラフは右下がり**になる。その傾きは投資の利子弾力性を表しており，**傾きが緩やかであるほど投資の利子弾力性は大きく，傾きが急であるほど投資の利子弾力性の値は小さい**。投資が利子率にまったく影響されない場合，投資の利子弾力性はゼロとなり，投資関数のグラフは垂直となる。

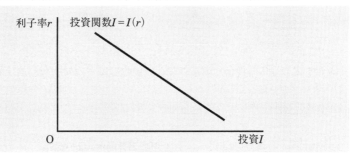

　同じ投資からでも得られる**期待収益率が高まると，投資の限界効率曲線が上側へシフトする**ため，利子率が一定でも，投資は増加する。この場合，**投資関数のグラフは右方にシフトする**。下図では，左側の図において，限界効率曲線の上方シフトによって同じ利子率でも実行可能な投資計画がi番目のI_iからj番目のI_jまで増加したため（$i<j$），投資総額がI_0からI_1へ増加したことを，右側の図において投資関数の右シフトによって表している。逆に，期待収益率の低下は限界効率曲線が下方にシフトし，投資関数は左方にシフトする。

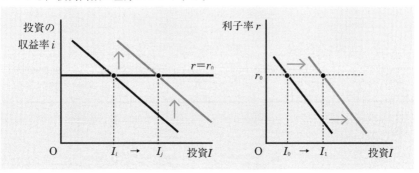

重要ポイント **6** 投資の限界効率理論（多期間モデル）

投資額Iの設備が，無限期間にわたって毎期，一定のRの収益をもたらすとする。収益の総和を，割引現在価値を用いて投資を行う時点で評価し，投資を実行するか検討する。

この投資から得られる収益の割引現在価値の総和は，市場利子率rを用いて評価すると，無限等比数列の和の公式より，

$$\frac{R}{1+r}+\frac{R}{(1+r)^2}+\frac{R}{(1+r)^3}+ \cdots\cdots +\frac{R}{(1+r)^\infty}=\frac{R}{r} \quad \cdots\cdots ①$$

である。一方，投資の限界効率を，以下の式を満たす割引率iとして定義する。

$$I=\frac{R}{1+i}+\frac{R}{(1+i)^2}+\frac{R}{(1+i)^3}+ \cdots\cdots +\frac{R}{(1+i)^\infty}=\frac{R}{i} \quad \cdots\cdots ②$$

投資の限界効率iは，投資額Iをちょうど回収するのに必要な収益率である。

投資を実行する条件は，収益の現在価値の総和$\dfrac{R}{r}$が投資額Iを上回っていることであるが，この条件$\dfrac{R}{r}\geqq I$は，②式を用いれば，

$$\frac{R}{r} \geqq \frac{R}{i} \quad \Leftrightarrow \quad i\geqq r \qquad \text{（投資の限界効率＝利子率）}$$

になるので，**重要ポイント5**の冒頭の投資の原則が確認できたことになる。この場合も，利子率rが低下すれば，より低い投資の限界効率iの場合でも投資できるので，**重要ポイント5**の投資関数の性質は保たれる。なお，ケインズはこのような論理的なモデルを構築する一方で，現実の経済における企業家の鋭い判断能力（**アニマル・スピリッツ**）も重視した。

無限等比数列の和の公式：無限等比数列の総和＝$\dfrac{\text{初項}}{1-\text{公比}}$（ただし，$-1<$公比$<1$）

①式の左辺 $\dfrac{R}{1+r}+\dfrac{R}{(1+r)^2}+\dfrac{R}{(1+r)^3}+ \cdots\cdots +\dfrac{R}{(1+r)^\infty}$を，

$\dfrac{R}{1+r}+\left(\dfrac{1}{1+r}\right)\cdot\dfrac{R}{(1+r)}+\left(\dfrac{1}{1+r}\right)^2\cdot\dfrac{R}{1+r}+ \cdots\cdots$ と書き換えると，初項

$\dfrac{R}{1+r}$，公比$\dfrac{1}{1+r}$の無限等比数列とみなせるので，上の公式を適用することで，

$$\frac{R}{1+r}+\frac{R}{(1+r)^2}+\frac{R}{(1+r)^3}+ \cdots\cdots +\frac{R}{(1+r)^\infty}=\frac{\frac{R}{1+r}}{1-\frac{1}{1+r}}=\frac{\frac{R}{1+r}}{\frac{1+r}{1+r}-\frac{1}{1+r}}$$

$$=\frac{R}{(1+r)-1}=\frac{R}{r} \quad \text{とできる。}$$

実 戦 問 題

No.1 資本の限界効率に関する次の記述のうち，妥当なのはどれか。

1 投資は，資本の限界効率が利子率を下回るときに行われる。

2 投資が多くなされるほど，資本の限界効率は上がっていく。

3 企業家の予想が楽観的になると，資本の限界効率関数の傾きは緩やかになる。

4 企業家の予想が悲観的になると，資本の限界効率関数は下方へシフトする。

5 資本の限界効率関数は，企業家の予想によっては変化しない。

No.2 表は，ある企業の投資プロジェクト案である。投資家は，ケインズの投資決定理論に基づき，これらのプロジェクト案を実施するかどうか判断する場合，次の記述のうち妥当なのはどれか。ただし，利子率は10%とする。

プロジェクト案	設備の利用期間	設備の費用	毎期の予想収益
A案	2年	1,200億円	605億円
B案	3年	3,200億円	1,331億円
C案	2年	8,500億円	4,840億円

1 A案，B案およびC案いずれも実施する。

2 A案およびB案は実施し，C案は実施しない。

3 B案は実施し，A案およびC案は実施しない。

4 B案およびC案は実施し，A案は実施しない。

5 C案は実施し，A案およびB案は実施しない。

No.3 ある企業の今年の投資プロジェクトの案として，以下のA案，B案，C案の3つが検討されている。

A案：200億円を今年投資し，1年後（来年）にのみ210億円の収益を受け取る。

B案：100億円を今年投資し，2年後（再来年）にのみ169億円の収益を受け取る。

C案：200億円を今年投資し，1年後（来年）およびそれ以降に毎年30億円の収益を受け取り続ける。

利子率 r が10%の場合には実行されるが，r が20%の場合には実行されない投資プロジェクトの案のみをすべて挙げているのはどれか。

なお，利子率 r は年率の値であるとする。

1 A **2** A，B

3 B **4** C

5 該当案なし

No.4 ある企業において，3種類の計画中の投資プロジェクトA，B，Cがあり，それぞれの投資プロジェクトは，ある期の初めにFの額を投資すると，投資を行った次の期から毎期Iの額の収益を永続的に得ることができる。

表は，3種類の投資プロジェクトA，B，CのそれぞれのFおよびIを表したものである。

投資プロジェクト	F	I
A	80	8
B	200	16
C	480	24

ここで，実質利子率がX%である場合，Aが実行され，BおよびCは実行されない。実質利子率がY%である場合，AおよびBが実行され，Cは実行されない。実質利子率がZ%である場合，A，BおよびCが実行される。

このとき，X，Y，Zのとりうる値の範囲として，妥当なのはどれか。

【国家総合職・平成17年度】

1 $8 < X < 15$

2 $5 < X < 10$

3 $8 < Y < 10$

4 $5 < Y < 8$

5 $0 < Z < 8$

***

No.5 ある投資プロジェクトでは，第0期に400の投資を行うと，第1期に220，第2期に210の収益が得られると予想される。このとき，投資を行うことが投資を行わないことよりも有利になる利子率の中で，その最大値となるものは次のうちどれか。ただし，投資以外の経費はかからないものとする。

【地方上級・平成15年度】

1 3%

2 4%

3 10%

4 12%

5 15%

実 戦 問 題 の 解説

No.1 の解説 投資の限界効率曲線 →問題はP.117 **正答4**

　ケインズによる資本の限界効率理論のグラフ問題である。縦軸に資本の限界効率および利子率を，横軸に限界効率順に並べた投資計画をとり，図のような右下がりのグラフを描く。これは限界効率曲線または限界効率関数と呼ばれる。

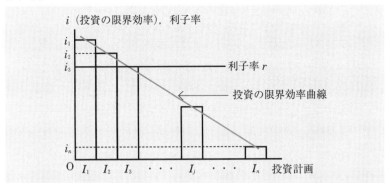

1 ✖ **資本の限界効率理論では，資本の限界効率＞利子率のときに投資を行う。**
　ケインズの投資理論である資本の限界効率理論によれば，投資は，資本の限界効率（＝追加的な投資計画からの期待収益率のことであり，投資の限界効率ともいう）が利子率を上回るときに実施される。図ではI_3まで実行する。

2 ✖ **投資が増えるほど，資本の限界効率は低下していく。**
　資本の限界効率理論では，利子率と資本の限界効率を比較して，限界効率の高い順に投資を行い，両者が一致するまで投資を行うと考える。よって，投資が増加するに従って，資本の限界効率は低下する。
　ミクロ的基礎付けという観点からは，資本の限界生産性は逓減する，つまり資本を追加するほど生み出す生産物の量が少なくなっていくことから，限界効率の低下を説明できる。

3 ✖ **企業家の予想が楽観的になると，資本の限界効率関数は上方シフトする。**
　経済環境の好転や事業にとって望ましい経済政策の採用によって企業が将来を楽観視すると，高めの収益率を期待するようになり，同じ投資計画についても，より高い資本の限界効率を見込むようになる。上の図で言えば，各投資計画の限界効率iがおのおの高くなり，それをつないだ資本の限界効率関数が上方シフトするということである。傾きも変化する可能性はあるが，重要な点はグラフごと上方に位置が変化するということである。

4 ◎ **企業家の予想が悲観的になると，資本の限界効率関数は下方シフトする。**
　妥当である。**3**と逆に，企業が将来を悲観視すると，資本の限界効率は低く見込まれるようになり，資本の限界効率関数は下方シフトする。

5 ✕ 資本の限界効率関数は，企業家の予想に依存する。

　資本の限界効率関数は，企業家の悲観的な予想で下方に，楽観的な予想で上方にシフトする。

No.2 の解説　投資の限界効率理論

　投資の限界効率＞利子率の場合に投資を実行するとの条件は，収益の現在価値の和＞投資額の場合に投資を実行すると置き換えられる（**重要ポイント6**参照）。複数年度に渡って分析する場合，こちらのほうが解答しやすい。

　一般に，n 年後の予想収益の割引現在価値 $=\dfrac{\text{毎期の予想収益}}{(1+\text{利子率})^n}$ である。

STEP❶　A案

　605億円を2年間得る場合の収益の割引現在価値の和は，

$$\frac{605}{1.1}+\frac{605}{1.1^2}=550+500=1050$$

である。設備の費用1200のほうが大きいので，実施しない。

STEP❷　B案

　1331億円を3年間得る場合の収益の割引現在価値の和は，

$$\frac{1331}{1.1}+\frac{1331}{1.1^2}+\frac{1331}{1.1^3}=1210+1100+1000=3310$$

である。設備の費用3200よりも大きいので，実施する。

STEP❸　C案

　4840億円を2年間得る場合の収益の割引現在価値の和は，

$$\frac{4840}{1.1}+\frac{4840}{1.1^2}=4400+4000=8400$$

である。設備の費用8500のほうが大きいので，実施しない。

　よって，正答は**3**である。

No.3 の解説 投資の限界効率理論　　　　　　　　→問題はP.117　**正答4**

STEP❶　一般的な収益の現在価値の計算

各案の収益の割引現在価値を次のように計算しておく。

A案：$\dfrac{210}{1+r}-200$

B案：$\dfrac{169}{(1+r)^2}-100$

C案：$\dfrac{30}{1+r}+\dfrac{30}{(1+r)^2}+\cdots\cdots+\dfrac{30}{(1+r)^\infty}-200=\dfrac{30}{r}-200$

なお，ここで無限等比数列の和の公式である$\dfrac{初項}{1-公比}$（公比は-1と1の

間の値でなければならないが，経済原論においては通常満たされる）を用いた。

STEP❷　$r=0.1$（$=10\%$）の場合の収益

$r=0.1$の場合の各案の収益は次のようになる。

A案：$\dfrac{210}{1+0.1}-200=-9.1$

B案：$\dfrac{169}{(1+0.1)^2}-100\fallingdotseq39.7$

C案：$\dfrac{30}{0.1}-200=100$

したがって，正の収益が得られるB案およびC案が実行される。

STEP❸　$r=0.2$（$=20\%$）の場合の収益

$r=0.2$の場合の各案の収益は次のようになる。

A案：$\dfrac{210}{1+0.2}-200\fallingdotseq-25$

B案：$\dfrac{169}{(1+0.2)^2}-100\fallingdotseq17.4$

C案：$\dfrac{30}{0.2}-200=-50$

したがって，正の収益が得られるB案のみが実行される。

つまり，C案は利子率が10%の場合には実行されるが，20%の場合には実行されないプロジェクトである。

よって，正答は**4**である。

投資の限界効率理論を適用するだけであるが，解法上の発想が難しい。

今期末以降，永続的に得られる収益Iの割引現在価値の総和は，利子率をiとすると，次のように表せる（前間同様，無限等比数列の公式より）。

$$\frac{I}{1+i}+\frac{I}{(1+i)^2}+\frac{I}{(1+i)^3}+\cdots\frac{I}{(1+i)^\infty}=\frac{\dfrac{I}{1+i}}{1-\dfrac{1}{1+i}}=\frac{\dfrac{I}{1+i}}{\dfrac{i}{1+i}}=\frac{I}{i}$$

したがって，投資を実行する条件は$F<\dfrac{I}{i}$であり，各ケースでこれを検討する。

STEP① $X\%\left(i=\dfrac{X}{100}=0.01X\right)$ の場合

Aが実行されるなら，$80<\dfrac{8}{0.01X}$であることが必要である。ゆえに，$X<10$。

Bが実行されないなら，$200>\dfrac{16}{0.01X}$であることが必要である。ゆえに，$X>8$。

Cが実行されないなら，$480>\dfrac{24}{0.01X}$であることが必要である。ゆえに，$X>5$。

これらを同時に満たすXの範囲は，$8<X<10$となる。

STEP② $Y\%\left(i=\dfrac{Y}{100}=0.01Y\right)$ の場合

Aが実行されるなら，$80<\dfrac{8}{0.01Y}$であることが必要である。ゆえに，$Y<10$。

Bが実行されるなら，$200<\dfrac{16}{0.01Y}$であることが必要である。ゆえに，$Y<8$。

Cが実行されないなら，$480>\dfrac{24}{0.01Y}$であることが必要である。ゆえに，$Y>5$。

これらを同時に満たすYの範囲は，$5<Y<8$となる。

STEP③ $Z\%\left(i=\dfrac{Z}{100}=0.01Z\right)$ の場合

Aが実行されるなら，$80<\dfrac{8}{0.01Z}$であることが必要である。ゆえに，$Z<10$。

Bが実行されるなら，$200<\dfrac{16}{0.01Z}$であることが必要である。ゆえに，$Z<8$。

Cが実行されるなら，$480<\dfrac{24}{0.01Z}$であることが必要である。ゆえに，$Z<5$。

これらを同時に満たすZの範囲は，$0<Z<5$となる（原則，利子率は負値をとらない）。よって，正答は**4**である。

No.5 の解説　投資の限界効率理論

→問題はP.118　**正答2**

きちんと計算すると数学的に苦労するが，解法上の工夫で容易に解ける。

STEP❶　投資の限界効率理論の適用

問題文で定義されるような利子率をr（$0<r<1$）とし，これを割引率に用いて，投資額よりも投資から得られる収益の現在価値の和が大きくなる条件を表せば，

$$400 \leqq \frac{220}{1+r} + \frac{210}{(1+r)^2} \quad \cdots\cdots ※$$

になる。これを解けば正答が得られる。

STEP❷　条件の計算

STEP❶の※式は整理すれば，次のようになる。

$$40r^2 + 58r - 3 = (20r-1)(2r+3) \leqq 0$$

ここから，$r \leqq 0.05$，つまり，5％以下の利子率であれば投資を行うことが有利になる。そのような利子率のうち選択肢中にある最大値は4％である。

よって，正答は**2**である。

【別解】

$400 \leqq \dfrac{220}{1+r} + \dfrac{210}{(1+r)^2}$を満たす利子率を選択肢の代入で解答する。**3**の10％

を考えてみると，ちょうど右辺第1項が$\dfrac{220}{1+0.1}=200$であるから，220より小さな210を1.1より大きな$1.1^2=1.21$で割る右辺第2項は200を必ず下回る。よって，利子率が10％では高すぎて投資は行わない。

次に，**2**の4％を代入することを考える。$r=0.04$を上の不等式に代入して満たされれば，これが正答である。もし，不等式を満たさなければ，**1**の$r$$=0.03$しか正答の候補がなくなるので，これが正答になる。

実際に計算してみると，$\dfrac{220}{1+0.04} \fallingdotseq 211.5$および$\dfrac{210}{(1+0.04)^2} \fallingdotseq 194.2$より，不等式の条件を満たすことがわかる。

テーマ
7
投資理論

必修問題

投資理論に関する記述として，妥当なのはどれか。

【地方上級（特別区）・平成29年度】

1　**ケインズの投資理論**では，**投資の限界効率**が利子率より大きい場合に投資が実行されるが，投資の限界効率は，投資を行う企業家のアニマル・スピリッツに基づいた将来の期待形成には左右されないとする。

2　**加速度原理**は，投資は国民所得の変化分に比例して増減するという考え方であり，望ましい資本ストックが１期間で即座に実現するように投資が行われるが，資本と労働の代替性を考慮していない。

3　**トービンのq理論**は，資本ストックの再取得価格を株式市場における企業の市場価値で割ったものをqと定義し，qの値が１よりも大きいとき，投資は実行されるとする。

4　**ジョルゲンソンの投資理論**では，企業による市場価値の最大化から資本ストックの望ましい水準を求め，望ましい資本ストックと現実の資本ストックとの間の乖離が拡大されるとする。

5　**資本ストックの調整原理**では，資本係数は固定されておらず，望ましい資本ストックと現実の資本ストックの乖離を，毎期一定の割合で埋めていくように投資が実行されるとする。

難易度　＊＊

必修問題の解説

　単独での出題の多いケインズ理論を除いた他の投資理論は，本問のような総合問題として出題されることが多い。ここで各理論のキーワードを理解するとともに，それぞれの共通点や相違点にも注意しよう。

頻出度

B

国家総合職 ★★
国家一般職 ★★★
国税専門官 ★
地上全国型 ★

地上特別区 ★★★
市 役 所 C ★★

7 投資理論

1 ✕ ケインズは投資が企業家のアニマル・スピリッツに影響されると考えた。

主著『雇用・利子および貨幣の一般理論』において，ケインズはアニマル・スピリッツ（必ずしも合理的ではないが，将来の収益に対する嗅覚が働いたかのような行動）の経済に与える影響を重要視した。前半は正しい（**テーマ6**を参照）。

2 ◎ 加速度原理は$I = v \Delta Y$と表される（I：投資，ΔY：所得の変化分）。

妥当である。加速度係数vは資本投入係数$v = \dfrac{K}{Y}$と表される定数である。これは，生産Yに必要な資本Kが一定であることを意味しており，生産要素としての資本は労働で代替できず，生産が増加する場合には必要な資本も同時に増加しなければならないことになる。

3 ✕ トービンの投資のq理論では，$q > 1$のときに純投資が正になるとする。

トービンのqとは，株式市場における企業の市場価値を資本ストックの再取得価格で割ったものである（これは平均のqと呼ばれる）。

4 ✕ ジョルゲンソンの投資理論は，望ましい資本ストックと現実の資本ストックとの乖離を徐々に埋めていくと考える。

この点は資本ストック調整原理と同じ考え方であり，望ましい資本を即座に実現するよう投資すると考える加速度原理などと異なる。ただし，ジョルゲンソンの投資理論では，資本ストック調整原理とは異なって，資本と労働の代替を認める。

5 ✕ 資本ストック調整原理においては，資本（投入）係数は固定されている。

この点において，資本ストック調整原理は加速度原理と同じ前提に立っている。なお，資本（投入）係数が一定であるということと，資本と労働の代替が不可であるということは同義である。生産に必要な資本が労働で代替できないから投入物が一定の割合で必要になるのである。

正答 **2**

FOCUS

経済理論における「投資」という用語の使い方が，普段耳にする金融資産（株式など）への投資という意味ではないので，最初はイメージがつかみにくいところがある。テーマ１の重要ポイント４で述べたように，GDP統計上では住宅投資および在庫投資のことである。このうち，おもに企業の設備投資をイメージすると各理論がどのような条件で企業の投資を説明しようとしているかが理解しやすくなる。

POINT

重要ポイント 1 投資の調整費用

投資の調整費用とは，**投資を実施するに当たって投資そのもの以外にかかる費用**であり，たとえば，巨額のプロジェクトを一度に実行する際に，設置した設備を安定的に稼動させるまでに要する時間的ロス（比喩的に**懐妊期間**と呼ばれる）に伴う機会損失や人員の訓練コストなどが挙げられる。

投資とその調整費用の関係は**ペンローズ曲線（投資効果曲線）**と呼ばれ，調整費用は投資額の増加に応じて逓増すると仮定される。この場合，大きな投資は何度かに分割して進めることが調整コストの節約になる。

たとえば，ペンローズ曲線を $C = 0.01I^2$（C：調整費用，I：投資額）とし，投資額が 2（兆円）のプロジェクトを考える。これを 1 度に実施すれば，調整費用が0.04兆円だけ発生し，総額は2.04兆円である。しかし，2 年間にわたり 1 兆円ずつプロジェクトを進行させると，1 年当たりの調整コストが0.01兆円で済むので，1 年当たりの総額は1.01兆円になり，2 年間の総額は2.02兆円になる。つまり，1 度に実施する場合より，2.04 − 2.02（兆円）＝0.02兆円の節約になる。

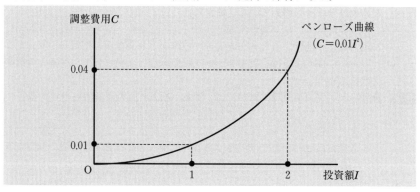

重要ポイント 2 加速度原理

国民所得 Y が増加したとき，増加分の一定割合を投資 I に回すとし，これを，

加速度原理：$I = v\Delta Y$〔I：投資，$v(>0)$：加速度係数，Y：国民所得の増加分〕

（1）理論的背景

マクロ的に財の総生産（国民所得）Y に対する資本 K の投入比率（資本投入係数）が固定されているとし，これを $v = \dfrac{K}{Y}$ と表す。これを $K = vY$ と変形して変化分をとれば $\Delta K = v\Delta Y$ になる。資本減耗を考慮しなければ $\Delta K = I$ である（**テーマ6重要ポイント1参照**）から，これは $I = v\Delta Y$ となり，加速度原理が導ける。

126

126

(2) 名称の由来

投資は総需要の増加であるから，その乗数倍の国民所得の増加をもたらす。しかし，国民所得が増加する際に，資本投入係数が一定であれば生産過程で必要な資本も同じ比率で追加する必要が生じる。この資本の追加は総需要のさらなる増加であるから，またその乗数倍の国民所得の増加がもたらされる。この繰り返しが続くがゆえに加速度原理と呼ばれるのである。企業にとって投資は財の生産能力を増強するための資本ストックの蓄積を意図したものであるが，マクロ的には総需要の増加として国民所得を増加させる。この**投資の二重性**が加速度を生じさせるのである。

(3) 特徴

①経済成長が負（$\Delta Y < 0$）の場合に適用しにくい。負の投資を加速度的に行うことは難しいからである。

②この投資理論は利子率を含まないから，**投資の利子弾力性がゼロ**である。

③生産に必要な望ましい資本を即座に達成するよう投資を行うとしていることから，**調整費用は考慮していない**（考慮していれば投資を1度に行わない）。

④生産には一定の資本が必要とされていることから，**資本は労働と代替的でない**。

重要ポイント **3** 資本ストック調整原理

今期の投資I_tは，今期の最適な資本K_t^*と前期末（今期首）に存在する資本K_{t-1}の差の一定割合λが実行される。この考え方が**（資本）ストック調整原理**であり，以上のことを式にすれば次のようになる。

資本ストック調整原理：$I_t = \lambda \left(K_t^* - K_{t-1} \right)$
〔λ（$0 \leq \lambda \leq 1$）：伸縮的加速子または調整係数〕

特徴

①**投資は資本ストックの減少関数になる**。これはすでに実現した投資が多く，資本ストックの蓄積が進んでいるほど，新規の投資は減少することから言える。したがって，投資が加速することは起きない。

②投資は利子率には依存しないので，**投資の利子弾力性はゼロ**である。

③望ましい資本を一度の投資で実現しないことから，**投資の調整費用は考慮する**。

④**$\lambda = 1$のときに，ストック調整原理は加速度原理に等しくなる**。つまり，加速度原理は，ストック調整原理の特殊ケースである。ゆえに，加速度原理同様，資本と労働は代替できない。

補足

加速度原理は，ストック調整原理の特殊ケースであることを説明する。ストック調整原理を表す$I_t = \lambda \left(K_t^* - K_{t-1} \right)$に，加速度原理における資本投入係数$v = \dfrac{K}{Y}$を変形した$K = vY$（最適な場合および$t-1$期の場合）を代入すれば，

$$I_t = \lambda \left(vY_t^* - vY_{t-1} \right) = \lambda v \left(Y_t^* - Y_{t-1} \right) = \lambda v \Delta Y$$

となる。$Y^* - Y_{t-1}$がYの変化分であるから，最右辺ではΔYとおいた。ここで，$\lambda = 1$とすれば加速度原理になる。

重要ポイント 4　（狭義の）新古典派型投資関数

ミクロ経済学における生産者の最適資本投入問題では，資本レンタル価格が変化すれば，最適な資本投入（資本の限界生産性＝実質資本レンタル価格で決まる）も変化する。その変化分を投資すると考える理論が次の**新古典派型投資関数**である。

> **新古典派投資関数：$I_t = K_t^*(r) - K_{t-1}$**
> 〔I_t：t期の投資，K_t^*：t期の最適資本，K_{t-1}：$t-1$期の資本，r：資本レンタル価格〕

特徴
①**資本と労働の代替を前提としている。**

たとえば，資本レンタル価格が低下する場合，資本と労働が代替的なら，労働を減少させて資本を増加させることで今までの生産量を維持しつつ，費用削減できる。その結果，最適な資本ストックが資本レンタル価格の影響を受けることになる。この点において，加速度原理や資本ストック調整原理と異なる。
②**投資は利子率の減少関数となる。**

実質的資本の所有者に支払われる収益である資本レンタル価格と金融資産の収益である利子率は，裁定によって均等化する。このため①の内容は，利子率が低下すれば資本を増加させるため投資が実行されるといい換えられる。つまり投資は利子率の減少関数となる。
③**調整費用は導入されていない。**

重要ポイント 5　ジョルゲンソン型投資関数

ストック調整原理の考え方を導入して**重要ポイント4**の新古典派投資理論を拡張したものが**ジョルゲンソン型投資関数**である。ジョルゲンソン型投資関数では，ストック調整原理とは異なり，最適な資本ストックが資本レンタル価格（裁定条件より利子率に等しくなる）に依存して決定されるとした。この意味で，ジョルゲンソンの理論は広義の新古典派型投資関数とみなせる。

> **ジョルゲンソン型投資関数：$I_t = \lambda [K_t^*(r) - K_{t-1}]$**
> 〔I_t：t期の投資，K_t^*：t期の最適資本，K_{t-1}：$t-1$期の資本，r：資本レンタル価格，
> λ：調整係数（$0 < \lambda \leqq 1$）〕

なお，**調整係数**λは最適資本の大きさに依存して変化すると考えられるが，ジョルゲンソンは調整係数を分布ラグ等に従って決まる定数とし，両者の関係を明示的に示さなかった。

重要ポイント 6 トービンの q 理論

(1) 定義

トービンは，指標 q を次のように定義した。

$$q = \frac{企業の市場価値}{保有する資本の現在価値}$$

そして，企業は，

$q > 1$ のときに投資を実行する

と主張した。

(2) q の値の意味

分子は，通常は発行株式の時価総額で測られるが，負債がある場合はこれに加える。つまり，自らの信用によって株式市場（直接金融）および貨幣市場（間接金融）から調達できる額と考えることができる。一方，分母は，その企業が保有する資本設備の再調達費用に当たる。

以上より，$q > 1$ のとき，資本設備がその額を上回る株価を生み出しており，株価が企業の（期待）利潤を反映しているなら，資本設備はその額を上回る利潤を生みだしていることになる。このとき企業は利潤を最大化するため，投資を行い投資蓄積を図ることになる。そして，投資の限界効率は，投資の増加とともに逓減するため，$q > 1$ なる企業が投資を続行すれば，q の値は低下するから，$q = 1$ になるまで投資を行えばよいことになる。

なお，$q < 1$ であれば，分子の株価総額より分母の資本設備のほうが大きな額であるため，投資家が株式をすべて買い取り，企業を清算して資本設備を売却することで利益を得られる状態である。つまり，企業は新規投資をするより，生産性の低い資本設備から処分する（負の投資を行う）ことで利潤を高め，q を上昇させることが最適な行動である。

(3) 特徴

① q 理論は調整費用を考慮している。

q 理論には，直接には調整費用を含まないが，調整費用が利潤を圧迫すると株価に反映される。これを通じて，間接的に調整費用は考慮されているとみなせる。

② トービンの q には平均の q と限界の q がある。

平均の q は，企業の市場価値（株式の時価総額）を分子に，資本の再調達費用を分母に取った比である。しかし，これは既存の資本の効率性（資本1単位がどれだけの市場価値を生み出したか）の指標であっても，新規に投資する場合の資本の効率性の指標ではないとの考え方もある。その場合に用いられる指標が次の限界の q である。

$$q = \frac{投資の限界効率}{資本レンタル価格}$$

投資の指標としては，既存の資本の効率性の指標である平均の q よりも追加の資本（投資）の効率性である限界の q のほうが望ましいが，分子のデータを得にくいので，やや使いにくい。

また，分母の資本レンタル価格を利子率と読み替えれば（**重要ポイント４②参照**），$q > 1$ は，投資の限界効率 > 利子率を意味する。そのため，利子率の上昇によって q が低下すれば，投資が減少することから，ケインズの理論同様に，投資が利子率の減少関数になる。

実戦問題 ❶ 基本レベル

**
No.1 投資理論に関する次の記述のうち，妥当なのはどれか。

【国家総合職・平成16年度】

1 資本収益の割引現在価値が資本取得費用と等しくなるような割引率を，資本の限界効率という。一般的に，資本の限界効率が実質利子率より低い場合に，資本が購入される。

2 加速度原理では，適正な資本ストック量は産出量と比例関係にあるとされ，投資量は産出量の増分の一定割合となる。なぜなら，同原理では投資の懐妊期間を考慮に入れるからである。

3 ストック調整モデルでは，今期の最適資本ストック量と前期の資本ストック量の差がそのまま今期の投資量となる。なぜなら，同モデルは事前に計画された投資量が各期ごとに完全に実施されると想定しているからである。

4 投資効果曲線（ペンローズ曲線）を用いた投資モデルは，新古典派投資理論が考慮しなかった調整費用をモデルの中に組み込んでいる。同モデルによると，生産能力を大幅に引き上げる場合，投資額に占める調整費用の割合が大きくなる。

5 トービンの q とは，企業の市場価値を，企業の現存資本の買換えに必要な費用総額で割った値のことである。一般的に，q が1未満であれば純投資額は正となる。

投資に関するA～Dの記述のうち，妥当なもののみをすべて挙げている
のはどれか。 【国家一般職・平成19年度】

A：投資の限界効率理論では，投資は貯蓄率と投資の限界効率が等しくなるとこ
ろで決定されると考える。投資の限界効率は，企業経営者のアニマル・スピ
リッツに依存する一方，個々の投資プロジェクトの期待収益とは独立に決定
される。

B：加速度モデルでは，投資は産出量の水準に比例して変動すると考える。この
モデルは，望ましい最適資本ストックと実際の資本ストックが常に一致する
と考えることから，投資の調整費用を考慮したモデルとなっている。

C：ジョルゲンソンの投資理論では，投資は今期望ましいとされる最適資本スト
ックと前期末の実際の資本ストックの差の一部分（λ倍）だけが今期実現す
ると考える。このモデルは，λの値が最適資本ストックの大きさと独立して
決まるという点で論理的な矛盾があると批判されている。

D：トービンのq理論では，企業は1円の資本を購入することにより，1円以上
の企業価値を上げうる限りにおいて投資に乗り出すとする。また，この理論
は，投資の調整費用を考慮したモデルとなっている。

1 A
2 A，B
3 B，C
4 C，D
5 D

第1期の国民所得を560，第2期の国民所得を580，第3期の国民所得を
600，資本ストックを900とするとき，加速度原理により求められる第2期の投資の
値はどれか。ただし，資本係数は一定とする。 【地方上級（特別区）・令和元年度】

1 15
2 20
3 25
4 30
5 35

実 戦 問 題 **1** の 解 説

→問題はP.131 **正答4**

No.1 の解説 投資理論の比較

1 ✕ ケインズの投資理論では，資本の限界効率＞実質利子率が投資の条件である。
前半は正しい。

2 ✕ 加速度原理では，投資の懐妊期間は考慮されない。
懐妊期間とは，投資によって蓄積された設備が実際に生産要素として機能す
るまでの期間の比喩である。これが考慮されないのは，国民所得の増加に応
じて必要な資本ストックの増加，すなわち投資が速やかになされ，生産に寄
与すると仮定するからである。また，この理論では，同じ理由から投資の調
整費用は考慮されていない。
前半は正しい（**重要ポイント２**参照）。

3 ✕ ストック調整モデルでは，最適資本ストックは一度に実現しない。
（資本）ストック調整モデルでは，今期の最適ストック量と前期の資本スト
ック量の差の一定割合が投資される。これは投資の調整費用を考慮するから
である。この場合，最適資本ストックを一度に実現しないことが望ましく，
一度に実現しようとすると，むしろ調整費用を含めた投資総額が大きくなる
からである。

4 ◎ 通常，調整費用は投資額の2次関数であると想定される。
妥当である。これを投資効果曲線（ペンローズ曲線）という（**重要ポイント
1**参照）。

5 ✕ トービンのq理論では，一般的にqが1より大きいときに純投資は正となる。
仮に，qが1未満であれば，企業の市場価値（株式の時価総額）が企業の現
存資本の買換えに必要な費用総額を下回っていることを意味するが，そうで
あれば，株式をすべて売却しても企業の資本を買い換えられないことにな
る。逆に言えば，既存の資本をすべて売却すれば株式を売却する以上の額が
得られるので，この企業が資本を用いて事業を続ける理由はなくなり，新規
に投資する必要性もないことになる。

A ✕ 投資の限界効率理論では，利子率と投資の限界効率が等しくなるところまで投資する。

投資の限界効率は，個々の投資プロジェクトの収益率（投資と期待収益の現在価値を等しくするような収益率）のことである。

B ✕ 加速度モデルは，投資が産出量の変化分に比例して変動すると考える。

また，産出に比例して資本が必要となる加速度モデルにおいては，投資の調整費用は考慮されない。

C ○ ジョルゲンソン型投資関数は，$I=\lambda[K^*(r)-K]$と表される。

なお，I：投資，K^*：望ましい資本ストック，K：現在の資本ストック，r：資本レンタル価格，λ：伸縮的加速子（$0<\lambda<1$）である。ジョルゲンソンの投資関数は，狭義の新古典派の投資関数とストック調整原理の折衷的なものであり，広義には新古典派型投資関数の一つである。新古典派投資関数は$I=K^*(r)-K$と表され，ストック調整原理は，$I=\lambda(K^*-K)$と表される。望ましい資本ストックが，新古典派型投資関数では資本レンタル価格（利子率）の関数であるとされるのに対し，ストック調整原理では定数とされる。なお，ジョルゲンソンがλを望ましい資本ストックとは独立な定数であるとした（厳密には，分布ラグなどに従って決まるとした）ことは，問題文のような批判を受けた。

D ○ トービンのq理論は，資本の調整費用を考慮した理論である。

調整費用を考慮したかどうかで，企業の収益は変化し，トービンのqの分子（企業の株式総額）に影響を及ぼすからである。なお，トービンの（平均の）qは，企業の総価値（株式の時価総額と負債の総額の和）を資本再調達費用で除したものと定義されるため，$q>1$の場合に投資するということを，資本の購入（再調達）費用1円当たりの企業価値が1円を超えている場合に投資すると言い換えることができる。

　　よって，正答は**4**である。

No.3 の解説　加速度原理

→問題はP.132 **正答 4**

　　　　加速度原理の計算自体は難しくないので，立式のコツをつかんでほしい。

STEP❶　加速度原理の定義

　　　　加速度原理を用いて第2期の投資を表せば，

　　　　$I_2 = v \Delta Y$

　　と書ける。

STEP❷　所得の変化分 ΔY の計算

　　　　ΔY は前期からの国民所得の増加分であるから，$\Delta Y = Y_2 - Y_1 = 580 - 560 = 20$ である。

STEP❸　資本係数 v の計算

　　　　v は加速度係数と呼ばれる定数であり，資本係数（最適資本投入係数）$v = \dfrac{K}{Y}$ に当たる。v は定数，つまり各期に共通であるから，3期の値を用いて $v = \dfrac{900}{600} = 1.5$ と求まる。

STEP❹　第2期の投資の計算

　　　　以上より，第2期の投資 I_2 は，

　　　　$I_2 = 1.5 \times 20 = 30$

　　である。

　　　　よって，正答は **4** である。

第2章

財市場の分析

No.4 ＊＊ ストック調整モデルに基づく設備投資理論を考える。すなわち，t 期の望ましいとされる最適資本ストック（K_t^*）と（$t-1$）期の実際の資本ストック（K_{t-1}）の差のすべてを投資するのではなく，その一部のみが t 期に投資として実現されるとする。

伸縮的加速子を0.5としたとき，t 期の投資需要（I_t）は，投資関数 $I_t=0.5$（$K_t^*-K_{t-1}$）で与えられており，最適な資本ストック K_t^* は生産量 Y_t と利子率 r を考慮した $K_t^*=0.8\left(\dfrac{Y_t}{r}\right)$ によって決まっているものとする。

利子率は1.5%で一定とし，第1期（$t=1$）の生産量が60兆円，第0期（$t=0$）の実際の資本ストックが6兆円とした場合の第1期の投資需要として妥当なのはどれか。

なお，ここでは資本減耗率はゼロとし，名目利子率と実質利子率の区別は無視するものとする。また，利子率 r の値は%表示の値（$=1.5$）を用いるものとする。

【国家一般職・平成28年度】

1　6兆円

2　13兆円

3　26兆円

4　30兆円

5　45兆円

No.5 新古典派の投資理論を考える。望ましい資本ストックは，資本の限界生産性と資本の使用者費用が等しくなるように決定される。ある時点 t における資本ストック K_t と資本の限界生産性 MPK との間に，以下の式で示される関係があるものとする。

$$MPK = \frac{2}{\sqrt{K_t}}$$

今，利子率が0.06，資本減耗率が0.04の下で，ある企業の（$T-1$）期の資本ストック水準が，新古典派の投資理論の望ましい資本ストック水準を達成していたとする。

ここで，T期に利子率が0.04になったとすると，この企業のT期の粗投資量はいくらか。

ただし，T期の望ましい資本ストックも新古典派の投資理論に基づいて決定されるものとし，新古典派の投資理論では，T期の望ましい資本ストックを$K_T{}^\star$，（$T-1$）期の資本ストックをK_{T-1}，資本減耗率をdとしたとき，T期の粗投資量I_Tは，$I_T = K_T{}^\star - (1-d)K_{T-1}$ となる。 【国家一般職・令和元年度】

1 225

2 241

3 250

4 384

5 400

No.6 資本のみを用いてある財を生産する企業Aの投資決定問題を考える。以下では，資本のレンタルコストrは0.05，資本減耗率は0とする。また，財の価格を1，資本ストックの価格を1単位当たり1とする。

t期（$t=1,2,\cdots$）にこの企業が持つ資本をK_t，t期に行う投資をI_tとすると，投資と資本の間には，

$$I_t=K_{t+1}-K_t$$

の関係が成立する。t期における企業Aの生産関数$F(K_t)$は，K_tの関数として以下のように与えられる。

$$F(K_t)=\frac{3}{8}K_t^{\frac{2}{3}}$$

この企業はジョルゲンソン型投資決定理論に基づき投資の値を決める。t期における投資I_tは，

$$I_t=a(K^*-K_t)$$

として与えられる。ここで，定数aは投資の調整速度であり，K^*は望ましい資本の量である。投資の調整速度aの値は0.5であるとする。$t=1$における企業の資本K_1の値は61であった。このとき，$t=2$におけるこの企業の資本K_2の値はいくらか。

【国家総合職・令和3年度】

1　91

2　93

3　97

4　101

5　109

No.7 ある企業が限界的な投資を行う場合，1単位の投資財から将来にわたって毎期2円の収益が期待できるとする。1単位の投資財の価格が10円，資本のレンタルコストが0.1であるとき，この投資によるトービンの限界のqの値として正しいのはどれか。

【国家一般職・平成21年度】

1　0.5

2　1

3　1.5

4　2

5　2.5

実戦問題 **2** の解説

→問題はP.136 **正答2**

No.4 の解説 ストック調整モデル

ストック調整モデルの計算ではあるが，最適資本ストックが定数ではなく利子率（金融資産市場と財市場の裁定によって資本レンタル価格に等しくなる）の関数であるところから，新古典派型，もしくはジョルゲンソン型の投資関数に近い。いずれにせよ，これらの計算問題の出題例は少ない。なお，本問は実質的には問題文を式にして数値を代入すれば解ける。

STEP❶ ストック調整モデルの定式化

第1期の投資需要を求めるため，問題文の投資関数に期数を与えると，

$$I_1 = 0.5(K_1^* - K_0)$$

になるが，第0期の資本ストック $K_0 = 6$〔兆円〕は与えられているので，第1期の最適資本ストック K_1^* を求めればよい。

STEP❷ 第1期の最適資本ストックの計算

問題文より，第1期の資本ストックの式に利子率 $r = 1.5$ および第1期の産出量 $Y = 60$ を代入すると， $K_1^* = 0.8\left(\dfrac{Y_1}{r}\right) = 0.8\left(\dfrac{60}{1.5}\right) = 32$ となる。

STEP❸ 第1期の投資需要の計算

STEP❷ で求めた第1期の最適資本ストックを**STEP❶**で定義した第1期の投資関数に差し戻せば，第1期の投資需要は，

$$I_1 = 0.5(32 - 6) = 13 〔兆円〕$$

となる。

よって，正答は**2**である。

　新古典派投資理論の計算の出題例は比較的珍しい。ただし，この理論は，投資理論の比較問題でしばしば言及されるので，考え方を身につけておこう。

STEP❶　題意の確認

　T期の粗投資量$I_T = K_T{}^* - (1-d)K_{T-1}$を求めるために必要な変数のうち，資本減耗率は$d = 0.04$と与えられているので，$T$期および$T-1$期の望ましい資本ストックを求めればよい。

STEP❷　望ましい資本ストックの計算

　資本の使用者費用は機会費用としての（実質）利子率rと資本減耗率dの和と定義されるので，望ましい資本ストックの条件式は$MPK = r + d$である。

　この条件は，$T-1$期の場合，次のようになる。

$$\frac{2}{\sqrt{K_{T-1}}} = 0.06 + 0.04 \qquad \Leftrightarrow \qquad \sqrt{K_{T-1}} = 20$$

　$\sqrt{K_{T-1}} = K_{T-1}^{\frac{1}{2}}$に注意しつつ，両辺を2乗すれば，$T-1$期の望ましい資本ストックを，

$$K_{T-1} = 400$$

と得る。同様に，T期の望ましい資本ストックは，

$$\frac{2}{\sqrt{K_T}} = 0.04 + 0.04$$

より，

$$K_T = 625$$

である。

STEP❸　T期の粗投資量の計算

　STEP❷の計算結果を$d = 0.04$とともにT期の粗投資量の式に代入すれば，

$$I_T = 625 - (1 - 0.04) \times 400 = 241$$

を得る。

　よって，正答は**2**である。

No.6 の解説　ジョルゲンソン型投資関数　　　　→問題はP.138　**正答2**

　　ジョルゲンソン型投資関数は計算問題としての出題例は少ない。ミクロ経済理論の知識が一部必要となるので，この点は押さえておきたい。

STEP①　題意の確認

　　投資と資本の関係式より，$t=2$における資本は，

　　　$K_2=K_1+I_1$　……①

と表される。$K_1=61$が与えられているので，本問はI_1を求める問題である。

STEP②　望ましい資本の量の計算

　　ジョルゲンソン型投資関数より，$t=1$における投資は，

　　　$I_1=0.5(K^*-61)$　……②

で表されるから，$t=1$における投資I_1を求めるには，望ましい資本の量K^*の値が必要となる。望ましい資本の量K^*は資本の限界生産性MPKと実質資本レンタルコストが等しくなるように決定される（『新スーパー過去問ゼミ7ミクロ経済学』**テーマ10重要ポイント3**参照）。資本の限界生産性MPKは，企業Aの生産関数を微分することにより，

$$MPK=\frac{dF(K_t)}{dK}=\frac{2}{3}\times\frac{3}{8}K_t^{\frac{2}{3}-1}=\frac{1}{4}K_t^{-\frac{1}{3}}=\frac{0.25}{K_t^{\frac{1}{3}}}$$

となるから，これを実質資本レンタルコスト$\frac{0.05}{1}=0.05$に等しいとおくことで，望ましい資本の量を，

$$\frac{0.25}{K_t^{\frac{1}{3}}}=0.05$$

$$K_t^{\frac{1}{3}}=\frac{0.25}{0.05}$$

$$(K_t^{\frac{1}{3}})^3=(5)^3$$

$$K^*=125$$

と求められる（なお，望ましい資本は特定の期のものではないので添字tは外した）。

STEP③　ジョルゲンソン型投資関数

　　②式で表されるジョルゲンソン型投資関数に望ましい資本の量を代入すれば，$t=1$における投資は，

　　　$I_1=0.5(125-61)=32$

になるため，$t=2$における資本は，これを①式に差し戻して，

　　　$K_2=61+32=93$

とできる。

　　よって，正答は**2**である。

　　トービンの q 理論は，投資理論の比較問題では必ずといってよいほど取り上げられるが，単独での出題はさほど多くはない。しかし，計算問題としての出題は比較的難易度が高くないことが多いため，覚えておいて損はない。

STEP❶　トービンの限界の q の定義

　　限界の q は追加1単位の投資を行う場合の収益と費用の比として定義される。そして，これが1を上回れば，投資を実行するべきであることになる。

STEP❷　トービンの限界の q の分子（単位当たり期待収益）

　　本問では，投資財が10円で2円の収益が見込まれるのであるから，投資1単位（1円）当たり0.2円の収益が得られることになる。

STEP❸　トービンの限界の q の分母（単位当たり費用）

　　投資財を利用する際の資本レンタルコスト（資本を使用する際の1単位当たりの費用）は，0.1である。

STEP❹　トービンの限界の q の計算

　　以上より，限界の q は，$q = \dfrac{0.2}{0.1}$ になる。

　　よって，正答は**4**である。

第3章
貨幣市場と*IS-LM*分析

テーマ **8** 金融資産市場
テーマ **9** 貨幣需要
テーマ **10** *IS-LM*分析（1）
テーマ **11** *IS-LM*分析（2）
テーマ **12** 国際マクロ経済学

新スーパー過去問ゼミ**7**

マクロ経済学

第3章 貨幣市場と *IS-LM* 分析

試 験 別 出 題 傾 向 と 対 策

試 験 名	国家総合職（経済区分）					国家一般職					国家専門職（国税専門官）				
頻出度　　年　度	21-23	24-26	27-29	30-2	3-5	21-23	24-26	27-29	30-2	3-5	21-23	24-26	27-29	30-2	3-5
テーマ　　　　出題数	10	4	4	5	6	4	6	3	6	5	2	2	2	3	1
A ⑧金融資産市場	3	2	2	1	3	2	1		1	1				1	
B ⑨貨幣需要	3		2	2								1			
A ⑩*IS-LM*分析（1）	3	1		1	1	1	3	1	1	1	1			1	
B ⑪*IS-LM*分析（2）	1	1		1	1	1	1	2	2	3	2				
A ⑫国際マクロ経済学						1	1	1	1	2	1	1	1	2	1

　本章は大きく三分できる。1つ目が金融資産の市場，特に貨幣市場に焦点を当てたテーマ群であり，テーマ8（金融資産市場）では主に貨幣供給に，テーマ9（貨幣需要）では貨幣需要に着目している。2つ目が，第2章の有効需要の原理に本章の貨幣市場を導入した*IS-LM*分析であり（主に，標準的なケースをテーマ10で，特殊ケースをテーマ11で取り扱う），3つ目が*IS-LM*分析にさらに国際収支を導入したマンデル＝フレミング・モデルに代表される国際マクロ経済学（テーマ12）である。

　この3つのカテゴリーは，先行するテーマ群の内容を踏まえて，次のテーマ群の理論が構築される。また，これらはいずれも比較的出題のウエートが高いうえ，第4章の総需要・総供給分析の基盤にも当たるので，丁寧に学習を進めよう。

● 国家総合職（経済区分）

　第1のカテゴリーの金融資産市場からの出題が多い。0～3問と年度によってやや幅があるが，貨幣以外の金融資産に関する出題や比較的マイナーな貨幣需要理論からの出題が見られることもあり，幅広い準備が必要である。第2のカテゴリーの*IS-LM*分析については，基本的に1問出題される。平成26年度から30年度の5年間はこの分野からの出題がまったく途絶えたが，その後は出題されている。なお，第3のカテゴリーである国際マクロ経済学については，経済区分の場合，選択科目の国際経済学で出題される（上の表は，必須科目の経済理論での出題をカウントしている）。

● 国家一般職

　テーマ8の内容とテーマ10・11の*IS-LM*分析からの出題頻度が高い。特に*IS-LM*分析は，平成24年度以降，令和4年度を除いて出題の途切れたことがない。テーマ8の内容からは信用創造メカニズムなど比較的平易な出題も多いが，*IS-LM*分析の計算はクラウディング・アウトに関するやや難易度の高いものが多

地方上級(全国型)					地方上級(特別区)					市役所(C日程)					
21–23	24–26	27–29	30–2	3–5	21–23	24–26	27–29	30–2	3–5	21–23	24–26	27–29	30–2	3–4	
5	7	8	2	4	6	4	4	3	5	6	7	8	2	4	
2	2	1				2	1	1	1	1	1	3	3	1	テーマ 8
		1				1				1		1		1	テーマ 9
	2	3	1	2	2	1		1	2	2	1			2	テーマ 10
		1			1	1			2					1	テーマ 11
3	3	2	1	2	1		2	1		1	2	3		2	テーマ 12

い。テーマ11に収録した問題を用いてよく練習しておいてほしい。

● 国家専門職（国税専門官）

　全般的に本章の内容からの出題は少ない。しかし，他の試験と比較して，テーマ12の内容，特にマンデル＝フレミング・モデルの出題頻度が高い。マクロ経済学の出題が２問であることを考慮すると，本モデルの出題頻度は突出して高いといえる。マンデル＝フレミング・モデルはしっかり学習しておかなければならないが，結果的にベースとなる*IS-LM*分析の学習が必要となるので，こちらもきちんと対策しておこう。

● 地方上級（全国型）

　３つのカテゴリーのいずれからも出題が多い。１つ目のカテゴリーの金融資産市場については信用創造メカニズムが，２つ目のカテゴリーの*IS-LM*分析では比較的基本的な知識を問う出題が多い。一方で，３つ目のカテゴリーの国際マクロ経済学では，マンデル＝フレミング・モデルに加えて，他の試験よりも為替レートに関する出題例が多い。以上より，幅広い学習をしておくとよい。

● 地方上級（特別区）

　３つのカテゴリーから２問出題されることが多い。いわゆる難問は少なく，オーソドックスな内容の出題が多い。第２章の出題傾向同様，一定期間経過後に類題が出題されることがあるので，過去の出題例に注意を払った学習をしておこう。

● 市役所

　テーマ８の金融資産市場およびテーマ12の国際マクロ経済学からの出題が目立つが，他の試験に比べ，純粋な理論よりも時事と絡めた出題が多い。日銀の金融政策，為替レートや国際収支の動向などである。マンデル＝フレミング・モデルのような理論も出題されるが，時事に関連した出題が多いため，相対的にウエートは下がっている。

金融資産市場

必修問題

　中央銀行，民間銀行部門，民間非銀行部門（家計）からなるマクロ経済を考える。民間銀行は，その預金残高に対して5％を準備預金として中央銀行に預け入れており，残りをすべて民間非銀行部門（家計）への貸出しに回すとする。また，その貸出しを，民間非銀行部門（家計）は現金と預金とで保有し，現金の預金に対する比率は常に20％となっている。

　今，中央銀行がマネタリーベースを100兆円から200兆円に倍増させる。このとき，マネーストックは，いくら増加するか。

【国家総合職・平成26年度】

1　360兆円

2　400兆円

3　420兆円

4　480兆円

5　500兆円

難易度　＊

必修問題の 解説

　貨幣市場に関する基本的出題である。決して難しい問題ではなく，むしろ公式を適用すればよいだけであるが，用語に紛らわしいものが多いので正確に覚えておこう。

STEP①　マネタリーベースおよびマネーストックの定義

　マネタリーベースHは中央銀行が管理している貨幣のことであり，現金Cと準備金Rの和である（$H=C+R$）。マネーストックMは市場で民間の非銀行部門が保有する，取引に利用できる貨幣であり，現金Cと預金Dの和である（$M=C+D$）。

STEP②　マネタリーベースとマネーストックの関係

　民間銀行は調達した貨幣を貸出に回すことで，調達金利と貸出金利の差（利ざや）を利潤とする。貸出された貨幣は財の取引などを経て，再び民間銀行に預金され，さらに貸出しに回される。この過程（信用創造）の連鎖によって，中央銀行が発行したマネタリーベースはその何倍もの貨幣を生み出す。これがマネーストックであり，マネーストックMのマネタリーベースHに対する比率が貨幣乗数である。これはMとHの比であるから，**STEP①**の定義より，

$$\frac{M}{H}=\frac{C+D}{C+R}=\frac{\dfrac{C}{D}+1}{\dfrac{C}{D}+\dfrac{R}{D}}$$

となる。最右辺が貨幣乗数であり，現金預金比率$\dfrac{C}{D}$と預金準備率$\dfrac{R}{D}$の関数である。

ただし，これは，

$$M=\left(\frac{\dfrac{C}{D}+1}{\dfrac{C}{D}+\dfrac{R}{D}}\right)H$$

（マネーストック＝貨幣乗数×マネタリーベース）

とすると理解しやすい。市場に供給されているマネーストックMは日銀の供給したマネタリーベースHの貨幣乗数倍になるということである。

STEP❸ 変化分をとって代入

上の信用創造の式においては，貨幣乗数は定数とされるので，変化分をとると，

$$\Delta M=\left(\frac{\dfrac{C}{D}+1}{\dfrac{C}{D}+\dfrac{R}{D}}\right)\Delta H$$

である。ここに，問題文より，マネタリーベースの増加分$\Delta H=100$〔兆円〕，預金準備率$\dfrac{R}{D}=0.05$，現金預金比率$\dfrac{C}{D}=0.2$を代入すると，

$$\Delta M=\frac{0.2+1}{0.2+0.05}\times100=480\text{〔兆円〕}$$

よって，正答は**4**である。

正答 **4**

FOCUS

マネーストックMとマネタリーベースHの関係式（STEP②の最後の式）は一定頻度で出題される。基本的にはMとHの定義式の比をとるだけで導かれる。おのおのの定義は貨幣市場の基本概念として知っておく必要があるので，自分で導けるようにしておくとよい。

第3章 貨幣市場とIS-LM分析

重要ポイント 1 　貨幣市場と債券市場

　資産のうち，資本設備のようにそれ自体に使用価値のある実物資産に対し，貨幣のように市場価値のみを有するものを**金融資産**とする。

　ケインズに従って，**金融資産市場**（金融市場）を**貨幣市場**と**債券市場**に二分する。前者は元本が保証されるような**安全資産**の，後者は価値が変動するリスクのある**危険資産**の代表である。金融資産市場において，貨幣市場が均衡すれば債券市場も均衡することになる。これを**ワルラス法則**といい，経済全体が n 個の市場からなるとき，$n-1$ 個の市場が均衡すれば残る 1 個の市場も均衡することを表す。

　なお，実際の金融資産市場は，その形態によって，以下のように区分される。

短期金融市場 （貨幣市場） *ケインズが重視*	銀行間市場 （インターバンク市場）	コール市場 手形市場
	公開市場 （オープン市場）	現先市場 CD市場 （その他）
長期金融市場 （資本市場または証券市場）	株式市場 債券市場（公社債市場）	
（外国為替市場）	*ケインズが重視*	

重要ポイント 2 　中央銀行の機能

　中央銀行（わが国では日本銀行）は，次の機能を有するとされる。

発券銀行：貨幣の発行権を持つ。
政府の銀行：政府の資金を取り扱う。
銀行の銀行：市中金融機関と取引を行う。

　現代では，重要ポイント 3 と関連してラストリゾート（最後の貸し手，危機に陥った金融機関などに対する融資を行う役割）機能も要求されることが多い。そして，これらのことから中央銀行は金融政策の実施主体となる。

重要ポイント 3 　中央銀行の金融政策

　中央銀行は，直接に国民所得を増減できないため，国民所得に影響を及ぼす**中間目標**をターゲットにして金融市場の調節を行う。これを金融政策の**2 段階アプローチ**といい，中央銀行による操作（オペレーション）の対象を**操作変数**という。
①**公開市場操作**：公開市場における公債の売り操作（**売りオペ**）または買い操作（**買いオペ**）によってハイパワード・マネーを操作する。

②**（法定）準備率操作**：法定準備率（市中銀行の受け入れた預金に対する準備金の割合）の上げ操作または下げ操作によって貨幣乗数を操作する。

③**金利操作**：政策金利（わが国では無担保コール翌日物金利）の上げ操作または下げ操作によって，コール市場（銀行間の短期資金の貸借市場）における資金の流れを調節する。

これらの操作によってマネーサプライが増加し，市場金利が低下すれば，利子率の減少関数である投資が増加し，国民所得増加につながる。

	公開市場操作	準備率操作	金利操作
緩和的金融政策	買いオペ（資金供給オペ）	引下げ	引下げ
引締的金融政策	売りオペ（資金吸収オペ）	引上げ	引上げ

上記のような金融調節以外にも，正常な金融システムの維持を図るとの**プルーデンス政策**（**信用秩序維持政策**）も広義の金融政策に含めることもある。

重要ポイント 4 　マネーサプライとハイパワード・マネー

（1）マネーサプライ（マネーストック）の定義

マネーサプライ（貨幣供給量）Mとは支払手段としての貨幣のことであり，非居住者を除く非金融法人および家計，地方公共団体の保有する現金通貨Cと預金通貨Dの和と定義し，次のように表す。

$M=C+D$　〔M：マネーサプライ，C：現金，D：預金〕

ただし，預金は種類によって支払手段としての利便性が異なる。たとえば，定期性預金は一定期間引き出せない，または手数料を支払って解約しなければ使用できない。どこまでを貨幣としてカバーするかに応じて，日本銀行は次の4つの指標を**マネーストック統計**として示しているが，**最も重視されているのはM3である**。

①**M1＝現金通貨＋預金通貨**

　　ただし，現金通貨＝銀行券発行高＋貨幣流通高

　　　　　　　預金通貨＝要求払預金－金融機関の保有小切手・手形

②**M2＝現金通貨＋預金通貨＋準通貨＋譲渡性預金（CD）**

　　ただし，準通貨＝定期預金＋据置貯金＋定期積金＋外貨預金

③**M3＝現金通貨＋預金通貨＋準通貨＋譲渡性預金（CD）**

なお，M1における預金通貨およびM3における預金通貨，準通貨，CDの発行者は全預金取扱機関，M2における預金貨，準通貨，CDの発行者は国内銀行等（ゆうちょ銀行，信用組合，農漁協等を含まない）である。

④**広義流動性＝M3＋金銭の信託＋投資信託＋金融債＋銀行発行普通社債**

　　　　　　＋金融機関発行CP[*]**＋国債＋外債**

　　※信用力の高い企業が短期の資金調達のために発行する約束手形

(2) ハイパワード・マネー（マネタリー・ベース）の定義

中央銀行が直接に管理できる貨幣の量を**ハイパワード・マネー（マネタリー・ベース）**Hと呼び，現金Cと準備金Rの和と定義し，次のように表す。

$$H=C+R \quad 〔H：ハイパワード・マネー，C：現金，R：準備金〕$$

なお，ハイパワード・マネーは中央銀行の負債に当たる。中央銀行は，金本位制の下では，金などの準備資産を保有し，それと交換可能な銀行券を発行・流通させていたが，現在は政府の信用をもとに，法的強制力を持って貨幣を流通させている（信用通貨制度）。

重要ポイント 5 　銀行の信用創造

銀行（金融機関）が，一定額の預金C（**本源的預金**）を受入れたとき，準備率β（$0<\beta<1$）の割合を残して，$(1-\beta)C$を貸出に回す。借入れを行った企業は，それを必要な支出（例として投資とする）に回すため，投資財を供給した企業はその売上を銀行に預金する（現代では，通常，購入した企業が販売した企業の預金口座に入金するであろう）。ここで，$(1-\beta)C$の預金を得た銀行は，準備金を手元に残した，$(1-\beta)\{(1-\beta)C\}=(1-\beta)^2C$をさらに貸し出しに回す。このプロセスを無限に繰り返せば，預金の総額は，

$$C+(1-\beta)C+(1-\beta)^2C+ \cdots\cdots +(1-\beta)^\infty C$$

となる。これを初項C，公比$1-\beta$の無限等比数列の和とみなせば，その公式より，

$$C+(1-\beta)C+(1-\beta)^2C+ \cdots\cdots +(1-\beta)^\infty C=\frac{C}{1-(1-\beta)}=\frac{1}{\beta}\cdot C$$

になる。つまり，貨幣の総額が$\frac{1}{\beta}\cdot C$になるのであるから，Cの本源的預金は

$\frac{1}{\beta}\cdot C-C=\frac{1-\beta}{\beta}\cdot C$の貨幣を派生的に創造したことになる。これを**信用創造**と

いい，$\frac{1}{\beta}$の値を**信用乗数（貨幣乗数・通貨乗数）**という。

重要ポイント 6 　貨幣乗数

マネーサプライの定義$M=C+D$およびハイパワード・マネーの定義$H=C+R$の

比をとると$\frac{M}{H}=\frac{C+D}{C+R}$が得られる。右辺の分子分母を$D$で除し，さらに両辺に$H$

を乗じると，ハイパワード・マネーとマネーサプライの関係を表す以下の公式が導かれる。

$$M=\frac{\dfrac{C}{D}+1}{\dfrac{C}{D}+\dfrac{R}{D}}H$$

ここで，$\dfrac{\dfrac{C}{D}+1}{\dfrac{C}{D}+\dfrac{R}{D}}$を**貨幣乗数**と呼ぶ。$\dfrac{C}{D}$は現金預金比率，$\dfrac{R}{D}$は準備金預金比率，つまり準備率である。

【貨幣乗数の性質】

①**貨幣乗数は1より大きい。**これは$0<\dfrac{R}{D}<1$より導かれる（預金Dの一部が準備金Rである）。

②**貨幣乗数は，準備率$\dfrac{R}{D}$の減少関数である。**ここから重要ポイント3の準備率操作が導かれる。

③**貨幣乗数は，現金預金比率$\dfrac{C}{D}$の減少関数である。**現金預金比率が上昇すれば，銀行の信用創造が低下して，生み出されるマネーサプライが減少する，つまり乗数が低下するのである。なお，ここから現金が少ないほど貨幣乗数が大きくなるのであるから，現金を考慮していないモデルである。重要ポイント5の信用乗数$\dfrac{1}{\beta}$は，貨幣乗数$\dfrac{\dfrac{C}{D}+1}{\dfrac{C}{D}+\dfrac{R}{D}}$の上限値になる（$C=0$のとき，貨幣乗数は$\dfrac{1}{\dfrac{R}{D}}$，つまり$\dfrac{1}{\beta}$になる）。

重要ポイント7 利子率と裁定取引

利子率とは資産1単位当たりの収益，つまり収益率である。たとえば，貨幣を銀行に預金した場合の金利※がこの例である。各種の資産の収益率は，より収益率の高い資産の保有を増やそうとする行動である**裁定取引**の結果，均等化する。

仮に，貨幣の保有者が資本設備を購入し，企業にこれを提供して賃貸料（資本レンタル価格）を得るとする。このとき，資本レンタル価格が金利を上回るならば，さらに貨幣を資本設備に代替することで収益を高められる。しかし，資本の限界生産性は逓減するから，代替を進めていくにつれ，資本レンタル価格が低下して金利との差は均等化に向かう。これは実物資産と金融資産の**収益率の有利な資産を選択する行動（裁定取引）が，結果として，収益率を均等化させる**ことを示している。したがって，均衡では次の関係が成立する。

資本レンタル価格＝利子率

裁定取引は，金融資産の間でも成立する。

理論上，銀行に預金する場合の金利と銀行から借り入れる（銀行が貸し出す）金

利は区別しない（**テーマ6重要ポイント5(1)②参照**）。

(1) 株式と株式市場

　株式とは，企業への資金の提供者に出資したことを示すために発行するものである。つまり，株式の保有者（株主）は出資者であり，**株式会社にとっては株式の発行で調達した資金は他者の資金の借入れではなく自己資金である。**

　したがって，株主は出資比率（株式保有比率）に応じて，企業の利潤に請求権を持つ。これによって得られる所得が配当金である。また，企業の将来の利潤に悲観的な期待を形成する場合，株式市場で保有する株式を売却することができる。多くの株主がそのように考えれば，当該株式は超過供給で株価が下落するであろうし，それにより割安と考える投資家が増えれば株価は上昇する。つまり，株式は当初の出資額（額面価値）から市場価格が変動するリスク資産である。

　以上より，株式を保有することで得られる収益源は2種類である。一つは企業からの配当金であり，これは利潤（法人所得）の一部であるから**インカム・ゲイン**とも呼ばれる。もう一つは，株価の購入価格からの値上がり益であり，**キャピタル・ゲイン**と呼ばれる（値下がり損はキャピタル・ロス）。なお，キャピタル・ゲインの語は株式も含め，一般に資産の値上がり益に用いられる。

(2) 効率市場仮説

　株式市場において完全情報が成立するとして，理論株価を説明する理論が**効率市場仮説**である。この理論は，安全資産と危険資産の間の裁定取引を用いる。

　安全資産として国債を想定し，その利子率（長期金利）をrとする。一方，株価をpとすると，株式の保有から得られる収益は，当該企業の配当金d（1株当たり）と，株価の変動Δp（キャピタル・ゲインまたはキャピタル・ロス）の和である。したがって，株式の収益率は$\dfrac{d+\Delta p}{p}$と書ける。ただし，一般に，株式の購入者が許容できるリスクには限界がある。この許容できるリスクを安全資産の収益率に対する上乗せ率と考えたものを**リスク・プレミアム・レート**ρ（通常は，単にリスク・プレミアム）という。株式に投資するリスクを負う購入者は収益率に加えて，リスク・プレミアムを要求するものと考える。

　裁定取引により，安全資産の収益率とリスク・プレミアムを考慮した危険資産の収益率が等しくなると考え，これを次のように表す。

$$r+\rho=\frac{\Delta p+d}{p}=\pi+\frac{d}{p} \qquad \left(\pi=\frac{\Delta p}{p}:\text{（期待）株価上昇率}\right)$$

これを，

$$p=\frac{d}{r+\rho-\pi}$$

と変形すれば，理論株価pが，配当金d，代替資産（国債）の金利r，リスク・プレミアムρおよび期待株価上昇率πから決定できることになる。

重要ポイント 9 ▶ 債券

（1）債券価格の決定

　債券は，政府（公債）や企業（社債）などが資金調達のために発行するものであり，発行者の債務である。発行者は，額面と償還（返済）時期，償還までに支払う利息（クーポン）などの条件を定め，これに同意した投資家に債券を販売し，代金を得る。規定の償還年限が到来すれば，発行者は額面を償還し，それまでの各年には原則として定められた利息を支払う。

　債券の購入者は，必要に応じて債券市場（公社債市場）で売却できる。一般に，債券の保有者は償還まで，年々の利息が得られるので，その分を考慮できる範囲内なら額面より高い市場価格で取引される。ただし，発行者が償還不能（デフォルト）に陥るリスクが高まれば，額面以下の市場価格にもなりうる。

　債券の市場価格を求める。債券が毎年一定の利息Rを無限に生み出すものとし，市場利率がrであるとすると，債券保有から得られる収益の現在価値の和は，

$$\frac{R}{1+r}+\frac{R}{(1+r)^{2}}+\cdots\cdots+\frac{R}{(1+r)^{\infty}}=\frac{R}{r}$$

である。債券価格P_Bがこれを下回れば需要が増加して債券価格は上昇し，下回れば需要が減少して債券価格は下落する。つまり，債券の市場価格P_Bはこれに一致する。ここから$P_B=\frac{R}{r}$が成立し，Rは定数であるから，次のことがいえる。

債券価格P_Bと利子率rは反比例する

（2）イールド・カーブ

　実際には公債は政府の破綻リスクが存在するうえ，（1）で述べたように公債価格は変動するため，公債も相対的にはリスクのある資産である。償還期限が長いほどリスクも高まることに加え，償還期限が長いほど，その間の流動性を手放す（公債で財は購入できない）ことのコストも発生する。

　したがって，現実の市場においては，償還期限の長い公債ほど利回りは高くなるのが通常である。これをグラフにしたものを**イールド・カーブ**（利回り曲線）といい，右上がりである状態を順イールドという。

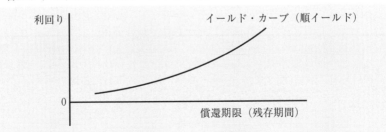

❖ **No.1** 新規の預金100万円が，ある市中銀行に預けられたとき，この預金をもとに市中銀行全体で預金準備率をXとして信用創造が行われ，900万円の預金額が創造された場合，信用創造乗数として正しいのはどれか。ただし，すべての市中銀行は過剰な準備金をもたず，常にこの準備率が認めるところまでの貸し出しを行うものとする。　　　　　　　　　　　　　　　　　　　　　【地方上級（特別区）・令和3年度】

1　0.1

2　0.9

3　1

4　10

5　11

❖ **No.2** 市中銀行が，その預金残高に対して10%を預金準備として保有し，残りをすべて家計への貸出しに回すものとする。また，家計の現金預金比率が50%，ハイパワード・マネーが480兆円とする。今，ハイパワード・マネーが一定（480兆円）の下で，現金預金比率が80%に増加したとする。

　このとき，マネーストックはいくら減少するか。ただし，市中銀行が，その預金残高に対して10%を預金準備として保有し，残りをすべて家計への貸出しに回すことは変わらないものとする。　　　　　　　　　　　　　　【国家一般職・平成30年度】

1　60兆円

2　120兆円

3　180兆円

4　240兆円

5　360兆円

No.3 現金通貨をC，預金通貨をDとしたとき，現金預金比率$\left(\dfrac{C}{D}\right)$が0.2，法定準備率が0.3でいずれも常に一定であるとする。また，銀行の支払準備と法定準備は一致しており，銀行の手元保有現金がゼロであるとするとき，次の記述のうち，妥当なのはどれか。　【国家一般職・平成26年度】

1 通貨乗数（貨幣乗数）は3となる。

2 ハイパワード・マネーを10兆円増やしたとき，預金通貨は20兆円増える。

3 ハイパワード・マネーを10兆円増やしたとき，現金通貨は8兆円増える。

4 ハイパワード・マネーを10兆円増やしたとき，マネーストックは40兆円増える。

5 ハイパワード・マネーが200兆円のときのマネーストックは，640兆円である。

No.4 貨幣供給について，

$$貨幣乗数＝\frac{マネーサプライ}{ハイパワード・マネー}，\quad 現金預金比率＝\frac{現金}{預金総額}，$$

$$法定準備率＝\frac{法定準備}{預金総額}$$

であるとする。このとき，次の記述のうち，妥当なものはどれか。

【地方上級（全国型）・平成15年度】

1 貨幣乗数は現金預金比率の増加関数であり，法定準備率の増加関数である。

2 貨幣乗数は現金預金比率の増加関数であるが，法定準備率については減少関数である。

3 貨幣乗数は現金預金比率の減少関数であるが，法定準備率については増加関数である。

4 貨幣乗数は現金預金比率の減少関数であり，法定準備率の減少関数である。

5 現金預金比率，法定準備率はともに貨幣乗数に影響を与えない。

次は，わが国のマネーストック統計に関する記述であるが，ア～エに当
てはまるものの組合せとして妥当なのはどれか。

　マネーストック統計とは，「金融部門から経済全体に供給されている通貨の総量」
を示す統計のことをいう。マネーストック統計には，対象とする通貨の範囲に応じ
てM1，M2，M3，広義流動性の4つの指標がある。このうち，M1，M2，M3の各
指標は以下のように定義される。

　　M1＝現金通貨＋ ア 　　　（ ア の発行者は， イ ）

　　M2＝現金通貨＋ ア ＋ ウ ＋譲渡性預金

　　　　　　　　　　（ ア ， ウ ，譲渡性預金の発行者は， エ ）

　　M3＝現金通貨＋ ア ＋ ウ ＋譲渡性預金

　　　　　　　　　　（ ア ， ウ ，譲渡性預金の発行者は， イ ）

（注）発行者の定義は下記の通り

国内銀行等＝国内銀行（除くゆうちょ銀行），外国銀行在日支店，信用金庫，信金
　　　　　　中央金庫，農林中央金庫，商工組合中央金庫

全預金取扱機関＝「国内銀行等」＋ゆうちょ銀行＋信用組合＋全国信用協同組合連
　　　　　　　　合会＋労働金庫＋労働金庫連合会＋農業協同組合＋信用農業協同
　　　　　　　　組合連合会＋漁業協同組合＋信用漁業協同組合連合会

【財務専門官／労働基準監督官・令和4年度】

	ア	イ	ウ	エ
1	準通貨	国内銀行等	金融債	全預金取扱機関
2	準通貨	全預金取扱機関	金融債	国内銀行等
3	預金通貨	国内銀行等	金融債	全預金取扱機関
4	預金通貨	国内銀行等	準通貨	全預金取扱機関
5	預金通貨	全預金取扱機関	準通貨	国内銀行等

実 戦 問 題 **1** の 解 説

No.1 の解説　信用創造

→問題はP.154　**正答4**

STEP❶　信用創造の意味

　　市中銀行は資金に余裕のある経済主体から預かった預金を資金が不足している経済主体に融通することで，経済全体の資金の過不足を調整している。俗な言い方をすれば「又貸し」している。この「又貸し」のことを信用創造メカニズムと呼ぶ。

　　そして，新規の預金*H*（本源的預金）と新規の預金および信用創造によって生み出された額（派生的預金）の和である資金の総額*M*との間には，

　　　　$M=$信用創造乗数$\times H$

の関係がある。

STEP❷　信用創造乗数の計算

　　本問での資金総額とは，当初の100万円に信用創造された900万円を加えた1,000万円に当たるので，上の式は，

　　　　1,000万円$=$信用創造乗数$\times$100万円

となり，信用創造乗数は10になる。

STEP❸（補足）　信用創造乗数の意味

　　本問を解答する上では不要な情報になるが，理論上，信用創造乗数は準備率*X*の逆数であるから*X*$=0.1$である（**重要ポイント5**参照）。

　　よって，正答は**4**である。

No.2 の解説　信用創造

→問題はP.154　**正答4**

　　現金預金比率の指示があるため，銀行以外の民間経済主体が現金を保有する一般的な貨幣乗数を用いた問題である。

STEP❶　ハイパワード・マネー*H*とマネーストック*M*の関係

　　ハイパワード・マネー*H*（マネタリーベースの同義語）とマネーストック*M*の間には，$M=\dfrac{\dfrac{C}{D}+1}{\dfrac{C}{D}+\dfrac{R}{D}}H$の関係がある（$\dfrac{C}{D}$：現金預金比率，$\dfrac{R}{D}$：準備率）。

STEP❷　現金預金比率増加後のマネーストック

　　マネーストックは，当初，上の式に$\dfrac{C}{D}=0.5$，$\dfrac{R}{D}=0.1$および$H=480$を代入した，

$$M=\frac{0.5+1}{0.5+0.1}\cdot480=1200$$

であり，現金預金比率増加後は，$\dfrac{C}{D}=0.8$，$\dfrac{R}{D}=0.1$および$H=480$を代入した，

$$M = \frac{0.8+1}{0.8+0.1} \cdot 480 = 960$$

であるから，両者を比較すれば，マネーストックの減少分は，

$$\Delta M = -240$$

である。

　　よって，正答は**4**である。

No.3 の解説 　貨幣乗数　　　　　　　　　　　　　→問題はP.155 　**正答2**

　　ハイパワード・マネーHとマネーストックMの関係である

$$M = \frac{\frac{C}{D}+1}{\frac{C}{D}+\frac{R}{D}}H$$

を用いる（R：準備金）。ここで，通貨乗数$\dfrac{\frac{C}{D}+1}{\frac{C}{D}+\frac{R}{D}}$のうち，現金預金比率$\dfrac{C}{D}$

が0.2，準備率$\dfrac{R}{D}$が0.3であれば，上式は，

$$M = \frac{0.2+1}{0.2+0.3}H = 2.4H$$

になり，ハイパワード・マネーの増加に対しては，

$$\Delta M = 2.4\Delta H$$

が成立する。

1✕ 通貨乗数（貨幣乗数）は2.4である。

2◎ ハイパワード・マネーの10兆円の増加は，預金通貨を20兆円増やす。
　　妥当である。$\Delta M = 2.4\Delta H$より，ハイパワード・マネーHを10兆円増やしたとき，マネーストックMは24兆円増える。ここで，マネーストックの定義$M$$= C+D$の両辺を$D$で割ると$\dfrac{M}{D} = \dfrac{C}{D}+1$になるので，ここに現金預金比率$\dfrac{C}{D}$を

代入すると，$\dfrac{M}{D} = 0.2+1$より，$D = \dfrac{M}{1.2}$である。この式の変化分をとったΔD

$= \dfrac{\Delta M}{1.2}$にマネーストックMの増加分$\Delta M = 24$を代入すると，預金通貨の増加

は$\Delta D = 20$になる。

3✕ ハイパワード・マネーの10兆円の増加は，現金通貨を4兆円増やす。
　　2でみたように，ハイパワード・マネーHを10兆円増やしたとき，マネーストックMは24兆円増える。そのうち預金通貨の増加は$\Delta D = 20$であるから，現金通貨は4兆円増える。

4✕ ハイパワード・マネーの10兆円の増加は，マネーストックを24兆円増やす。

5 × ハイパワード・マネーが200兆円なら，マネーストックは480兆円になる。この関係は$M=2.4H$より求められる。

No.4 の解説　貨幣乗数　　　　　　　　　　　→問題はP.155　**正答4**

貨幣乗数の性質を問う出題であるが，導出は難しいので結果を覚えておこう（**重要ポイント6参照**）。
①貨幣乗数は法定準備率の減少関数である。
②貨幣乗数は現金預金比率の減少関数である。

1 × 貨幣乗数は，現金預金比率の減少関数かつ法定準備率の減少関数である。
2 × 貨幣乗数は，現金預金比率の減少関数である。
3 × 貨幣乗数は，法定準備率の減少関数である。
4 ◎ 貨幣乗数は，現金預金比率の減少関数かつ法定準備率の減少関数である。
5 × 貨幣乗数は，現金預金比率と法定準備率の影響を受ける。

この事実は，問題文に与えられた式より明白である。

No.5 の解説　貨幣および金融政策　　　　　　→問題はP.156　**正答5**

STEP❶　M1の定義

日本銀行「マネーストック統計の解説」によると（以下，同じ），
　　M1＝現金通貨＋預金通貨（**ア**の答え）
である（※）。なお，預金通貨の発行者は，全預金取扱機関（**イ**の答え）である。

STEP❷　M2およびM3の定義

　　M2＝現金通貨＋預金通貨＋準通貨（**ウ**の答え）＋CD（譲渡性預金）

預金通貨，準通貨，CDの発行者は国内銀行等（**エ**の答え）である。ここで，預金通貨，準通貨，CDの発行者を，全預金取扱機関としたものがM3であり，このM3が一般的に用いられるマネーストックの指標である。

なお，CDとは譲渡性預金であり，準通貨とは，定期預金，据置貯金，定期積金と外貨預金の和である。

STEP❸（補足）　広義流動性の定義

　　広義流動性＝M3＋金銭の信託＋投資信託＋金融債＋銀行発行普通社債
　　　　　　　＋金融機関発行CP＋国債＋外債

と定義される。なお，CP（コマーシャルペーパー）とは企業が短期資金を調達するために発行する無担保の約束手形である。

（※）現金通貨＝銀行券発行高＋貨幣流通高
　　　預金通貨＝要求払預金（当座，普通，貯蓄，通知，別段，納税準備）
　　　　　　　－対象金融機関保有小切手・手形

よって，正答は**5**である。

No.6 貨幣および金融政策に関する次の記述のうち，妥当なのはどれか。

【財務専門官／労働基準監督官・平成28年度】

1 貨幣には，一般物価水準が上昇すれば，実質的な価値が減少するというリスクが存在するほか，利子の付かない貨幣を保有する分だけ，貨幣以外の金融資産を保有していた場合に得られる利子の損失を伴うことから，貨幣は，危険資産の代表的なものであるとされている。

2 マネーストックとは，一国全体の貨幣の供給量を表すものであり，最も狭義なマネーストックとしてM1がある。これには，現金通貨，定期預金および譲渡性預金といった流動性の高いもののみが含まれる。

3 公開市場操作とは，中央銀行が，保有している債券を，債券市場において売買することによってハイパワード・マネーをコントロールする政策である。このうち，買いオペレーションとは，債券を購入することによってハイパワード・マネーを減少させる政策である。

4 政府が法定準備率を引き下げることにより，市中銀行が預金準備率を引き下げる場合，ハイパワード・マネーが一定の下でも，貨幣乗数は上昇し，マネーストックが増加する。

5 日本銀行は，平成18年に，市中銀行へ貸し出す際の利子率に関して，「ロンバート型貸出金利」という名称を廃止し，「公定歩合」と改めた。現在において，公定歩合を操作することによってハイパワード・マネーをコントロールする政策は，日本銀行の中心的な金融政策となっている。

No.7 ある国のX年における名目国民所得が500兆円，名目貨幣供給量が300兆円であり，この経済においてはケンブリッジ方程式が成り立っている。マーシャルのkが一定の下，10年後に実質国民所得が4％増加し名目貨幣供給量が30％増加した。このとき10年後の物価水準の変化に関する次の記述のうち，最も妥当なのはどれか。

【労働基準監督官・令和3年度】

1 15％低下した。

2 5％低下した。

3 5％上昇した。

4 15％上昇した。

5 25％上昇した。

No.8 危険資産の収益率は，安全資産の利子率とリスクプレミアムの合計に一致するという裁定条件が常に成り立つとする。

1株当たり120円の配当が恒久的に得られると予想される株式がある。当初，安全資産の利子率およびリスクプレミアムは時間を通じて一定で，ともに3％であった。今，投資家が危険回避的になったことにより，リスクプレミアムのみが5％に変化した。この場合の株価の変化に関する記述のうち，妥当なのはどれか。

【国家一般職・令和3年度】

1 株価は1,500円下落する。

2 株価は1,000円下落する。

3 株価は500円下落する。

4 株価は500円上昇する。

5 株価は1,000円上昇する。

No.9 次の中央銀行と市中銀行のバランスシートを使ったときの，市中に流通している現金通貨，マネーサプライおよび貨幣乗数の組合せとして妥当なものはどれか。

【地方上級（全国型）・平成21年度】

中央銀行

資産		負債等	
国内信用残高	90	現金	80
外貨準備高	40	準備金	40
		政府預金	10
	130		130

市中銀行

資産		負債等	
支払準備	40	預金通貨	160
貸付	120		
	160		160

	市中に流通する現金通貨	マネーサプライ	貨幣乗数
1	80	240	2
2	80	240	3
3	80	320	4
4	120	320	2
5	120	320	4

実戦問題 **2** の解説

→問題はP.160

No.6 の解説　貨幣および金融政策　正答4

1 ✕　**貨幣は安全資産の代表例である。**

危険資産とは，株式のように名目価値の変動を伴う資産であり，収益率も変動する。貨幣は，利子の付かない（もしくは危険資産より相対的に低い利子率に固定されている）ことから，収益率も（ゼロであるケースも含め）一定である代わりに，名目額は変動しない。したがって，貨幣は安全資産の代表的なものである。

2 ✕　**M1には定期預金や譲渡性預金といった流動性の低いものは含まない。**

1文目は正しいが，M1には，現金通貨，預金通貨（普通預金など）のみが含まれ，定期預金や譲渡性預金は含まない。定期預金は，M2，M3および広義流動性に含まれるが，一般には流動性が高いとはみなしにくい。また，譲渡性預金はM3および広義流動性に含まれる（**重要ポイント4**参照）。

3 ✕　**買いオペレーションは，ハイパワード・マネーを増加させる金融緩和である。**

買いオペレーションとは，債券などを購入することによって代価としてのハイパワード・マネーを市場に供給する，つまりハイパワード・マネーを増加させる政策である。なお，1文目は正しい。

4 ◎　**法定準備率の引下げはマネーストックを上昇させる。**

妥当である。貨幣乗数の式は$M=\dfrac{\dfrac{C}{D}+1}{\dfrac{C}{D}+\dfrac{R}{D}}H$　と表され，貨幣乗数である

$\dfrac{\dfrac{C}{D}+1}{\dfrac{C}{D}+\dfrac{R}{D}}$中の$\dfrac{R}{D}$は預金準備率である。この預金準備率（法定準備率）の引

下げは，貨幣乗数の分母を小さくすることで乗数自体を上昇させるため，ハイパワード・マネーが一定の下でも，マネーストックを増加させることになる。

5 ✕　**公定歩合という名称はすでに廃止されている。**

日本銀行は，平成18（2006）年に，市中銀行へ貸し出す際の利子率に関して，「公定歩合」という名称を廃止し，「基準割引率および基準貸付利率」に変更した。ただし，これに先立つ平成11（1999）年に，金融市場を調節する際の政策金利を「公定歩合」から「無担保コール翌日物金利」に変更していたため，この変更は大きな意味を持たない。なお，「ロンバート型貸出」とは，平成13（2001）年に導入された，銀行から申し入れがあった場合に日本銀行が，差し入れた担保の範囲内で，受動的に貸出しを行う制度である。

No.7 の解説　ケンブリッジ方程式

→問題はP.160　**正答5**

　　類題は少ないが，STEP❷の変化率の式の変形は，近年，時折，要求されるので，できるだけマスターしておきたい。

STEP❶　ケンブリッジ方程式の確認

　　ケンブリッジ（の貨幣残高）方程式は$M=kPY$（M：名目貨幣量，k：マーシャルのk（定数），P：物価水準，Y：実質国民所得）と表わされる。これは名目国民所得PYの一定割合が貨幣として需要されることを表している。

STEP❷　ケンブリッジ方程式の変形

　　ケンブリッジ方程式を変化率にすれば，

$$\frac{\Delta M}{M}=\frac{\Delta k}{k}+\frac{\Delta P}{P}+\frac{\Delta Y}{Y}$$

と近似できる。この式に含まれる分数は，元の変数の変化率を表している。

STEP❸　数値の代入

　　変化率に変形したケンブリッジ方程式において，マーシャルのkは定数であるから$\frac{\Delta k}{k}=0$であり，かつ，問題文より$\frac{\Delta M}{M}=0.3$，$\frac{\Delta Y}{Y}=0.04$であるから，これらを代入すれば，物価上昇率を，

$$0.3=0+\frac{\Delta P}{P}+0.04$$

$$\frac{\Delta P}{P}=0.26 \ [26\%]$$

とできる。これは近似計算であるから，選択肢中では25%程度が最も妥当である。

　　よって，正答は**5**である。

STEP❶ 危険資産と安全資産の裁定条件の意味

同一の収益をもたらす資産であれば，本来は同じ資産価格となるはずである。ただし，資産ごとに固有のリスクが存在すれば，たとえ同一の収益をもたらす資産であっても，リスクの高い資産ほどそれを保有することに対する報酬（リスクプレミアム）が必要となる。このことを表したものが裁定条件である。

STEP❷ 株式と国債の裁定条件

危険資産の例として，株式を考える。株価をp，その配当（1株当たり）をdとし，一方，安全資産の利子率（通常は，安全資産として国債を想定することが多いので利子率とは国債利回りをさすことになる）をr，リスクプレミアム（ここでのように単位当たりの場合，リスクプレミアム・レートということもある）をρと置くと，裁定条件は，

$$\frac{\Delta p + d}{p} = r + \rho \quad \cdots\cdots①$$

と表せる。この式の左辺は株価の収益率であり，右辺は安全資産の収益率にリスクプレミアムを上乗せしたものである。つまり，株式のような危険資産にはリスクを取ることへのプレミアムが必要であるということである。

STEP❸ 株価の決定

①の式の左辺を$\frac{\Delta p}{p} + \frac{d}{p} = r + \rho$としたうえで，

$$p = \frac{d}{r + \rho - \dfrac{\Delta p}{p}} \quad \cdots\cdots②$$

と整理すると株価pの決定式を得る（なお，これを効率市場仮説による株価決定式という）。この式に，問題文で与えられた，$d=120$，$r=0.03$に加え，$\frac{\Delta p}{p}=0$（配当dが一定であるから企業の収益も一定であり，他の条件は一定なら本来は株価も一定，つまり期待株価変化率は0と考えられる）を代入すると，

$$p = \frac{120}{0.03 + \rho} \quad \cdots\cdots②'$$

となるので，ここにリスクプレミアムの値として3％または5％を与えると，

$$\rho=0.03の場合：p = \frac{120}{0.03 + 0.03} = 2000$$

$$\rho=0.05の場合：p = \frac{120}{0.03 + 0.05} = 1500$$

となるから，リスクプレミアムの３％から５％への変化は株価を500円だけ下落させることになる。

よって，正答は**3**である。

No.9 の解説　中央銀行と市中銀行のバランスシート　　→問題はP.161　正答 1

バランスシートを用いた問題であるから，会計学の知識がないと解けないように思えるが，金融に関する基本知識から解ける。会計上，発行した貨幣は中央銀行の負債に計上されることは覚えておくとよい。

STEP①　ハイパワード・マネーの定義

ハイパワード・マネーとは，中央銀行が管理する貨幣のことで，現金と準備金の和と定義される。ここから，中央銀行のバランスシートの負債側の項目より，$80+40=120$になる。

また，ここでいう現金は，これを使用する民間部門から見れば，市中に流通する現金通貨ということになる。

なお，準備金は発行した貨幣のうち，市中銀行が受け入れた預金の一定割合を信用秩序維持のため，貸出に回さないでおく部分である（準備預金制度）。わが国の場合，市中銀行は日本銀行に開設した日銀当座預金口座に預金する形をとる。

STEP②　マネーサプライの定義

マネーサプライとは，民間の非銀行部門が保有する貨幣のことで，現金と預金の和と定義される。ここから，中央銀行のバランスシートの負債側の現金の項目および市中銀行の負債側の預金通貨より，$80+160=240$になる。

STEP③　貨幣乗数の計算

貨幣乗数はマネーサプライとハイパワード・マネーの比であるから，$240÷120=2$である。

よって，正答は**1**である。

必修問題

　ケインズの流動性選好説による貨幣需要の動機に関する記述として，妥当なのはどれか。　　　　　　　　【地方上級（特別区）・平成14年度】

1　**投機的動機**は，利子率の変動に関する予想から生じる動機であり，これに基づく貨幣需要は，国民所得の大きさに依存することなく，利子率が上昇するほど増大するとした。

2　**取引動機**は，家計と企業が収入と支出の時間差をカバーするために貨幣を保有する動機であり，これに基づく貨幣需要は，国民所得の大きさに依存することなく，利子率が低下するほど増大するとした。

3　**予備的動機**は，予測できない事態が発生し，不慮の支出が必要となるときに備え，貨幣を保有しようとする動機であり，これに基づく貨幣需要は，国民所得が上昇するほど増大するとした。

4　投機的動機には**所得動機と営業動機**があり，これらに基づく貨幣需要は，取引金額と一定期間内における所得回数とに依存し，所得回数が多いほど増大するとした。

5　利子率がかなり低い水準までくると，債券保有が不利となることから貨幣を保有しようとするが，これにより**通貨供給量**が増えても，取引動機に基づき吸収されるので，利子率をさらに低下させることができなくなるとした。

難易度　＊＊

必修問題の**解説**

　ケインズの流動性選好説は，マーシャルのような古典派の貨幣理論を拡張したという学説史的意義のみならず，公務員試験における財政政策と金融政策の標準的分析ツールとしての**IS-LM**分析の基礎である点においても重要である。

1✕ **投機的動機に基づく貨幣需要は利子率の減少関数である。**
　したがって，投機的動機に基づく貨幣需要は利子率の上昇につれて減少する。

2✕ **取引動機に基づく貨幣需要は国民所得の増加関数である。**
　したがって，取引動機に基づく貨幣需要は国民所得の増加につれて増加する。

3◎ **取引動機および予備的動機に基づく貨幣需要は国民所得の増加関数である。**
　妥当である。

4✕ **所得動機と営業動機は，取引動機に属する。**
　投機的動機は貨幣と債券の選択から生じる貨幣需要であり，利子率の減少関数である。そして，トービンの資産動機とほぼ同内容である。
　なお，所得動機は所得の受取と支出の発生の時間差をカバーするための，営業動機は営業上の収入と支出の時間差をカバーするための貨幣需要動機である。ただし，理論上，これらを分離して考えることはほぼない。

5✕ **利子率が関係するのは投機的動機である。**
　利子率が非常に低い，いわゆる流動性のわなの状態では，貨幣供給量が増えても投機的動機に基づく貨幣需要に吸収されてしまい（投機的動機に基づく貨幣需要が無限大になり），それ以上利子率は低下しない。したがって，通貨供給量を増やす政策，つまり金融緩和政策は有効需要を刺激できない。

正答 **3**

第3章 貨幣市場と**IS-LM**分析

FOCUS

　ケインズの流動性選好説は，古典派の貨幣需要理論を取引動機に基づく貨幣需要として取り込んでいるので，古典派理論の拡張といえる。しかし，そこで導入された利子率（投機的動機）が，その後の論争のもととなっている。したがって，古典派との共通点よりも相違点についてしっかりと確認しておいてほしい。

重要ポイント 1 ▶ 古典派の貨幣市場観

古典派は，貨幣に取引手段としての機能のみを認める。貨幣とはすでに生産された財の取引を円滑に行うための道具であり，いわば財市場を覆うヴェールである（**貨幣ヴェール観**）。つまり，古典派の学説では財市場は貨幣市場から独立であることになる。これを**古典派の二分法**という。厳格にこの立場に立てば，貨幣市場における金融政策では，財市場で決まる国民所得に影響を与えることはできないことになる（**貨幣の中立性**）。このような古典派の貨幣市場観を**貨幣数量説**という。

重要ポイント 2 ▶ 貨幣数量説

（1）フィッシャーの交換方程式（数量方程式）

フィッシャーは，貨幣が一定期間中に取引に使用される回数を流通速度としたうえで，マネーサプライと流通速度の積，つまり一定期間中に動いた貨幣の総額が財の取引総額に等しくなると考えた。そして，このことを表す交換方程式を次のように定式化した。

$$MV = PT$$
〔M：マネーサプライ，V：貨幣の流通速度，P：一般物価水準，T：財の取引量〕

貨幣の流通速度$V\left(=\dfrac{PT}{M}\right)$は，取引総額$PT$が総生産額つまり名目国民所得を意味することから，貨幣の**所得速度**または所得流通速度と呼ばれることがある。なお，フィッシャーはこの値を定数と考えた。

（2）ケンブリッジの貨幣残高方程式

ケンブリッジ大学のマーシャルは，フィッシャーとは独立に，貨幣需要が国民所得に依存することを次の貨幣（現金）残高方程式で表した。

$$M = kPY$$
〔k：マーシャルのk（定数），P：一般物価水準，Y：実質国民所得〕

この式は，名目所得PYの一定（k）の割合を乗じた額がマネーサプライMに等しければ貨幣市場が均衡することを示している。

（3）貨幣数量説の特徴

①**マーシャルのkは貨幣流通速度Vの逆数である。**

フィッシャーの交換方程式を$\dfrac{M}{P}=\dfrac{1}{V}T$とし，ケンブリッジの貨幣残高方程式を$\dfrac{M}{P}=kY$とすると，左辺の$\dfrac{M}{P}$は実質マネーサプライであり，右辺の取引量$T$と実質国民所得$Y$を同内容とみなせば$\dfrac{1}{V}$と$k$は等しくなる。なお，$\dfrac{1}{V}T$と$kY$はいずれも，実質国民所得の一定割合の貨幣を必要とするという意味で（実質）貨幣需要に当たる。

②**古典派の貨幣数量説では，貨幣市場において物価が決定される。**

（変形した）交換方程式$\dfrac{M}{P}=\dfrac{1}{V}T$において，フィッシャーは流通速度$V$を一定とみなしている。また，数量$T$も財市場で決まるため，貨幣市場においては定数と考えられる（古典派の二分法）。したがって，右辺は一定になるため，貨幣市場において左辺のマネーサプライMが変化すると物価水準Pが必ず同率で変化することになる。

③**古典派の貨幣数量説においては，貨幣需要の利子弾力性はゼロである。**

上記のとおり，貨幣数量説の貨幣需要に利子率を表す変数は存在しない。したがって，貨幣需要の利子率に対する弾力性はゼロである。

なお，古典派においては，利子率は投資と貯蓄が等しくなるように財市場で決まるとする。これを実物利子論という。

重要ポイント 3　ケインズの流動性選好説

ケインズによれば，人々が貨幣を需要する動機は，取引動機，予備的動機および投機的動機の3つからなる。これを**流動性選好説**という。

(1) 取引動機と予備的動機（国民所得Yの増加関数）

取引動機に基づく貨幣需要は財の取引のために必要な貨幣の需要であり，**予備的動機**に基づく貨幣需要は不測の事態に備えた準備としての貨幣需要である。これらは国民所得Yの増加関数と考えられ，まとめてL_1とすれば次図のようになる。

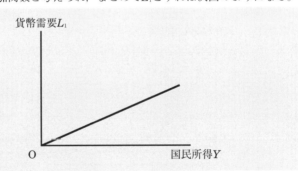

(2) 投機的動機（利子率rの減少関数）

資産形成に際して，その一部は危険資産でも保有されるため，資産の生み出す収益と想定されるリスクの適切なバランスをとるため，安全資産としての貨幣を必要とする。これが**投機的動機**に基づく貨幣需要（L_2と書く）であり，利子率rが上昇すると減少することになる（利子率の減少関数）。

(3) 投機的動機に基づく貨幣需要が利子率の減少関数となる理由

個人が，総額が一定の資産を保有しており，安全資産である貨幣と危険資産であ

る債券の保有比率に関する選択を行う。市場金利はrであり，債券は一定の収益Rを無限に生み出すとする。このとき，債券の市場価格P_Bは，債券から得られる収益の割引現在価値の和として$P_B = \dfrac{R}{r}$になる（**テーマ８重要ポイント９参照**）。

したがって，利子率が高く債券価格は安い場合，人々は債券価格が上昇する前に債券の保有比率を増加して貨幣の保有比率を引き下げようとするから，貨幣需要は減少する。逆に，利子率rが低く債券価格は高い場合，人々は債券価格が下がることを恐れて，債券を手放して貨幣を保有しようとするために貨幣需要の増加が生じる。よって，**利子率と貨幣需要とは逆方向に変化する**のである。

ただし，貨幣に対する選好は個人によって異なるので，利子率が比較的高い水準でもすでに低いとみなして，リスクを回避して貨幣需要を増加させる個人もいる一方で，利子率が相当程度低下しないと安全資産である貨幣への需要を増加させない個人もいる。とはいえ，利子率が低下するほどに貨幣需要を増加させる個人の数が増加するであろうことを考慮すると，マクロ的には利子率が低下するほど多くの個人が貨幣需要を増加させる。つまり，**利子率が低下するほど投機的動機に基づく貨幣需要は弾力的になる**。極限的には，すべての人々が利子率は十分に低いとみなすと債券価格は十分に高く，だれもが低下しか予想しない状況となる。この場合，すべての債券を売却して貨幣に交換しようとするであろう。

以上のことをグラフにすると，**利子率rが低下すればするほど，貨幣需要L_2がより急速に増加する**ことになるので，傾きが緩やかになる。そして，利子率rがある水準まで低下すると傾きが水平になり，**これ以上利子率が低下しない状況となる**。これは，貨幣需要の利子弾力性が，利子率の低下につれて徐々に大きくなり，利子率の下限において無限大になるということである。そして，貨幣需要のグラフの水平部分のことを，**流動性のわな**という。

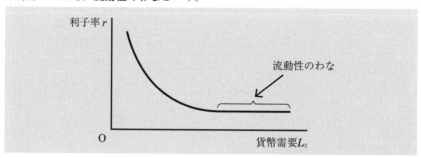

なお，アメリカのケインジアンであるトービンは，このケインズの投機的動機の内容を，合理的個人のポートフォリオ（資産構成）選択の観点から再定義し（ミクロ的基礎付け），これを**資産動機**と呼んだ。

重要ポイント4 ▶ 流動性選好説による貨幣市場の均衡

(1) 貨幣需要関数

重要ポイント2・3より，ケインズの貨幣需要関数は，以下のように書ける。

$$L = L_1(Y) + L_2(r)$$

$\begin{pmatrix} L : 貨幣需要，L_1 : 取引動機および予備的動機に基づく貨幣需要， \\ L_2 : 投機的動機に基づく貨幣需要，Y : 国民所得，r : 利子率 \end{pmatrix}$

合理的な個人は，財の取引に必要な貨幣を需要するのであるから，ある金額というよりは，財の数量分の額を必要とする。つまり，貨幣需要関数は実質値で表される。一方，中央銀行の供給するマネーサプライは名目値であるため，物価水準Pで除して実質化することで貨幣需要と単位をそろえる。つまり，貨幣市場の均衡は，

$$\frac{M}{P} = L \quad または \quad \frac{M}{P} = L_1(Y) + L_2(r)$$

と表される。

(2) 貨幣市場の均衡のグラフ化

縦軸に利子率r，横軸に実質値のマネーサプライ$\frac{M}{P}$および貨幣需要Lをとる。実質マネーサプライ$\frac{M}{P}$は利子率の関数ではないので垂直なグラフになる（図中ではある名目マネーサプライに対応した$\frac{M_0}{P}$を示している）。

貨幣需要関数$L = L_1(Y) + L_2(r)$のグラフは，**重要ポイント3**の投機的動機に基づく貨幣需要$L_2(r)$の右下がりのグラフに，取引動機および予備的動機に基づく貨幣需要$L_1(Y)$を加えるため，その分だけ平行に右シフトしたものになる。そして，実質マネーサプライと貨幣需要が一致する，両者のグラフの交点として均衡利子率が決定される。

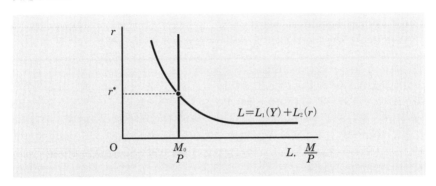

ケインズの貨幣理論では，貨幣市場においては，利子率が価格の役割を果たし，市場の不均衡を調整する機能を担っている。利子率は，貨幣の超過需要で上昇し，貨幣の超過供給で低下するのである。

左図のように，貨幣需要関数がLからL'に右シフトして，**貨幣市場が逼迫（ひっぱく）すれば，利子率はr_0からr_1へと上昇する**。逆に，右図のように，マネーサプライのグラフが$\dfrac{M_0}{P}$から$\dfrac{M_1}{P}$に右シフトして，**貨幣市場が緩和すれば，利子率はr_0からr_1へと低下する**。

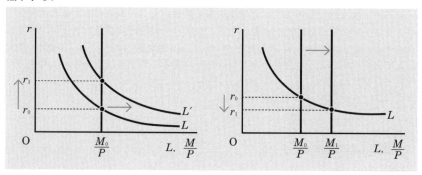

重要ポイント 5 ケインズ以降の貨幣市場理論

(1) フリードマンの新貨幣数量説

マネタリストのフリードマンは，貨幣数量説を基本的に支持する。ただし，短期的には，財の取引に貨幣が必要であっても，貨幣から得られる利子所得を考慮して貨幣を手放すタイミングを判断するため，流通速度が利子率の影響を受けることになると想定する。たとえば，利子率が高いと貨幣を手放すことが先送りされるため，流通速度が低下する。ただし，長期的には，生産物への支出は必ずなされるため，利子率の影響は消失すると考える。結果的に，フリードマンの貨幣数量説（**新貨幣数量説**）では，次のように短期と長期と区分して考えることになる。

> **短期：利子率が流通速度に影響するため，貨幣需要は利子率の減少関数となる。**
> **長期：流通速度が一定となり，古典派の貨幣数量説式が成立する。**

(2) ボーモル=トービンの在庫理論アプローチ

銀行預金を貨幣の在庫と考える。取引需要による預金引出しは，得られる利子を失うため，なるべく少額ずつ繰り返し現金を引出すほうがよい。しかし，何度も少額の引出しを行えば，かえって多くの引出し費用（手数料に加え，店舗に通う時間なども一種の費用となる）が発生する。このとき，両者のトレードオフ関係を勘案して引出し回数を最適化すると，**取引動機に基づく貨幣需要は国民所得の増加関数かつ利子率の減少関数になる**。これがボーモル=トービンによる貨幣需要の**在庫理**

論アプローチである。
参考：在庫理論のアプローチの数理モデル

　ある個人がY円の所得をすべて預金しており，これを１年間に均等に財に支出するため，n回にわたって同額の現金貨幣を引き出すものとする。つまり，１回当たりの引出し額は$\dfrac{Y}{n}$である。また，この個人は引き出した現金残高がゼロになった時点で次の引出しを行うとする。下の図はこれを表している。

　ここで，各期首に手元現金は$\dfrac{Y}{n}$であり，引出し直前にはゼロであることから，各期の平均手元現金残高は$\left(\dfrac{Y}{n}+0\right)\div2=\dfrac{Y}{2n}$となる。これは財への支出を均等化するために手元に必要な貨幣需要額，つまり取引動機に基づく貨幣需要額Lであることになり，$L=\dfrac{Y}{2n}$が成立する。

　次に，最適な引出し回数nを考える。１回の引出しに伴うコスト（手数料）をc，預金利子率をrとすると，個人がn回にわたって現金を引き出すことに伴う総費用TCは，n回分の預金引出し費用（手数料）と，預金を引き出したことで失う利子所得の和として，

$$TC=nc+\frac{Y}{2n}r$$

になる。ここで，第２項は各期の平均手元保有現金残高$\dfrac{Y}{2n}$に利子率rをかけることで，逸失利益（機会費用）の総額を表している。

　ここで，合理的な個人の預金の平均額と最適な引出し回数nを最適化するために，総費用TCをnで微分してゼロに等しいとおくと，

$$c-\frac{Yr}{2n^{2}}=0$$

を得る。ここから最適な引出し回数を，

$$n=\left(\frac{Yr}{2c}\right)^{\frac{1}{2}}$$

とできる。そして，$L=\dfrac{Y}{2n}$にこのnの値を代入すれば，

$$L=\left(\frac{cY}{2r}\right)^{\frac{1}{2}}$$

となり，取引動機に基づく貨幣需要Lが国民所得Yの増加関数であり，かつ利子率rの減少関数であることになる。

No.1 貨幣需要の理論に関する記述として，妥当なのはどれか。

【地方上級（特別区）・平成24年度】

1 トービンとボーモルは，在庫理論アプローチにより，取引動機に基づく貨幣需要は，所得のみならず利子率にも依存するとした。

2 フィッシャーは，現金残高方程式により，貨幣需要は，国民所得と人々が所得のうち貨幣の形態で保有したい割合により決定されるとした。

3 マーシャルは，資産を貨幣という安全資産と株式等の危険資産の２つに分類し，貨幣需要は資産の期待収益率と危険度とを勘案した結果生じるとした。

4 フリードマンは，資産の保有形態を貨幣と債券に限定し，貨幣の流通速度は，利子率に依存せず，貨幣需要に影響を与えないとした。

5 ケインズは，取引動機と予備的動機に基づく貨幣需要は主として利子率に依存し，投機的動機に基づく貨幣需要は所得水準に依存するとした。

No.2 貨幣市場における「流動性のわな」の状況に関する次の文のア～オに当てはまるものの組合せとして最も妥当なのはどれか。ただし，*IS-LM*分析に基づくものとする。

【労働基準監督官・令和元年度】

「貨幣需要の利子弾力性が　**ア**　である場合は，利子率が非常に低い状況であり人々はこれ以上，利子率は下落しないであろうと考えている状況で生じる。すなわち，債券価格が十分に　**イ**　，だれもが債券価格の　**ウ**　を予想し，資産を　**エ**　の形態で保有しようとしている状況である。こうした状況下では　**オ**　は無効となってしまう。このような状態は「流動性のわな」と呼ばれる。」

	ア	イ	ウ	エ	オ
1	無限大	高く	下落	貨幣	金融政策
2	無限大	高く	下落	貨幣	財政政策
3	無限大	低く	上昇	債券	金融政策
4	ゼロ	低く	上昇	債券	金融政策
5	ゼロ	高く	下落	貨幣	財政政策

No.3 「古典派的二分法」に関する次の記述のうち，妥当なものはどれか。

【国税専門官・平成8年度】

1 「古典派的二分法」は「貨幣ヴェール観」と呼ばれる思想とほぼ同様の内容をもち，貨幣が実物部門の諸変数に決定的な影響を及ぼすというものである。

2 「古典派的二分法」によると実質国民所得は貨幣数量から無関係に実物部門において決定される。

3 「古典派的二分法」によると金融政策は実質的な産出量や雇用量に影響を及ぼすことになる。

4 「古典派的二分法」によると貨幣数量の役割は物価水準と雇用量を決定することに限られる。

5 *IS-LM*モデルは実物部門と貨幣部門の「古典派的二分法」の考え方に立っている。

No.4 貨幣理論に関する記述として最も妥当なのはどれか。

【労働基準監督官・平成20年度】

1 古典的な貨幣数量説によると，貨幣の所得速度はマネーサプライの大きさに比例し，実質国内総生産の大きさに反比例する。

2 マーシャルの*k*は，マネーサプライを実質国内総生産で割った数値であり，フィッシャーの数量方程式における貨幣の所得速度に比例して変動する。

3 古典的な貨幣数量説によると，マーシャルの*k*は実質国内総生産とは独立して決定される一方，利子率が上昇すると，常に比例的に上昇する。

4 貨幣の中立性命題は，マネーサプライの大きさは物価水準を決定するが実物経済には影響しないとするものであり，経済における実物部門と貨幣部門が分離しているとする考え方である。

5 貨幣の中立性命題によると，マネーサプライが増加すると，実質国内総生産の増加につながるもののマーシャルの*k*や利子率には影響を与えない。

実戦問題 **1** の解説

　　ケインズの流動性選好説以外では，古典派の貨幣数量説が単独で問われやすい。本問のような貨幣需要総論におけるそれ以外の学説に関しても，深入りする必要はないが，名称と提唱者，その概要は覚えておきたい。

1 ◎　**在庫理論アプローチでは，取引動機に基づく貨幣需要が利子率にも依存する。**

妥当である。トービンとボーモルによる貨幣需要の在庫理論アプローチでは，消費などの必要があれば資産（資金の在庫と考える）を換金してそれに充てるが，その際，換金したい額，つまり貨幣需要は国民所得の増加関数であるのみならず，利子率の減少関数にもなると想定する。なぜなら，利子率が高いと，資産を換金することで失う利子所得を考慮して，換金をなるべく遅らせようとするからである。正確には，手数料などの資産を現金化する場合の取引費用も考えるべきであるが，これを考慮しても結論は変わらない（**重要ポイント5**(2)も参照）。

2 ✕　**フィッシャーは交換方程式を提唱した。**

フィッシャーは交換方程式 $MV=PT$（M：マネーサプライ，V：貨幣流通速度，P：一般物価水準，T：取引数量）を提唱した。この式は，マネーサプライ M と貨幣流通速度 V の積で表される一定期間中の貨幣の流通総額が，一般物価水準 P と取引数量 T の積で表される取引総額に等しいことを表す。

人々が（名目）所得のうち貨幣の形態で保有したいと考える割合はマーシャルの k と呼ばれ，これを数式で表した $M=kPY$（M：マネーサプライ，P：一般物価水準，Y：実質国民所得〈PY は名目国民所得になる〉）は，ケンブリッジ（マーシャルが教鞭をとった大学）の現金残高方程式と呼ばれる。

フィッシャーの学説とマーシャルの学説は，どちらもケインズのいう貨幣需要の取引動機しか考慮していない古典派の貨幣数量説に属する。したがって，両者のいずれにも利子率は含まれていない。

3 ✕　**マーシャルは現金残高方程式を提唱した。**

本肢は，マーシャルの貨幣理論ではなく，ケインズの流動性選好説における投機的動機の，あるいはトービンの資産動機の説明として正しい。

4 ✕　**フリードマンは，短期において貨幣需要は利子率の影響を受けるとした。**

フリードマンは新貨幣数量説を提唱した。ここでは，長期的には貨幣の流通速度は一定となり，貨幣数量説が成立すると考える。しかし，短期的には，貨幣の流通速度が利子率に影響されるので，貨幣需要も利子率の影響を受けるものと考えた。

5 ✕　**ケインズは，投機的動機に基づく貨幣需要は利子率に依存するとした。**

また，取引動機と予備的動機に基づく貨幣需要は主として国民所得に依存するものとした。これが流動性選好説である。

No.2 の解説　流動性のわな
→問題はP.174　**正答 1**

　ケインズの流動性選好説の中でも最も特徴的な「流動性のわな」は，本問のようにそれに特化した出題も一定数見られる。金融，なかでも資産形成は身近な話題ではないことが多いが，ここをよく理解しておくと次のテーマである*IS-LM*分析の理解も深まる。

STEP❶　貨幣需要の利子弾力性

　ケインズの流動性選好説によると，投機的動機に基づく貨幣需要は利子率の減少関数であるが，一般に利子率が低下するほど投機的動機に基づく貨幣需要は弾力的になる。「流動性のわな」とは，人々が利子率について下限に達しており，これ以上下落しないと考えている状態において，貨幣需要の利子弾力性が無限大（**ア**の答え）となっている状態である。このとき，図のように貨幣需要のグラフは水平となる。

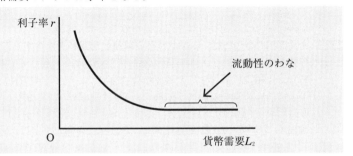

STEP❷　債券価格と利子率

　債券価格と利子率は反比例する（テーマ8参照）から，人々が利子率について下限に達しており，これ以上下落しないと考えている状態は，債券価格が上限に達し（十分に「高く」が**イ**の答え），これ以上上昇することはなく，下落（**ウ**の答え）するのみであると人々が考えている状態と同じである。したがって，債券価格の下落を予想する人々は債券をすべて売却して，安全資産である貨幣を需要する，すなわち貨幣の形態で保有しようとする（**エ**の答え）。なお，すべての人々が貨幣を需要するから，利子率の下限においては貨幣需要の利子弾力性が無限大となるのである。

STEP❸　流動性のわなと金融緩和政策について

　このような状況に経済が陥っている場合，中央銀行が緩和的な金融政策（**オ**の答え）を行って，マネーサプライを増加させても，利子率が低下しないため，投資需要を増加させることもなく，政策は無効となる。

　よって，正答は**1**である。

　　古典派のみに特化した問題である。近年では単独での出題はやや減少して
いるが，古典派の学説を選択肢中に含む出題例は多い。

1✕ **貨幣ヴェール観と古典派の二分法は同内容である。**

ただし，貨幣ヴェール観とは，貨幣が実物部門における取引の手段にすぎな
いためにこれに影響を与えることはできないとの考え方を，実物部門を覆う
ヴェールにたとえた表現である。これは，経済の実物部門と貨幣部門を分離
して考える古典派の二分法と同内容である。

2◎ **「古典派的二分法」では実質国民所得は貨幣数量には影響されない。**

妥当である。古典派の二分法では，貨幣数量は物価水準に影響するのみと考
える。

3✕ **古典派は，金融政策が国民所得の増加に関しては無効であるとする。**

古典派の二分法の下では，貨幣は実物経済に影響を与えないので，貨幣供給
量の増加により国民所得を増加させることはできない。

4✕ **古典派的二分法では，貨幣数量の役割は物価水準を決定することのみになる。**

古典派の二分法によると，貨幣数量の役割は物価水準を決定することのみで
あり，雇用量に影響を与えるものではない。古典派理論では，雇用量は労働
市場において完全雇用水準に決まっており，このため，国民所得水準も完全
雇用国民所得水準に決定する。フィッシャーの交換方程式$MV=PT$（M：マ
ネーサプライ，V：貨幣流通速度，P：一般物価水準，T：取引量）におい
ては，VおよびTが定数であり，マーシャルの貨幣残高方程式$M=kPY$
（M：マネーサプライ，k：マーシャルのk，P：一般物価水準，Y：実質国民
所得）では，kおよびYを一定と考える。したがって，古典派を代表するい
ずれの貨幣理論にせよ，マネーサプライMの増加は一般物価水準Pの上昇を
引き起こすのみである。

5✕ *IS-LM*モデルは，実物部門と貨幣部門の相互依存関係を分析するものである。

*IS-LM*モデルは次の**テーマ10**で取り扱う。

No.4 の解説 貨幣理論 →問題はP.175 **正答4**

　本問は，古典派の貨幣数量説および貨幣の中立性命題に注目した選択肢が多い。この点を重点的に理解しよう。

1✗ 古典派の貨幣数量説においては所得速度は一定である。

古典的な貨幣数量説によると，貨幣の所得速度（流通速度についてのケインズの用語法）は一定と仮定され，実質国内総生産は財市場で決まると考える。したがって，貨幣の所得速度はマネーサプライにも実質国内総生産にも影響されない。古典派の貨幣数量説をフィッシャーの交換方程式 $MV=PT$（M：マネーサプライ，V：貨幣の所得速度，P：一般物価水準，T：取引量〈実質国内総生産の近似値〉）で表せば，VおよびTが定数であるということである。

2✗ マーシャルのkは定数であり，貨幣の所得速度の逆数になる。

古典派の貨幣数量説に分類されるマーシャルの貨幣残高方程式は，$M=kPY$ と表される（M：マネーサプライ，k：マーシャルのk，P：一般物価水準，Y：実質国民所得，なお，PYは名目国民所得を表す）。ここから，マーシャルのkがマネーサプライMを名目国内総生産PYで割った数値となることがわかる。

また，マーシャルのkは，フィッシャーの交換方程式 $MV=PT$（M：マネーサプライ，V：貨幣流通速度，P：一般物価水準，T：取引量）における貨幣の所得速度の逆数になる。フィッシャーの交換方程式でいう取引総額PTとケンブリッジの貨幣残高方程式中の名目国民所得PYを同一視すれば，交換方程式中の貨幣の所得速度は$V=\dfrac{1}{k}$となる。

3✗ マーシャルの貨幣残高方程式には，利子率は含まれていない。

マーシャルの貨幣残高方程式$M=kPY$においてkは定数であり，実質国内総生産Yとは独立している（この点は正しい）。しかし，古典的な貨幣市場理論には利子率がそもそも含まれていない（交換方程式にも残高方程式にも利子率を表す変数は含まれていない）ため，マーシャルのkと利子率が比例することはない。

4◎ 貨幣の中立性命題の下では，マネーサプライを増加する政策は無効となる。

妥当である。本肢の考え方は，古典派においては実物部門と貨幣部門の二分法と呼ぶ。

5✗ 貨幣の中立性命題が成立すれば，貨幣量は実質国内総生産に影響しない。

ただし，マネーサプライの増加は物価水準を上昇させる。結果として，名目国内総生産は増加する。

No.5 貨幣などに関するA～Dの記述のうち，妥当なもののみをすべて挙げているのはどれか。　【国税専門官／財務専門官／労働基準監督官・平成26年度】

A：貨幣需要関数は，人々が保有しようと考える貨幣量を所得と利子率の関数を用いて，通常，貨幣需要が所得の減少関数，利子率の増加関数であることを表したものである。この関数では，一定の貨幣供給量の下で所得が増加した場合には，貨幣需要量が減少するため，利子率が上昇する。

B：横軸に残存期間，縦軸に利回りをとって残存期間が異なる複数の債券の残存期間と利回りの関係を表した曲線のことをイールドカーブという。順イールドとは，残存期間が長くなるほど利回りが高くなる右上がりのイールドカーブをいう。

C：「流動性のわな」とは，利子率に対する貨幣需要の弾力性が無限に大きくなった状態である。流動性のわなが存在するとき，国民所得を増加させるためには，貨幣供給量を増加させる金融政策が有効である。

D：ケンブリッジ方程式は，貨幣量と所得との間には，マーシャルの k という比例定数を通じた負の相関関係が存在することを表す。なお，マーシャルの k の値は，貨幣の流通速度と正の相関関係にあり，貨幣の流通速度が上昇すると，その値も上昇する。

1 B

2 C

3 A，C

4 A，D

5 B，D

No.6 流動性選好理論における流動性のわなを説明した記述として，妥当なのはどれか。　【国家総合職・平成30年度】

1 実質貨幣需要は名目金利の減少関数だが，名目金利が低下して，ある一定の水準に達すると，実質貨幣需要は無限大となる。このため，中央銀行が貨幣供給を増やしても，名目金利がこの水準からさらに低下することはない。

2 実質貨幣需要は実質金利の減少関数だが，実質金利が低下して，ある一定の水準に達すると，実質貨幣需要は無限大となる。ただし，中央銀行が貨幣供給を増やした場合，仮に期待インフレ率が一定であれば，実質金利がこの水準からさらに低下する。

3 名目貨幣需要は物価水準の減少関数だが，物価水準が低下して，ある一定の水準に達すると，名目貨幣需要は無限大となる。このため，中央銀行が貨幣供給を増やしても，物価水準がこの水準からさらに低下することはない。

4　貨幣供給は名目金利の減少関数だが，名目金利が低下して，ある一定の水準に達すると，貨幣供給は無限大となる。このため，民間部門が貨幣需要を増やしても，名目金利がこの水準からさらに低下することはない。

5　貨幣供給は実質金利の減少関数だが，実質金利が低下して，ある一定の水準に達すると，貨幣供給は無限大となる。このため，民間部門が貨幣需要を増やしても，実質金利がこの水準からさらに低下することはない。

No.7 ***　**ある国の実質貨幣需要量は次の式で表される。**

$$L_D = a + Y - 10r$$

〔L_D：実質貨幣需要量，a：定数，Y：国民所得，r：利子率（％）〕

利子率が5％，実質貨幣供給量が500の下で国民所得500を達成しているとき，国民所得を500に保ったまま利子率が6％になると，実質貨幣需要量はいくらになるか。【地方上級（全国型）・平成19年度】

1　470

2　490

3　500

4　510

5　530

No.8 ***　**ある個人は月初めに銀行預金の形で保有する8万円を，その1か月のうちに，毎日同じ額だけ支出し，すべて使い切る。必要な現金は銀行預金から何回かに分けて引き出し，毎回同じ額を引き出すものとする。預金には平均預金残高に対して1か月を通じて1％の利子が付き，また，預金口座から引き出す際には，1回につき100円の費用がかかる。**

このとき，ボーモル=トービン・モデルによる貨幣保有の総費用最小化の結果，最適な引き出し回数は何回になるか。【国家総合職・平成27年度】

1　2回

2　4回

3　5回

4　8回

5　10回

実戦問題❷の解説

　記述**B**は過去の出題にほとんど類例がないが，日本銀行がイールドカーブ・コントロール政策を採用している限りは，時事問題などでの出題もありうるので，知識として知っておこう。

A ✕ 通常，貨幣需要は，所得の増加関数かつ利子率の減少関数とされる。

　ケインズの流動性選好説やトービン＝ボーモルの在庫理論アプローチにより貨幣需要関数では，貨幣需要は所得の増加関数であり利子率の減少関数とされる。また，古典派の貨幣数量説では貨幣需要は所得の増加関数である。

B ○ 残存期間が長いほど利回りが高くなることを，順イールドという。

　通常，債券は残存期間が長いほど，流動性の高い貨幣を手放す期間が長くなり，償還不能となるリスクも上昇するため，利回り（利子率）が高くなる。典型的には，通常，長期国債は短期国債より利回りは高い。これが順イールドである。なんらかの事情で，これが逆になった場合を逆イールドという（テーマ**8**重要ポイント**9**も参照）。

C ✕ 「流動性のわな」に陥ると金融政策は無効となる。

　1 文目は正しいが，「流動性のわな」とは，貨幣供給量を増加させることが有効性を持たなくなる，つまり金融政策が無効になるとのわなである。「流動性のわな」に陥ると，それ以上利子率が低下できなくなるために，投資などの需要が増加しなくなるのである。

D ✕ マーシャルのkは貨幣の流通速度Vの逆数になる。

　ケンブリッジ方程式は$M = kPY$（M：貨幣量，P：一般物価水準，Y：実質国民所得）と表されるから，貨幣量Mと国民所得Yの間に負の相関関係は存在しない（古典派二分法によると両者は独立である）。また，この方程式はフィッシャーの交換方程式$MV = PT$（V：貨幣の流通速度，T：取引量）とほぼ同内容を表しており，ケンブリッジ方程式中の名目国民所得PYを，交換方程式中の取引総額PTと等しいと考えると，マーシャルのkは貨幣の流通速度Vの逆数になるため，両者は負の相関を持つ。

　よって，正答は**1**である。

No.6 の解説　流動性のわな
→問題はP.180　**正答 1**

　　流動性のわなの細部についての出題である。実質金利と名目金利の関係については，計算問題で用いることもあるため，必ず理解しておきたい。

1◎　流動性のわなに陥ると，名目金利は下限に達しており，低下できない。

　　妥当である。貨幣市場では，経済主体が貨幣を実質値で需要しても，名目金利で取引することになる。この名目金利が下限に達して実質貨幣需要が無限大となる状態が流動性のわなである。したがって，中央銀行が貨幣供給を増やしても，名目金利が下限から低下することはない。

2✕　実質貨幣需要は名目金利の減少関数である。

　　1の解説を参照のこと。なお，実質金利は名目金利から期待インフレ率を差し引いたものになる（この関係をフィッシャー方程式という）ため，期待インフレ率が上昇するのであれば，実質金利が名目金利は下限に達していてもさらに低下する余地がある。

3✕　経済主体は貨幣を実質値で需要する。

　　人々は取引する財の数量に応じた貨幣を必要とするから，貨幣の需要は実質値で表される。物価水準が上昇すれば名目貨幣需要もそれに比例して上昇するから，名目貨幣需要は物価水準の増加関数ではあるが，そのことに重要な意味があるわけではない。なお，後半については，貨幣供給の増加が物価水準を上昇させることはあっても，低下につながることはない。

4✕　貨幣供給は名目金利の減少関数にはならない。

　　貨幣供給量（マネーサプライ）はハイパワード・マネーに貨幣乗数を掛けたものである。貨幣乗数は現金預金比率と預金準備率の関数であるから，名目金利（および実質金利）を含まない。したがって，この場合，貨幣供給と金利は関数関係にはない。なお，貨幣供給が名目金利の増加関数であると仮定する説も存在するが，この場合においても減少関数と想定することはない。

5✕　貨幣供給は実質金利の減少関数にはならない。

　　4の解説を参照のこと。

第3章　貨幣市場と*IS-LM*分析

　　ケインズの流動性選好説に基づく計算問題という比較的珍しい出題であるが，理論を知っていればそれほど難しくはない。

　　一般に，貨幣需要は実質額で定義されるが，貨幣供給額（マネーサプライ）は，性質上，名目値で表現されるので，物価で割るとの操作を加えなければ実質化できない。

STEP❶　当初の均衡および貨幣需要関数の復元

　　実質貨幣供給と実質貨幣需要が与えられているので，貨幣市場の均衡を考える。その条件は両者が等しいことであるから，

$$500＝a＋Y－10r$$

が成立する。

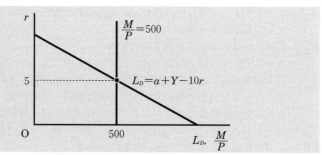

　　ここに，当初の国民所得$Y＝500$および利子率$r＝5$を代入すると，

$$500＝a＋500－10×5 \quad ⇔ \quad a＝50$$

を得るので，貨幣需要関数を，

$$L_D＝50＋Y－10r$$

と求められる。

STEP❷　利子率上昇後の貨幣需要

　　この貨幣需要関数に，国民所得$Y＝500$および利子率$r＝6$を代入すると，この場合の貨幣需要L_Dは，

$$L_D＝50＋500－10×6＝490$$

になる。

　　なお，本問では，利子率の単位を問題文の指示に従って％でとっている。

　　よって，正答は**2**である。

No.8 の解説　貨幣需要の在庫アプローチ
→問題はP.181　**正答 1**

　　総合職経済区分は定期的にこの在庫アプローチの計算問題を出題しているが，ほぼ決まったパターンによっている。

STEP❶　現金を保有することの逸失費用

　　銀行預金の引出し回数をnとすると，引き出し直後の現金保有残高は$\dfrac{80000}{n}$であり，次の引き出し直前には 0 になっている。この間に一様に支出するのであるから，現金平均保有残高は$\dfrac{80000}{n}+0\div2=\dfrac{40000}{n}$である。そして，現金を保有することの逸失費用（機会費用）はこれに利子率を乗じた$\dfrac{40000}{n}\times0.01=\dfrac{400}{n}$である。

STEP❷　現金を保有する総費用の最小化

　　預金を引き出して現金を保有することの総費用TCは，逸失費用と引出し費用（手数料）の和として，

$$TC=\frac{400}{n}+100n$$

になる。個人はこれを最小化するよう行動するはずであるから，

$$\frac{d(TC)}{dn}=-\frac{400}{n^2}+100=0$$

を満たす$n=2$が最適な引出し回数になる。

　　よって，正答は**1**である。

第3章　貨幣市場とIS-LM分析

*IS-LM*分析（1）

必修問題

**　*IS-LM*分析に関する次の文中の空欄ア～オに当てはまる語句の組合せとして，妥当なものはどれか。**　　　【地方上級（全国型）・平成28年度】

　財市場が均衡する利子率と国民所得の関係を表すのが*IS*曲線である。一般に，投資（I）は利子率の減少関数であり，貯蓄（S）は国民所得の　**ア**　関数であることから，縦軸に利子率，横軸に国民所得をとって描いた*IS*曲線は右下がりになる。貨幣市場が均衡する利子率と国民所得の関係を表すのが*LM*曲線である。一般に，貨幣需要（L）は国民所得の　**イ**　関数であり，利子率の　**ウ**　関数である。なお，*LM*曲線は流動性選好理論を前提とする。

　*IS-LM*分析では，マネーサプライ（M）が増加すると*LM*曲線が右にシフトする。投資の利子弾力性が　**エ**　場合や貨幣の投機的需要が　**オ**　場合には，マネーサプライが増加しても国民所得は増加しにくい。

	ア	イ	ウ	エ	オ
1	増加	増加	減少	小さい	大きい
2	増加	増加	減少	大きい	小さい
3	増加	減少	増加	大きい	小さい
4	減少	増加	減少	小さい	大きい
5	減少	減少	増加	大きい	小さい

難易度　＊＊

必修問題の解説

　*IS-LM*分析を概観する基本的問題である。

STEP❶　貯蓄関数（アについて）

　ケインズ型消費関数$C=C_0+cY$（C：消費，Y：国民所得，C_0：基礎消費〈定数〉，c：限界消費性向〈定数〉）を前提とする。貯蓄関数はその定義である$S=Y-C$に消費関数を代入して，$S=Y-(C_0+cY)=-C_0+Y-cY=-C_0+(1-c)Y$とすれば，貯蓄が国民所得の増加関数（**ア**の答え）になる。$1-c$は限界貯蓄性向sである。

STEP❷　貨幣需要関数（イおよびウについて）

　ケインズの流動性選好説によると，貨幣需要は，取引動機および予備的動機による部分が国民所得の増加関数（**イ**の答え），投機的動機に基づく部分が利子率の減少関数（**ウ**の答え）である。この点については，**テーマ9重要ポイント3**を参照。

STEP❸　投資の利子弾力性（エについて）

利子率が低下して投資需要が増加すると，有効需要の原理より国民所得が増加する。ここから*IS*曲線は右下がりになる。したがって，投資の利子弾力性が小さい（**エ**の答え）と，利子率が低下しても投資が大きくは増加しないので，国民所得の増加も小さくなり，*IS*曲線の傾きは急になる（図1の*IS*$_1$）。このとき，マネーサプライを増加させる政策によって*LM*曲線を右シフトさせても，*IS*曲線の傾きが緩やかな場合（図1の*IS*$_0$）と比べて，均衡国民所得の増加は相対的に小さなものになる（*Y**から，*IS*$_0$の場合には*Y*$_0$まで，*IS*$_1$の場合には*Y*$_1$まで増加）。

STEP❹　貨幣の投機的需要（オについて）

実質マネーサプライが一定の下では，利子率が上昇すると貨幣の投機的需要が減少するから，その分だけ貨幣の取引需要および予備的需要が増加することになり，そのためには国民所得が増加していなければならない。ここから*LM*曲線は右上がりになる。貨幣の投機的需要が大きい（**オ**の答え）と，利子率が上昇して貨幣の投機的需要が大きく減少したときに，貨幣の取引需要および予備的需要がその分だけ大きく増加していなければならないから，*LM*曲線の傾きは緩やかになる。

このとき，マネーサプライを増加させる政策によって*LM*曲線を右シフトさせても，図2のように，*LM*曲線の傾きが急な場合と比べて，均衡国民所得の増加は相対的に小さなものになる。当初の*E*点から同じ横方向の幅で*LM*曲線をシフトさせても，傾きの急な*LM*$_1$を*LM*$_1$′にシフトさせると国民所得が*Y**から*Y*$_1$まで増加するのに対し，傾きの緩やかな*LM*$_0$を*LM*$_0$′にシフトさせても国民所得が*Y*$_0$までしか増加しない。

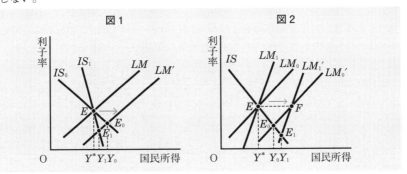

よって，正答は**1**である。

FOCUS

*IS-LM*分析は，文章題，グラフ問題，計算問題のいずれのパターンも一定の出題がある。加えて，テーマ12のマンデル＝フレミング・モデルやテーマ14の総需要・総供給分析の理解にも役立つので，ここで基礎をしっかりマスターしよう。

重要ポイント 1 *IS-LM分析の概要*

> 財市場の均衡条件式：$Y=C(Y)+I(r)+G+(EX-IM)$
>
> 貨幣市場の均衡条件式：$\dfrac{M}{P}=L_1(Y)+L_2(r)$
>
> Y：国民所得，C：消費，I：投資，r：利子率，G：政府支出，
> EX：輸出，IM：輸入，M：マネーサプライ，P：物価水準，
> L_1：取引動機および予備的動機に基づく貨幣需要，
> L_2：投機的動機に基づく貨幣需要

　財市場の均衡条件式には貨幣市場で決まる利子率rが含まれており，貨幣市場の均衡条件式には財市場で決まる国民所得Yが含まれている。この2つの市場は相互に関連を持っていることがわかる。そして，この財市場と貨幣市場の同時均衡を考えるものが**IS-LM分析**である。

　IS-LM分析のグラフは，横軸に財市場で決まる国民所得Yを，縦軸に貨幣市場で決まる利子率rをとる。ここで，利子率rが低下すると投資需要の増加を通じて国民所得Yが増加することを**IS曲線**として表す。一方，国民所得Yが増加すると取引動機に基づく貨幣需要が増加して貨幣市場が逼迫するので利子率rが上昇することを**LM曲線**で表す。そして，**IS曲線とLM曲線の交点で両市場の同時均衡が定まる。**

　財市場における政府の拡張的財政政策は**IS**曲線を右にシフトさせ，貨幣市場における中央銀行の金融緩和政策は**LM**曲線を下方シフトさせる。これらの政策効果を対比的に分析できることが**IS-LM分析**の持つ意義の一つである。

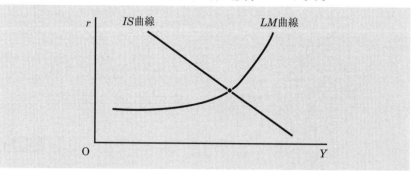

重要ポイント 2 *IS曲線*

（1）*IS曲線の定義*

　*IS*曲線とは，**財市場を均衡させる利子率rと国民所得Yの組合せ**，または**貯蓄Sと投資Iが等しくなる利子率rと国民所得Yの組合せ**と定義される（重要ポイント1

参照)。

(2) *IS*曲線の導出

　閉鎖経済を考える。投資Iには公共投資Gを含むもの（すなわちSNAの体系の国内総固定資本形成）として、財市場均衡条件を$Y=C(Y)+I(r)$を、$I(r)=S(Y)$とする。投資Iが利子率rの減少関数であることを、次図のように表す。

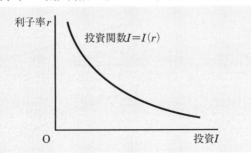

　次に、貯蓄関数を考える。消費関数をケインズ型の$C=C_0+cY$とすれば、貯蓄関数は、$S=Y-C=Y-(C_0+cY)=-C_0+(1-c)Y$より、$S=-C_0+sY$となる（$s$は限界貯蓄性向)。これを図にすると次のようになる。

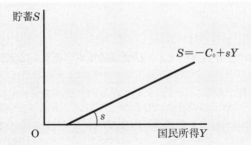

　最後に、財市場均衡条件$I=S$を図で表せば、45度線になる。

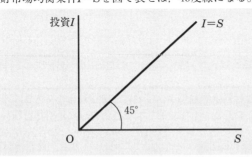

　これらをまとめることで*IS*曲線を作図によって導出する。次の4象限の図は、第2象限に投資関数を左右対称にして描き込み、第4象限に貯蓄関数のグラフを上下対称にして描き込んだものである。そして、第3象限にそれらをつなぐ財市場均

第3章

貨幣市場と*IS-LM*分析

衡条件$I=S$（45度線）を180°反転させて描き入れたものである。そして，これらの各点をつなげば，第1象限に右下がりのIS曲線を図形的に導出したことになる。

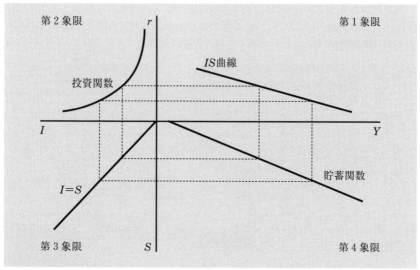

（3）IS曲線の性質

①通常のIS曲線は右下がりである。

②投資の利子弾力性が大きいほど，IS曲線の傾きは緩やかになる。

　利子率が低下すれば，投資は増加し国民所得はその乗数倍だけ増加する。このとき，利子率rの低下に対して投資がより弾力的に増加するほど，国民所得Yも大きく増加するので，IS曲線の傾きは緩やかになるのである。極限的なケースとして，**投資の利子弾力性が無限大の場合，IS曲線は水平**（無限に緩やか）**となる。逆に，投資の利子弾力性はゼロの場合**，利子率が低下しても投資と国民所得は増加しないので，**IS曲線の傾きは垂直になる。**

　また，利子率が低下すれば，投資は増加し国民所得はその乗数倍（現在のモデルでは$\dfrac{1}{1-c}$倍）だけ増加することから，限界貯蓄性向が小さく，限界消費性向が大きいとき，横軸の国民所得Yが大きく増加するため，IS曲線の傾きは緩やかになる。

③IS曲線は政府支出など需要増加によって右に，減少によって左にシフトする。

　政府支出の増加は，総需要の増加を通じて乗数倍だけ国民所得を増加させる。このことをIS曲線の水平方向のシフト（右シフト）で表す。また，減税も消費需要の増加要因であるから，IS曲線を右シフトさせる。ただし，減税のほうが乗数効果は小さいので右シフト幅は小さくなる。

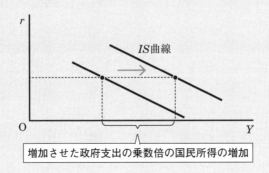

増加させた政府支出の乗数倍の国民所得の増加

④*IS*曲線の右上は財市場の超過供給，左下は財市場の超過需要が発生している。

　*IS*曲線上では投資*I*と貯蓄*S*は等しい。*IS*曲線の上側では利子率が高いために投資*I*が減少しており，*IS*曲線の右側では国民所得*Y*が大きいために貯蓄*S*も大きい。いずれにせよ，*IS*曲線の右上側では投資*I*が貯蓄*S*を下回る。この*S*＞*I*の状況は，貯蓄が投資を行っても余剰が生じる状況であるから，財市場での超過供給に当たる。このことをまったく逆に考えれば，*IS*曲線の左下側では財市場の超過需要が発生する。

重要ポイント 3 *LM*曲線

（1）*LM*曲線の定義

　*LM*曲線とは，貨幣市場を均衡させる利子率*r*と国民所得*Y*の組合せ，または実質マネーサプライと貨幣需要（貨幣需要は実質で定義される）が等しくなる利子率*r*と国民所得*Y*の組合せと定義される（重要ポイント 1 参照）。

（2）*LM*曲線の導出

　まず，取引需要と予備的需要に基づく貨幣需要L_1が所得の増加関数であることを図で表す。

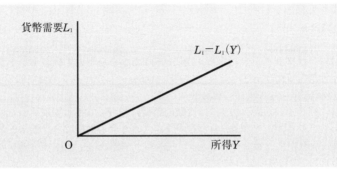

第3章 貨幣市場と*IS*-*LM*分析

次に，投機的需要に基づく貨幣需要L_2は利子率rの減少関数であることを図で表す。

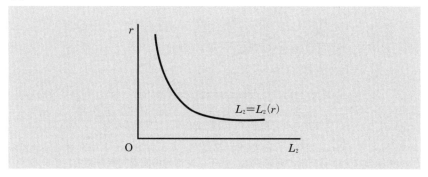

最後に，貨幣市場均衡条件$\frac{M}{P}=L_1+L_2$を$L_2=\frac{M}{P}-L_1$と変形して，図で表す。

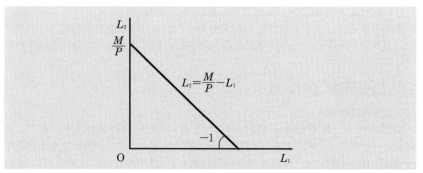

これらを1つの図にまとめる。第4象限に取引動機および予備的動機に基づく貨幣需要のグラフを上下対称にして，第2象限に投機的動機に基づく貨幣需要のグラフを左右対称にして当てはめ，第3象限にそれらをつなぐ貨幣市場均衡条件のグラフを描き入れたうえ，これらの各点をつないで，第1象限に右上がりのLM曲線を図形的に導出する。

　たとえば，利子率rが低いときには投機的動機に基づく貨幣需要L_2は大きいが，実質マネーサプライが一定なら，国民所得Yが小さく取引動機および予備的動機に基づく貨幣需要L_1は小さくなければ均衡しない。したがって，低い利子率rと小さな国民所得Yは1つの均衡の組合せである。

　逆に，利子率rが高いときには投機的動機に基づく貨幣需要L_2は小さいが，実質マネーサプライが一定なら，国民所得Yが大きく取引動機および予備的動機に基づく貨幣需要L_1が大きくなければ均衡しない。したがって，高い利子率rと大きな国民所得Yは別の均衡の組合せである。

　LM曲線は，貨幣市場を均衡させる利子率rと国民所得Yの組合せと定義されるから，2つの均衡をつなぐとLM曲線が導かれる。

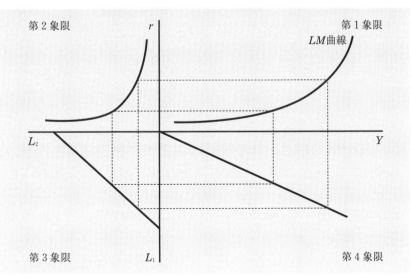

第2象限　　　　　　　　　*r*　　　　　　　　　　第1象限

*LM*曲線

第3象限　　　　　　　　　*L₁*　　　　　　　　　　第4象限

L₂　　　　　　　　　　　　　　　　　　　　　　*Y*

(3) *LM*曲線の性質

①通常の*LM*曲線は右上がりである。

②貨幣需要の利子弾力性が大きいほど，*LM*曲線の傾きは緩やかになる。

　利子率rが低下すれば投機的動機に基づく貨幣需要L_2は増加するが，この貨幣需要が弾力的に増加するほど，実質マネーサプライが一定の均衡では，取引動機に基づく貨幣需要L_1が大きく減少せざるをえないために国民所得Yも大きく減少することになる。ここから，貨幣需要の利子弾力性が大きい場合，利子率rの低下に対して国民所得Yが大きく減少するため，*LM*曲線の傾きが緩やかになるのである。

　逆に，**貨幣需要の利子弾力性がゼロの場合，*LM*曲線は縦軸にとられた利子率rの影響を受けないから，垂直となる。**たとえば，**古典派の貨幣数量説には利子率が含まれていないため，貨幣需要の利子弾力性がゼロになる**ケースに当たる。

〈重要な特殊ケース〉

　貨幣需要の利子弾力性が無限大の場合，*LM*曲線の傾きは水平にまで緩やかとなる。これは貨幣需要関数の流動性のわなに対応しており，**LM*曲線の水平部分も流動性のわな**と呼ばれる。

③*LM*曲線はマネーサプライの増加で下方に，減少によって上方にシフトする。

　中央銀行がマネーサプライを増加させると，国民所得が一定であるとしても貨幣市場は緩和するので，利子率は低下する（テーマ9重要ポイント4参照）。これを*LM*曲線の下方シフトで表す（過去の出題例では，右シフトや右下方シフトともされる）。

　ただし，流動性のわなは利子率の下限であるから，図のように，その水準以下には*LM*曲線は下方シフトしない。

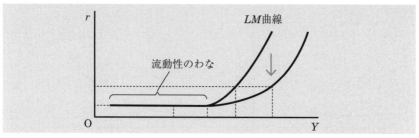

④**LM曲線の左上で貨幣市場の超過供給が，右下で貨幣市場の超過需要となる。**

　LM曲線上では実質マネーサプライ$\frac{M}{P}$と貨幣需要Lは等しい。LM曲線の上側では利子率が高いために投機的動機に基づく貨幣需要L_2が減少しており，LM曲線の左側では国民所得Yが小さいために取引動機および予備的動機に基づく貨幣需要L_1が減少している。いずれにせよ，LM曲線の左上側では貨幣需要Lが実質マネーサプライ$\frac{M}{P}$を下回るため，$\frac{M}{P}>L$，つまり貨幣市場での超過供給が生じる。逆に考えれば，LM曲線の右下では貨幣市場での超過需要が発生している。

⑤**LM曲線上では，貨幣市場だけでなく債券市場も均衡している。**

　金融資産市場を，貨幣市場と債券市場に二分すれば，ワルラス法則（**テーマ8重要ポイント1参照**）より，**貨幣市場が均衡すれば債券市場も均衡する**ことになる。よって，貨幣市場が均衡しているLM曲線上では債券市場も均衡することになる。

　なお，LM曲線の右下で貨幣市場が超過需要である場合，債券市場は超過供給である。経済主体が資産をなるべく貨幣で保有しようとする（貨幣の超過需要）のは，債券の保有を減少させようとしている（債券の超過供給）はずだからである。逆に，LM曲線の左上で貨幣市場が超過供給であるとき，債券市場は超過需要である。

重要ポイント 4 **政策効果の分析**

（1）財政政策の効果

　拡張的財政政策は，*IS*曲線を右シフトさせる（図中，*IS*から*IS'*）。この結果，図のように**均衡国民所得は増加**（$Y_0 \rightarrow Y_1$）し，**均衡利子率は上昇**（$r_0 \rightarrow r_1$）する。

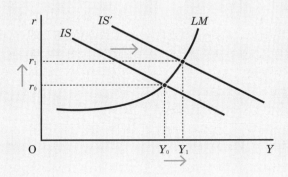

（2）金融政策の効果

　緩和的金融政策はマネーサプライを増加させるので，図のように*LM*曲線を下方シフトさせる（図中の*LM*→*LM'*）。この結果，**均衡国民所得は増加**（$Y_0 \rightarrow Y_1$）し，**均衡利子率は低下**（$r_0 \rightarrow r_1$）する。ここから，拡張的財政政策と緩和的金融政策は貨幣市場の利子率に対して逆の影響を与えることになる。

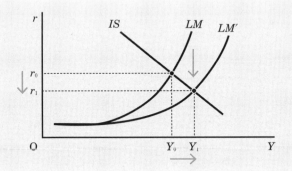

【地方上級・平成７年度】

No.1 *IS曲線とLM曲線に関する次の記述のうち，妥当なものはどれか。*

1 IS曲線は，投資と貯蓄が等しくなるような利子率と実質国民所得の組合せを表す曲線であり，IS曲線上の点では財市場と貨幣市場がともに均衡している。

2 IS曲線は，投資と貯蓄が等しくなるような利子率と実質国民所得の組合せを表す曲線であり，IS曲線上の点では財市場と債券市場がともに均衡している。

3 LM曲線は，貨幣に対する需要と供給が一致する利子率と実質国民所得の組合せを表す曲線であり，LM曲線上の点では貨幣市場と債券市場がともに均衡している。

4 IS曲線とLM曲線の交点では，財市場と貨幣市場をともに均衡させるような物価水準と名目国民所得との組合せが決定される。

5 IS曲線とLM曲線の交点では，財市場，貨幣市場，債券市場，労働市場すべてを均衡させるような物価水準と名目国民所得との組合せが決定される。

No.2 *IS-LM曲線が次の図のように示される場合，①〜⑥のうち，A，B，C の状態に関する説明として妥当なもののみをすべて挙げているのはどれか。*

【国家一般職・平成18年度】

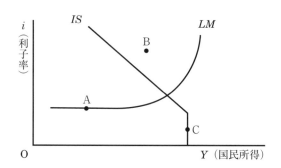

① Aの状態では，貨幣需要は利子率に対して無限に弾力的である。

② Aの状態では，貨幣需要は利子率に対して完全に非弾力的である。

③ Bの状態では，財市場，貨幣市場ともに需要超過状態にある。

④ Bの状態では，財市場，貨幣市場ともに供給超過状態にある。

⑤ Cの状態では，投資は利子率に対して無限に弾力的である。

⑥ Cの状態では，投資は利子率に対して完全に非弾力的である。

1 ①，③，⑤

2 ①，③，⑥

3 ①，④，⑥

4 ②，③，⑤

5 ②，④，⑤

No.3 マクロ経済が，

$$Y=C+I+G$$

$$C=C_0+0.8(Y-T)$$

$$I=I_0-1000r$$

$$0.1Y-500r=\frac{M}{P}$$

$\begin{bmatrix} Y：国民所得，C：消費，I：投資， \\ G：政府支出（一定），T：税収， \\ r：利子率，M：名目貨幣供給量（一定）， \\ P：物価水準（一定），C_0，I_0：定数 \end{bmatrix}$

であるとする。政府が5兆円の減税を行うと，国民所得はいくら増加するか。

【地方上級（全国型）・平成6年度】

1 5兆円

2 10兆円

3 15兆円

4 20兆円

5 25兆円

No.4 政府部門や海外部門を除いたマクロ経済モデルが以下のように示される。

$$I=160-20r$$

$$S=-60+0.8Y$$

$$L=340+0.8Y-40r$$

$$M=140$$

$\begin{bmatrix} I：投資，r：利子率，S：貯蓄， \\ Y：国民所得，L：貨幣需要， \\ M：貨幣供給 \end{bmatrix}$

今，Mが140から120だけ増加した。この場合における，均衡点でのYの増加量はいくらか。

【国税専門官／財務専門官・令和元年度】

1 50

2 100

3 150

4 200

5 250

実戦問題 **1** の解説

No.1 の解説 *IS曲線とLM曲線*　　　　　　　　　　　→問題はP.196　**正答3**

　　IS-LM分析の基本ツールである*IS*曲線と*LM*曲線の意味および*IS-LM*分析の分析対象も問われており，基礎の確認である。

1 ✕ **IS曲線上の点で均衡するのは，財市場のみである。**
　　*IS*曲線上では貨幣市場は均衡していない。なお，投資*I*と貯蓄*S*が等しいということと，財市場が均衡しているということ$Y=C+I$は同値である。後者を移項して$Y-C=I$とすれば$S=I$になる。

2 ✕ **IS曲線上の点では，貨幣市場も債券市場も均衡していない。**
　　債券市場は貨幣市場と表裏の関係にあり，債券市場の均衡も，*LM*曲線上では，貨幣市場の均衡と同時に達成される。ゆえに，債券市場も*IS*曲線上で均衡するとは限らない。

3 ◎ **LM曲線上の点では貨幣市場が均衡しているが，債券市場も均衡している。**
　　妥当である。金融資産市場を安全資産である貨幣の市場と危険資産の市場である債券市場に二分すれば，ワルラス法則より，貨幣市場が均衡しているならば，債券市場も均衡していることになる。

4 ✕ **IS-LM分析では，利子率と国民所得が決定される。**
　　物価水準は一定で，分析対象ではない。

5 ✕ **IS-LM分析では，財市場と貨幣市場の同時均衡を分析する。**
　　労働市場は分析対象ではないので，均衡しているかどうかはわからない。また，*IS-LM*分析では物価水準も分析対象ではない。

No.2 の解説 *IS曲線とLM曲線*　　　　　　　　　　　→問題はP.196　**正答3**

　　特に，①と②および⑤と⑥は，財政・金融政策の有効性に関する出題において頻出の*IS*曲線と*LM*曲線の特殊ケースの意味を問うている。

① ◎ **LM曲線が水平の状態にある場合，貨幣需要の利子弾力性が無限大である。**
　　これは流動性のわなと呼ばれる。

② ✕ **貨幣需要が利子率に対して完全非弾力的の場合，LM曲線は垂直になる。**
　　これは典型的には古典派の貨幣数量説のケースで生じる。

③ ✕ **Bの状態では，財市場，貨幣市場ともに供給超過状態にある。**
　　*IS*曲線の右上の状態は，右側ととらえると均衡より所得が増加しているために貯蓄も増加しており，上側ととらえると均衡より利子率が高いために投資が減少している。いずれから見ても，*IS*曲線の右上では，貯蓄が投資を上回っており，これは財市場の超過供給に当たる。このことは，$S>I$を$Y-C>I$とし，移項すれば，$Y>C+I$になるから，総供給*Y*が総需要$C+I$を上回っていることがわかる。

④ ◎ **IS曲線の右上では財市場が，LM曲線の左上では貨幣市場が供給超過である。**
　　*LM*曲線の左上の状態は，左側ととらえると均衡より所得が減少しているた

198

めに取引動機に基づく貨幣需要も減少しており，上側ととらえると均衡より利子率が高いために投機的動機に基づく貨幣需要が減少している。いずれから見ても，*LM*曲線の左上では，貨幣需要が貨幣供給を下回っており，貨幣市場の超過供給に当たる。

❺✗ 投資が利子率に対して無限に弾力的な場合，*IS*曲線は水平になる。

*IS*曲線が右下がりである理由は，利子率が低下すると投資が増加し，投資需要の増加が国民所得を増加させるからである。したがって，投資が利子率に無限に弾力的であれば，利子率のわずかな低下が無限大の投資の増加を引き起こし，国民所得も無限に増加してしまうからである。これは*IS*曲線が横軸に水平になることを意味する。

❻◯ *IS*曲線が垂直の場合，投資が利子率に対して完全に非弾力的である。

投資が利子率に対して完全に非弾力的（投資の利子弾力性がゼロ）であれば，利子率が低下しても投資はまったく増加しないために，国民所得の増加もゼロである。したがって，この場合の*IS*曲線は垂直になる。

　　よって，正答は**3**である。

No.3 の解説 減税の効果　　　　　　　　　　　→問題はP.197　**正答2**

　政府支出の増加，減税，金融緩和といった政策効果の計算は*IS-LM*分析における計算問題の定番である。

　減税は，消費増加を通じて総需要を増加させるから，*IS*曲線を*IS*から*IS'*へ右シフトさせる。

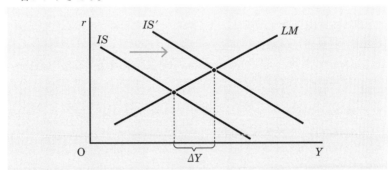

　このときの国民所得の増加は*IS*曲線と*LM*曲線の交点の移動で表されるから，交点に対応した国民所得Yが租税Tの変化にどのように影響されるかを求める。

STEP❶ *IS*曲線の計算

　　*IS*曲線は，財市場の均衡条件である$Y=C+I+G$に与式を代入すれば，

$$Y=C_0+0.8Y-0.8T+I_0-1000r+G$$
$$1000r=C_0-0.8T+I_0+G-0.2Y \quad \cdots\cdots①$$

第3章 貨幣市場と*IS-LM*分析

である。

STEP❷ *LM*曲線の計算

　　LM曲線は$0.1Y-500r=\dfrac{M}{P}$として，すでに与えられている。左辺が貨幣需

要であり，所得の増加関数かつ利子率の減少関数であるので，流動性選好説

を踏まえている。また，$500r=-\dfrac{M}{P}+0.1Y$とすれば右上がりであることも確

認できる。

STEP❸ *IS*曲線と*LM*曲線の連立

　　LM曲線の両辺を2倍して整理すると，

$$1000r=-\frac{2M}{P}+0.2Y \quad\cdots\cdots②$$

になる。①式と②式の右辺どうしを等しいとおいて，Yについて，次のよう

に整理・変形する。

$$C_0-0.8T+I_0+G-0.2Y=-\frac{2M}{P}+0.2Y$$

$$0.4Y=-0.8T+C_0+I_0+\frac{2M}{P}+G$$

$$Y=-2T+\frac{1}{0.4}\left(C_0+I_0+\frac{2M}{P}+G\right) \quad\cdots\cdots③$$

STEP❹　減税による*IS*曲線と*LM*曲線の交点の移動

　　③式は*IS*曲線と*LM*曲線の交点であるから，この式をTで微分した$\dfrac{\varDelta Y}{\varDelta T}=$

-2の分母を払った

　　$\varDelta Y=-2\times\varDelta T$

は，租税の変化$\varDelta T$のもたらす国民所得の変化$\varDelta Y$を表すものである。ここに

$\varDelta T=-5$を代入すれば，

　　$\varDelta Y=-2\times(-5)=10$

を得る。

　　よって，正答は**2**である。

No.4 の解説 金融緩和の効果　　　　　　　　　　　→問題はP.197 **正答 1**

　　貨幣供給を増加させる金融緩和の効果を求める問題であるから，*IS*曲線
と*LM*曲線の交点の国民所得を求め，国民所得Yを貨幣供給Mで微分すれば
よい。いくつか注意すべき点があるが，それらは個々に触れる。

STEP❶ *IS*曲線の計算

　　*IS*曲線は，財市場の均衡条件である$Y=C+I$の代わりに$I=S$を用いる。

　　$Y=C+I$のCを移項すれば$Y-C=I$となり，貯蓄の定義$S=Y-C$を用いる

と，後者が導かれる。この*I＝S*が*IS*曲線の名称の由来である。この形で用いることが比較的少ないので目新しく感じるかもしれないが，ぜひ覚えておこう。

*I＝S*におのおのの式を代入すると，

$$160-20r=-60+0.8Y$$

$$20r=220-0.8Y$$

と右下がりの*IS*曲線を得る。

STEP❷ *LM*曲線の計算

*LM*曲線は貨幣市場の均衡条件を用いる。本来，貨幣市場の均衡条件は$\dfrac{M}{P}$＝*L*であるが，物価を一定とする*IS-LM*分析においては名目値と実質値の区別が意味を持たないので，しばしば本問のように両者の区別がされていないケースがある。このような場合，便宜上，貨幣市場の均衡条件を*L＝M*として計算する。本問では，

$$M=340+0.8Y-40r$$

$$20r=170-0.5M+0.4Y$$

と右上がりの*LM*曲線を計算できる。ここで重要な点は，増加させる政策変数である貨幣供給*M*には値を代入しないことである。値を与えてしまうと次のステップで微分ができない。

STEP❸ *IS*曲線と*LM*曲線の連立と変化分

*IS*曲線と*LM*曲線を連立すると，均衡国民所得を，

$$1.2Y=50+0.5M \qquad \Leftrightarrow \qquad Y=\frac{125}{3}+\frac{5}{12}M$$

と得る。この式を微分すれば，

$$\Delta Y=\frac{5}{12}\Delta M$$

になるので，貨幣供給の増加分$\Delta M=120$を代入すると，国民所得の増加分を，

$$\Delta Y=\frac{5}{12}\times120=50$$

とできる。

よって，正答は**1**である。

** **
No.5 　図は，生産物市場および貨幣市場の同時均衡を表す*IS*曲線および*LM*曲
線である。これに関する次の記述のうち妥当なのはどれか。

【国税専門官・平成4年度】

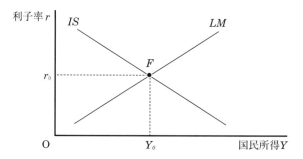

1 　財政支出の増加は，*LM*曲線を右方にシフトさせ，均衡利子率r_0を引き上げ，
均衡国民所得Y_0を増加させる要因となる。

2 　増税による財政支出の増加は，*IS*曲線を左方にシフトさせ，均衡利子率r_0を引
き下げ，均衡国民所得Y_0を減少させる要因となる。

3 　中央銀行の貨幣増発は，*LM*曲線を左方にシフトさせ，均衡利子率r_0を引き上
げ，均衡国民所得Y_0を減少させる要因となる。

4 　公債の中央銀行引き受けによる財政支出の増加は，*IS*曲線，*LM*曲線をともに
右方にシフトさせ，均衡国民所得Y_0を増加させる要因となる。

5 　債券市場の先高感の発生は，*IS*曲線を左方にシフトさせ，均衡利子率r_0を引き
下げ，均衡国民所得Y_0を減少させる要因となる。

** **
No.6 　**ある閉鎖経済における「流動性のわな」に関するア～エの記述のうち，
妥当なもののみをすべて挙げているのはどれか。** 　　【国家総合職・平成22年度】

ア：「流動性のわな」の状況においては，貨幣需要の利子弾力性がゼロとなって
いる。

イ：「流動性のわな」の状況においては，横軸に産出量，縦軸に利子率をとる
*IS-LM*分析では，*LM*曲線が水平となっている。

ウ：「流動性のわな」の状況においては，拡張的な財政政策をとっても産出量は
増加しない。

エ：「流動性のわな」の状況においては，緩和的な金融政策をとっても産出量は
増加しない。

1 イ

2 ア，エ

3 イ，ウ

4 イ，エ

5 ア，イ，エ

No.7 ＊＊ ある国のマクロ経済が，次のように示されるとする。

$Y=C+I+G$

$C=30+\dfrac{3}{5}(Y-T)$

$I=20-2r$

$\dfrac{M}{P}=180+\dfrac{Y}{2}-5r$

$\begin{bmatrix} Y：国民所得，\ C：消費，\ I：投資，\\ G：政府支出，\ T：定額税，\ r：利子率，\\ M：名目貨幣供給，\ P：物価水準 \end{bmatrix}$

ここで，$P=1$，$M=200$であるとする。均衡財政を保ちつつ，政府支出を30増加させたときの国民所得の増加分はいくらか。　【国家一般職・平成30年度】

1 10

2 20

3 30

4 40

5 50

No.8 ＊＊＊ 開放マクロ経済が，

$Y=C+I+G+B$

$C=C_0+0.8Y$

$I=I_0-200r$

$B=B_0-0.2Y$

$1.2Y-500r=M$

$\begin{bmatrix} Y：産出量，\ C：消費，\ I：投資\\ G：政府購入（一定），\ B：純輸出\\ r：利子率，\ M：貨幣供給量\\ C_0，I_0，B_0は定数 \end{bmatrix}$

で示されるとする。

均衡において純輸出が$B=5$の黒字であるとき，この黒字を解消するには，貨幣供給量Mをいくら増加させればよいか。　【地方上級（全国型）・平成11年度】

1 35

2 40

3 45

4 50

5 55

第3章　貨幣市場と*IS-LM*分析

No.5 の解説　*IS曲線とLM曲線*　　　　→問題はP.202　**正答4**

　　*IS-LM*分析は出題頻度が高いので，難解な内容も選択肢に導入されることが多い。機械的に暗記するのでなく，グラフがシフトする仕組みを理解してほしい。

1 ×　**財政支出の増加は，*IS*曲線を右シフトさせる。**
　　したがって，均衡利子率は上昇し，均衡国民所得は増加する。なお，*LM*曲線の右方シフトでは，問題の図から均衡利子率r_0の引上げには至らない。

2 ×　**増税を原資とする財政支出の増加は，*IS*曲線を右方にシフトさせる。**
　　増税は*IS*曲線を増税額の租税乗数倍だけ左方にシフトさせ，財政支出の増加は*IS*曲線を政府支出乗数倍だけ右方にシフトさせる。政府支出乗数は租税乗数よりも大きいので，*IS*曲線は右にシフトすることになる。したがって，均衡国民所得は増加し，均衡利子率は上昇する。

3 ×　**中央銀行の貨幣増発は貨幣供給量を増加させ，*LM*曲線を右シフトさせる。**
　　結果として，均衡利子率は下がり，均衡国民所得は増加する。なお，中央銀行の貨幣増発とは，ハイパワード・マネーの増加であり，市場における信用創造を通じて貨幣乗数倍のマネーサプライを増加させる。

4 ◎　**公債の中銀引受けによる財政支出の増加は，*LM*曲線も右方にシフトさせる。**
　　妥当である。公債の中央銀行引受けは，中央銀行に伴う貨幣の増発になるので，財政支出の増加によって*IS*曲線が右にシフトするとともに，貨幣の増発によるマネーサプライの増加から*LM*曲線も右シフトさせることになる。

5 ×　**貨幣需要の減少によって，*LM*曲線は右にシフトする。**
　　債券市場の先高観は，債券価格の上昇を期待形成することであるから，実際に上昇する前に債券を購入しようという動きが強まる。これは，利子率の低下を予想しているということでもあり（債券価格と利子率は反比例する。**テーマ8重要ポイント9**参照），投機的動機に基づく貨幣需要が減少することになる。貨幣需要が減少するので相対的にマネーサプライに余剰が生じ，金融緩和同様に*LM*曲線は右にシフトする。この結果，均衡利子率は低下し，均衡国民所得は増加する。

No.6 の解説　流動性のわな　　　　→問題はP.202　**正答4**

　　流動性のわなに関する出題は，貨幣需要理論としての出題のほか，*IS-LM*分析としての出題もある。本問は後者の典型的な例である。

ア ×　**「流動性のわな」では，貨幣需要の利子弾力性が無限大である。**
　　そのために，利子率がわずかでも低下すれば投機的動機に基づく貨幣需要が無限に増加してしまうので，*LM*曲線は水平となる。また，利子率は下限に達していることになる。

イ ◎　**「流動性のわな」の状況においては，*LM*曲線は水平となる。**

重要ポイント３(3)参照のこと。

ウ ✕ 「流動性のわな」の状況では，拡張的な財政政策は産出量を増加させる。

「流動性のわな」の状況では利子率が下限に達している。したがって，通常の財政政策で生じる利子率の上昇は生じない。このため，利子率が上昇すれば生じる投資の減少（クラウディング・アウト）を発生させないので，財政政策は産出の増加を通常のケースよりも効果的に達成する。

エ ◯ 「流動性のわな」の状況では，緩和的な金融政策は産出量を増加させない。

通常，*IS-LM*分析における金融緩和政策は，利子率の低下を通じた投資の増加によって産出量の増加を実現する。しかし，「流動性のわな」の状況では利子率が下限に達しているため，このメカニズムが生じることはないため，国民所得を増加させることはできない。

よって，正答は**4**である。

No.7 の解説 政府支出増加の効果 　　　　　　　　　→問題はP.203 **正答2**

マクロ経済学の計算問題でしばしばおかれる均衡財政条件$G=T$の用い方をマスターしよう。

STEP❶ *IS*曲線の計算

*IS*曲線を，均衡財政$G=T$に注意しつつ，財市場の均衡条件$Y=C+I+G$の右辺に与えられた式および値を代入していくと，

$$Y=30+\frac{3}{5}(Y-T)+20-2r+G=50+\frac{3}{5}Y+\frac{2}{5}G-2r$$

$$2r=50+\frac{2}{5}G-\frac{2}{5}Y$$

になる。

STEP❷ *LM*曲線の計算

問題文ですでに与えられた*LM*曲線に，$P=1$，$M=200$を代入して整理すると，

$$\frac{200}{1}=180+\frac{Y}{2}-5r$$

$$5r=-20+\frac{1}{2}Y$$

になる。両者を連立して利子率rを消去することで国民所得Yを求めると，

$$125+G-Y=-20+\frac{1}{2}Y$$

$$Y=\frac{290}{3}+\frac{2}{3}G$$

を得る。よって，これを微分した$\Delta Y=\frac{2}{3}\Delta G$に，政府支出の増加分$\Delta G=30$

を与えることで，国民所得の増加分を，

$$\Delta Y = 20$$

とできる。これは図のように，政府支出の増加によってIS曲線が右シフトした際の，IS曲線とLM曲線の交点で定まる国民所得の増加分を求めているのである。

よって，正答は**2**である。

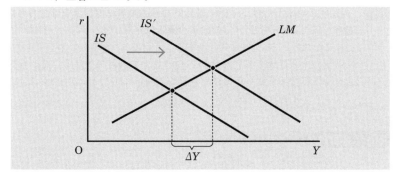

No.8 の解説　貿易支出と金融緩和　　　　　　　　　　→問題はP.203　**正答5**

貿易収支の変化に関する出題は，45度線分析とIS-LM分析のいずれでも比較的よく出題される。目標から逆算するパターンを身につけてほしい。

STEP❶　目標の設定

$B = B_0 - 0.2Y$を微分すれば，国民所得Yの変化に対する純輸出B（＝輸出－輸入のことで，貿易収支を表している）の変化は，$\Delta B = -0.2\Delta Y$と求められる。現在の貿易黒字が5であるときに，これを解消するには，$\Delta B = -5$とすればよいので，上式を用いて$-5 = -0.2\Delta Y$より，$\Delta Y = 25$が必要となる。

したがって，IS曲線とLM曲線の連立から，国民所得Yを25増加させるような貨幣供給量の増加を求める。

STEP❷　IS曲線の計算

IS曲線は，財市場の均衡条件である$Y = C + I + G + B$の右辺に問題文で与えられた式を代入すると，

$$Y = C_0 + 0.8Y + I_0 - 200r + G + B_0 - 0.2Y$$
$$200r = C_0 + I_0 + G + B_0 - 0.4Y　……①$$

となる。

STEP❸　LM曲線の計算

LM曲線は，問題文の，

$$1.2Y - 500r = M$$

で与えられている（貨幣供給量Mを含むことから判別できる）ので，整理す

ると,

$$500r = -M + 1.2Y \quad \cdots\cdots ②$$

となる。

STEP④ *IS*曲線と*LM*曲線の連立

　*IS*曲線と*LM*曲線を連立して*r*を消去するため,2.5倍した①式と②式の右辺どうしを等しいとおくと,

$$2.5(C_0 + I_0 + G + B_0) - Y = -M + 1.2Y$$

$$Y = \frac{5}{11}M + \frac{25}{22}(C_0 + I_0 + G + B_0) \quad \cdots\cdots ③$$

になる。③式を*M*で微分して,変化分で表すと,

$$\Delta Y = \frac{5}{11}\Delta M$$

になる。ここから,$\Delta Y = 25$を達成するために必要な貨幣供給量*M*の変化は,

$$\Delta M = \frac{11}{5} \times 25 = 55$$

である。つまり,貨幣供給の増加は55必要である。

　よって,正答は**5**である。

必修問題

　次のA～D図は，縦軸に利子率を，横軸に国民所得をとり，*IS*曲線と*LM*曲線を描いたものであるが，それぞれの図の説明として，妥当なのはどれか。ただし，A図は*IS*曲線が横軸に対して垂直である状態，C図は*LM*曲線が横軸に対して水平である状態，D図は*LM*曲線が横軸に対して垂直である状態をそれぞれ表している。　　　【地方上級（特別区）・平成24年度】

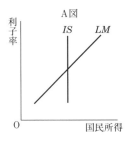

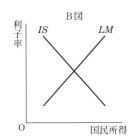

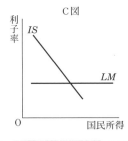

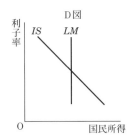

1　A図は，**投資の利子弾力性**が無限大の場合であり，政府支出を増加させても国民所得は変化しない。

2　B図では，**金融緩和**により貨幣供給量を増加させると*IS*曲線が右にシフトし，国民所得が増加する。

3　C図は，**流動性のわなに陥っている**場合であり，政府支出を増加させても国民所得は変化しない。

4　C図では，政府支出を増加させると，利子率が上昇することにより民間投資が減少する**クラウディング・アウト**効果が生じる。

5　D図は，**貨幣需要の利子弾力性がゼロ**の場合であり，政府支出を増加させても国民所得は変化しない。

難易度　＊＊

必修問題の 解説

　特殊な形状の*IS*曲線と*LM*曲線の場合の政策効果を問う出題である。論点は，特殊な形状になる理由（弾力性）と政策効果の有無の2つなので，分けて理解しておこう。

1✗ *IS*曲線が垂直になるのは，投資の利子弾力性がゼロの場合である。
　　　この場合，政府支出を増加させる拡張的財政政策は，*IS*曲線を右シフトさせるので，国民所得を増加させる有効な政策である。

2✗ 貨幣供給量を増加させる金融緩和政策は，*LM*曲線を右シフトさせる。
　　　この場合，国民所得が増加するので，金融緩和は有効な政策である。

3✗ *LM*曲線が水平の場合を「流動性のわな」という。
　　　この場合，利子率が下限に達しており，投機的動機に基づく貨幣需要が無限大となっている。つまり，貨幣需要の利子弾力性は無限大である。この場合，*LM*曲線を右シフトさせる金融緩和政策は，利子率を引き下げて投資を刺激することができないので，無効となる。これが「流動性のわな」である。また，「流動性のわな」における財政政策は，クラウディング・アウト（**重要ポイント1**参照）を引き起こさないので，有効な政策である。

4✗ *LM*曲線が水平の場合，クラウディング・アウト効果は生じない。
　　　なぜなら，*LM*曲線が水平であれば，政府支出を増加させる拡張的財政政策によって*IS*曲線を右シフトさせても，利子率が上昇することはないからである。したがって，この場合の拡張的財政政策は有効性の高い政策となる。

5◎ *LM*曲線が垂直になるのは，貨幣需要の利子弾力性がゼロの場合である。
　　　妥当である。この場合，政府支出を増加させる拡張的財政政策によって*IS*曲線を右シフトさせても，国民所得は変化しないので，財政政策は無効である。

正答 5

第3章 貨幣市場と*IS-LM*分析

FOCUS

　*IS LM*分析に関する出題では，*IS*曲線と*LM*曲線の形状が特殊なケースに関する出題例がかなり多いが，

　　　投資*I*の弾力性が…　→　*IS*曲線の傾きについて
　　　貨幣需要*L*の弾力性が…　→　*LM*曲線の傾きについて

といったように，1文字目の表す記号と弾力性が関連づけられる。また，

　　　利子弾力性が無限大　→　○○曲線が水平
　　　利子弾力性がゼロ　→　○○曲線が垂直

と，弾力性の値と曲線の形状も1対1で対応する。ミクロ経済学の弾力性もおおむねこの規則性に従っているので活用しよう。

重要ポイント **1** クラウディング・アウト

　財政政策は, *IS*曲線を増加した政府支出ΔGの乗数倍だけ右シフトさせる。しかし, 図のように, *IS*曲線のシフト幅だけ国民所得が増加するわけではない。$Y_2 - Y_0$だけ*IS*曲線がシフトしても, 実際の国民所得の増加は$Y_1 - Y_0$である。これは財政政策に必要な原資(租税または国債)を調達することで貨幣市場が逼迫し, その結果, 利子率が上昇($r_0 \rightarrow r_1$)して投資が減少し, 国民所得が$Y_2 - Y_1$だけ減少するからである。

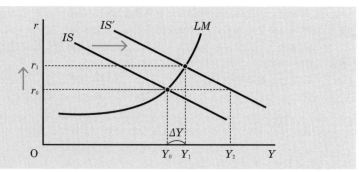

　これを財市場の均衡条件$Y=C+I+G$でいえば, 政府支出Gの増加が総需要を刺激する一方で, 投資Iが減少することで総需要が抑制されるため, 国民所得の増加が抑制されるということである。このような**政府支出の増加による民間投資の減少, そして国民所得の減少をクラウディング・アウト**という。

重要ポイント **2** 財政政策の原資の違いが政策効果に与える影響

(1) 租税を原資とする場合

　財政政策の原資は, 財政法上, **原則として租税**で賄われなければならない。政府支出の増加分に等しい増税を行う($\Delta G = \Delta T$)場合, 増税が可処分所得を減少させ, 消費も減少させるので, *IS*曲線は左にシフトバックする。この場合, 政府支出乗数倍だけ右シフトした*IS*曲線は, 租税乗数倍だけ左にシフトバックするが, 前者のほうが乗数が大きいため, *IS*曲線は当初の位置よりは右にシフトすることになる。

(2) 公債を原資とする場合

〈公債の発行原則〉

　公債を発行して原資とする場合, 次の2つの原則に基づくべきであるとされる。

①建設国債原則

　世代間の公平の観点からは, 複数世代が利用可能な社会的基盤の整備・建設などには, 後続世代にも負担を求めることが適切となる。そのため, 費用の一部を国債発行で調達し, 後続世代への増税によってそれを償還することは, 租税負担の世代間での分散に当たり, 望ましい。このための国債が建設国債であり, わが国におい

ては，財政法4条に根拠が見いだせるため，4条公債ともいう。

ただし，実際には，経常的な財源不足を補うための赤字国債も発行されるが，財政法に根拠が見いだせないため，原則として，その都度，特例法を制定して発行する。そのため，赤字国債は特例公債と呼ばれる。

②市中消化原則

新規発行の公債は民間の経済主体によって引き受けられなければならず（市中引受け），中央銀行に引き受けさせてはいけない（**中銀引受けの禁止**）。

〈公債発行の理論的影響〉

拡張的財政政策によって*IS*曲線は右シフトする（*IS*→*IS* ′）。その原資が**市中消化の公債の場合**，引き受けた民間の経済主体にとって，将来の償還時における増税を考慮しなければ，貯蓄の一部が貨幣から公債に置き換わっただけであり，貯蓄が減少するわけではないので消費に変化はない。したがって，公債発行による*IS*曲線の変化もない。また，民間から政府に渡った貨幣は政府の政策を通じて民間に還流し，経済全体のマネーサプライは不変であるから，*LM*曲線も不変である。したがって，利子率がr_0からr_1へと上昇し，クラウディング・アウトが生じる。このとき，国民所得はY_0からY_1へと変化する。

一方，**中銀引受け（わが国でいえば日銀引受け）で消化する場合**，中央銀行が公債分のハイパワード・マネーを供給することになる。政府が調達した貨幣は，政策実施に伴い市中で流通するが，この過程で貨幣乗数倍のマネーサプライを生み出す。結果として金融緩和と同等の効果を持つので，公債の中銀引受けは*LM*曲線を下方シフトさせる（*LM*→*LM* ′）。したがって，中銀引受けによる公債の場合，*LM*曲線の下方シフトによって利子率が低下するために利子率はr_0にとどまり，クラウディング・アウトは起こらない。このとき，国民所得はY_0からY_2へと変化する。

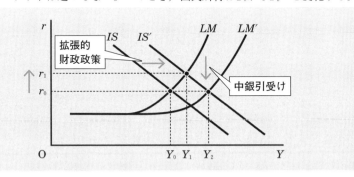

重要ポイント **3** 　公債発行と資産効果

　拡張的財政政策の原資が公債であるとする。**フリードマン**は，財政政策の効果について，短期的な総需要刺激効果に加え，長期では資産効果も想定する。これは，通常，財政政策による総需要の刺激は1回限りの短期的なものであるのに対し，発行された公債は償還までの長期にわたり市場にとどまる（わが国では，国債の多くは償還まで10年を要する）ことの影響である。

　資産効果は，財市場と貨幣市場の双方に表れる。財市場においては，公債という資産の増加が消費を増大させるため，この需要の増加が*IS*曲線を右シフトさせる効果（ラーナー効果）として表れる一方，金融資産市場においては公債発行額の増加が，資産構成をより危険資産に偏らせることになるので，当初の望ましい構成比率を保つために安全資産である貨幣への需要が増加し，*LM*曲線を上方シフトさせる（ポートフォリオ効果）効果として表れる。

　図では，当初の*IS*曲線と*LM*曲線の交点を*E*から，(a)短期の総需要刺激効果によって*IS*曲線が*IS′*に右シフトし，さらに長期では(b)のラーナー効果によって*IS″*に右シフトするが，(c)の効果によって*LM*曲線が*LM′*に左シフトする。短期においては，これらの効果がすべて表れるため，国民所得は*E′*に対応する水準に増加する。しかし，資産効果は長期にわたって存続するため，短期の効果が消える長期では，利子率の上昇が必ず生じるのに対して，国民所得への効果は，2つの資産効果が打ち消し合うため明白なものではなくなる（*E″*点）。

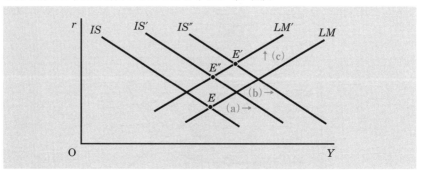

重要ポイント **4** 　**特殊ケースにおける政策の有効性**

（1）流動性のわな：*LM*曲線が水平（貨幣需要の利子弾力性が無限大）

　財政拡大政策によって*IS*曲線を右シフトさせても（左図），利子率*r*が上昇しないためクラウディング・アウトは発生しない。つまり，**財政政策は有効性が大きい**。

　*IS*曲線の右シフト幅だけ国民所得が増加しているので，利子率は一定であり，投資も一定のままであるから，貨幣市場を考えない45度線分析での政府支出乗数倍の国民所得の増加が起きる。

　金融緩和政策によって*LM*曲線を下方シフトさせた場合（右図），増加したマネ

ーサプライがすべて投機的動機に基づく貨幣需要に向かう。つまり，貨幣が危険資産の代わりに保有されてしまい，財の取引には用いられないということであるから，国民所得は増加しない。つまり，**金融政策は無効になる。**

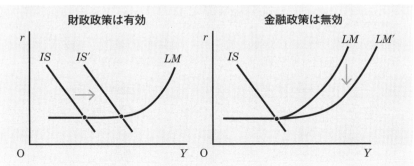

（2）投資の利子弾力性がゼロ：IS曲線が垂直

　このケースは，加速度原理のように投資が利子率に依存しない場合に起こる。

　財政拡大政策によって*IS*曲線を右シフトさせた場合（左図），シフト幅だけの国民所得が増加する。つまり，**財政政策は有効性が大きい。** 財政政策が利子率を上昇させても投資が完全に非弾力なため，投資の減少であるクラウディング・アウトも起きないからである。

　金融緩和政策によって*LM*曲線を下方シフトさせた場合（右図），マネーサプライが増加して利子率が低下しても，投資需要が増加しないために国民所得も増加しない。つまり，**金融政策は無効である。**

　なお，このケースは結果として，（1）の流動性のわなと同様の政策効果となる。

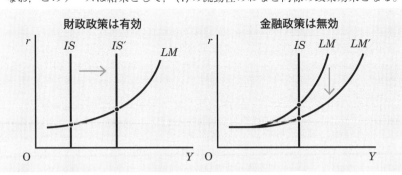

(3) 貨幣需要の利子弾力性がゼロ：*LM*曲線が垂直

　財政拡大政策によって*IS*曲線を右シフトさせた場合（左図），利子率が上昇するのみで，国民所得はまったく増加しないため，**財政政策は無効となる**。これは利子率の上昇が増加した政府支出と同額の投資を減少させるからであり，**完全クラウディング・アウト**という。

　金融緩和政策によって*LM*曲線を右シフトさせた場合（右図），利子率が低下し，投資が増加して国民所得も増加する。つまり，**金融政策は有効である**。

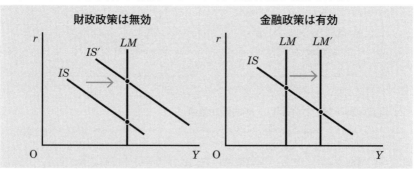

補足：貨幣需要の利子弾力性がゼロである状況について，古典派の貨幣数量説に従って，通常の*IS-LM*分析が前提とする物価水準が一定との制約を外せば，金融政策は有効とはいえなくなる。

　財市場と貨幣市場の二分法が妥当するなら，国民所得は財市場で決まるため，貨幣市場においては定数である。また，市場メカニズムによって労働市場も常に完全雇用になる（**テーマ14**参照）ため，国民所得は完全雇用国民所得水準になる。貨幣数量説においては利子率の影響を考えないので，貨幣需要の利子弾力性はゼロである。以上より，*LM*曲線は完全雇用水準Y^fで垂直になる。

　貨幣数量説$M=kPY$において，金融緩和政策によってマネーサプライMが増加しても，マーシャルのkが一定，かつ$Y=Y^f$で一定の下では，物価Pが上昇するのみであるからである。このとき，物価PはマネーサプライMと同率で上昇しなければ$M=kPY$は保たれないが，そうであれば実質マネーサプライ$\dfrac{M}{P}$は一定のままにとどまる。この場合，金融緩和政策では*LM*曲線は右シフトしない。したがって，金融緩和政策では国民所得は増加せず，金融緩和政策は無効となる。言い換えれば，貨幣の中立性が成立する。*LM*曲線が$Y=Y^f$の水準で垂直のときにはこれが妥当する。

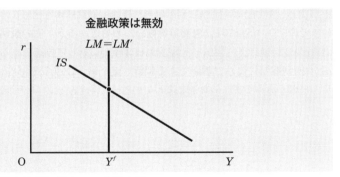

（4）投資の利子弾力性が無限大：*IS*曲線水平

　この場合，*IS*曲線を右シフトさせる財政拡大政策では国民所得は増加しない（左図）が，*LM*曲線を下方シフトさせる金融緩和政策では国民所得は増加する（右図）。つまり，財政政策は無効であり，金融政策は有効である。

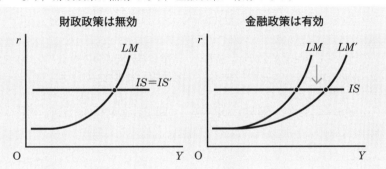

重要ポイント 5　マネタリストの金融政策

　フリードマンは，金融政策について，裁量的な政策ではなく**ルールに基づく政策**を提案した。その具体的な提案に，***k*％ルール**（*X*％ルールともいう）がある。これは，**実質経済成長率に等しい一定の割合でマネーサプライを増加させる**ことで，インフレを発生させずに経済を成長させるというものである。

　新貨幣数量説または貨幣数量説を，ケンブリッジの残高方程式$M=kPY$で表すとすると，インフレを起こさず物価水準を一定に保つには，常に実質国民所得Yのkの比率でマネーサプライを維持する必要があり，実質国民所得が増加した場合にはマネーサプライもkの比率で増加させればインフレ率はゼロに保たれるのである。

第3章　貨幣市場と*IS-LM*分析

*
No.1 次の図は，縦軸に利子率を，横軸に国民所得をとり，IS_1曲線からIS_5曲線までの5つのIS曲線とLM曲線を描いたものであるが，図の説明として，妥当なのはどれか。ただし，点E_1ではLM曲線が横軸に対して垂直である状態，点E_2ではIS_2曲線が横軸に対して垂直である状態，点E_4および点E_5ではLM曲線が横軸に対して水平である状態をそれぞれ表している。　【地方上級（特別区）・平成30年度】

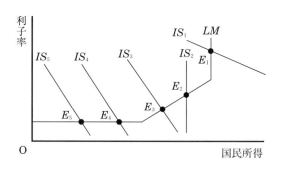

1 IS_1曲線とLM曲線が交わる点E_1では，貨幣需要の利子弾力性がゼロの状況であり，国民所得を増加させるためには，拡張的財政政策は有効であるが，金融緩和政策は無効である。

2 IS_2曲線とLM曲線が交わる点E_2では，投資の利子弾力性が無限大の状況であり，拡張的財政政策によって政府支出を増加させても民間投資を減少させてしまうクラウディング・アウト効果は生じない。

3 IS_3曲線とLM曲線が交わる点E_3では，拡張的財政政策によって政府支出を増加させると，IS_3曲線が移動するのではなく，LM曲線が右にシフトし，国民所得が増加する。

4 IS_4曲線とLM曲線が交わる点E_4では流動性のわなに陥っている状況であり，国民所得を増加させるためには，拡張的財政政策は有効であるが，金融緩和政策は無効である。

5 IS_5曲線とLM曲線が交わる点E_5からIS_4曲線とLM曲線が交わる点E_4まで国民所得を増加させるために拡張的財政政策によって政府支出を増加させると，民間投資を減少させてしまうクラウディング・アウト効果が生じる。

💎 **No.2** 　財市場と貨幣市場に関する次の記述のうち，妥当なのはどれか。

【国家一般職・平成25年度】

1　消費支出が所得から税を控除した可処分所得に依存しているとすると，政府支出を増加させるとともにそれに等しい額の増税をした場合，貨幣市場を考慮しなければ，政府支出の増加の効果と増税の効果は相殺され，GDPは変化しない。

2　今まで民間部門で投資されていた額と等しい額を政府が完全に代替して投資する場合，貨幣市場を考慮しなければ，政府支出の増加分だけ乗数効果が働き，GDPは必ず増加する。

3　*IS-LM*分析において，貨幣の投機的需要がまったくない場合，政府支出を増やしても利子率が上昇して民間投資が減少し，完全なクラウディング・アウトが発生する。

4　*IS-LM*分析において，IS曲線の傾きが水平のケースでは，民間投資の利子弾力性がゼロとなっており，貨幣供給の増加によって利子率が下落するが，それによって刺激される民間投資の増加はわずかである。

5　*IS-LM*分析において，LM曲線の傾きが水平のケースでは，十分に低い利子率の下で債券価格も十分に低く，すべての家計が将来の債券価格の上昇を予想するために，貨幣供給を増やした場合，GDP が増加し金融政策は有効である。

💎 **No.3** 　財市場および貨幣市場が以下の*IS-LM*モデルで表される経済について考える。

$$Y=C+I+G$$
$$C=50+0.75Y$$
$$I=150-2500r$$
$$\frac{M}{P}=100+0.25Y-2500r$$

$\left[\begin{array}{l}Y：所得，\ C：消費，\ I：投資，\\ G：政府支出，\ r：利子率，\\ M：名目貨幣残高，\ P：物価水準\end{array}\right.$

また，$G=100$，$\frac{M}{P}=300$とする。今，財政政策に伴って政府支出Gが20だけ増えた。この場合のクラウディング・アウトによるYの減少分はいくらか。

【国家総合職・令和2年度】

1　20
2　40
3　60
4　80
5　100

IS-LM分析に関するA～Dの記述のうち，妥当なもののみをすべて挙げているのはどれか。ただし，グラフを描いた場合，縦軸に利子率をとり，横軸に国民所得をとるものとする。 【国家一般職・平成29年度】

- A：財政政策により政府支出が増加するとき，貨幣需要の利子弾力性が小さい場合は，貨幣需要の利子弾力性が大きい場合に比べ，財政政策による国民所得の増加幅が大きくなる。これは，貨幣需要の利子弾力性が大きい場合，同じ政府支出の増加に対して利子率が大きく上昇し，民間投資を大きく減らすためである。

- B：流動性のわなが生じ，*LM*曲線が横軸と平行な部分において*IS*曲線と交わっている場合，流動性のわなが生じていない場合と比較して，財政政策は国民所得を増加させる効果が小さくなる。

- C：財政政策による政府支出を市中消化の国債の発行により賄う場合は，貨幣供給量は変化しない。一方，当該政府支出を中央銀行引受けの国債の発行で賄う場合は，貨幣供給量の増加を引き起こし*LM*曲線の右方シフトを生じさせる。

- D：資産市場が，貨幣市場および債券市場から成り立っている場合，*IS*曲線と*LM*曲線の交点においては，財市場，貨幣市場および債券市場のいずれの市場においても需給が均衡している。

1 A，B
2 A，C
3 B，C
4 B，D
5 C，D

実戦問題 **1** の解説

→問題はP.216

No.1 の解説　財政政策と金融政策の効果　　**正答4**

　*IS*曲線と*LM*曲線の特殊ケースにおける財政・金融政策の有効性に関する基本問題である。図が付されている分，相対的に難易度は低い。

1 ✕ ***LM*曲線が垂直な*E*₁点では，拡張的な財政政策は無効となる。**
　*LM*曲線が垂直となるのは，貨幣需要の利子弾力性がゼロの場合である（この点は正しい）。しかし，拡張的財政政策によって*IS*曲線を右シフトさせても，完全クラウディング・アウトが生じて，国民所得は増加しない。なお，金融緩和政策は，物価上昇が生じない短期においては，有効性を持つ（*IS-LM*分析は原則として，物価を一定と考える短期分析である）。

2 ✕ ***IS*曲線が垂直な*E*₂点においては，投資の利子弾力性はゼロである。**
　この場合，*IS*曲線を右シフトさせる拡張的財政政策が利子率を上昇させても，投資の利子弾力性がゼロであるために，投資は減少しない。よって，クラウディング・アウトが生じない（この点は正しい）。

3 ✕ ***E*₃点でなくても，政府支出の増加が*LM*曲線を右シフトさせることはない。**
　*IS*曲線が財市場の均衡を，*LM*曲線が貨幣市場の均衡を表すものであるため，財政政策は*IS*曲線に，金融政策は*LM*曲線に影響を及ぼすためである。なお，中銀引受の国債を原資とする財政政策は*IS*曲線だけでなく*LM*曲線も右シフトさせるが，これは中央銀行が引き受けた国債と同額のハイパワード・マネーを貨幣市場に供給するからである。

4 ◎ **流動性のわなでの拡張的財政政策は，クラウディング・アウトを起こさない。**
　妥当である。流動性のわな（貨幣需要の利子弾力性が無限大）に陥っている場合，拡張的財政政策によって*IS*曲線を右シフトさせても，利子率が上昇しないため，クラウディング・アウトは生じない。また，金融緩和政策は，利子率が下限に達しているため，利子率を引き下げて投資需要を刺激することができないため，無効となる。

5 ✕ **流動性のわなでの拡張的財政政策は，民間投資を減少させない。**
　拡張的財政政策による*IS*曲線のシフトによって，均衡点が*E*₅点から*E*₄点に移行しても，利子率は下限のまま上昇しないから，クラウディング・アウトは生じない。

No.2 の解説　財政政策と金融政策の効果　　**正答3**

→問題はP.217

　*IS-LM*分析と45度線分析のかかわりを問う重要問題である。本問の内容を理解すると，クラウディング・アウトの計算問題などの解答が楽になる。

1 ✕ **政府支出を増加と同額の増税をした場合，GDPは増加する。**
　貨幣市場を考慮しないなら，財市場の分析で用いた乗数効果で考えればよい。所得税が存在する場合，政府支出の増加によるGDPの増加は$\Delta Y=$

$\dfrac{1}{1-c(1-t)}\Delta G$で，租税の増加によるGDPの減少は$\Delta Y=\dfrac{-c}{1-c(1-t)}\Delta G$である（$Y$：GDP，$G$：政府支出，$T$：租税，$c$：限界消費性向〈$0<c<1$〉，$t$：所得税率〈$0<t<1$〉）。ここから，政府支出の増加と同額の増税をした場合（$\Delta G=\Delta T$），GDPの変化は$\Delta Y=\dfrac{1}{1-c(1-t)}\Delta G+\dfrac{-c}{1-c(1-t)}\Delta G=\dfrac{1-c}{1-c(1-t)}\Delta G$になる。限界消費性向$c$と所得税率$t$はどちらも1未満であるから乗数$\dfrac{1-c}{1-c(1-t)}$

は正値であり，GDPが増加することが確かめられる。また，所得税が定額税の場合，いわゆる均衡予算乗数定理が成立し，政府支出乗数が1になるため，政府支出と同額のGDPの増加が起きる。

なお，貨幣市場を考慮した*IS-LM*分析の場合，政府支出を増加させた場合，政府支出乗数倍の*IS*曲線の右シフトが起き，増税をした場合，租税乗数倍の*IS*曲線の左シフトが起きる。したがって，政府支出の増加と同額の増税をした場合，政府支出乗数が租税乗数より大きいことから，租税乗数の効果によってシフト幅は小さくなるものの，*IS*曲線は右シフトする。つまり，貨幣市場を考慮しても，*LM*曲線が垂直のような特殊ケースでない限り，GDPは増加する。

2 ✕ 有効需要が同額であれば，内訳が変化しても，GDPは変化しない。

問題分の内容は，有効需要の原理に基づいた財市場の均衡条件$Y=C+I+G$（Y：GDP，C：民間消費，I：民間投資，G：政府支出）において，同額のIとGが入れ替わるだけであれば，有効需要は変化しない。したがって，有効需要の大きさで決まるGDPは増加しない。

3 ◎ 貨幣の投機的需要がまったくなければ，貨幣需要の利子弾力性はゼロである。

妥当である。貨幣の投機的需要は利子率の関数であるから，貨幣の投機的需要がまったくなければ，貨幣需要が利子率に反応することもない。したがって，貨幣需要の利子弾力性はゼロになり，*LM*曲線は垂直となる。この場合，政府支出の増加は，下図のように，*IS*曲線をIS_0からIS_1に右シフトさせても完全クラウディング・アウトが生じてGDPはまったく増加しない。

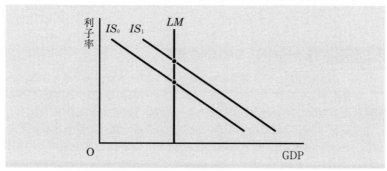

4 ✕ *IS*曲線の傾きが水平の場合，民間投資の利子弾力性が無限大である。

この場合，貨幣供給を増加させる金融緩和によって*LM*曲線を右シフトさせ
ても利子率は下落しない。下図において，*LM*曲線を*LM*₀から*LM*₁に右シフ
トさせても利子率はまったく変化しない（特段の指定がないので*LM*曲線は
通常の右上がりであるとする）。

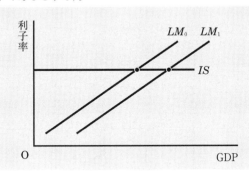

5 ✕ 流動性のわなでの場合，すべての家計が将来の債券価格の低下を予想する

*LM*曲線の傾きが水平のケースとは，貨幣需要の利子弾力性が無限大，すな
わち流動性のわなのケースである。この場合，利子率は下限に達しており，
利子率に反比例する債券価格は上限に達している。したがって，すべての家
計が将来の債券価格の低下を予想するために，貨幣供給を増やしても，投機
的動機に基づく貨幣需要に吸収され，貨幣は財の取引に用いられるのではな
く，資産の一手段として保有される。したがって，貨幣供給を増加させる金
融緩和政策は，GDPを増加させられず，無効となる。これは下図において，
金融緩和を実施しても利子率を低下させることができないため，緩和前の
*LM*₀と緩和後の*LM*₁が同じ位置になることで表されている。

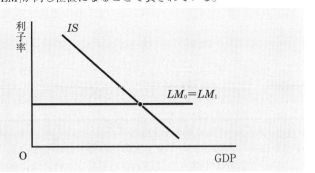

クラウディング・アウトの計算は*IS-LM*分析の計算問題の中では難解な部類に属する。しかし、パターンはほぼ決まっているので、本問で身につけてほしい。

STEP❶ 題意の確認

政府支出の増加$\Delta G = 20$の場合のクラウディング・アウトによる国民所得の減少分を求める。これは図中のY_2とY_1の差に相当する。これを$Y_2 - Y_1 = (Y_2 - Y_0) - (Y_1 - Y_0)$として求める。

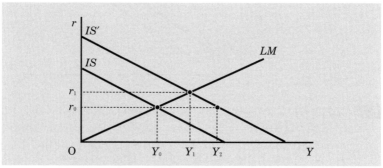

STEP❷ $(Y_2 - Y_0)$を乗数効果として求める

政府支出を増加しても利子率が上昇しなければクラウディング・アウトは起きない。この場合の国民所得の増加を求める。利子率が上昇せずに一定であれば、貨幣市場を導入しない45度線分析の場合とみなせるから、政府支出乗数が使える。

財市場の均衡条件である$Y = C + I + G$の右辺に需要の各項目の式および値を代入すると、

$$Y = 50 + 0.75Y + 150 - 2500r + G$$

になる(政府支出Gは、後で微分する計算の都合上、代入しない)。これを整理すれば$Y = 800 + 4G - 10000r$になるので、Gで微分すれば$\dfrac{dY}{dG} = 4$を得る。これを変化分の式$\Delta Y = 4\Delta G$として、$\Delta G = 20$を代入すれば、

$$\Delta Y = 4 \times 20 = 80$$

になる。これは図中のY_2とY_0の差$(Y_2 - Y_0)$に相当する。

STEP❸ $(Y_1 - Y_0)$を*IS-LM*分析の政策効果として求める

貨幣市場を導入した*IS-LM*モデルで、政府支出拡大の影響を求める。*IS*曲線は、$Y = C + I + G$の右辺の各項に対応する式を代入することで、

$$Y = 50 + 0.75Y + 150 - 2500r + G$$
$$2500r = 200 + G - 0.25Y$$

と求められる(後で微分する計算の都合上、Gには値を与えない)。一方、

*LM*曲線は，$\dfrac{M}{P}=100+0.25Y-2500r$（すでに貨幣市場均衡条件$\dfrac{M}{P}=L_1(Y)+$

$L_2(r)$，つまり*LM*曲線であることに注意）に$\dfrac{M}{P}=300$を代入すると，

$\qquad 300=100+0.25Y-2500r$

$\qquad 2500r=-200+0.25Y$

と求められる。*IS*曲線と*LM*曲線の右辺どうしを等しいとおけば，

$\qquad 200+G-0.25Y=-200+0.25Y$

$\qquad Y=800+2G$

になる。この式の変化分をとった$\Delta Y=2\Delta G$に，$\Delta G=20$を与えると，

$\qquad \Delta Y=2\times20=40$

になる。これは図中のY_1とY_0の差(Y_1-Y_0)に相当する。

STEP④　クラウディング・アウトを求める

　実際には，このマクロ経済モデルには貨幣市場は存在するから，存在しない場合の国民所得の増加分(Y_2-Y_0)と存在する場合の国民所得の増加分(Y_1-Y_0)の差が，クラウディング・アウトに当たる。つまり，クラウディング・アウトは，

$\qquad Y_2-Y_1=(Y_2-Y_0)-(Y_1-Y_0)=80-40=40$

である。

　よって，正答は**2**である。

No.4 の解説　財政政策と金融政策の効果　　　→問題はP.218　**正答5**

　本問に限らず，図がついていない問題は図を描いて考えるようにしよう。そのためには，弾力性と傾きの関係を整理しておくことが必要である（必修問題のFOCUSも参照）。

A ✕　貨幣需要の利子弾力性が小さい場合，*LM*曲線の傾きは大きくなる。

この極端なケースとして，貨幣需要の利子弾力性がゼロの場合の*LM*曲線は垂直になる。*LM*曲線の傾きが大きい場合，*IS*曲線を右シフトさせる拡張的

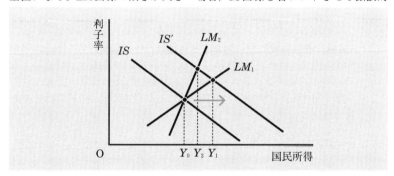

財政政策（*IS*→*IS′*）によって国民所得を増加させようとしても，利子率の上昇が大きくなる。結果として，投資を減少させるクラウディング・アウトの効果が大きくなるので，国民所得の増加幅は小さくなる。図の傾きが小さい*LM*₁に比べて，傾きが大きい*LM*₂のほうが，財政政策の国民所得に与える影響は小さい。

B ✕ **流動性のわなの下では，財政政策は国民所得を増加させる効果が大きい。**
流動性のわなが生じている場合，*LM*曲線は利子率の下限において水平である。したがって，拡張的財政政策によって*IS*曲線を右シフトさせても，利子率が上昇しないため，クラウディング・アウトも生じない。この結果，流動性のわなが生じていない場合と比較して，国民所得を増加させる効果は大きくなる。

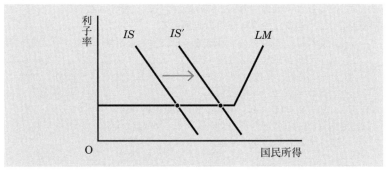

C ◯ **政府支出を中銀引受けの国債発行で賄うと，*LM*曲線は右方シフトする。**
市中消化による公債発行を財源として拡張的な財政政策を行う場合，市中に存在した貨幣を政府が調達し，それを政府支出として再び市中に流通させることになるため，貨幣供給量は変化しない。したがって，貨幣市場の均衡を表す*LM*曲線も変化しない。一方，中銀引受けによる場合，中央銀行が供給する貨幣（ハイパワード・マネー）が政府を通じて市中に新たに流通することになるため，貨幣供給量は増加する。このため，金融緩和と同様の効果を持つため，*LM*曲線は右シフトする。

D ◯ **_LM_曲線上の点では，貨幣市場だけでなく債券市場も均衡している。**
（金融）資産市場を安全資産である貨幣市場と危険資産である債券市場に2分する場合，ワルラス法則により，一方の市場が均衡すれば，必ずもう一方の市場も均衡する。したがって，財市場の均衡を表す*IS*曲線と貨幣市場の均衡を表す*LM*曲線の交点においては，財市場と貨幣市場だけでなく債券市場も均衡することになる。

　よって，正答は**5**である。

実戦問題 ❷　応用レベル

◆ **No.5** ** マクロ経済モデルが次のように表されるとする。

$Y = C + I + G$

$C = 40 + 0.8Y$

$I = 120 - 20i$

$L = 0.2Y + 90 - 20i$

$M = 100$

$\begin{bmatrix} Y：国民所得，\ C：消費，\ I：投資，\ G：政府支出， \\ i：利子率，\ L：貨幣需要，\ M：貨幣供給量 \end{bmatrix}$

　今，景気対策として，市中消化による国債発行によって10兆円の政府支出が行われたとすると，この政策が民間投資に与える影響として妥当なのはどれか。

【国家一般職・平成12年度】

1　民間投資は変わらない。

2　民間投資は 5 兆円増加する。

3　民間投資は 5 兆円減少する。

4　民間投資は10兆円増加する。

5　民間投資は10兆円減少する。

No.6 ** ある国のマクロ経済が，次のように示されるとする。

$Y = C + I + G$

$C = 60 + 0.6Y$

$I = 180 - 4r$

$\dfrac{M}{P} = L = 2Y - 10r$

$\begin{bmatrix} Y：国民所得，\ C：消費，\ I：投資，\ G：政府支出， \\ r：利子率，\ M：名目貨幣供給量， \\ P：物価水準，\ L：貨幣需要 \end{bmatrix}$

　ここで，政府支出が120，名目貨幣供給量が1,200，物価水準が 1 でこの国の財市場，貨幣市場はともに均衡している。このとき，政府が政府支出を50増加させると同時に，中央銀行が 5 の買いオペレーションを行った。貨幣乗数を20とするとき，新たな均衡における*Y*の増加分はいくらか。　　【国家一般職・令和 2 年度】

1　25

2　50

3　75

4　100

5　125

No.7 海外部門との取引がない閉鎖経済における財市場と貨幣市場を考える。Yを国民所得，Cを消費，Iを投資，Gを政府支出とすると，財市場では$Y=C+I+G$が成立し，ケインズ型消費関数が$C=120+0.8(Y-T)$で与えられているとする。ここで，Tは租税である。また，当初，政府支出が80，租税も80であるとする。さらに，投資関数は，$I=50-4r$で与えられているとする。ここで，rは利子率である。

一方，貨幣市場では，実質貨幣供給量が800で，それに対する実質貨幣需要をLとすると，$L=Y-6r$である。今，政府が，財政収支を均衡させたまま，均衡における国民所得を50だけ増加させようとして，財政拡大政策と金融緩和政策の両方を用いたとする。政府支出を80から90へ，租税も80から90へ，それぞれ10ずつ増加させたとき，実質貨幣供給量を800の水準からいくら増加させる必要があるか。

【国家一般職・令和2年度】

1 42

2 62

3 84

4 124

5 156

No.8 次の文は，公債の資産効果に関する記述であるが，文中の空所ア～オに該当する語の組合せとして，妥当なのはどれか。

【地方上級（特別区）・平成20年度】

下の図は，縦軸に利子率を，横軸に国民所得をとり，市中消化により公債が発行された場合の公債の資産効果を，*IS*曲線と*LM*曲線を用いて表したものである。

市中消化による公債残高の増加は，長期的には2つの資産効果を持つとする考えがある。1つは，財市場で消費が　ア　する効果で，この効果はラーナー効果とも呼ばれ，*IS*曲線は*IS*から　イ　にシフトする。もう1つは，公債の保有者が公債と貨幣の間の望ましい保有比率を維持しようとして，貨幣市場で貨幣需要が　ウ　する効果で，*LM*曲線は*LM*から　エ　にシフトする。

これにより，当初の均衡点E_0は，新しい均衡点　オ　にシフトすることになる。

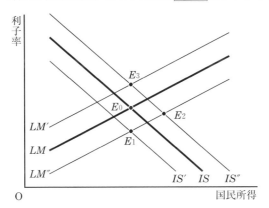

	ア	イ	ウ	エ	オ
1	減少	*IS'*	増加	*LM''*	E_1
2	増加	*IS'*	減少	*LM''*	E_1
3	減少	*IS''*	減少	*LM''*	E_2
4	増加	*IS''*	増加	*LM'*	E_3
5	増加	*IS''*	減少	*LM'*	E_3

財政拡大政策が利子率を上昇させれば，投資は減少する（クラウディング・アウト）。したがって，まず利子率の上昇分を*IS-LM*分析によって求めて（**STEP❶**および**STEP❷**）から，次に投資がどれだけ減少するかを求める（**STEP❸**）。

STEP❶ *IS*曲線と*LM*曲線の導出

財市場の均衡条件$Y=C+I+G$に需要項目の式を代入すると，*IS*曲線は，

$Y=40+0.8Y+120-20i+G$

$20i=160+G-0.2Y$ ……①

となる。貨幣市場の均衡条件$M=L$の両辺におのおのの値および式を代入すると，

$0.2Y+90-20i=100$

$20i=-10+0.2Y$ ……②

と*LM*曲線が導かれる。

STEP❷ *IS*曲線と*LM*曲線の連立（利子率の上昇）

②式を$0.2Y=20i+10$と変形して①式に代入すると，$20i=160+G-(20i+10)$になるので，これを整理すると，

$i=\dfrac{1}{40}G+\dfrac{15}{4}$ ……③

となる。③式を微分すれば$\Delta i=\dfrac{1}{40}\Delta G$を得るが，問題より$\Delta G=10$なので，

これを代入して，利子率の上昇分を$\Delta i=\dfrac{1}{40}\times10=\dfrac{1}{4}$と得る。

STEP❸ 投資の減少の計算

投資関数$I=120-20i$を微分すると，投資と利子率の関係を，

$\Delta I=-20\Delta i$ ……④

と表せる。ここに，**STEP❷**で求めた$\Delta i=\dfrac{1}{4}$を代入すると，$\Delta I=-20\times\dfrac{1}{4}$

$=-5$になるので，投資は5兆円減少する。

よって，正答は**3**である。

買いオペが，最終的には名目貨幣供給量を増加させることになるとしても，直接にこれを増加させる政策ではないことを，本問を通じて確認しておこう。

STEP❶ 買いオペの意味と定式化

5の買いオペ（レーション）は，中央銀行が債券などを購入する代わりに

貨幣を5だけ供給することであるから，中央銀行がハイパワード・マネーH（マネタリー・ベース）を5だけ増加させることを意味する。貨幣乗数が20であるから$M=20H$が成立するので，その変化分を取ってハイパワード・マネーの増加分$\Delta H=5$を代入すると，

$$\Delta M=20\Delta H$$
$$=20\times 5$$
$$=100$$

となる。すなわち，5の買いオペは100の名目貨幣供給量（マネー・サプライ）を増加させる金融緩和政策を意味する。つまり，本問は，$\Delta G=50$の財政拡大政策と$\Delta M=100$の金融緩和政策を同時に行った場合の国民所得Yの増加分を計算する問題である。

STEP❷ *IS*曲線の導出

*IS*曲線は，財市場均衡条件$Y=C+I+G$の右辺に問題文の条件を与えることで，

$$Y=60+0.6Y+180-4r+G$$
$$r=60+0.25G-0.1Y \quad \cdots\cdots①$$

と求められる（Gの値は後の変化させるので代入しない）。

STEP❸ *LM*曲線の導出

問題文の$\dfrac{M}{P}=L=2Y-10r$は，実質貨幣供給量$\dfrac{M}{P}$と（実質）貨幣需要関数$L=2Y-10r$と等しいとおいたものであり，貨幣市場均衡条件に当たる。物価水準が$P=1$と与えられていることから，*LM*曲線は，

$$\frac{M}{P}=L=2Y-10r$$

$$r=-0.1M+0.2Y \quad \cdots\cdots②$$

と求められる（Mの値も代入しない）。

STEP❹ *IS*曲線と*LM*曲線の連立

*IS*曲線①式と*LM*曲線②式を連立すれば，均衡国民所得を，

$$Y=200+\frac{5}{6}G+\frac{1}{3}M$$

と得る。そして，この式の変化分をとれば，

$$\Delta Y=\frac{5}{6}\Delta G+\frac{1}{3}\Delta M$$

になるので，ここに$\Delta G=50$および$\Delta M=100$を与えると，国民所得Yの増加分を，

$$\Delta Y=\frac{5}{6}\times 50+\frac{1}{3}\times 100=75$$

とできる。

よって，正答は**3**である。

第3章 貨幣市場と *IS-LM* 分析

必要な情報の多くが式でなく言葉で書かれているため，文章が長く，煩雑に見えるかもしれない。このような出題は比較的少ないが，しっかりと読みこなすことで理論の理解度が深まることになる。

STEP❶ *IS曲線の導出*

*IS*曲線は，財市場均衡条件 $Y=C+I+G$ の右辺に問題文の条件を与えることで，

$$Y=120+0.8(Y-T)+50-4r+G$$

$$r=\frac{85}{2}-\frac{1}{5}T+\frac{1}{4}G-\frac{1}{20}Y \quad \cdots\cdots①$$

と求められる（*G*および*T*は，後で変更されるので，ここでは値を与えない）。

STEP❷ *LM曲線の導出*

*LM*曲線は，貨幣市場均衡条件 $M=L$ （*M*：実質貨幣供給量）に，$L=Y-6r$ を代入すれば，

$$M=Y-6r$$

$$r=-\frac{1}{6}M+\frac{1}{6}Y \quad \cdots\cdots②$$

と求められる（*M*も値を与えない）。

STEP❸ *IS曲線とLM曲線の連立*

*IS*曲線①式と*LM*曲線②式を連立すれば，均衡国民所得を，

$$\frac{85}{2}-\frac{1}{5}T+\frac{1}{4}G-\frac{1}{20}Y=-\frac{1}{6}M+\frac{1}{6}Y$$

$$Y=\frac{2550}{13}-\frac{12}{13}T+\frac{15}{13}G+\frac{10}{13}M \quad \cdots\cdots③$$

と得る。これは，租税*T*，政府支出*G*，実質貨幣供給量*M*の値が与えられれば国民所得*Y*の値が確定することを表している。

STEP❹ 政策効果の計算

③式の変化分をとれば，

$$\Delta Y=-\frac{12}{13}\Delta T+\frac{15}{13}\Delta G+\frac{10}{13}\Delta M$$

$$=\frac{3}{13}\Delta G+\frac{10}{13}\Delta M$$

になる（2つ目の等号で，$\Delta G=\Delta T$ を用いている）ので，ここに $\Delta Y=50$ および $\Delta G=10(=90-80)$ を与えると，実質貨幣供給量*M*の増加分を，

$$50=\frac{3}{13}\times10+\frac{10}{13}\Delta M$$

$$\Delta M=62$$

と計算できる。

よって，正答は**2**である。

No.8 の解説　資産効果 →問題はP.227　**正答4**

公債発行のもたらす資産効果は財政学でも出題されることがあるので，ここで整理しておくとよい。

STEP❶　財市場における資産効果（ラーナー効果）

公債残高は資産の増加であるから，消費が資産の増加関数である（たとえばライフサイクル仮説や流動資産仮説がそのように主張している）とすれば，公債残高の増加は消費の増加をもたらす（**ア**は「増加」）。これは財市場における需要の増加に当たるから，*IS*曲線は右シフトし，*IS"*へとシフトする（**イ**は「*IS"*」）。

この公債残高の増加が，財市場において消費の増加をもたらす効果はラーナー効果と呼ばれる。

STEP❷　貨幣市場における資産効果（ポートフォリオ効果）

公債は危険資産でもあるから，公債残高の増加は危険資産の増加を意味し，人々に安全資産である貨幣の需要をも増加させることになる（**ウ**は「増加」）。これは貨幣市場における超過需要であるから，利子率は上昇し，*LM*曲線は*LM'*へと上方シフトすることになる（**エ**は「*LM'*」）。

この公債残高の増加が，貨幣市場において貨幣需要の増加をもたらす効果はポートフォリオ効果と呼ばれる。

STEP❸　資産効果の総合的な効果について

以上2つの資産効果によって，経済は，当初のE_0から$IS"$とLM'の交点であるE_3へとシフトする（**オ**は「E_3」）。

よって，正答は**4**である。

第3章　貨幣市場と*IS-LM*分析

必修問題

次の図は，点*E*を自国の政策が発動される前の均衡点とし，資本移動が完全である場合のマンデル=フレミング・モデルを表したものであるが，これに関する記述として，妥当なのはどれか。ただし，このモデルにおいては，世界利子率に影響を与えることはない小国を仮定し，世界利子率はr_wで定まっているものとし，物価は一定とする。

【地方上級（特別区）・令和３年度】

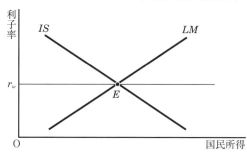

1 変動為替相場制の下で，金融緩和政策がとられると，*LM*曲線が右にシフトし国内利子率が下落するので，資本流出が起こり，為替レートの減価により輸出が拡大し，需要が増加し*IS*曲線が右にシフトする。

2 変動為替相場制の下で，拡張的な財政政策がとられると，*IS*曲線が右にシフトし国内利子率が上昇するので，資本流出が起こり，貨幣供給量が増大するため，*LM*曲線が右にシフトする。

3 変動為替相場制の下で，金融緩和政策がとられると，*LM*曲線が右にシフトし国内利子率が下落するので，資本流出が起こり，為替レートの増価により輸入が拡大し，需要が増加し*IS*曲線が右にシフトする。

4 固定為替相場制の下で，金融緩和政策がとられると，*LM*曲線が右にシフトし国内利子率が下落するので，資本流出が起こり，貨幣供給量が増大するため，*IS*曲線が右にシフトする。

5 固定為替相場制の下で，拡張的な財政政策がとられると，*IS*曲線が右にシフトし国内利子率が上昇するので，資本流出が起こり，貨幣供給量が減少するため，*LM*曲線が左にシフトする。

難易度 ＊

必修問題 の 解説

本テーマでは，マンデル=フレミング・モデルにおける政策効果が最も出題頻度

の高い論点である。ここでは，モデルの結論などを用いた正誤の判断方法に焦点を当てた。なぜその結論が言えるのかについては，重要ポイントを参照してほしい。

マンデル=フレミング・モデルの政策効果のまとめ

	財政政策	金融政策
変動為替相場制	無効	有効
固定為替相場制	有効	無効

また，政策と為替レートの関係も問われやすい。

拡張的財政政策 → 自国通貨の増価（わが国で言う円高）

緩和的金融政策 → 自国通貨の減価（わが国で言う円安）

　外国為替市場で市場メカニズムが機能して，拡張的財政政策による貨幣需要の増加は自国通貨の価値を上昇させ，緩和的金融政策による貨幣供給の増加は自国通貨の価値を低下させるということである。

1 ◎ 変動相場制下での金融緩和政策は国民所得を増加させる。

　妥当である。金融緩和政策によって生じる為替レートの減価は，純輸出（外需）の増加によって*IS*曲線を右シフトさせるからである。

2 ✕ 拡張的な財政政策によって貨幣供給量が増大することはない。

　また，利子率の上昇は資本を流入させ，資本の流入は自国通貨の増価をもたらすので，輸出すなわち海外需要が減少して*IS*曲線は左にシフトバックする。

3 ✕ 資本流出が起これば為替レートは減価する。

　為替レートの減価は輸出すなわち海外需要を増加させるため*IS*曲線は右にシフトする。

4 ✕ 貨幣供給量の増大が*IS*曲線を右にシフトさせることはない。

　固定為替相場制の下の金融緩和政策は，増加した貨幣供給量のもたらす国内利子率の下落が自国通貨への減価圧力となるが，固定為替相場制の下では金融引締め政策によって為替レートの維持を図ることが必要となるため，*LM*曲線は左にシフトバックすることになる。

5 ✕ 国内利子率が上昇すれば，資本は流入する。

　また，固定為替相場制の下での拡張的な財政政策は，資本流入に伴う自国通貨への増価圧力を回避して為替レートを維持するために，貨幣供給量を増加させる必要が生じるため，結果として*LM*曲線は右にシフトする。

正答 1

FOCUS

　本テーマの内容では，マンデル=フレミング・モデルの出題頻度が高い。なかでも，計算問題よりも為替相場制度と政策効果の関連を問うものが多い。選択肢を絞り込めるよう，政策とその効果は必ず覚えておこう。

重要ポイント1 ▶ 国際収支

　国際収支表とは，一国の海外との経済活動の結果として生じる取引の流れを表にしたものである。

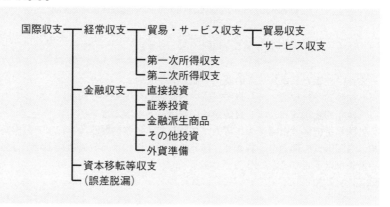

・**貿易収支**：財の輸出入の取引の収支。
・**サービス収支**：サービス貿易（金融・保険，旅行，輸送など）で発生する収支。
・**第一次所得収支**：自国民が海外で得た所得や海外に保有する資産から得た所得と，外国民が自国で得た所得や自国に保有する資産から得た所得との収支。
・**第二次所得収支**：対価を伴わない取引の記録（対外援助や海外在住子弟への送金）。
・**金融収支**：直接投資，証券投資，金融派生商品（デリバティブ），その他投資および外貨準備からなる。たとえば，直接投資であれば，自国から海外への投資である対外直接投資と海外から自国への投資である対内直接投資との収支である。
　なお，対外直接投資を正値で対内直接投資を負値で計上する。
・**資本移転等収支**：対価を伴わない固定資産の提供，非生産・非金融資産の取得処分等。
　国際収支は，統計上は，

　　経常収支＋資本移転等収支－金融収支＋誤差脱漏≡0

が恒等的に成立する。つまり，国際収支は，統計上，ゼロになるよう定義される。

重要ポイント2 ▶ 外国為替相場（為替レート）

（1）為替レートの定義

　海外との取引で使用される外国通貨（外貨）と自国通貨（邦貨）の交換比率が**為替レート**eであり，以下のように定義される。

$$e = \frac{邦貨}{外貨}$$

　たとえば，日本とアメリカの間の円ドルレートの場合，為替レートeは，

$$e=\frac{¥（邦貨）}{\$（外貨）}$$

になる。このとき，eの値の上昇は円安を意味し，逆にeの値の下落は円高を意味するが，一般的に，自国通貨の価値の低下（eの値の上昇）を減価，価値の上昇（eの値の下落）を増価と呼ぶ（固定相場制下では切下げと切上げ）。

①固定為替相場制

政策的に為替レートが固定され，各国中央銀行にその水準を維持することが求められる制度が**固定為替相場制**である。

②変動為替相場制（フロート制）

外国為替市場（外貨と邦貨の取引を行う市場）における需給関係によって為替レートが決定する制度が**変動為替相場制（フロート制）**である。この制度では，理論的には国際収支は自動的に均衡へと調整される。したがって，原則として中央銀行は外国為替市場に介入する必要はないが，急激な為替レート変動が生じた場合，為替レートの変動を一定の範囲内に抑えるように，中央銀行が協調して，あるいは単独で外国為替市場に介入することも多い。これを管理変動相場制という。

（2）貿易収支と為替レート

円を例にとると，円安は，日本製品のアメリカ市場における価格（ドル表示）を低下させるため，日本の輸出競争力を強化する一方，外国製品の日本市場での価格（円表示）を上昇させる。この結果，円安は輸出を増加させ，輸入を減少させるため貿易収支を改善する。

逆に，円高は日本製品のアメリカ市場における価格（ドル表示）を上昇させるため，日本の輸出競争力を低下させる一方で，外国製品の日本市場での価格（円表示）を低下させる。この結果，円高は輸出を減少させ，輸入を増加させるため貿易収支を悪化させる。

以上より，一般に輸出関数Xと輸入関数Mは，

$X=X_0+be$

$M=M_0+mY-ae$

〔M_0，X_0，a，b：正の定数，m：限界輸入性向，e：為替レート〕

と表され，純輸出$B=X-M$も，

$B=B_0+ce-mY$

となる（$B_0=X_0-M_0$および$c=a+b$と定義した）。

重要ポイント 3 国際資本移動

国際的な資本移動が可能な場合，自国と外国の利子率の格差が国際的な資本の流出入を引き起こす。世界利子率水準（海外の代表的な貨幣市場で決まる利子率）を一定とすれば，自国の利子率が上昇する（内外利子率格差が正）と自国での資金運用が有利になるために自国への資本流入が起こり，逆に自国の利子率が低下すると内外利子率格差は負になり自国からの資本流出が起こる。このことより，利子率が自国の水準と世界水準で一致する状態を均衡とする。

なお，自国で利子率を決められず，世界利子率の水準に一致せざるをえない経済があれば，そのような経済を小国と定義する。

なお，国際収支と関連づけて資本移動の語を用いる場合，経済学のオーソドックスな用法である資本設備の意味ではなく，例外的に資金の意味で用いる（GDP統計が国連統計委員会のマニュアルに従うのとは異って，国際収支統計はIMFのマニュアルに従うため）。

重要ポイント 4 　**国際収支決定要因**

理論上，国際収支をBP，経常収支をB，金融収支をF，国民所得をY，為替レートをe，自国利子率，世界利子率をそれぞれr，r^*（定数）とすると，

$$BP = B(Y, e) - F(r^* - r)$$

と書け，以下のような要因に影響される（資本移転収支や誤差脱漏は，理論上，無視する）。

(1)　国民所得Yの増加は，輸入増加によって経常収支と国際収支を悪化させる。

(2)　為替レートeの上昇（減価）は，輸出増加と輸入減少によって経常収支と国際収支を改善する。

(3)　自国の利子率rの上昇は，金融収支を悪化させ，国際収支を改善する。

なお，自国利子率の上昇は，自国への資本流入をもたらすが，この対内直接投資は，国際収支統計上，負値で計上される。したがって，金融収支は悪化する。

重要ポイント 5 　**マンデル＝フレミング・モデル**

(1) *BP*曲線の定義

***BP*曲線**を国際収支を均衡（$BP = 0$）させる国民所得Yと利子率rの組合せと定義する。これは重要ポイント4より，

$$B(Y, e) - F(r) = 0 \quad または，\ B(Y, e) = F(r)$$

である（定数r^*は省略して表記）。ゆえに，$BP = 0$線と呼ばれることもある。

(2) *BP*曲線の性質

*BP*曲線の性質として，以下の4つが挙げられる。

①*BP*曲線は一般には右上がりである。

当初，図中A点で国際収支が均衡しているとする。これは，国民所得Y_0で決まる経常収支と利子率r_0で決まる金融収支の差である国際収支がゼロであるということを意味する。

ここで，利子率がr_0で一定のまま国民所得がY_0からY_1へと増加し，A′点へと移動したとすると，輸入の増加を通じて経常収支を悪化させるので，国際収支も赤字となる。国際収支の均衡を回復するには，利子率が上昇し，資本の流入による資本収支の悪化が必要となる。たとえば，利子率がr_1まで上昇してB点に至った時点で，国際収支が再度均衡したとする。すると，定義より，A点とB点をつなぐ右上がりのグラフとして*BP*曲線が描けることになる。

②*BP*曲線の左上側で国際収支黒字が，右下側で国際収支赤字が発生する。

①の説明より，A′点のような*BP*曲線の右下側の領域では国際収支が赤字であることがわかる。逆に，*BP*曲線の左上側の領域では国際収支は黒字である。

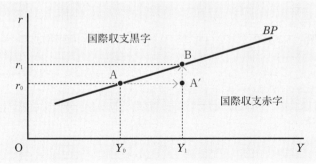

③**国際資本移動が自由になるほど*BP*曲線の傾きは緩やかになり，完全自由な場合，世界利子率水準で水平になる。国際資本移動が不可能な場合は垂直になる。**

国際資本移動に関する規制が強い国で，図のA′点で生じた国際収支の赤字が，利子率がr_1に上昇したのみでは資本流入が不十分で，利子率がr_2まで上昇して初めて国際収支が均衡したとする。この場合，*BP*曲線はA点とB′点をつないだ*BP*′のような，傾きの急なものとなる。つまり，国際資本移動の自由度が不完全なほど，*BP*曲線の傾きは急になる。

逆に，国際資本移動が自由であるほど，わずかな利子率の上昇で十分な資本流入が生じるので，*BP*曲線の傾きは緩やかなものになる。

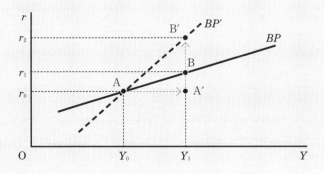

極端なケースとして，国際資本移動になんら制約のない，完全自由な場合に，BP曲線は水平になる。これは，資金の流出入を自国でもコントロールできないから，小国の仮定が満たされ，自国の利子率が世界利子率水準に一致することになり，その水準においてBP曲線が水平なものとなる。

逆に，**国際資本移動が禁止されている場合，BP曲線が垂直になる**。国際資本移動が禁止されるなら，利子率に依存する金融収支は発生しない。したがって，国際収支と経常収支は等しくなり，利子率にかかわらず経常収支を均衡させるような国民所得の水準でBP曲線が垂直となるのである。

④**BP曲線は為替レートeの上昇（減価）は右シフトを，下落（増価）は左シフトをもたらす。**

BP曲線が右上がりであるとし（垂直の場合も妥当するが，水平の場合は右シフトが意味を持たない），当初，国際収支がBP曲線上のA点で均衡しているとする。他の条件が一定で，為替レートeが上昇（減価）すると貿易収支の改善によって国際収支が黒字化する。このとき，為替レートeの上昇によって発生した黒字を相殺して国際収支を均衡に戻すには，国民所得の増加による輸入増加を通じた貿易収支の赤字化か自国利子率低下による資本流出を通じた金融収支の黒字化，もしくはその双方が必要となる。よって，新たな均衡点はもとのBP曲線の右下側に位置していなくてはならず，国際収支の均衡を表すBP曲線自体が右シフトすることになる。

なお，為替レートeの上昇は，外需（純輸出）の増加を通じてIS曲線も右シフトさせる。

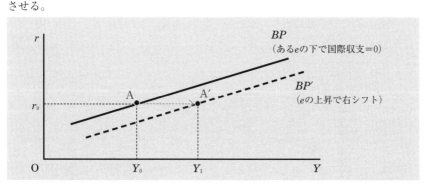

典型的なマンデル＝フレミング・モデルの政策効果

マンデル＝フレミング・モデルは，BP曲線を加えて拡張したIS-LM分析の枠組みであり，IS曲線，LM曲線，BP曲線の3曲線の交点で，財市場，貨幣市場，国際収支のすべての同時均衡が達成される。

典型的なマンデル＝フレミング・モデルは，BP曲線が水平なケースである。この場合，経済政策の効果は，次の表のように政策の種類と制度によって異なる。

	財政政策（ⅰ）	金融政策（ⅱ）
変動為替相場制（a）	無効	有効
固定為替相場制（b）	有効	無効

（a-ⅰ）変動為替相場制下の財政政策

当初の均衡が図中のE_0点であるときに，**拡張的財政政策**によってIS曲線を右シフトさせる（$IS \to IS'$）と，均衡はE_1点に移る。このとき，世界利子率より自国の利子率が高くなるので，資本が流入して国際収支黒字が発生する。資本流入の際に，外国為替市場において自国通貨が需要され，超過需要が発生して**自国通貨が増価する**。これは純輸出（外需）を減少させるため，IS曲線は左にシフトバックする（$IS' \to IS$）。

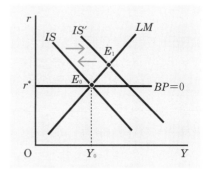

その結果，均衡はもとのE_0点に戻るため，政府の**財政政策は無効**であることになる。

以上の効果は，減税や保護貿易政策（外需増加）などのIS曲線を右シフトさせることによっても生じる。つまり，ここでの財政政策とは，需要を増加させる政策として広義に理解すべきである。

（a-ⅱ）変動為替相場制下の金融政策

当初の均衡が図中のE_0点であるときに，**緩和的金融政策**によってLM曲線を右シフトさせる（$LM \to LM'$）と，均衡はE_1点に移る。このとき，世界利子率より自国の利子率が低くなるので，資本が流出して国際収支赤字が発生する。資本流出の際に，外国為替市場において自国通貨は売却され，超過供給が発生するので**自国通貨が減価する**。これは純輸出（外需）を増加させるため，IS曲線は右シフトする（$IS \to IS'$）。

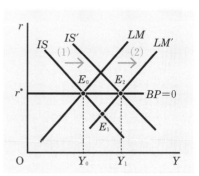

その結果，均衡はさらにE_2点に移るために国民所得はY_0からY_1へと増加し，中央銀行の**金融政策は有効**となる。

なお，**変動相場制の場合，財政拡張政策が為替レートを増価させるのに対して，金融緩和政策が為替レートを減価させることになる**点も重要である。

（b-ⅰ）固定為替相場制下の財政政策

　当初の均衡が図中のE_0点であるときに，**拡張的財政政策**によってIS曲線を右シフトさせる（$IS \rightarrow IS'$）と，均衡はE_1点に移る。このとき，世界利子率より自国の利子率が高くなるので，資本が流入して国際収支黒字が発生する。資本流入の際に，外国為替市場において自国通貨が需要され，超過需要が発生するので自国通貨に増価圧力がかかる。しかし，ここで**中央銀行は為替レートを固定するため，マネーサプライを**

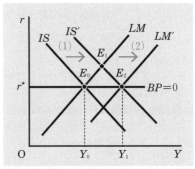

増加させることになる。この結果，LM曲線が右にシフトし（$LM \rightarrow LM'$），最終的な均衡点はE_2になる。つまり，国民所得をY_0からY_1へと増加させたために政府の**財政政策は有効**である。

※不胎化政策

　固定為替相場制の下では中央銀行は為替レートを維持する義務を負う。したがって，政府の財政政策が自国通貨への増価圧力となる場合，為替レートを維持するためには外国為替市場において自国通貨売り介入を行う必要が生じる。しかし，このような介入は，中央銀行の意思に関係なくマネーサプライを増加させることになり，インフレを誘発しかねない。これを回避するためには，中銀が外為市場における自国通貨売り介入と同時に，国内市場で売りオペを行って通貨を吸収し，邦貨売り介入の効果を相殺すればよい。これを**不胎化政策**という。不胎化政策がとられるとLM曲線が右にシフトすることはないため，通常の出題では不胎化政策はとらないことを前提としている（このような不胎化政策をとらないことを非不胎化政策という）。

　なお，元来は，市中銀行が輸出入の決済に用いられた外国為替手形を中央銀行に持ち込む場合に，中央銀行が手形を振出さないことでマネーサプライの増加を抑制することを不胎化政策と呼んだ。

（b-ⅱ）固定為替相場制下の金融政策

　当初の均衡が図中のE_0点であるときに，**緩和的金融政策**によってLM曲線を右シフトさせる（$LM \rightarrow LM'$）と，均衡はE_1点に移る。このとき，世界利子率より自国の利子率が低くなるので，資本が流出して国際収支赤字が発生する。資本流出の際に，外国為替市場において自国通貨が売却され，超過供給が発生するので自国通貨に減価圧力がかかる。しかし，ここで**中央銀行は為替レートを固定するため，マネーサプライ**

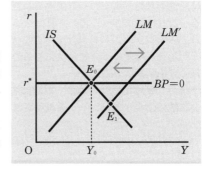

を減少させることになる。この結果，*LM*曲線が左にシフトし（*LM′* →*LM*），当初の均衡点*E*₀に戻る。つまり，**金融政策は無効**となる。

重要ポイント 7 　国際資本移動が不可能な場合のマンデル=フレミング・モデル

　国際資本移動がない場合，金融収支は発生しないため，国際収支は経常収支のみで決まる。したがって，国際収支は利子率の影響を受けず，***BP*曲線が垂直になる**。よって，国民所得が上昇した場合には輸入が増加して，経常収支（国際収支）は悪化に向かい，国民所得が減少する場合には経常収支（国際収支）は改善する。

　つまり，垂直な*BP*曲線の場合，その左側で国際収支黒字が，右側で国際収支赤字が発生する。この場合の経済政策の効果は次の表のようになる。

	財政政策	金融政策
変動為替相場制	有効	有効
固定為替相場制	無効	無効

（1）固定相場制

　固定相場制の下では，拡張的財政政策によって*IS*曲線が*IS′*へとシフトすることで当初の*E*₀点から*E*₁点へと均衡が移る（左図）。また，緩和的金融政策でも*LM*曲線が*LM′*へとシフトすることで当初の*E*₀点から*E*₁点へと均衡が移る（右図）。よって，いずれの政策の下でも輸入が増加することになり国際収支は赤字化する。

　この際，中央銀行は，通貨が減価圧力を受けるため，為替相場を維持するためにマネーサプライを減少させる。そして，これは*LM*曲線の左シフトに当たるから，左図の財政政策の場合では均衡点がさらに*E*₂点へ移行することになり，右図の金融政策の場合は*LM*曲線のシフトバックによって均衡は*E*₀点に戻ることになり，**固定相場制の下では，財政・金融政策の双方が無効**となる。

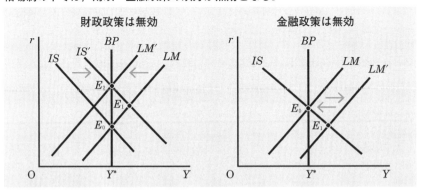

（2）変動相場制

　変動相場制の下では，拡張的財政政策は*IS*曲線を*IS′*に右シフトさせることで均衡点を*E*₀点から*E*₁点に移行させる（左図）。緩和的金融政策では*LM*曲線が*LM′*に

シフトすることで均衡点はE_0点からE_1点に移行する（右図）。よって，いずれの政策も国民所得の一時的増加によって，輸入が増加し，国際収支は赤字化する。

　この際，変動相場制の下で自国通貨が減価することになり，純輸出が増加する。よって，財政政策の場合，IS曲線がさらに右シフトしてIS''へ移行するが，さらにBP曲線も通貨の減価によってBP'へと右シフトすることになり，均衡点はE_2点になる。一方，金融政策の場合でも，IS曲線がIS'へと右シフトするとともに，BP曲線もBP'へと右シフトすることになり，均衡点はE_2点になる。つまり，**変動相場制の下では，財政・金融いずれの政策も国民所得を増加させるので有効となる。**

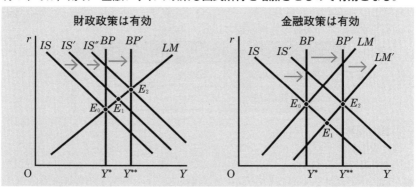

重要ポイント 8 **マンデルの政策割当論（ポリシー・ミックス）**

　一般に，政策目標が複数ある場合，おのおのに有効な政策を割り当てるべきである。これを**ポリシー・ミックス**というが，マンデルは，**固定相場制の場合，国内均衡（完全雇用）の達成には財政政策を，国際収支均衡の達成には金融政策を割り当てるべきである**とした。

　マンデルは，完全雇用を達成するに当たっては，財政政策は総需要を直接刺激するが，金融緩和は利子率低下を通じた間接的な投資需要への影響であるために，前者のほうが効果は大きい，一方，国際収支の均衡を実現するに当たっては，財政政策を通じた国民所得の増減による経常収支の調整よりも，金融政策を通じた利子率の変化による金融収支の調整のほうが迅速であるために後者のほうが効果は大きいとする。よって，国内の完全雇用達成には財政政策を，国際収支均衡の達成には金融政策を用いるべきであるとした。これが**マンデルの政策割当論**である。

　左図において，財政支出G_0と利子率r_0の下で，均衡国民所得が財市場において完全雇用水準に決まっているとする。この点で財政支出を増加すると総需要は完全雇用国民所得に対応した水準を上回るので，インフレ・ギャップが発生することになる。

　もし，これを金融政策によって均衡に引き戻すには，金融引締めによる利子率上昇で財政支出の増加に見合う分だけの投資の減少をもたらす必要がある。よって，完全雇用を維持するような財政政策と金融政策の組合せは，利子率と財政支出をと

った平面上で右上がりのグラフになるのである。しかし，金融引締めの財市場に与える影響が間接的なものであることから，利子率の上昇は比較的大きなものである必要があり，XXの傾きは相対的に急なものになる。

一方，右図において，政府支出G_1の下での総需要に対応した国民所得で決定される経常収支がゼロであり，利子率r_1の下で決定される金融収支もゼロであるため，国際収支が均衡しているとしよう。

ここで，金融引締めによる利子率の上昇は金融収支を資本流入によって赤字化させるため，国際収支を再び均衡させるには，財政支出の増加による国民所得の増加が輸入を増大させることによる経常収支赤字によって相殺する必要がある（国際収支＝経常収支－金融収支であることに注意）。このため，国際収支を均衡させる財政政策と金融政策の組合せは，右上がりのグラフになるのである。

しかし，財政支出によって金融収支赤字と同額になるほどの経常収支赤字を生み出すほど国民所得を増加させるのは容易ではないため，比較的大きな額の財政支出が必要となり，FFの傾きは緩やかなものになる。

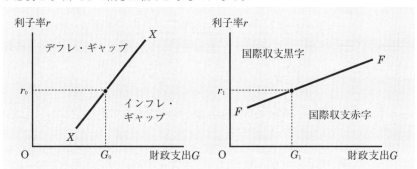

ここから，国内における完全雇用の達成と国際収支の均衡を同時に達成するような最適な財政支出と利子率の水準を下図中のG^*，r^*と定めることができる。
またそれ以外の政策の組合せでは，同図中の4つの領域に従って，

Ⅰ　デフレ・ギャップ（失業発生）　かつ　国際収支黒字
Ⅱ　デフレ・ギャップ（失業発生）　かつ　国際収支赤字
Ⅲ　インフレ・ギャップ（物価上昇）かつ　国際収支赤字
Ⅳ　インフレ・ギャップ（物価上昇）かつ　国際収支黒字
との問題が発生していることになる。

これらの場合，上記のことから，マンデルは，完全雇用（国内均衡）を達成するには財政政策を，国際収支均衡を達成するには金融政策を用いるべきであるとする。たとえば，経済がⅡの領域にある場合，デフレ・ギャップ（総需要不足）による非自発的失業が存在するので，財政政策を拡大すべきであり，金融緩和では，利子率低下が投資需要の増加が総需要を増加させる前に，資本流出による国際収支黒字の問題を加速させてしまう。むしろ，国際収支赤字の問題に対処するために，利子率を上昇させる金融引締めをミックスすることが望ましいのである。

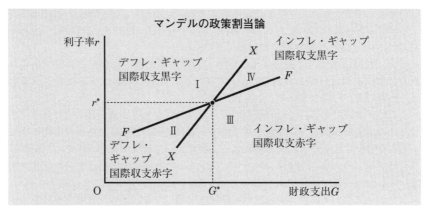

マンデルの政策割当論

重要ポイント 9 為替レート決定理論

（1）購買力平価説

為替レートで通貨を変換すれば，2国の通貨のいずれでも代表的な財が同じだけ購入できる（購買力が等しくなる）ように為替レートが決定されるとするのが**購買力平価説**である。これは為替レートで変換すれば物価水準が等しくなることを意味するから，次のように表せる。

$$e=\frac{P}{P^*}\quad（e：為替レート，P：物価水準，*は外国を表す）$$

これが各財について成立すれば，為替レートで変換すれば同じ財は同一価格になる。これを一物一価の法則という。ただし，為替レートは原則として貿易財の取引に用いられる価格の比率であるから，必ずしも両国の非貿易財を含む一般物価水準の比率にはならない。

上記の購買力平価説を絶対的購買力平価説と呼ぶのに対して，この式の変化率をとって，各国の物価の変化率の差が為替レート変化率に等しくなると考えると，

$$\frac{\Delta e}{e}=\frac{\Delta P}{P}-\frac{\Delta P^*}{P^*}$$

になる。これを相対的購買力平価説と呼ぶ。

（2）金利平価説

自国での投資と外国への投資が代替的であるとすると，裁定取引より，外国利子率 r^* は，国内利子率 r にリスク・プレミアムを上乗せしたものに等しくなることになる。実際の利子率の間に乖離が見られるのは，その差を為替レートが調整すると考えるのが**金利平価説**である。

実 戦 問 題 ❶　基本レベル

No.1　図は，変動相場制において，資本移動が完全に自由である小国の仮定の下でのマンデル=フレミング・モデルを模式的に表したものである。これに関する次の記述のうち，妥当なのはどれか。

なお，図中の点*E*は財政金融政策が発動される前の均衡点である。

【国税専門官・平成23年度】

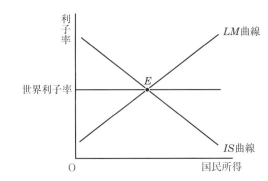

1　拡張的な財政政策が実施されると，*IS*曲線は上方にシフトするとともに，為替レートの減価によって投資が増加するため，*IS*曲線はさらに上方にシフトする。

2　拡張的な財政政策が実施されると，*IS*曲線は上方にシフトするが，為替レートの減価によって貨幣需要が減少するため，*IS*曲線はもとの位置にまで下方にシフトする。

3　拡張的な財政政策が実施されると，*IS*曲線は上方にシフトするが，為替レートの増価によって貿易・サービス収支が悪化するため，*IS*曲線はもとの位置にまで下方にシフトする。

4　拡張的な金融政策が実施されると，*LM*曲線は下方にシフトするが，為替レートの増価によって投資が減少するため，*LM*曲線はもとの位置にまで上方にシフトする。

5　拡張的な金融政策が実施されると，*LM*曲線は下方にシフトするが，為替レートの増価によって貨幣需要が増加するため，*LM*曲線はさらに下方にシフトする。

とき，各点における状況に関する次の記述のうち，妥当なのはどれか。

ただし，グラフ中の*IS*曲線は外国貿易を含む財市場の均衡を，*LM*曲線は貨幣市
場の均衡を，*BP*曲線は国際収支の均衡を，それぞれ示すものとする。

【国家一般職・平成15年度】

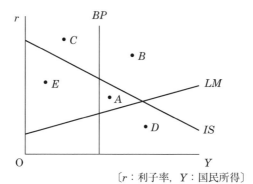

〔*r*：利子率，*Y*：国民所得〕

1 *A*点においては，財市場は超過需要，貨幣市場は超過供給，国際収支は赤字で
ある。

2 *B*点においては，財市場は超過供給，貨幣市場は超過需要，国際収支は黒字で
ある。

3 *C*点においては，財市場は超過需要，貨幣市場は超過供給，国際収支は黒字で
ある。

4 *D*点においては，財市場と貨幣市場はともに超過供給，国際収支は黒字であ
る。

5 *E*点においては，財市場と貨幣市場はともに超過需要，国際収支は赤字であ
る。

No.3 わが国と米国の為替レートが，現時点で1ドル＝120円であり，また，1年間のわが国のインフレ率は5％である一方，米国のインフレ率はゼロであるものとする。購買力平価説が成り立つ状況の下において，1年後の為替レートは1ドルいくらになると考えられるか。 【労働基準監督官・平成30年度】

1 114円

2 117円

3 120円

4 123円

5 126円

No.4 ある小国の経済は変動相場制を採用しており，次のように示されているとする。

$Y=C+I+CA$

$CA=10+2e-0.2Y$

$C=10+0.8Y$

$I=\dfrac{1}{i}$

$M=2Y+\dfrac{4}{i}$

Y：国民所得，C：消費，I：投資，
CA：経常収支，e：為替レート，
i：国内利子率，M：貨幣供給量

国家間の資本移動が完全であり，世界利子率が0.02であるとする。さらに，$M=$1,800とする。このとき，為替レートeはいくらか。

【国家一般職・平成30年度】

1 100

2 110

3 115

4 120

5 125

　　比較的オーソドックスなマンデル=フレミング・モデルの出題である。

1✕ **拡張的な財政政策は，為替レートを増価させる。**

　　拡張的な財政政策による*IS*曲線の上方シフトは国内利子率を上昇させる（*F*点）ので，資本流入が生じる。この際，自国通貨への需要が高まるので，為替レートは増価する。なお，通常，投資は為替レートの関数ではない。

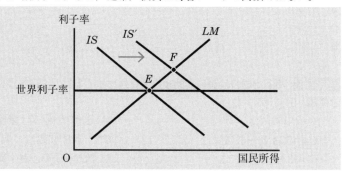

2✕ **貨幣需要が減少すれば，貨幣市場が緩和して，*LM*曲線が下方シフトする。**
　　なお，拡張的な財政政策は為替レートを増価させる。

3◎ **変動相場制下の拡張的財政政策は，無効である。**

　　妥当である。拡張的財政政策によって上方シフトさせた*IS*曲線が，貿易・サービス収支の悪化，つまり海外需要の減少によって下方にシフトバックするからである。

4✕ **拡張的な金融政策は，為替レートを減価させる。**

　　拡張的な金融政策による*LM*曲線の下方シフトは国内利子率を低下させる（図中*E*点の水準から*G*点の水準まで低下）ので，資本流出によって自国通貨への需要が減少し（外国通貨への需要が増加し），為替レートは減価する。為替レートの減価によって増加した純利益が*IS*曲線を右シフトさせ，その結果，均衡点が*H*点となっている。

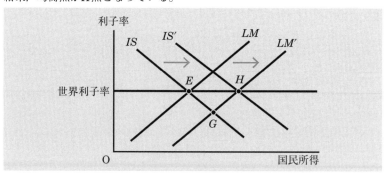

なお，投資がなんらかの理由で減少した場合，それによってシフトするのは*LM*曲線ではなく*IS*曲線である。

5 × 通常，貨幣需要は為替レートの関数ではない。

したがって，金融緩和によって為替レートが減価（増価ではなく）しても，*LM*曲線は影響を受けない。

No.2 の解説　マンデル=フレミング・モデル　　→問題はP.246　正答1

　　垂直な*BP*曲線の出題は比較的少ない。ただし，本問は垂直な*BP*曲線についての基本知識を確認する内容のもので，難解なものではない。

　　*IS*曲線の上方では，利子率が高いため$S(Y)>I(r)$となり，財市場は超過供給であり，下方では超過需要である。

　　*LM*曲線の上方では，利子率が高いため投機的動機に基づく貨幣需要が減少し$M/P>L_1(Y)+L_2(r)$となり，貨幣市場は超過供給であり，下方では超過需要である。

　　*BP*曲線の右側では，国民所得Yの増大が輸入を増加させるため国際収支赤字であり，左側では国際収支黒字である。なお，垂直な*BP*曲線は国際資本移動が不可能な場合，つまり金融収支が存在しないケースを表している。

　　これらを正しく記述しているのは，**1**のみである。

1 ◎ *A*点では，財市場は超過需要，貨幣市場は超過供給，国際収支は赤字である。

妥当である。

2 × *B*点では，財市場は超過供給，貨幣市場は超過供給，国際収支は赤字である。

3 × *C*点では，財市場は超過供給，貨幣市場は超過供給，国際収支は黒字である。

4 × *D*点では，財市場は超過需要，貨幣市場は超過需要，国際収支は赤字である。

5 × *E*点では，財市場は超過需要，貨幣市場は超過供給，国際収支は黒字である。

No.3 の解説　購買力平価説　　→問題はP.247　正答5

　　購買力平価説とは，両国の物価水準が等しくなるように為替レートが決まるというものであるから，これを用いるだけで解ける。

STEP❶　現時点での為替レートの意味

　　現時点において為替レートが1ドル＝120円であれば，代表的な財が米国では1ドル，日本では120円であったことになる。

STEP❷　1年後の為替レート

1年後，代表的な財は，米国では$(1+0)×1$ドル$=1$ドルのままであっても，日本では$(1+0.05)×120$円$=126$円になったのであれば，為替レートは1ドル$=126$円になる。

よって，正答は**5**である。

No.4 の解説　マンデル=フレミング・モデル

→問題はP.247　**正答5**

　　このモデルは小国で資本移動が完全自由であると仮定されているから，水平なBP曲線を持つマンデル=フレミング・モデルである。為替レートの計算問題では，BP曲線，LM曲線，IS曲線とさかのぼるとよい。

STEP❶　BP曲線

　　小国の場合，BP曲線は世界利子率の水準で水平になるから，

$$i=0.02$$

である。

STEP❷　LM曲線の計算

　　LM曲線は，問題に与えられた，

$$1800=2Y+\frac{4}{i}$$

であるが，ここに$i=0.02$を代入すると，

$$1800=2Y+\frac{4}{0.02}$$

$$Y=900-\frac{2}{0.02}=800$$

と国民所得Yを得る。

STEP❸　IS曲線の計算

　　IS曲線は，財市場の均衡条件である$Y=C+I+CA$の右辺に問題で与えられた式を代入すれば，

$$Y=10+0.8Y+\frac{1}{i}+10+2e-0.2Y$$

$$e=0.2Y-10-\frac{1}{2i}$$

になる。ここに，$i=0.02$および$Y=800$を代入すると，

$$e=0.2×800-10-\frac{1}{2×0.02}=125$$

となる。

　　よって，正答は**5**である。

実 戦 問 題 ❷ 　 応用レベル

No.5 　資本移動が完全に自由である小国の仮定の下でのマンデル=フレミング・モデルにおいて，自国の政策が国内経済に与える効果に関するA～Dの記述のうち，妥当なもののみをすべて挙げているのはどれか。

ただし，物価水準は一定であり，また，不胎化政策はとらないものとする。

【財務専門官・平成25年度】

A：固定為替相場制の下で，拡張的財政政策が発動された場合，資本流入が起こり，マネーサプライが増大した結果，政策発動前と比べて所得は増大する。

B：固定為替相場制の下で，自国通貨の切下げが行われた場合，資本流出が起こり，マネーサプライが減少した結果，政策発動前と比べて所得は変化しない。

C：変動為替相場制の下で，輸入規制や関税率の引上げなどの保護主義的な貿易政策が発動された場合，一時的に純輸出が大きくなるが，資本流入が起こり，自国通貨が増価した結果，政策発動前と比べて所得は変化しない。

D：変動為替相場制の下で，金融緩和政策が発動された場合，一時的に資本流入が起こり，自国通貨が増価するが，その後純輸出が減少するので，政策発動前と比べて所得は変化しない。

1　A

2　A，B

3　A，C

4　A，B，C

5　B，C，D

No.6 購買力平価説に関する記述として，妥当なのはどれか。

【地方上級（特別区）・平成21年度】

1 購買力平価説は，為替レートの動きをフローでとらえた外貨の需給で分析するのではなく，ストックとしての資産市場の均衡としてとらえようとする考え方である。

2 購買力平価説は，国内と外国の物価水準の比率が為替レートを決定するとの考え方であるが，この説は，為替レートの短期的な変動を説明することはできるが，長期的な変動の傾向を説明することはできないとされている。

3 購買力平価説では，自国と外国の間で生じた金利格差に基づいて為替レートが決定されるとしている。

4 購買力平価説によると，日本で5％のインフレーションが進行し，イギリスの物価がまったく動いていないとき，円・ポンドレートは5％で円安に動いていく。

5 購買力平価説によると，日本の利子率が5％で，アメリカの利子率が2％であるとき，円・ドルレートは3％で円高に動いていく。

No.7 円とドルの実質為替レートが次式で決定される。

$$実質為替レート＝\frac{アメリカの物価水準}{日本の物価水準}×1ドル当たりの円$$

この実質為替レートに関する次の文中の空欄ア～ウに該当する語句の組合せとして，妥当なのはどれか。 【地方上級・令和4年度】

外国為替市場でドルに対して円が3％増価（1ドルあたりの円が3％低下）した。同時期におけるアメリカの物価水準の上昇率が，日本の物価水準の上昇率よりも5％だけ高い場合，実質為替レートは ア 。このとき，日本の財がアメリカの財より相対的に イ なるため，日本のアメリカへの輸出数量は ウ すると考えられる。

	ア	イ	ウ
1	上昇する	安く	拡大
2	上昇する	高く	縮小
3	変化しない	安く	拡大
4	低下する	安く	縮小
5	低下する	高く	拡大

No.8 下図は，マンデルのポリシー・ミックス・モデルを示したものである
が，この図に関する記述として，妥当なのはどれか。ただし，為替レートは固定さ
れているものとする。 【地方上級（東京都）・平成17年度】

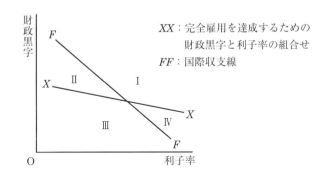

1 Ⅰの領域においては，国内経済ではインフレ・ギャップが発生し，国際収支は
  赤字の状態にある。
2 Ⅱの領域においては，国内経済ではデフレ・ギャップが発生し，国際収支は赤
  字の状態にある。
3 Ⅲの領域においては，国内経済ではデフレ・ギャップが発生し，国際収支は黒
  字の状態にある。
4 ⅠおよびⅣの領域においては，国際収支の均衡を達成させるために，金融引締
  め政策が必要である。
5 ⅢおよびⅣの領域においては，国内均衡を達成させるために，財政支出の拡大
  が必要である。

実戦問題 ❷ の 解説

資本移動が完全に自由であるとの仮定より，国際収支の均衡を表すBP曲線は，世界利子率水準で水平になる。また，以下の説明では，当初の均衡点はE_0とする。

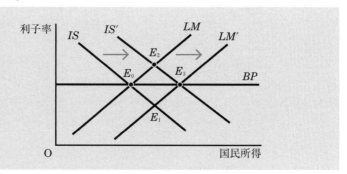

A◯ 固定為替相場制の下での拡張的財政政策は，所得を増大させる。

拡張的財政政策によってIS曲線を右シフト（$IS \to IS'$）させると，利子率上昇がもたらす資本流入により自国通貨への需要が増加し，自国通貨の増価圧力となる。ここで，為替相場を一定に保つには，自国のマネーサプライの増加が必要となる。これはLM曲線を右にシフトさせる（$LM \to LM'$）ことを意味するので，国民所得は増加する（E_0点に対応する水準から，E_2を経て，E_3に対応する水準となる）。

B✕ 自国通貨の切下げは，純輸出を増加させるため，IS曲線が右シフトする。

固定為替相場制の下での自国通貨の切下げ（自国通貨を減価させるような為替相場の変更）は，純輸出を増加させるため，IS曲線が右シフトする（$IS \to IS'$）。しかし，これに伴う利子率上昇は，資本流入（この点の記述も誤り）と自国通貨への需要を増加させるため，自国通貨への増価圧力となる。為替相場を一定に保つには，自国のマネーサプライの増加が必要となるが，これはLM曲線を右にシフトさせる（$LM \to LM'$）結果として，国民所得は増加する（E_0点に対応する水準から，E_2を経て，E_3に対応する水準となる）。

C◯ 変動為替相場制の下での保護主義的な貿易政策では，所得は変化しない。

保護貿易政策の実施によって一時的に純輸出が増加する点は正しい。そして，それは外需の増加であるからIS曲線が右シフトする。しかし，変動為替相場制の下では，これは利子率の上昇をもたらすので，資本の流入と自国通貨への需要増加によって自国通貨の増価が生じるため，結局は純輸出が再び減少する，つまりIS曲線の左へのシフトバックが生じるので，最終的に国民所得は政策発動前と変化しない。

D✕ 変動為替相場制の下での金融緩和政策は，自国通貨を減価させる。

変動為替相場制の下での金融緩和政策は，LM曲線を右シフトさせ，自国の利子率を低下させるため，問題文とは逆に，資本流出と国際収支の悪化を引き起こす。したがって，自国通貨は減価し，純輸出の増加，つまりIS曲線が右シフトするため，最終的に所得は増加する（当初のE_0点に対応する水準から，E_1を経て，E_3に対応する水準となる）。

　よって，正答は**3**である。

　為替レートの決定に関する理論の中では購買力平価説が最もよく出題される。なお，直接に用語としては現れなくても，内容的に金利平価説と対比して考えさせる出題が多いので，2つの学説の基本的な考え方を本問で確認しておいてほしい。

1 × **購買力平価説はフローに着目した学説である。**

　購買力平価説は，自国と外国の物価水準の比として為替レートが決定すると考える古典派の為替理論の一つであり，スウェーデンのカッセルが提唱したものである。これと対比される学説に，自国と外国の利子率が均等化するように為替レートが決まると考える金利平価説がある。財市場での取引に関連して為替レートが決まるとする購買力平価説はフローに着目した学説であり，金融資産市場に着目した金利平価説はストックに着目した学説である。

2 × **購買力平価説は為替レート決定の長期理論である。**

　購買力平価説は，国内と外国の物価水準の比率が為替レートを決定するとの考え方である。ある国の物価水準が安いと，その国の財に対する需要が高まるために，財の購入に必要なその国の通貨が外国為替市場で需要され，その結果，その国の通貨が増価することになる。購買力平価説が成立すると，為替レートで変換すれば，どの国で財を購入しても同じ価格になるという一物一価の法則が成立することになる。しかし，実際には価格調整には時間を要するため，購買力平価説は短期変動を説明する理論というよりは，むしろ長期的な変動を説明するものである。為替レートの短期的な動きは金利平価説で説明される。

3 × **自国と外国の金利格差で為替レートが決まるとするのは金利平価説である。**

　自国と外国の資産が完全代替的なら，裁定取引によって金利は均等化するはずであり，実際の金利差は為替レートの変化率で調整されると考えるものが金利平価説である。

4 ◎ **物価水準の変化率で為替レートが決まることを相対的購買力平価説という。**

　妥当である。当初，ある財がイギリスでは1ポンド，日本では100円なので，円・ポンドの為替レートが1ポンド100円であったとする。ここで，日本の財価格が105円になったとき，為替レートが一定のままであれば，100円を1ポンドに交換し，その1ポンドでイギリスから財を輸入すれば5円の利益が生じる。よって，日本はイギリスから財を輸入するために，外国為替市場で円を手放してポンドに交換しようとする。しかし，これは外国為替市場における円の超過供給とポンドの超過需要を意味するから，円の減価およびポンドの増価が起きる，つまり円・ポンドレートが円安方向に動くことになる。しかし，レートが1ポンド105円に達した段階でこの動きは止まり，均衡が成立する。もはや105円を1ポンドに交換してイギリスから1ポンドの財を輸入しても利益は出ない。一物一価が成立しているからである。なお，この

考え方は物価水準そのものよりは物価水準の変化が為替レートを決めている
ため，相対的購買力平価説と呼ばれる。

5 ✕　内外利子率格差で為替レートが決定されるとするのは金利平価説である。
簡単な金利平価説を用いれば，円・ドルレートの期待変化率3％＝日本の利
子率5％－アメリカの利子率2％が成立する。これはたとえば1ドル100円か
ら1ドル103円になるということであるから，円安になることを表している。

No.7 の解説　実質為替レート　　　　　　　　→問題はP.252　**正答1**

　　実質為替レートに関する出題は比較的少ないが，**STEP❷**で用いた変化率
の式での計算はときどき要求される。ここで確認しておこう。

STEP❶　実質為替レートと名目為替レートの関係

　　円建ての名目為替レートとは1ドルと交換できる円の量のことであるから，

本問での「1ドル当たりの円」であり，これを$e=\dfrac{¥}{\$}$と表すことにする。実質

為替レートεは，実質化された円の価値と実質化されたドルの価値の比率で
あり，日本の物価水準をP^J，アメリカの物価水準をP^Aとおくと，

$$\varepsilon=\frac{\dfrac{¥}{P^J}}{\dfrac{\$}{P^A}}=\frac{P^A}{P^J}\times\frac{¥}{\$}$$

$$=\frac{P^A}{P^J}\times e$$

と定義できる。

STEP❷　実質為替レートの変化率の計算

　　STEP❶で定義された実質為替レートの式を変化率にすれば，

$$\frac{\Delta\varepsilon}{\varepsilon}=\frac{\Delta P^A}{P^A}-\frac{\Delta P^J}{P^J}+\frac{\Delta e}{e}$$

とできる。問題文より，$\dfrac{\Delta e}{e}=-0.03$，$\dfrac{\Delta P^A}{P^A}-\dfrac{\Delta P^J}{P^J}=0.05$であるから，実質為

替レートの変化は，

$$\frac{\Delta\varepsilon}{\varepsilon}=0.05+(-0.03)=0.02$$

つまり，2％の上昇（**ア**の答え）となる。

STEP❸　結果の解釈

　　これは実質的に1ドルで購入できる日本の財の数量が2％分多くなるとい
うことであるから，日本の財がアメリカの財より相対的に安くなる（**イ**の答
え）ということである。したがって，日本のアメリカへの輸出数量は拡大
（**ウ**の答え）する。

　　以上より，正答は**1**である。

マンデルの政策割当論（ポリシー・ミックス）の図である。固定為替相場制を前提としているせいか，直近の出題例は少ない。

STEP❶　各領域の状態

XX線では，国内経済において完全雇用が達成されている状態であるので，利子率を一定とすると，財政黒字の大きい領域（ⅠとⅡ）では総需要が不足してデフレ・ギャップが，財政黒字の小さい領域（ⅢとⅣ）では総需要が増加してインフレ・ギャップが生じている。

また，FF線では国際収支の均衡が達成されているので，財政黒字を一定とすると，利子率のより高い領域（ⅠとⅣ）では資本が流入して国際収支の黒字が，利子率の低い領域（ⅡとⅢ）では資本流出が生じて国際収支の赤字が生じている。

STEP❷　適切な政策割当

マンデルは，国内均衡の達成には総需要を直接刺激する財政政策が，国際収支の均衡には資本の流出入を引き起こしやすい金融政策が適切であるとした。

したがって，XX線から見て，上方のⅠとⅡの領域ではデフレ・ギャップを解消するような財政黒字の減少（財政支出の拡大）が，下方のⅢとⅣの領域ではインフレ・ギャップを解消するような財政黒字の増加（財政支出の減少）が必要となる。

また，FF線から見て，右方のⅠとⅣの領域では国際収支の黒字を解消するような利子率の低下（金融緩和）が，左方のⅡとⅢの領域では国際収支の赤字を解消するような利子率の上昇（金融引締め）が必要となる。

1✕　Ⅰの領域では，デフレ・ギャップと国際収支の黒字が生じている。

2◎　妥当である。Ⅱの領域では，デフレ・ギャップと国際収支の赤字が生じている。

3✕　Ⅲの領域では，インフレ・ギャップと国際収支の赤字が生じている。

4✕　ⅠおよびⅣの領域では，国際収支の黒字を解消するため，金融緩和政策が必要である。

5✕　ⅢおよびⅣの領域では，インフレ・ギャップを解消するため，財政黒字の増加（財政支出の縮小）が必要となる。

第4章
総需要・総供給分析

テーマ⑬ **総需要曲線**
テーマ⑭ **労働市場と総需要・総供給曲線**
テーマ⑮ **フィリップス曲線**
テーマ⑯ **インフレ需要曲線・供給曲線**

第4章 総需要・総供給分析

試験別出題傾向と対策

試験名	頻出度	国家総合職（経済区分）					国家一般職					国家専門職（国税専門官）				
年度 / テーマ		21-23	24-26	27-29	30-2	3-5	21-23	24-26	27-29	30-2	3-5	21-23	24-26	27-29	30-2	3-5
出題数		2	6	9	4	6	2	3	3	0	3	0	1	0	1	3
13 総需要曲線	C		1				1	1	1							
14 労働市場と総需要・総供給曲線	A		2	5	3	4	1		1		2	1			1	2
15 フィリップス曲線	B	1	2	2	1			1	1	1		1				1
16 インフレ需要曲線・供給曲線	C	1	1	2		1		1								

　テーマ13で総需要曲線のみを取り扱い，テーマ14で労働市場と総供給曲線，そして総需要・総供給分析の全体を取り扱う。テーマ15のフィリップス曲線は，背景として総需要・総供給分析の概要と労働市場の貨幣錯覚モデルを理解していることが望ましいが，比較的独立性の高いテーマである。テーマ16のインフレ需要曲線・供給曲線は本章の内容をすべて踏まえた分析であるが，出題頻度の点からいえば，本書の中で最も出題頻度の低いテーマの一つである。

　総需要・総供給分析自体は，導出過程がまったく異なるにもかかわらず，結果としてミクロ経済学の需要曲線と供給曲線の分析に似たところがあり，特にグラフ問題は，古典派とケインジアンの違いを知っていれば，意外と容易に解ける場合がある。マクロ経済学も本章あたりからかなり難易度が高くなるので，完璧な理解をめざすよりは，まずは大枠を理解することに努め，それで解ける問題からマスターし，徐々に解ける問題を増やしていってほしい。

● 国家総合職（経済区分）

　テーマ14の総需要・総供給曲線が頻出である。かつては*IS-LM*分析と総需要・総供給分析の関係を，古典派とケインジアンを対比させながら問う出題が多かったが，直近3年においては計算問題のみである。なお，テーマ15のフィリップス曲線およびテーマ16のインフレ需要曲線・供給曲線がおよそ2年に1度の頻度で出題されているが，これはいずれもニュー・ケインジアン理論と呼ばれるものの出題であり，高度な内容である。まずは，確実に総需要・総供給分析を正確に理解するような学習をしよう。

● 国家一般職

　本章に含まれるテーマ群のうち，テーマ16のインフレ需要・インフレ供給分析を除いて，残りの3テーマからおおむね例年1問程度の出題傾向である（なお，平成30年度〜令和2年度は本章からは出題されなかった）。数学的難易度がやや高めの出題が見られる年度がある。可能な範囲での対策はしておこう。

地方上級 （全国型）					地方上級 （特別区）					市役所 （C日程）				
21 〜 23	24 〜 26	27 〜 29	30 〜 2	3 〜 5	21 〜 23	24 〜 26	27 〜 29	30 〜 2	3 〜 5	21 〜 23	24 〜 26	27 〜 29	30 〜 2	3 〜 4
1	1	1	1	3	2	2	3	3	2	0	2	2	2	2
		1			1	1		1						テーマ⑬
	1	1		2			1	1	1		1	1	1	2	テーマ⑭
1		1	1	1	1	1	1	1		1	1	1		テーマ⑮
				1										テーマ⑯

第4章 総需要・総供給分析

● 国家専門職（国税専門官）

　過去15年において，ほぼテーマ14の総需要・総供給分析からのみの出題であり，おおむね3〜4年周期であるから，出題頻度が高いとはいいにくい。内容も比較的難易度の高くないケースが多い。ただし，直近の3年間では連続して出題があったうえ，テーマ15のフィリップス曲線に関しても出題された。

● 地方上級（全国型）

　テーマ16のインフレ需要曲線・インフレ供給曲線を除く，残りの3テーマからおおむね2年に1問程度で出題されている（ただし，令和に入って以降，3年連続で出題がなく，続く2年は連続して出題ありとかなり不規則である）。難易度はあまり高くない傾向なので，基本事項をしっかり理解しておこう。

● 地方上級（特別区）

　テーマ14から，グラフを用いた総需要・総供給分析による古典派とケインジアンの比較，また，テーマ15からフィリップス曲線に関する自然失業率仮説の内容が周期的に出題されている。比較的明確な傾向であるので，対策しやすい。上記の内容について，正しく理解しておこう。

● 市役所

　基本的には，本章からの出題は少ない。平成24年度まではまったく出題がなかったが，平成25年度からは総需要・総供給分析またはフィリップス曲線から1問出題される例が増えている。総需要・総供給分析に関する計算問題も出題があるが，労働市場の状況を時事と関連付けて問うタイプが多い。

総需要曲線

必修問題

　ある経済のマクロモデルが次のように示されているとき，総需要曲線として正しいのはどれか。なお，物価水準をPとする。

$$Y = C + I$$

$$C = 20 + \frac{3}{4}Y$$

$$I = 100 - 5r$$

$$L = \frac{1}{2}Y + 250 - 10r$$

$$M = 240$$

$\left[\begin{array}{l} Y：国民所得，\ C：消費，\ I：投資，\ r：利子率，\\ L：実質貨幣需要，\ M：名目マネーストック \end{array}\right]$

【国家一般職・平成26年度】

1　$r = -\dfrac{1}{20}Y + 24$

2　$r = 5Y + 100$

3　$P = \dfrac{240}{Y + 10}$

4　$P = \dfrac{240}{Y + 100}$

5　$P = 240Y + 2400$

難易度　＊

必修問題の 解説

　総需要曲線の計算は，**IS-LM**曲線の基本的な計算をマスターしていれば容易であるので，取りこぼすことがないようにしたい。

STEP①　変数の確認

　総需要曲線（AD）は（というよりむしろ総需要・総供給分析は），縦軸に物価水準P，横軸に国民所得Yをとる。この時点で，利子率rと国民所得Yの式になっている**1**および**2**は排除される。また，通常の総需要曲線は右下がりの形状であるから，右上がりになる**5**も排除される。

STEP❷ *IS*曲線および物価水準を含む*LM*曲線の導出

総需要曲線は*IS*曲線と*LM*曲線から導かれる。*IS*曲線については，財市場の均衡条件である$Y=C+I$の右辺に，消費Cおよび投資Iの式を代入すれば，

$$Y=C+I=20+\frac{3}{4}Y+100-5r$$

$$10r=240-\frac{1}{2}Y$$

と*IS*曲線を得る。一方，貨幣市場の均衡条件$\frac{M}{P}=L$に，名目マネーストックMの値と実質貨幣需要Lの式を代入すると，

$$\frac{240}{P}=\frac{1}{2}Y+250-10r$$

と*LM*曲線を得る。

ここで最も重要な点は，マネーストックMを物価水準Pで除して実質化する点である。問題で与えられた記号の定義によると，Mは名目マネーストック，Lは実質貨幣需要であるから，理論上，マネーストックを物価水準Pで除して実質化しないと両者を比べることはできない。また，ここで物価水準Pを導入しておかないと，物価水準Pと国民所得Yの式にならない。

STEP❸ *IS*曲線と*LM*曲線の連立

*IS-LM*分析は利子率rと国民所得Yをグラフの軸にとるが，総需要・総供給分析は物価水準Pと国民所得Yをグラフの軸にとる。したがって，*IS*曲線と*LM*曲線を連立して，利子率rを消去すれば，総需要曲線を求めることができる。

具体的には，*LM*曲線の右辺に*IS*曲線を代入すれば，

$$\frac{240}{P}=\frac{1}{2}Y+250-(240-\frac{1}{2}Y)=Y+10$$

$$P=\frac{240}{Y+10}$$

となる。

よって，正答は**3**である。

正答 3

FOCUS

総需要曲線は*IS*曲線と*LM*曲線から導かれる。このことについて，計算問題またはグラフ問題として出題されることが多い。両者は同じ考え方に基づいているので，合わせて理解するとよい。また，総需要・総供給分析の一部として本問の内容が出題されることもある。

重要ポイント 1　**総需要曲線（AD曲線）の導出**

　*IS-LM*分析が物価の変化を明示的に取り扱わない短期分析であるのに対して，**総需要・総供給分析（*AD-AS*分析）**は物価水準と国民所得の関係を分析の対象とする。なお，総供給曲線については，次の**テーマ14**で取り上げる。

　*IS-LM*分析において，物価がP_0からP_1に下落すると，金融緩和による名目マネーサプライMの増加と同様に，$\dfrac{M}{P}$の値が上昇するので，*LM*曲線は$LM(P_0)$から$LM(P_1)$へと下方シフトする。この結果，均衡国民所得はY_0からY_1に増加する。

　これを，縦軸に物価水準Pを，横軸に対応する国民所得Yをとった平面上のグラフに書き改めたものが**総需要曲線（*AD*曲線）**である。

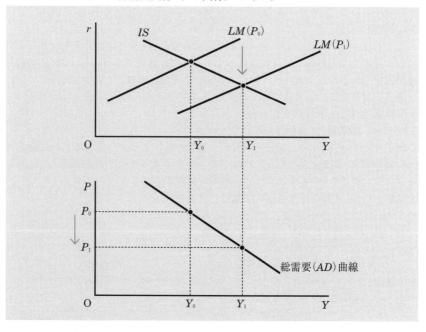

重要ポイント 2　**総需要曲線（AD曲線）の性質**

（1）通常は右下がりであるが，流動性のわな，または投資の利子弾力性がゼロのときに垂直となる。ただし，ピグー効果が働けば，この場合でも右下がりとなる（重要ポイント3参照）。

　左図は，**貨幣需要の利子弾力性が無限大であり，*LM*曲線が水平のケース**である（**流動性のわな**）。ここで，物価のP_0からP_1への下落によって，*LM*曲線が$LM(P_0)$から$LM(P_1)$へと右シフトした場合，*IS*曲線と*LM*曲線の交点の国民所得はY_0から増加していない。したがって，縦軸に物価水準Pを，横軸に対応する国民所得Yをと

った平面上に描かれる総需要曲線は垂直となる。

　右図は，**投資の利子弾力性がゼロであり，IS曲線が垂直のケース**である。ここで，物価のP_0からP_1への下落によって，LM曲線が$LM(P_0)$から$LM(P_1)$へと右シフトした場合，IS曲線とLM曲線の交点の国民所得はY_0から増加していない。したがって，この場合の総需要曲線も垂直となる。

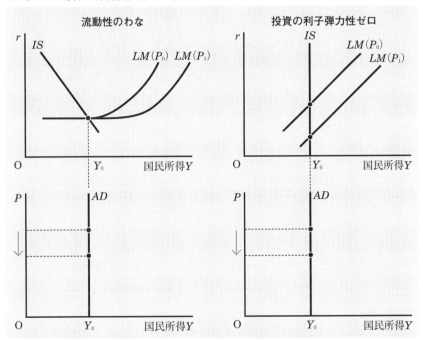

　なお，以上のグラフ分析から，**垂直な総需要曲線（AD曲線）は，金融政策では右シフトしない**ことがわかる。物価低下によるLM曲線の右シフトを金融緩和による右シフトと読み替えても，導かれるグラフは同じ形状になるからである。

(2) 一般的に拡張的財政政策や緩和的金融政策によって，右上方にシフトする。

　次ページ左上の図中，拡張的財政政策によってIS曲線がIS'に右シフトしたとする。物価水準の下落によってLM曲線が，$LM(P_0)$から　$LM(P_1)$に右シフトした場合，当初のIS曲線でY_0からY_1に増加した国民所得は，IS'の場合はY_0'からY_1'に増加する。これをつなぐと，総需要曲線は右上方にシフトすることがわかる。

第4章

総需要・総供給分析

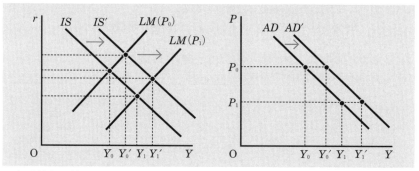

　金融緩和政策のケースを考える。次図において，当初の物価水準P_0でのLM曲線$LM(P_0)$の際に金融緩和政策を行えば，LM曲線が右シフトして$LM'(P_0)$になり，国民所得はY_0からY_0'まで増加する。一方で，物価水準P_1でのLM曲線$LM(P_1)$の際に金融緩和政策を行えば，LM曲線はここから右シフトして$LM'(P_1)$になるため，国民所得はY_1からY_1'まで増加する。

　このように，金融緩和政策はそれぞれの物価水準の下で国民所得を増加させるのであるから，総需要（AD）曲線を右シフトさせることになる。

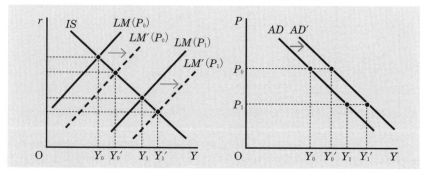

重要ポイント **3** **ピグー効果**

　ピグー効果（実質資産残高効果）とは，不況時の物価下落によって実質資産が増加すれば，消費が刺激されるので，国民所得も増加することを表したものである。消費の増加は総需要の増加でもあるから，**ピグー効果はIS曲線を右シフトさせる**ことになる。

　重要ポイント2で，経済が流動性のわなに陥っている場合，投資の利子弾力性がゼロの場合に総需要曲線が垂直になることを説明したが，ピグー効果によるIS曲線の右シフトは，これらの場合においても総需要曲線を通常の右下がりの形状にする。

　左図の流動性のわなの場合，物価のP_0からP_1への下落によって，LM曲線が$LM(P_0)$から$LM(P_1)$へと右シフトしても，ピグー効果が働かなければIS曲線とLM曲線の交点の国民所得はY_0から増加しない（この場合の総需要曲線がAD_1である）。しかし，

ピグー効果によってIS曲線も$IS(P_0)$から$IS(P_1)$へと右シフトすれば，国民所得はY_0からへY_1と増加するため，総需要曲線はAD_2のように右下がりの形状になるのである。

　右図は，投資の利子弾力性がゼロであり，IS曲線が垂直のケースであるが，ここでも，物価のP_0からP_1への下落によって，LM曲線が$LM(P_0)$から$LM(P_1)$へと右シフトするだけでなく，IS曲線も$IS(P_0)$から$IS(P_1)$へと右シフトすれば，国民所得はY_0からY_1へと増加するため，総需要曲線はAD_2のような右下がりの形状になる。

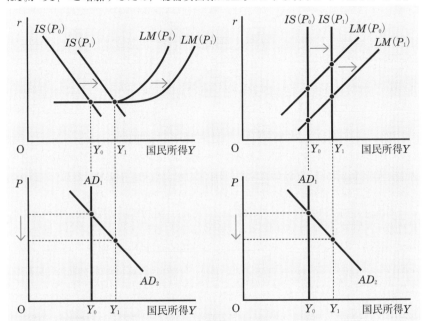

重要ポイント 4 ▶ フィッシャー効果

　名目金利と実質金利の間には，以下のフィッシャー方程式が成立する。

フィッシャー方程式：名目利子率＝実質利子率＋（期待）インフレ率

　ここで，実質利子率は財市場で決定され，貨幣市場からは定数と考えられる。すると，中央銀行が金融緩和を行い，マネーサプライを増加させると，貨幣市場で名目利子率が低下する。

　ここで，物価が変化しない短期では，実質利子率も低下しうるが，インフレが発生する長期においては，市場での名目利子率が上昇することになる。これは，貨幣の貸し手がインフレによる実質的な収益の減少を避けるために，名目利子率を上昇させるからである。この金融緩和による利子率上昇を**フィッシャー効果**という。これは古典派の立場において，物価上昇によって金融政策が無効となることと整合的である。

No.1 総需要曲線に関する次の文のア～ウに当てはまるものの組合せとして最も妥当なのはどれか

ただし，*IS*曲線，*LM*曲線は一般的に図のように示されるものとする。

【労働基準監督官・平成26年度】

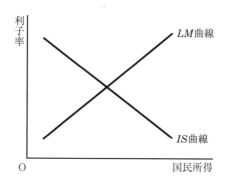

総需要曲線は総需要と物価との関係を示すものであり，*IS-LM*モデルから導くことができる。総需要曲線の形状は，一般的に右下がりである。

今，投資の利子弾力性が　ア　なったことにより，*IS*曲線の傾きが当初よりも急になったとする。国民所得は*IS*曲線と*LM*曲線の交点で決定されるが，物価水準が低下し*LM*曲線がシフトしたとき，対応する国民所得の増加幅は，*IS*曲線の傾きが急になった場合は当初の場合と比較して　イ　なるため，総需要曲線の傾きは，当初の総需要曲線の傾きより　ウ　になる。

	ア	イ	ウ
1	大きく	大きく	急
2	大きく	小さく	緩やか
3	大きく	小さく	急
4	小さく	大きく	緩やか
5	小さく	小さく	急

のうち，妥当なもののみをすべて挙げているのはどれか。

なお，*IS*曲線，*LM*曲線および総需要曲線の一般的な形状は下図のとおりである。

【国家総合職・平成26年度】

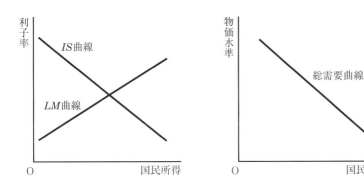

A：名目貨幣供給量が一定の下で物価水準が下落すると，*LM*曲線が右下方にシフトするため総需要曲線は左下方へシフトする。

B：政府支出が増加すると，*IS*曲線が右上方へシフトし総需要曲線も右上方へシフトする。

C：投資や消費が利子率に対して完全に非弾力的である場合，総需要曲線は水平となる。

D：いわゆる「流動性のわな」の状態にあり，*LM*曲線が水平である場合，総需要曲線は垂直となる。

1 A，C
2 A，D
3 B，C
4 B，D
5 C，D

第4章 総需要・総供給分析

実戦問題 **①** の解説

No.1 の解説　*IS-LM分析と総需要曲線*　　　　　　→問題はP.268　**正答5**

　　総需要曲線のグラフを*IS-LM*分析のグラフから導く基本的出題例である。
しっかり理解しておいてほしい。

STEP❶　投資の利子弾力性と*IS*曲線の傾き

　　*IS*曲線が右下がりであるのは，利子率が低下すれば，それによる投資需
要の増加が乗数効果を伴いつつ国民所得を増大させるからであり，*IS*曲線
が急になるということは，利子率が低下しても投資需要が大きくは増加しな
いために国民所得も大きくは増加しないという場合である。すなわち，これ
は投資の利子弾力性が小さくなったということである（**ア**には「小さく」が
入る）。

STEP❷　*IS*曲線の傾きと均衡国民所得

　　図（左）では，当初の均衡国民所得がY_0であり，物価下落で*LM*曲線が*LM*
から*LM'* に右シフトする状態を表している。*IS*曲線が傾きの緩やかなIS_2の場
合には均衡国民所得がY_2まで増加するのに，傾きの急なIS_1の場合には均衡国
民所得はY_1までしか増加しない（ここから，**イ**には「小さく」が入る）。

STEP❸　*IS*曲線の傾きと総需要曲線の傾き

　　図（右）は，*LM*曲線を右シフトさせた物価水準を縦軸にとり，物価水準
が低下した場合に，*IS*曲線が傾きの緩やかなIS_2であった場合には国民所得
がY_2まで増加するので，ここから導かれる総需要曲線も傾きの緩やかなAD_2
になるものの，*IS*曲線が傾きの急なIS_1であった場合には国民所得がY_1まで
しか増加しないので，ここから導かれる総需要曲線も傾きの急なAD_1にな
る。つまり，*IS*曲線の傾きが急であれば，そこから導かれる総需要曲線の
傾きも急になることがわかる（**ウ**には「急」が入る）。

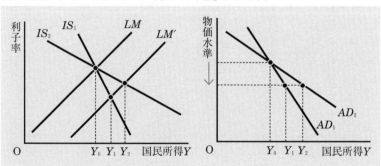

　　よって，正答は**5**である。

No.2 の解説 *IS-LM分析と総需要曲線*

→問題はP.269 **正答4**

*IS-LM*分析の基礎とその特殊ケースに触れている。特殊ケースとはいえ，流動性のわなをはじめ，重要なケースが多いのでしっかりマスターしてほしい。

総需要曲線（*AD*曲線）は，*IS-LM*分析において，物価下落時に*LM*曲線が右下方シフトして国民所得が増加する（左図）ことを，物価水準が下がると国民所得が増加する（右図）ことを表す右下がりのグラフである。

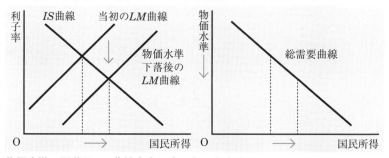

A✕ **物価水準の下落は*LM*曲線を右下方にシフトさせる。**

むしろ，ここから総需要曲線が右下がりになることがいえるのであり，総需要曲線がシフトするわけではない。

B◯ **IS曲線が右上方へシフトすると，総需要曲線も右上方へシフトする。**

政府支出の増加によって*IS*曲線が右上方へシフトすると，各物価水準の下で，*LM*曲線との交点での国民所得は増加する。これは各物価水準で成立するのであるから，総需要曲線自体が右上方へシフトすることになる。

C ✕ 投資が利子率に対して完全に非弾力的の場合，総需要曲線は垂直となる。

投資の利子弾力性が完全に非弾力（弾力性がゼロ）の場合，*IS*曲線は垂直となるため，物価水準の下落によって*LM*曲線が右下方へシフトしても，国民所得は増加しない。このため，物価水準が下落しても国民所得は増加しないのであるから，総需要曲線に垂直になる。

なお，通常，消費は利子率に対して非弾力的であると仮定される。これは，利子率の変化に伴う代替効果と所得効果が逆方向に働くため，両者がある程度相殺することになるためである（たとえば，利子率が上昇する場合，代替効果では貯蓄を増加させて現在消費を減少させる一方，所得効果では利子所得の増加が現在消費を増加させる）。

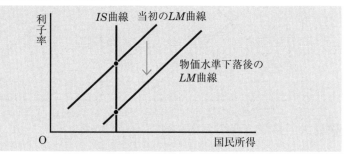

D ◯ 「流動性のわな」の場合，総需要曲線は垂直となる。

「流動性のわな」，すなわち*LM*曲線が水平である場合，利子率は下限に達している。そのため，物価水準が下落して，*LM*曲線が右下方シフトしても，それより下方にシフトすることはなく，国民所得も増加しない。したがって，物価水準が低下しても国民所得は増加しないのであるから，総需要曲線は垂直となる。

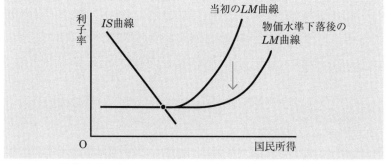

よって，正答は**4**である。

実戦問題 ❷ 応用レベル

No.3 ** 次のA〜Fのうち総需要曲線をシフトさせる要因のみを組み合わせたものとして，妥当なものはどれか。ただし，流動性のわな，完全なクラウディング・アウトは発生しないものとする。　【地方上級（全国型）・平成16年度】

　A：技術革新の発生
　B：公共事業の増大
　C：名目貨幣供給量の増大
　D：貨幣賃金率の切下げ
　E：労働意欲の向上
　F：消費意欲の減退

1　A，C，E
2　A，D，F
3　B，C，F
4　B，D，E
5　B，F

No.4 ** ある国の財市場が，

$$Y=C+I+G$$
$$C=20+0.6Y$$
$$I=79-100r$$

貨幣市場が，

$$\frac{M}{P}=L$$
$$L=1.2Y-200i$$

で示されるとする。

Y：国民所得，C：消費，G：政府支出，
I：民間投資，r：実質利子率，
M：貨幣供給量，P：物価水準，
L：貨幣需要量，i：名目利子率

　ここで，貨幣供給量が500，予想物価上昇率が0.01のときの総需要関数として正しいのはどれか。　【国家総合職・平成18年度】

1　$L=3Y-100-G$

2　$P=\dfrac{125}{Y-r-50-G}$

3　$P=\dfrac{125}{Y-r-G}$

4　$P=\dfrac{250}{Y-90-G}$

5　$P=\dfrac{250}{Y-100-G}$

No.5 総需要曲線に関するア〜オの記述のうち，妥当なもののみをすべて挙げているのはどれか。

ただし，*IS*曲線，*LM*曲線の一般的な形状は，それぞれ右下がり，右上がりであるものとし，総需要曲線の一般的な形状は右下がりであるものとする。

【国家一般職・平成23年度】

ア：総需要曲線は，労働者の予想物価水準と現実の物価水準に関する認識のずれに基づく労働者錯覚モデルから導出されるものである。

イ：投資が利子率に対して完全に弾力的であるとき，総需要曲線は垂直となる。

ウ：拡張的な財政政策は，*IS*曲線の右上方へのシフトを通じて総需要曲線を右上方へシフトさせる。

エ：貨幣供給量を減少させると，*LM*曲線の左上方へのシフトを通じて総需要曲線を左下方へシフトさせる。

オ：ピグー効果を考慮すると，物価下落に伴う*IS*曲線の左下方へのシフトを通じて総需要曲線を左下方へシフトさせる。

1 ア，イ　　　　**2** ア，オ

3 ウ，エ　　　　**4** イ，ウ，エ

5 ウ，エ，オ

No.6 ピグー効果に関する記述として，妥当なのはどれか。

【地方上級（特別区）・平成16年度】

1 ピグー効果とは，貨幣賃金の引下げにより物価水準が低下した場合，流動資産の実質価値の増大により，消費が増加するので，有効需要が増え，雇用が拡大することをいう。

2 ピグー効果とは，貨幣賃金の引下げにより物価水準が低下した場合，流動資産の実質価値の減少により，消費が増加するので，有効需要が増え，雇用が拡大することをいう。

3 ピグー効果とは，貨幣賃金の引下げにより物価水準が上昇した場合，流動資産の実質価値の増大により，消費が増加するので，有効需要が増え，雇用が拡大することをいう。

4 ピグー効果とは，貨幣賃金の引下げにより物価水準が上昇した場合，流動資産の実質価値の減少により，利子率が上昇して投資が増加するので，有効需要が増え，雇用が拡大することをいう。

5 ピグー効果とは，貨幣賃金の引下げにより物価水準が低下した場合，流動資産の実質価値の増大により，利子率が低下して投資が増加するので，有効需要が増え，雇用が拡大することをいう。

実戦問題②の解説

No.3 の解説　総需要曲線のシフト

総需要曲線が*IS*曲線と*LM*曲線のみから導出されることがわかっていると，これが重要な手掛かりになる。

STEP❶　条件の確認

「流動性のわな」は*LM*曲線が水平な状態，「完全なクラウディング・アウト」とは*LM*曲線が垂直な状態であり，これらでない通常の右上がりの*LM*曲線を考える。これらを除く通常の場合，*IS*曲線，または*LM*曲線がシフトした場合に総需要曲線もシフトすることになる。

STEP❷　マクロ経済政策と総需要曲線のシフト

総需要曲線は，拡張的財政政策および緩和的金融政策で右シフトする。この点を知っていれば，**B**と**C**は必ず含む。

B◯ 公共事業の増大は政府支出の増大にあたるので，*IS*曲線を右シフトさせ，総需要曲線も右シフトさせる。

C◯ 名目貨幣供給量の増大は金融緩和政策であり，*LM*曲線を右シフトさせ，総需要曲線も右シフトさせる。

この2つをともに含む選択肢は**3**しかないので，正答は**3**である。そうであれば，**F**も総需要曲線のシフト要因であるはずである。

F◯ 消費意欲の減退は，総需要を減少させるから総需要曲線を左シフトさせる。

STEP❸　総供給曲線の性質

総供給曲線は労働市場の均衡とマクロ的生産関数から導かれる。したがって，**A**，**D**，**E**は，総供給曲線に関連づけられる。総供給曲線については**テーマ14**で取り扱うので，詳細はそちらを参照のこと。

A✕ 技術革新の発生は，マクロ生産関数に影響するので，総需要曲線ではなく総供給曲線をシフトさせる（右下方シフトになる）。

D✕ 貨幣賃金率の切下げは，企業の雇用を増加させることを通じて，総供給曲線に影響を与える（右下方シフトになる）。

E✕ 労働意欲の向上は，労働の限界生産性の向上との意味であればマクロ生産関数を通じて，労働供給の増加との意味であれば労働市場の均衡を通じて，総供給曲線に影響を与える（いずれのケースでも右下方シフトになる）。

よって，正答は**3**である。

No.4 の解説　総需要関数

利子率（など，一般に，「率」で表される変数）の実質化は物価で割ることでは得られない。実質利子率を求めるためのフィッシャー方程式について本問でマスターしてほしい。それ以外は必修問題と同じパターンである。

STEP❶　*IS*曲線の導出

*IS*曲線は，財市場の均衡条件$Y＝C＋I＋G$の右辺にCとIの式を代入すれば，

$Y = 20 + 0.6Y + 79 - 100r + G$

$100r = 99 + G - 0.4Y$ ……①

とできる。ここで，rは実質利子率である。

STEP② LM曲線の導出

　　LM曲線は貨幣市場の均衡条件$\dfrac{M}{P} = L$より，

$$\dfrac{500}{P} = 1.2Y - 200i \quad \text{……②}$$

である。ここで，iは名目利子率である。

STEP③ フィッシャー方程式の導入

　　フィッシャー方程式とは，予想物価上昇率をπ^eとすれば，実質利子率rと名目利子率iの間に，

$r = i - \pi^e$

の関係が成立するというものである。つまり，利子率は物価で割るのではなく，（予想）物価上昇率を差し引くことで実質化するのである。

　　ここに，$\pi^e = 0.01$を代入し，$r = i - 0.01$として①のIS曲線へ代入すれば，

$100(i - 0.01) = 99 + G - 0.4Y$

$100i = 100 + G - 0.4Y$ ……①′

とする。①′式を，両辺を0.5倍した②に代入すると，

$$\dfrac{250}{P} = 0.6Y - (100 + G - 0.4Y) \quad \text{……②′}$$

になるので，整理すると，

$$P = \dfrac{250}{Y - 100 - G}$$

の総需要曲線を得る。

　　よって，正答は**5**である。

No.5 の解説 *IS-LM分析と総需要曲線*　　　　→問題はP.274　**正答3**

　　難易度の高い記述が多いが，ピグー効果は他の文脈でも出題されることがあるので理解を深めておこう。

ア✕ 労働市場から導出されるのは，総需要曲線ではなく総供給曲線である。
　通常，総供給曲線は労働市場モデルとマクロ生産関数から導出されるが，フリードマンは労働者錯覚モデルから総供給曲線を導出できることを示した。テーマ14参照。

イ✕ 投資が利子率に対して完全に非弾力であるとき，総需要曲線は垂直となる。
　総需要曲線が垂直となるのは，投資が利子率に対して完全に非弾力であるときと，貨幣需要が利子率に対して完全に弾力的であるとき（流動性のわなに陥っているとき）の2ケースである。なお，投資が利子率に対して完全に弾

力的であるとき，*IS*曲線は水平であるが，この場合の総需要曲線は右下がりである。

ウ ○ 総需要を増加させる経済政策は，総需要曲線を右上方へシフトさせる。

したがって，政府支出の増加や所得税の減税といった拡張的財政政策だけでなく，利子率の低下を通じて投資需要を増加させる金融緩和政策によっても総需要曲線は右シフトする。

エ ○ 金融引締政策は，総需要曲線を左下方へシフトさせる。

貨幣供給量の減少による*LM*曲線の左上方シフトは利子率の上昇を通じて投資需要を減少させる。結果として，貨幣供給量の減少は総需要曲線を左下方へシフトさせる。

オ × ピグー効果が働くと，*IS*曲線は右上方へシフトする。

ピグー効果とは，物価下落時に実質資産額の増加が消費を刺激することで総需要を増加させる効果のことである。したがって，ピグー効果が働けば総需要の増加より*IS*曲線は右上方へシフトする。図で表すと，物価下落によって*LM*曲線が右下方シフト（$LM_1 \to LM_2$）する際，通常であれば国民所得はY_0からY_1へと増加するが，ピグー効果によって*IS*曲線も右シフト（$IS_1 \to IS_2$）するため，より大きくY_2まで国民所得を増加させることになる。つまり，総需要曲線は，ピグー効果によってシフトするというよりは傾きがより緩やかになる（$AD_1 \to AD_2$）。

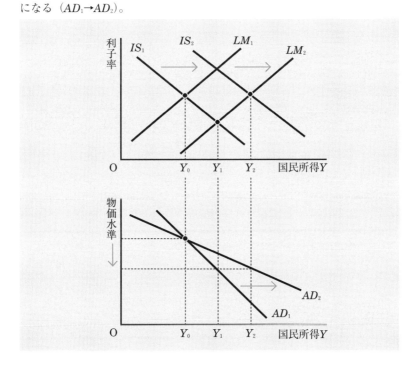

なお，ピグー効果が働けば，LM曲線が水平（左図），もしくはIS曲線（右図）が垂直の場合といった，通常，総需要曲線が垂直となる状況の場合でも，総需要曲線は右下がりになる。いずれのケースでも，物価下落によってLM曲線が右下方シフト（LM_1→LM_2）する際，通常であれば国民所得はY_0のままであるが，ピグー効果によってIS曲線も右シフト（IS_1→IS_2）すると，国民所得はY_1まで増加する。つまり，総需要曲線は，ピグー効果によって傾きがより緩やかになる結果，右下がりになる（AD_1→AD_2）。

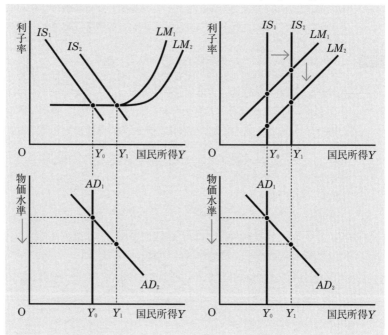

　よって，正答は**3**である。

No.6 の解説 ピグー効果　　　　　　　　　　　　　　→問題はP.274 正答 1

　　　ピグー効果は選択肢の一部で言及されることが多いだけに，本問できちん
と理解しておこう。ただし，問題としてはピグー効果の本質とはほぼ関係の
ない点で判断できる選択肢が多く，比較的易しい。

1 ◎ ピグー効果が働けば，政府支出を増加させなくても有効需要は増加する。
　妥当である。ケインズが流動性のわなに陥った場合は政府支出の増加によっ
て有効需要を刺激しなければならないとしたのに対し，ピグーは，古典派の
立場から，本選択肢のようなピグー効果が働くことによって，政府支出を増
加させなくても有効需要が増加することを主張した。

2 ✕ 流動資産の減少が消費の増加につながることはない。
　消費が資産の減少関数になると主張する学者は，ピグーも含め存在しない。

3 ✕ 物価水準の上昇は，流動資産の実質価値を低下させる。
　流動資産の実質価値とは，物価で除することでその資産の購買力をみるとい
うことである。したがって，物価上昇が貨幣や債券といった流動資産の購買
力を高めることはありえない。なお，貨幣賃金の引下げは，通常，右上がり
の総供給曲線を右下方シフトにシフトさせ，物価水準を低下させる。

4 ✕ 投資は利子率の減少関数である。
　なお，貨幣賃金の引下げは，通常，物価水準を低下させる。

5 ✕ ピグー効果は，投資ではなく消費が流動資産の影響を受けることである。
　なお，流動資産の実質価値の低下と利子率の間に直接の関係はない。

必修問題

　次のⅠ図およびⅡ図は2つの異なるモデルについて縦軸に物価を，横軸に国民所得をとり，総需要曲線Dと総供給曲線Sを描いたものであるが，それぞれの図の説明として妥当なのはどれか。

【地方上級（特別区）・平成27年度】

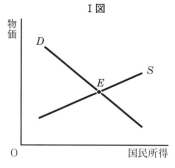

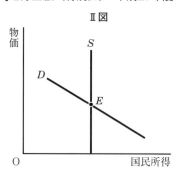

1　Ⅰ図は，**ケインズ派モデル**における総需要曲線と総供給曲線を描いており，このモデルでは政府支出を増加させる財政政策を行うと，総需要曲線Dが左下方にシフトし，クラウディング・アウトが生じるため，国民所得は減少する。

2　Ⅰ図において，労働者の**名目賃金率**が上昇すると，総供給曲線Sが右下方にシフトするため，物価は下落し，国民所得は減少する。

3　Ⅱ図は，**新古典派モデル**における総需要曲線と総供給曲線を描いており，この状況では，貨幣供給量を増加させる金融政策を行っても，国民所得は変わらない。

4　Ⅱ図において，**政府支出を増加させる財政政策**を行うと，総供給曲線Sが右方にシフトするため，物価は下落し，国民所得は増加する。

5　Ⅰ図，Ⅱ図ともに，総需要曲線と総供給曲線が交わるE点において，**完全雇用**が実現されている。

難易度　＊

必修問題の解説

　Ⅱ図の垂直な総供給曲線は新古典派のケースである。このケースの総供給曲線は，完全雇用国民所得水準Y_Fで垂直になる。

　Ⅰ図の右上がりの総供給曲線はケインズ派のケースである。ケインズ派は，労働

市場において非自発的失業が発生するとし，右上がりの総供給曲線と総需要曲線との交点である均衡において，Ⅰ図のように必ずしも完全雇用は達成されないとする。
　以上のことをグラフに反映させたものが下図である（Y_Fは完全雇用国民所得）。

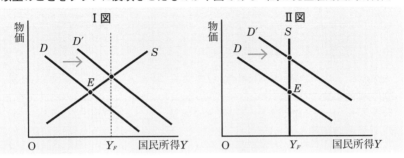

1 ✕ 政府支出を増加させる財政政策を行うと，総需要曲線は右上方にシフトする。
　　Ⅰ図のケースにおける財政政策は国民所得を増加させる。なお，財政政策の拡大でクラウディング・アウトが生じるのは正しいが，これは国民所得を減少させるものではなく，国民所得の増加分の一部を抑制するものである。

2 ✕ 労働者の名目賃金率が上昇すると，総供給曲線は左上方にシフトする。
　　したがって，物価は上昇する（国民所得が減少する点は正しい）。

3 ◎ 貨幣供給量を増加させる金融政策は，総需要曲線を右シフトさせる。
　　妥当である。Ⅱ図で示される新古典派モデルでは，金融政策を行って総需要曲線を右シフトさせても，物価が変化するのみで，国民所得は変わらない。

4 ✕ 政府支出の増加など総需要を増加させる政策は物価を上昇させる。
　　Ⅰ図，Ⅱ図のいずれにおいても，政府支出が増加する財政政策は総需要曲線を右上方にシフトさせ，物価を上昇させる。国民所得については，Ⅰ図のケインズ派の場合には増加するが，Ⅱ図の新古典派の場合では増加しない。

5 ✕ 均衡において，ケインズ派は不完全雇用，新古典派は完全雇用となる。
　　総需要曲線と総供給曲線の均衡において，ケインズ派（Ⅰ図）では完全雇用が実現されないが，新古典派（Ⅱ図）では完全雇用が実現する。この背景には，古典派が労働市場においても市場メカニズムが機能して労働の需給が一致すると考えるのに対して，ケインズ派は名目賃金の下方硬直性が原因で労働市場においては市場メカニズムが機能しないと考えることがある。

正答 **3**

FOCUS

　総需要・総供給分析は，45度線分析，*IS-LM*分析に次ぐ出題上の柱である。理論的背景はやや難しいが，グラフ問題は，ミクロ経済学における需要曲線と供給曲線に結果的に類似した点もあり，慣れると容易に解けるようになる。

第4章　総需要・総供給分析

━━ POINT ━━

重要ポイント **1** ケインズによる失業の分類

労働市場では，企業が生産要素（資源）としての労働力を需要し，家計が所得を得るために労働力を供給する。したがって，失業とは労働市場における超過供給であるから，家計による労働供給量をN^s，企業の労働需要量をN^Dとすると，失業率Uは，一般的に$U = \dfrac{N^s - N^D}{N^s}$と表される。

ケインズは失業を次の3つに分類した。

（1）自発的失業

現行賃金率の下で働く意思がないために就業していない状態。

（2）非自発的失業

現行賃金率の下で働く意思があるにもかかわらず，需要不足が原因で企業の労働需要が少ないために雇用されていない状態。白書などで用いられる「**需要不足失業**」はほぼ同義語である。

（3）摩擦的失業

転職のような労働力の移動や季節要因に伴う一時的な失業状態であり，雇用のミスマッチによる**構造的失業**と一くくりにされることも多い。

重要ポイント **2** 古典派の労働市場

（1）労働需要と古典派の第一公準

代表的企業（以下，企業）の利潤関数πを，

$$\pi = PY - TC = P \cdot f(N, K) - (wN + rK)$$

とおく（P：生産物価格，Y：国民所得，w：名目賃金率，N：労働量，r：資本レンタル，K：資本）。ただし，$Y = f(N, K)$は**マクロ生産関数**であり，実際の産出というよりは国民所得という付加価値を資本と労働の投入で説明するものである。

企業の最適労働の条件は，労働量Nで（偏）微分して，

$$\frac{\partial \pi}{\partial N} = P \frac{\partial f(N)}{\partial N} - w = 0$$

であるから，移項して，**労働の限界生産性**の定義$MPL = \dfrac{\partial f(N)}{\partial N}$を用いると，

$$MPL = \frac{w}{P} \text{（労働の限界生産性＝実質賃金率）}$$

を得る。**労働の限界生産性MPLは生産関数の傾き**であるから，MPLが逓減する通常の生産関数では，労働市場における実質賃金率の上昇は労働需要を減少させる。

たとえば，次図において実質賃金率$\left(\dfrac{w}{P}\right)_0$が$\left(\dfrac{w}{P}\right)_1$に上昇した場合，企業は高い賃金率に見合う生産性の水準まで，労働需要をN_0からN_1へと減少させる。

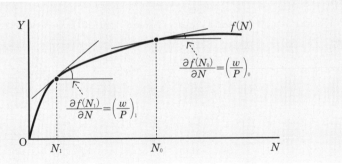

つまり，**労働需要は実質賃金率の減少関数**となり，これをグラフで表すと次のようになる。

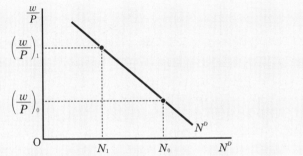

このことを，ケインズは**古典派の第一公準**と呼び，次のように表した。

実質賃金率に等しい労働の限界生産性が得られる水準に労働需要が決定される

（2）労働供給と古典派第二公準

代表的家計（以下，家計）は**効用を最大化するように労働力を供給する**と想定する。分析単位を1日にとり，1日24時間が労働供給N^sと余暇Lに2分され（$24 = N^s + L$）。なお，家計にとって労働は負の効用を与えるとする。

効用関数を$u = u(L, x)$とし，代表的財（以下，財）xと余暇Lは代替的な関係にあり，限界代替率は逓減する，つまり無差別曲線は原点に対して凸であるとする。

また，家計は1日当たり所得wN^s（w：名目賃金率）のすべてを財xに支出するものとする。財の価格をP（代表的な財の価格であるから，物価水準と考えられる）とすると，$wN^s = Px$になる。ここに$N^s = 24 - L$を代入すると，

$$Px = w(24 - L) \quad \Leftrightarrow \quad x = \frac{24w}{P} - \frac{w}{P}L$$

になる。実質賃金率$\dfrac{w}{P}$を定数とみなせば，これは縦軸にx，横軸にLをとった平面において直線で表される。

無差別曲線と所得（予算）を表す直線を描いて，効用最大化点を図示すれば次のようになる。効用最大化点E_0に対応した横軸上の値は最適な余暇L^*を決める点であるが，横軸切片が（1日当たりの）余暇の最大値の24時間であることと，1日24時間が労働供給N^sと余暇Lに2分されることを考慮すると，この点は24時間を最適に余暇N^sと労働供給Lに分割する点であるとみなせる。なお，この最適点では，**余暇と財の限界代替率**$MRS = -\dfrac{\Delta x}{\Delta L}$**と実質賃金率**$\dfrac{w}{P}$**が等しいとの条件が満たされる。**

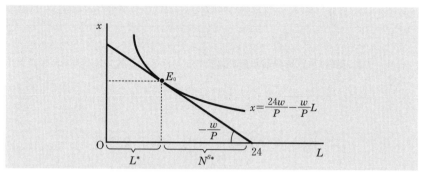

　実質賃金率の変化は予算制約線の傾きを急にする。このとき，通常は余暇が減少するため（L_0からL_1），労働供給が増加する。

　ただし，実質賃金率の水準が高い場合，さらなる賃金率水準の上昇がかえって余暇消費の増加をもたらし，労働供給を減らす可能性がある。これは，実質賃金率上昇を余暇の価格（機会損失）上昇とみなして代替効果によって余暇を減少（労働供給の増加）させる動きよりも，実質賃金上昇のもたらす所得増加が余暇（通常は上級財である）を増加させる（労働供給を減少させる）所得効果のほうが大きい場合に生じる。この場合，図中の最適点からへの変化によって，余暇が増加するため（L_1からL_0），労働供給が減少する。

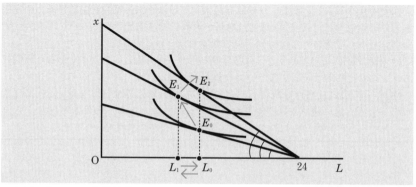

　上図において，実質賃金が上昇するにつれて，最適点がE_0，E_1，E_2と変化する際

に，労働供給はL_0，L_1，L_0と変化するとの状況を縦軸に実質賃金率$\dfrac{w}{P}$，横軸に労働

供給量をとった平面でグラフ化すると左図のようになる。これは後方屈曲型の労働供給関数と呼ばれる。ただし，通常は実質賃金率上昇に際して所得効果が大きく現れることは少ないと考えて，右図のように労働供給関数は右上がりのグラフで表されるとする

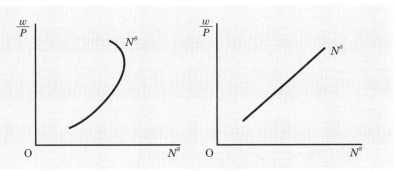

このように，家計の最適化行動の結果，**労働供給は実質賃金率の増加関数となる**ことを，**ケインズは古典派の第二公準**と呼び，次のように表現した。

家計による労働供給は，労働の限界不効用が実質賃金率に等しくなるよう決まる

(3) 労働市場の均衡

(1)と(2)で導いた労働需要関数N^Dと労働供給関数N^Sのグラフを示す。古典派の場合，市場メカニズムによって労働市場が均衡すると考えるので，均衡点のEにおいて実質賃金率水準$\left(\dfrac{w}{P}\right)_0$で働く意思のある人はすべて雇用される。この雇用量$N_f$を完全雇用と定義する。**古典派理論における完全雇用とは，ケインズのいう非自発的失業は存在しないが，自発的失業および摩擦的失業は存在する状態である。**

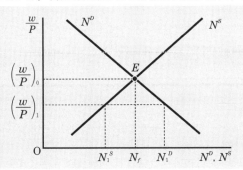

補足：労働市場における市場調整メカニズム

労働者（家計）・企業は，実質賃金率$\frac{w}{P}$によって行動するが，**労働市場における調整は名目賃金率wで行われる。** 当初，労働市場が図中E点で完全雇用N_fの状態で均衡しており，実質賃金率が$\left(\frac{w}{P}\right)_0$であった。ここで，一般物価水準$P$の上昇によって実質賃金率が$\left(\frac{w}{P}\right)_1$に低下し，$N_1^D - N_1^S$の超過需要が発生したとする。労働市場が競争的であれば，市場メカニズムが働いて名目賃金率が上昇する。これにより超過需要が解消され，もとの均衡を回復するために実質賃金率がもとの$\left(\frac{w}{P}\right)_0$になる。つまり，名目賃金率$w$が物価上昇と同率で上昇することなり，労働市場は完全雇用を維持する。

重要ポイント 3 ケインジアンの労働市場

（1）ケインズの古典派理論に対する見解

ケインズは，古典派の労働市場理論のうち，**第一公準（企業の労働需要）については是認したが，第二公準（家計の労働供給）については否定した。**

ケインズは，**家計は実質賃金率でなく貨幣賃金率（名目賃金率と同義）によって労働供給量を決定する**とし，また貨幣賃金率には下方硬直性があり，ある水準以下には下落しないとした。これを図で示すと，下図のようになる。ただし，$\overline{w}$は貨幣賃金率の下限を表す。

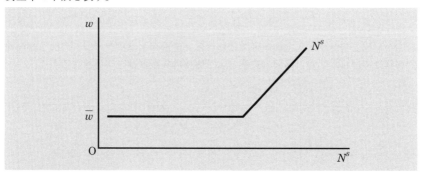

（2）労働市場の均衡

古典派の労働需要関数（ケインズも否定していない）とケインズの労働供給関数をグラフにすると，次のようになる。

労働需要関数が労働供給関数のグラフの下方硬直性の部分で交差したとする。この場合の企業の労働需要は$N^D(\overline{w})$であるが，家計の労働供給は$N^S(\overline{w})$になり，超過供給が発生する。この超過供給$N^S(\overline{w}) - N^D(\overline{w})$は，現行賃金の下で働きたいとの家

計の労働供給に対して労働需要$N^D(\overline{w})$が不足しているために生じており，**非自発的失業**に当たる。そして，これを解消すべき市場メカニズムは貨幣賃金率の下方硬直性により機能しない。

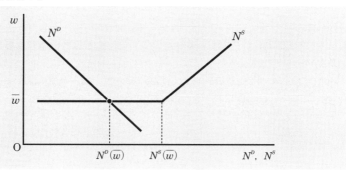

物価水準Pの変化によって，実質賃金率が影響される場合を考える。当初の物価がP_0のとき，雇用量が図中の$N^*\left(\dfrac{\overline{w}}{P_0}\right)$で不完全雇用のまま均衡していたとする。ここで，物価水準がP_1へ上昇したが，名目賃金率は$\overline{w}$で硬直したままなので，実質賃金率が$\dfrac{\overline{w}}{P_1}$に下落したとする。

まず，**家計は貨幣賃金率に依存して労働供給を決定する**ので，物価変化の影響はない。

次に，労働需要を考える。**実質賃金率で労働需要を決定する企業**は，実質賃金率の低下によって労働需要を増加させる。結果として，実際の雇用量も図中$N^*\left(\dfrac{w}{P_1}\right)$まで増加する。グラフ上は，名目賃金率が一定の$\overline{w}$のまま，労働需要が増加するのであるから，**物価の上昇は労働需要曲線を右にシフトさせ，雇用を増加させる。**非自発的失業も，$N^s(\overline{w}) - N^*\left(\dfrac{w}{P_0}\right)$から$N^s(\overline{w}) - N^*\left(\dfrac{w}{P_1}\right)$に減少する。

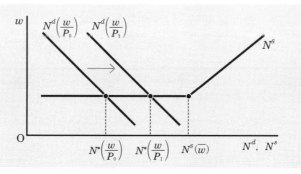

重要ポイント **4** マネタリストの貨幣錯覚モデル

　合理的な家計と企業はともに実質賃金率$\dfrac{w}{P}$によって意思決定するとし，当初の労働市場がE点で均衡し，雇用はN_fの完全雇用であったとする。ここで，一般物価水準Pの上昇が実質賃金率を低下させた場合に，企業は**労働需要曲線**に沿って労働需要をN_1まで増加させる。

　一方，家計は，物価上昇を即座には認識できず，自らの受け取る名目賃金率が上昇したことのみを認識する結果，実質賃金率が上昇したと誤解するとする。このような名目賃金率の上昇を実質賃金率の上昇と混同することを**貨幣錯覚**と呼ぶ。この場合，実質賃金率が上昇したと誤解する家計は労働供給を増加させるが，実際には実質賃金率は一定である。このことは**労働供給曲線の右シフト**で表される。

　この結果，労働市場の均衡点は，短期的にH点となり，雇用量はN_1に増加する。しかし，家計も時間の経過とともに物価水準の上昇に気づき，貨幣錯覚は解消される。この時点で労働供給はもとの水準に引き戻され，労働供給曲線も当初の位置にシフトバックする。この結果，雇用量は当初のN_fに戻る。つまり，物価上昇は短期的には雇用を増加させるが，長期的には増加させない。

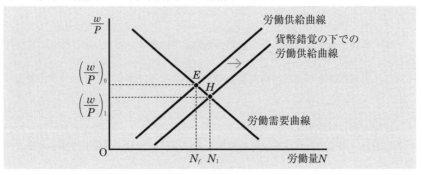

重要ポイント **5** 総供給曲線（AS曲線）の導出

　ケインジアンの労働市場理論では，物価水準Pの上昇は実質賃金率の低下を通じて雇用を増加させる。雇用量，つまり労働投入量が増加すれば，マクロ生産関数を通じて総生産Yも増加する。この**物価水準Pと生産量Yの関係を右上がりのグラフで表したものが総供給曲線（AS曲線）**である。

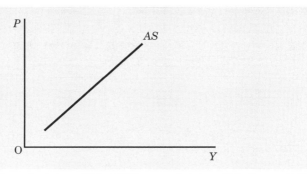

　マクロ生産関数をコブ=ダグラス型生産関数$Y=AK^{\alpha}N^{\beta}$（Y：総生産，A：技術水準，K：資本，N：労働，α：資本分配率，β：労働分配率，$\alpha+\beta=1$）に特定化して，総供給曲線を求める。ここで，労働の限界生産性MPLは，

$$MPL=\frac{\partial Y}{\partial N}=\beta K^{\alpha}N^{\beta-1}$$

と計算できるから，これを実質賃金率$\frac{w}{P}$に等しいとおいた$\beta K^{\alpha}N^{\beta-1}=\frac{w}{P}$より，

$$N^{\beta-1}=\frac{1}{\beta K^{\alpha}}\frac{w}{P} \Leftrightarrow N^{\beta-1}=N^{-\alpha}=\frac{1}{N^{\alpha}} \Leftrightarrow \frac{1}{N^{\alpha}}=\frac{1}{\beta K^{\alpha}}\frac{w}{P} \Leftrightarrow N^{\alpha}=\beta K^{\alpha}\frac{P}{w}$$

$$N=\left(\frac{\beta K^{\alpha}P}{w}\right)^{\frac{1}{\alpha}}$$

と労働需要関数を求められる。この労働需要関数は，貨幣賃金率wを縦軸，労働需要量N^Dを横軸にとった平面において右下がりの形状をとり，また，物価水準Pの上昇によってグラフが右シフトする（**重要ポイント3(2)**の内容の確認になる）。

　これをマクロ生産関数に代入すれば，$Y=AK^{\alpha}\left[\left(\frac{\beta K^{\alpha}P}{w}\right)^{\frac{1}{\alpha}}\right]^{\beta}$になるので，これを

$$Y=AK^{\alpha}\left(\frac{\beta}{w}K^{\alpha}P\right)^{\frac{\beta}{\alpha}}=AK^{\alpha}\left(\frac{\beta K^{\alpha}}{w}\right)^{\frac{\beta}{\alpha}}P^{\frac{\beta}{\alpha}}=AK^{\alpha}\left(\frac{\beta}{w}\right)^{\frac{\beta}{\alpha}}(K^{\alpha})^{\frac{\beta}{\alpha}}P^{\frac{\beta}{\alpha}}$$

$$=AK^{\alpha}\left(\frac{\beta}{w}\right)^{\frac{\beta}{\alpha}}K^{\beta}P^{\frac{\beta}{\alpha}}=AK^{\alpha+\beta}\left(\frac{\beta}{w}\right)^{\frac{\beta}{\alpha}}P^{\frac{\beta}{\alpha}}$$

と整理すれば，総供給関数を，

$$Y=\left[AK\left(\frac{\beta}{w}\right)^{\frac{\beta}{\alpha}}\right]P^{\frac{\beta}{\alpha}}$$

とできる。Nの係数$\frac{\beta}{\alpha}$（分配率の比）は正値であり，中カッコ内もすべて正値であるから，これは右上がりのグラフを描くことになる。

　図で説明すると，次図上半のケインジアンの労働市場において，物価がP_0からP_1へと上昇して労働需要関数のグラフが$N^D\left(\frac{w}{P_0}\right)$から$N^D\left(\frac{w}{P_1}\right)$へと右シフトしたとする。

この場合，雇用量はN_0からN_1へと増加する。これを次図（下）の生産関数に代入すれば，総生産もY_0からY_1へと増加する。ここで，物価がP_0からP_1に上昇した結果，総生産がY_0からY_1へと増加したことを，縦軸に物価水準P，横軸に総生産Yをとった平面上で表せば，右上がりの総供給曲線（AS曲線）になる。

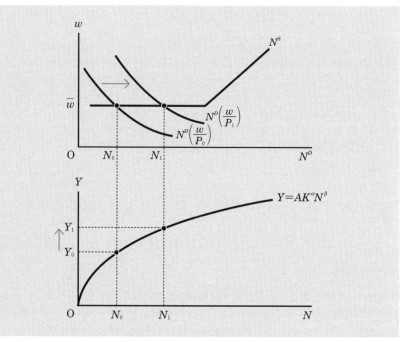

　なお，マネタリストの**貨幣錯覚モデルからも総供給曲線は導ける**。物価上昇時に家計の貨幣錯覚によって雇用の増加と総生産の増加が生じれば，ここから物価Pの上昇と総生産Yの増加，つまり右上がりの総供給曲線が得られる。

重要ポイント⑥　総供給曲線（AS曲線）の性質

（1）ケインジアンでは右上がり，古典派では完全雇用国民所得水準で垂直となる。

　古典派の労働市場においては，物価水準の変化は同率の貨幣賃金率の変化をもたらすために，常に完全雇用が実現する。したがって，物価水準が変化しても総生産は完全雇用生産量のままである。したがって，ここから導かれる総供給曲線（AS曲線）は垂直になる。

（2）貨幣賃金率低下や技術進歩のような生産性の改善で右下方にシフトする。

　重要ポイント5の上図において，貨幣賃金率の低下をグラフの下方硬直性の水準の低下で表すと，雇用と総生産が増加するので，同じ物価でもより多くの総生産がもたらされることから説明される。技術進歩は下半の生産関数のグラフの上方シフ

トで表されるので，同じ物価水準で同じ雇用でもより多くの総生産がもたらされる
ことから説明される。

（3）物価水準や賃金率が硬直的なほど傾きは緩やかに，弾力的なほど急になる。

　総生産の変化に際して，物価水準や賃金率が硬直的であれば，縦軸にとられた物
価水準の変化は小さくなるので，総供給曲線（AS曲線）の傾きは緩やかになる。

重要ポイント 7　総需要・総供給分析（*AD-AS*分析）

（1）ケインジアンのケース

　総需要曲線（*AD*曲線）と総供給曲線（*AS*曲線）の交点で，均衡国民所得と均衡
一般物価水準が決定される。この均衡点においては，財市場，貨幣市場は均衡して
いるが，労働市場については完全雇用を達成しない。図のように**均衡国民所得Y^*
が完全雇用国民所得水準Y^f未満の場合，労働市場には非自発的失業が存在してい
る。**

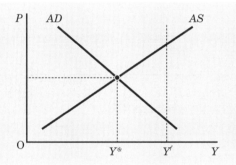

　拡張的財政政策および金融緩和政策は，ともに総需要曲線を右シフト（*AD*から
AD′）させる。したがって，そのような総需要を増加させる政策は総生産量（＝国
民所得）の増加と物価水準の上昇をもたらす。

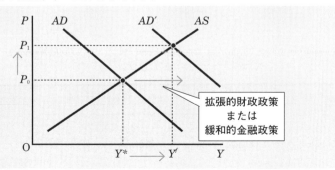

第4章　総需要・総供給分析

（2）総需要曲線または総供給曲線の特殊ケース

①総需要曲線（AD曲線）が垂直のケース

LM曲線が水平（貨幣需要の利子弾力性が無限大），つまり流動性のわなのケース，または**IS曲線が垂直**（投資の利子弾力性がゼロ）のケースの場合，**総需要曲線が垂直**になる。

この場合，財政政策は，通常ケースと同様，総需要曲線を右シフトさせるため，図のように国民所得Yの増大と物価水準Pの上昇が起こる。

しかし，金融政策では，テーマ13重要ポイント2で説明したように，総需要曲線を右シフトさせることができないため，国民所得は増加しない。つまり，**総需要曲線が垂直な場合，財政政策は有効であるが，金融政策は無効**となる。

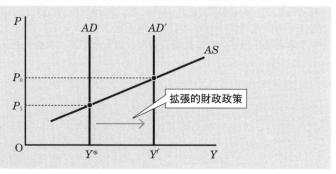

②総供給曲線（AS曲線）が水平のケース

重要ポイント6で説明した，物価や賃金が硬直的になれば総供給曲線の傾きが緩やかになることの極端ケースとして，総供給曲線が水平となるケースを考える。この場合，拡張的財政政策および金融緩和政策は，図のように物価上昇なしに生産量を増加させる。

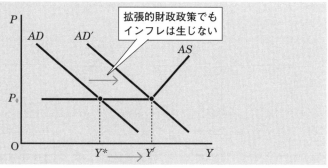

③総供給曲線（AS曲線）が垂直となる古典派ケース

重要ポイント6（3）で説明したように，古典派の場合の総供給曲線（AS曲線）は垂直になる。このとき，拡張的財政政策および金融緩和政策による総需要給曲線（AD曲線）の右シフトは物価上昇を引き起こすのみで国民所得を増加させることが

できないため，無効である。

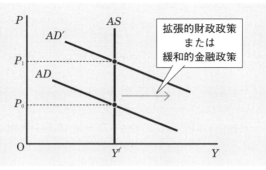

重要ポイント 8 サプライサイド政策

　国民所得を増加させることができてもインフレを引き起こす総需要曲線を右シフトさせる政策より，総供給曲線（AS曲線）を右シフトさせる政策が望ましいことを主張するのが，**サプライサイド学派**（サプライサイダーズ）である。

　総供給曲線（AS曲線）は，貨幣賃金率のようなコストの低下，または技術進歩で右シフトするので，企業間の競争を促進する規制緩和や労働生産性を高める政策，あるいは法人税率引下げといった供給側重視の政策（**サプライサイド政策**）が望ましいことになる。これらの政策は図のように国民所得Yの増加と物価水準Pの低下をもたらす。

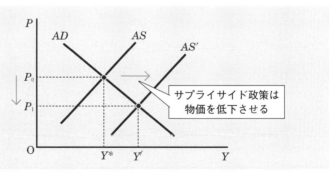

　このような政策を積極的に主張した代表的な経済学者に，フェルドシュタインやラッファーを挙げることができる。

　なお，1980年代のアメリカにおいてサプライサイド政策は積極的に採用された（いわゆる**レーガノミクス**）が，このような政策が巨額の「双子の赤字」（財政赤字と経常赤字）を発生させた一方で，規制緩和などがタイムラグを伴って1990年代の長期にわたる好況をもたらしたとする見解もあり，サプライサイド政策に対する評価は一様ではない。

重要ポイント **9** スタグフレーション

インフレーションは**継続的な一般物価水準の上昇**と定義され，需要側要因と供給側要因の2種類がある。

ディマンドプル・インフレ：総需要の増加が物価水準の上昇圧力となる。

コストプッシュ・インフレ：生産物の費用増加が物価水準の上昇圧力となる。

特に，コストプッシュ・インフレは総需要・総供給分析を用いると，総供給曲線（AS曲線）の上方シフトであるため，分析上，国民所得の低下とそれに伴う雇用の減少，すなわち失業を生じさせる。このような**不況（失業）と物価上昇が同時に進行する状態をスタグフレーション（Stagflation）と呼ぶ**。これは停滞（Stagnation）と物価上昇（Inflation）を組み合わせた造語である。

図では，総供給曲線のASからAS′への上方シフトによって，物価はP_0からP_1へと上昇するとともに，国民所得がY_0からY_1へと低下している。

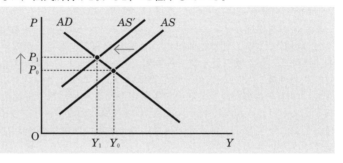

実戦問題 **1** 基本レベル

No.1 古典派の雇用理論およびケインズの雇用理論に関する記述として，妥当なのはどれか。 【地方上級（東京都）・平成15年度】

1 労働供給曲線について，古典派は，貨幣賃金率の関数であるとしたが，ケインズは，実質賃金率の関数であるとした。

2 古典派は，現行の賃金で働く意思を持ちながらも，労働需要が不十分なため雇用されない失業を，摩擦的失業とした。

3 古典派は，非自発的失業の存在を否定し，貨幣賃金が伸縮的でなくても，完全雇用が実現されるとした。

4 ピグーは，貨幣賃金の低下は物価の下落をもたらし，これによって実質貨幣残高が増加すれば，消費は拡大し，雇用量も増大するとした。

5 ケインズは，非自発的失業者間の競争によって実質賃金が低下した場合は，貯蓄はすべて投資されることから，長期的に雇用量は増大するとした。

No.2 総供給曲線と総需要曲線に関するA～Dの記述のうち，妥当なもののみをすべて挙げているのはどれか。ただし，総需要曲線は，*IS-LM*モデルから導かれるものとする。また，物価および利子率を縦軸にとり，生産量，総供給量および総需要量を横軸にとって考察するものとする。

【国税専門官／財務専門官／労働基準監督官・平成30年度】

A：ケインジアンは，賃金などの下方硬直性を想定するため，物価は変化しないとしている。このため，総供給曲線は，完全雇用，不完全雇用のいずれの状況においても水平となる。

B：新古典派は，経済全体の供給量は，完全雇用に対応した完全雇用GDPの水準になるとする。このため，供給量は物価に依存せず，総供給曲線は完全雇用GDPの点で垂直となる。

C：*IS*曲線が右下がりであり*LM*曲線が右上がりである場合，政府支出が拡大すると，*IS*曲線が右方へシフトするため，総需要曲線も右方へシフトする。

D：経済が流動性のわなの状況にあり，かつ*IS*曲線が右下がりである場合，物価が下落すると*LM*曲線は右方へシフトするが，国民所得には影響を与えない。このため，総需要曲線は水平となる。

1 A，B
2 A，C
3 B，C
4 B，D
5 C，D

次のⅠ図はケインズ派，Ⅱ図は古典派のケースについて，縦軸に物価を，横軸に国民所得をとり，総需要曲線をAD，総供給曲線をASとし，その2つの曲線の交点をE₁で表したものであるが，それぞれの図の説明として妥当なのはどれか。ただし，Ⅰ図における総供給曲線ASは，国民所得Y₀で垂直であるとする。

【地方上級（特別区）・令和2年度】

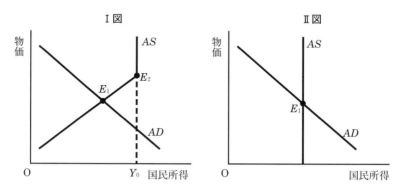

1 Ⅰ図では，政府支出を増加させる財政政策が実施され，総需要曲線ADが右へシフトして均衡点がE₁からE₂に移動した場合，物価が上昇するとともに国民所得も増加し，均衡点がE₂では完全雇用が達成される。

2 Ⅰ図では，生産要素価格が上昇すると総供給曲線ASが上へシフトして均衡点E₁が移動し，物価が上昇するが国民所得は減少することとなり，このようにして生じるインフレーションをディマンド・プル・インフレーションという。

3 Ⅱ図では，貨幣供給量を増加させる金融緩和政策が実施されると，総需要曲線ADが左へシフトして均衡点E₁が移動するが，国民所得は変化しない。

4 Ⅱ図では，政府支出を増加させる財政政策が実施され，総需要曲線ADが右へシフトして均衡点E₁が移動した場合，物価が下落するが，このようにして生じるインフレーションをコスト・プッシュ・インフレーションという。

5 Ⅱ図では，労働市場に摩擦的失業と非自発的失業のみが存在しているため，総供給曲線ASが垂直となっている。

No.4 マクロ生産関数および労働供給量の関数が以下のように与えられている ものとする。今，実質賃金が$w＝2$で硬直している場合，失業率はいくらか。

$$Y＝9L^{\frac{2}{3}}$$

$$Ls＝15w$$

〔Y：国民所得，L：労働投入量，Ls：労働供給量，w：実質賃金〕

【市役所・平成5年度】

1 3%

2 5%

3 7%

4 10%

5 12%

実戦問題 **1** の 解説

→問題はP.295

→問題はP.295

No.1 の解説 古典派およびケインズの労働市場　　→問題はP.295 **正答4**

　　労働市場に関する出題はそれほど多くないが，その中で本問は古典派とケインズの学説を対比する基本的出題例である。

1 ✕ 労働供給について，古典派は実質賃金率で，ケインズは貨幣賃金率で考える。なお，貨幣賃金率とは名目賃金率の同義語である。

2 ✕ 現行賃金で働きたくても，労働需要の不足から発生する雇用されない状態を非自発的失業という。
　　これはケインズの用語であり，古典派はこのような状態は市場メカニズムによって解消されると考える。

3 ✕ 古典派は，労働市場が実質賃金の調整によって完全雇用で均衡するとする。
　　したがって，労働市場で賃金が伸縮的に動くことは必要である。

4 ◎ 物価低下が実質資産の増大を通じて消費を刺激することをピグー効果という。
　　妥当である。ピグーは，古典派の立場から，物価低下が保有する資産（貨幣残高など）の実質額を増加させるため，消費需要を刺激することを主張した。また，消費の増加は生産を増加させ，企業の労働需要も増加させるので，雇用は増大することになる。

5 ✕ ケインズは，貨幣賃金率の下方硬直性から非自発的失業の発生を説明する。
　　実質賃金が労働者間の競争によって低下し，結果として完全雇用に至るというのは古典派の想定するメカニズムである。

No.2 の解説 総需要曲線・総供給曲線　　→問題はP.295 **正答3**

A ✕ ケインジアンも，完全雇用下では物価水準が硬直的とは考えない。
　　ケインジアンは，賃金が硬直的であり，価格がマークアップ原理などによって決定される場合，物価水準が完全硬直的になると考える。この場合では総供給曲線は水平になる。ただし，ケインズは，不完全雇用下では物価水準が硬直的であっても，完全雇用に至れば物価は上昇し始めるとし，これを真性インフレと呼んだ。この場合の総供給曲線は水平にはならない。

B ◎ 新古典派の総供給曲線は，完全雇用GDPで垂直となる。
　　古典派は労働市場においても市場メカニズムが機能するために完全雇用が成立すると考える。したがって，生産量も常に完全雇用生産量（GDP）となり，総供給曲線はその水準で垂直となる。

C ◎ 総需要曲線は，政府支出を拡大する財政政策によって右シフトする。

D ✕ 流動性のわなの下でLM曲線が水平の場合，総需要曲線は垂直になる。
　　テーマ13重要ポイント2を参照。
　　よって，正答は**3**である。

No.3 の解説 ケインズ派と古典派の総需要・総供給分析 →問題はP.296 **正答 1**

　総需要・総供給分析が物価水準を導入していることに着目した出題である。専門科目においてインフレの種類について問われることはあまりないが，基礎知識だけに漏れがないようにしてほしい。

　なお，通常，ケインズ派の総需要曲線は右上がりとされるが，ケインズ派のサミュエルソンは，裁量的政策によって完全雇用が実現すれば，古典派の主張する経済が成立するとした。これを新古典派総合という（ただしサミュエルソン自身が後にこれを撤回した）。Ⅰ図の総供給曲線が垂直部分を持つのは，この考え方の反映であると解釈すれば，E_2に対応した国民所得Y_0は完全雇用国民所得になる。また，Ⅱ図は古典派モデルであるから，E_1に対応した国民所得は完全雇用国民所得である。

1 ◎ **政府支出を増加させる財政政策は，総需要曲線ADを右へシフトさせる。**
　妥当である。総供給曲線ASが垂直になるのは，古典派同様，完全雇用が実現した場合であるから，均衡点がE_2である場合には完全雇用が達成されている。

2 × **生産要素価格の上昇によるインフレは，コスト・プッシュ・インフレである。**
　生産要素価格の上昇が総供給曲線ASを上方シフトさせる点は正しい。

3 × **貨幣供給量を増加させる金融緩和政策は，総需要曲線ADを右シフトさせる。**
　古典派においては，金融政策はインフレを引き起こすのみで，無効となるから，国民所得が増加しない点は正しい。

4 × **物価の下落はインフレーションではなくデフレーションである。**
　Ⅱ図において，政府支出の増加によって総需要曲線ADを右シフトさせれば，物価は上昇する。このような需要の増加が引き起こすインフレーションをディマンドプル・インフレーションという。

5 × **古典派の総供給曲線ASは，完全雇用国民所得水準において垂直となる。**
　ただし，完全雇用とは，労働市場における均衡賃金率の下で，供給された労働がすべて需要されている状態を表す。したがって，完全雇用とは非自発的失業が存在しない状態を意味し，摩擦的失業と自発的失業は存在しうる。

　失業とは，労働市場における労働力の超過供給であるから，労働需要曲線を求めた上で，実質賃金が$w=2$で硬直している場合の労働供給と労働需要の差を求めればよい。本問の類題は多くないが，近年，時折出題されている総供給曲線を導出する計算問題の練習になる。

STEP❶　労働需要の導出

　労働需要は古典派の第一公準である，$MPL=w$（労働の限界生産性＝実質賃金：なお本問ではwを実質賃金とおいていることに注意）で決定される。なお，この点は，ケインズも古典派の見解に同意している。

　労働の限界生産性は，マクロ生産関数を労働量Lで微分して求められる。

$$MPL=\frac{dY}{dL}=\frac{2}{3}\times 9L^{\frac{2}{3}-1}=6L^{-\frac{1}{3}}$$

したがって，古典派の第1公準$MPL=w$より，

$$6L^{-\frac{1}{3}}=w$$

$$\frac{6}{L^{\frac{1}{3}}}=w$$

$$L^{\frac{1}{3}}=\frac{6}{w}$$

$$L^{D}=\left(\frac{6}{w}\right)^{3}$$

と労働需要関数を求めることができる。ここで，Lは企業の生産に必要な労働量のことであり，労働需要量の意味であるから，L^{D}と記号を置き換える。また，この労働需要は，実質賃金wの減少関数であることに注意しよう。ここに，本問の条件である$w=2$を代入すれば，

$$L^{D}=\left(\frac{6}{2}\right)^{3}=27$$

となる。

STEP❷　労働供給の計算

　労働供給を求める。実質賃金が$w=2$で硬直的であるから，労働供給の式にこれを代入すれば，

$$Ls=15\times 2=30$$

である。

STEP❸　失業および失業率の計算

　失業は，労働供給Lsと労働需要L^{D}の$30-27=3$である。失業率は，労働供給に占める失業者の割合であるから，

$$3\div 30=0.1（10\%）$$

と求められる。

　よって，正答は**4**である。

実戦問題❷ 応用レベル

No.5 *IS-LM*モデルに供給サイドの分析も加えて拡張した*AD-AS*モデルに関する次のA～Dのうち，妥当なもののみをすべてを挙げているのはどれか。

【国家総合職・令和2年度】

A：総需要曲線は財市場と貨幣市場が同時均衡する国民所得と物価水準の関係を示す曲線である。物価水準が上昇すると，物価水準で割った実質マネーサプライが減少し，利子率が上昇して，国民所得が減少する。このため，一般的に，総需要曲線は右下がりの曲線として表現される。

B：総供給曲線の形状に関して，労働者錯覚モデルを前提にすると，労働者が物価水準を正確に予測できない場合には，短期的にも長期的にも垂直になる。

C：総需要曲線が右下がり，総供給曲線が右上がりの場合，政府が大規模な金融緩和（マネーサプライの増加）を行うと，総需要曲線が右上にシフトすることにより，物価水準が上昇するとともに，国民所得が増加する。

D：経済が完全雇用GDPの状況にあり，総供給曲線が垂直の場合，政府が大規模な財政支出を行っても，総需要曲線はシフトせず，物価水準も国民所得も変化しない。

1　A，B
2　A，C
3　A，D
4　B，C
5　B，D

No.6 ある経済のマクロ的生産関数が以下のように示される。

$$Y=4\sqrt{N} \quad 〔Y:総生産量, \ N:労働投入量〕$$

古典派の第一公準が満たされており，名目賃金率Wが12で一定であるとすると，この経済における総供給関数として妥当なのはどれか。ただし，Pは物価水準を表すものとする。

【国税専門官／財務専門官／労働基準監督官・令和3年度】

1 $Y=\dfrac{P}{6}$

2 $Y=\dfrac{2}{3}P$

3 $Y=\dfrac{3}{2}P$

4 $Y=4P$

5 $Y=6P$

No.7 ある国のマクロ経済が以下のようなモデルで表されるとする。

財市場　　$Y=C+I+G$
$C=0.5Y+10$
$I=190-50r$

〔Y：国民所得，C：消費，I：投資，G：政府支出，r：利子率，M：名目貨幣供給量，P：物価水準，L：貨幣需要，N：労働量〕

貨幣市場　$\dfrac{M}{P}=L$

$M=100$

$L=0.5Y-50r+100$

生産関数　$Y=10N^{\frac{1}{2}}$

また，名目賃金率は1，完全雇用時の労働量は400とし，企業の労働需要は，労働の限界生産性が実質賃金率に等しいところで決まるものとする。

このとき，完全雇用を達成するのに必要な政府支出Gの値はいくらか。

【国家総合職・令和3年度】

1　35

2　45

3　55

4　65

5　75

No.8 ある経済において労働力人口は$\overline{L}$で一定であるとする。また，雇用者数をE，失業者数をUとすると，以下の関係が成立している。

$$\overline{L}=E+U$$

今，一定期間中に雇用者のうち，sの割合が離職して失業者になる。また，同じ期間中に失業者のうちfの割合が就職して雇用者になる。

ここで，失業率が時間を通じて変化しない場合，その失業率を「均衡失業率」と呼ぶ。sが0.02，fが0.08であり，それぞれ一定とするとき，均衡失業率はいくらか。

【国家一般職・令和3年度】

1 2%

2 6%

3 10%

4 20%

5 25%

^{***} M.フリードマンの提唱した労働者錯覚モデルによる労働市場が図のように表されるとき，ア～エの記述のうち，妥当なもののみをすべて挙げているのはどれか。

なお，労働市場は点Eで当初均衡しているものとする。

【国家一般職・平成20年度】

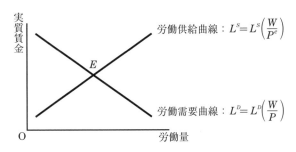

〔L^s:労働供給, L^D:労働需要, W:名目賃金, P^e:予想物価水準, P:現実の物価水準〕

ア：Pが上昇した場合において，労働者がこれを正しく予想していたとき，労働供給曲線も労働需要曲線も変化しない。

イ：Pが上昇した場合において，労働者がこれに気づかないとき，労働供給曲線は右下方にシフトするが，労働需要曲線は変化しない。

ウ：労働者の錯覚の程度が大きいほど，労働供給曲線のシフト幅は小さくなる。

エ：長期では労働者の錯覚が解消されるため，完全雇用水準を上回る雇用水準が実現する。

1　ア，イ
2　ア，ウ
3　イ，ウ
4　イ，エ
5　ウ，エ

実戦問題②の解説

No.5 の解説 総需要曲線・総供給曲線 →問題はP.301 **正答2**

　　労働者錯覚モデルは難解なモデルであるが，誤りを含む記述は総需要・総供給分析の基本的知識で判別できるので，正解するのは難しくない。

A○ 物価水準の上昇は，*LM*曲線を左上方にシフトさせる。

したがって，利子率の上昇と国民所得の低下が生じる。また，物価上昇が国民所得の低下をもたらすのであるから，両者の関係を表す総需要曲線は右下がりになる。

B✕ 労働者錯覚モデルを前提とする総供給曲線は，短期では右上りになる。

たとえば，物価と名目賃金率の上昇が生じた際，実質賃金率は変化しないにもかかわらず，物価の上昇に気づかずに実質賃金率の上昇と誤解（貨幣錯覚）した家計が労働供給を増加させた結果，雇用と生産量の増加が生じる。このとき，物価上昇が生産の増加をもたらすのであるから，ここから導かれる総供給曲線が右上がりになる。しかし，長期的には，家計は物価上昇に気づき，貨幣錯覚が解消されるので，労働供給量はもとの水準に戻る。この結果，生産量ももとの水準に戻るので，長期的には物価上昇は生産量を変化させない。このため，長期の総供給曲線は垂直になる。

C○ 金融緩和政策は，総需要曲線を右上にシフトさせる。

右下がりの総需要曲線，右上がりの総供給曲線の場合，総需要曲線の右上シフトは，物価水準の上昇と国民所得の増加をもたらす。

D✕ 総供給曲線が垂直の場合でも，財政支出拡大で総需要曲線は右シフトする。

経済が完全雇用GDPの状況にあり，総供給曲線が垂直の場合，典型的な古典派モデルである。この場合，財政支出の拡大によって総需要曲線が右シフトすれば，国民所得は変化しないが物価水準は上昇する。

　　よって，正答は**2**である。

近年，総供給関数の計算例が時折みられる。ミクロ経済の生産者理論における最適投入と同じ考え方を用いるが，相対的に易しいことが多い（資本を定数として，変数は労働のみとするケースが多いため）。こちらで練習して，改めてミクロ経済における最適投入の問題に当たってみるのもよい。

STEP❶ 古典派の第一公準

総供給関数は，マクロ的生産関数に労働需要関数（最適な労働投入量）を代入することで得られる。労働需要関数は古典派の第一公準から導かれる。

古典派の第一公準は$MPL = \dfrac{W}{P}$（MPL：労働の限界生産性，$\dfrac{W}{P}$：実質賃金）と表されるが，労働の限界生産性はマクロ的生産関数より，

$$MPL = \frac{dY}{dN} = \frac{1}{2} \times 4N^{-\frac{1}{2}} = \frac{2}{N^{\frac{1}{2}}}$$

と計算できる（$\sqrt{N} = N^{\frac{1}{2}}$および$N^{-\frac{1}{2}} = \dfrac{1}{N^{\frac{1}{2}}}$に注意）ので，これを古典派の第一公準の式に代入すれば，

$$\frac{2}{N^{\frac{1}{2}}} = \frac{W}{P}$$

$$N^{\frac{1}{2}} = \frac{2}{\left(\dfrac{W}{P}\right)} \quad \cdots\cdots ①$$

$$N^{\frac{1}{2}} = \frac{1}{6}P \quad \cdots\cdots ①' \quad (W = 12を代入)$$

を得る。なお，①式の両辺を2乗すれば労働需要関数（実質賃金$\dfrac{W}{P}$の減少関数になることに注意）になるが，次のステップの計算を踏まえて，2乗せずにおく。

STEP❷ 総供給曲線の導出

①′式をマクロ的生産関数に差し戻せば，総供給関数を，

$$Y = 4N^{\frac{1}{2}}$$

$$= 4 \times \frac{1}{6}P$$

$$= \frac{2}{3}P$$

になる。

よって，正答は**2**である。

No.7 の解説　総需要曲線・総供給曲線

→問題はP.302　**正答5**

　　貨幣市場均衡条件$\frac{M}{P}=L$に物価水準Pが含まれていることや（マクロ的）生産関数が含まれていることから総需要AD・総供給AS分析とわかる。

STEP①　*AD曲線の導出*

（1）*IS*曲線の導出

　　財市場均衡条件$Y=C+I+G$に消費関数および投資関数を代入すると，*IS*曲線を，

$$Y=0.5Y+10+190-50r+G$$
$$50r=200+G-0.5Y \quad \cdots\cdots①$$

とできる。

（2）*LM*曲線の導出

　　貨幣市場の均衡条件$\frac{M}{P}=L$に，名目貨幣供給の値および貨幣需要関数を代入すると，*LM*曲線を，

$$\frac{100}{P}=0.5Y-50r+100 \quad \cdots\cdots②$$

とできる。

（3）*AD*曲線の導出

　　②式の右辺第2項に①式を代入すると，

$$\frac{100}{P}=0.5Y-(200+G-0.5Y)+100$$
$$=Y-100-G$$
$$P=\frac{100}{Y-100-G} \quad \cdots\cdots③$$

と*AD*曲線が求められる。

STEP②　*AS曲線の導出*

（1）古典派第一公準の計算

　　*AS*曲線は（マクロ的）生産関数に古典派の第一公準（労働の限界生産性＝実質賃金）を代入することで求められる。（マクロ的）生産関数から労働の限界生産性を求めると，

$$\frac{dY}{dN}=\frac{1}{2}\times 10N^{\frac{1}{2}-1}=5N^{-\frac{1}{2}}$$

になるので，これを実質賃金に等しいとおくと，

$$5N^{-\frac{1}{2}}=\frac{W}{P}$$
$$N^{\frac{1}{2}}=\frac{5P}{W}=5P \quad \cdots\cdots④$$

を得る（2つ目の等号で名目賃金率$W=1$を与えている）。

(2) AS曲線の計算

④式を生産関数に差し戻すと，総供給曲線を，

$$Y=10N^{\frac{1}{2}}=10 \times 5P$$

$$P=0.02Y \quad \cdots\cdots⑤$$

と求められる。

STEP❸　完全雇用の実現

（マクロ的）生産関数に完全雇用時の労働量$N=400$を与えると，完全雇用国民所得は，

$$Y=10 \times 400^{\frac{1}{2}}=200$$

になる。この値をAS曲線である⑤式に与えると，$P=4$を得るので，$Y=200$とともに③式のAD曲線に与えれば，

$$4=\frac{100}{200-100-G}$$

$$G=75$$

になる。

よって，正答は**5**である。

No.8 の解説 | 均衡失業率

→問題はP.303 **正答4**

　類題の少ない新傾向問題であるが，失業率の定義に与えられた条件を組み合わせれば解ける。

STEP❶　新規失業者数と新規の就業者数の定義

　問題文より，一定期間中に生じる新規の失業者数は，

$$sE=0.02E$$

で表される。一方，一定期間中に生じる新規の就業者数は，

$$fU=0.08U$$

である。

STEP❷　失業率の定義

　労働力人口に占める失業者の割合を失業率と定義する。本問の記号を用いると，失業率は$\dfrac{U}{L}=\dfrac{U}{E+U}$となる。

STEP❸　失業率が一定となる条件

　労働力人口が一定の場合に，失業率が一定の水準（均衡失業率）にとどまるためには，失業者数が一定であることが必要である。そして，これは一定期間中に生じる新規の失業者数と新規の就業者数が等しいときに成立する。これはSTEP❶より，

$$0.02E=0.08U$$

$$E=4U$$

である。これを失業率の定義式に代入すると，

$$\frac{U}{L}=\frac{U}{4U+U}=\frac{U}{5U}=0.2〔20\%〕$$

となる。

　よって，正答は**4**である。

第4章 総需要・総供給分析

　難問であり類題も少ない。しかし，この問題をマスターすると次の**テーマ15**の自然失業率仮説を深く理解することができるようになる。

ア◯　**労働者がPの変化を正しく予想するなら，労働供給曲線の位置は変化しない。**
　労働者が物価水準Pの上昇を正しく予想すると，$P^e = P$が成立する。このとき，労働供給曲線は$L^s = L^s\left(\dfrac{W}{P}\right)$となるので，労働需要曲線ともども，縦軸にとられた実質賃金の変化に従って曲線上を移動することになり，曲線は変化しない。

イ◯　**労働者の貨幣錯覚は労働供給曲線を右下方シフトさせ，雇用量を増加させる。**
　労働者が一般物価水準Pの上昇を正しく予想できるなら，貨幣（名目）賃金Wが同率で上昇することを確認しておく（**重要ポイント2補足**参照）。
　一般物価水準Pが上昇し，貨幣賃金Wも同率で上昇したにもかかわらず，労働者が貨幣賃金の上昇にのみ気づき，一般物価水準の上昇に気づかなければ，実質賃金が上昇したと誤解することになる。これが貨幣錯覚である。この場合，実際には実質賃金は一定であるにもかかわらず，実質賃金が上昇したと考える労働者は労働供給量を増加させてしまう。これは労働供給曲線の右下方シフトに当たる。一方，企業は実質賃金が不変であることを正しく認識することができるので，労働需要曲線を変化させることはない。
　このとき，貨幣錯覚によって均衡点がF点に移動するので，実質賃金が低下し（w_0からw_1），雇用量はL_0からL_1に増加することになる。

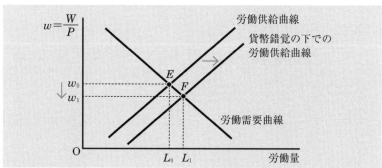

ウ✕　**労働者の錯覚の程度が小さいほど，労働供給曲線のシフト幅は小さくなる。**
　労働者が，名目賃金Wと一般物価水準Pが比例的に変化する際，物価水準の上昇に一切気付かないのではなく，部分的に物価上昇を認識できた，つまり錯覚の程度が小さいとする。このとき，$\dfrac{W}{P^e}$の値は，一切気づかない場合と比べて，実質賃金を過大に評価せずに済む（分子のWの上昇とともに，分母のP^eも一部上昇するため）。よって，この場合，物価水準の上昇に一切気づ

かないときほどには労働供給量も増加させないので，労働供給曲線のシフト幅は小さくなる。

エ ☒ 労働者の貨幣錯覚が解消されると，完全雇用が実現する。

労働者は，短期的に一般物価水準Pの上昇に気づかず，貨幣錯覚に陥ったとしても，長期的には物価上昇に気づき，錯覚は解けることになる。これは，短期的に右下方にシフトした労働供給曲線が，長期的にはもとの位置にシフトバックすることを意味する。この間，労働需要曲線は不変であるから，労働市場の均衡点は，**イ**の解説の図を用いると，当初のE点から，短期的にはF点に移動するが，長期的にはE点に戻ることになる。当初の均衡は，均衡実質賃金の下で労働需給が一致していたのであるから完全雇用であり，短期的には貨幣錯覚によって完全雇用を上回る雇用水準が実現するにせよ，長期的には完全雇用水準に戻ることになる。

よって，正答は**1**である。

テーマ 15 フィリップス曲線

必修問題

　次の図は，縦軸に現実のインフレ率，横軸に失業率をとり，フィリップス曲線P_0，P_1およびP_2によってフリードマンの自然失業率仮説を表したものであるが，この図に関する記述として，妥当なのはどれか。

【地方上級（特別区）・令和元年度】

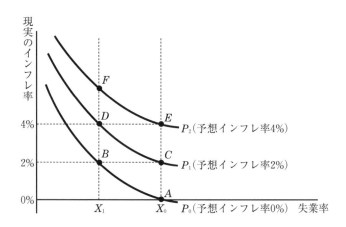

1　**点Aにおける失業率X_0は，労働者の貨幣錯覚により，自発的失業が存在していることを示している。**

2　点Aから点B，点Cから点Dおよび点Eから点Fに向かう動きは，企業の**貨幣錯覚**が解消され，失業率が自然失業率を下回ることを示している。

3　点A，点Cおよび点Eを結んだ垂直線は，**短期のフィリップス曲線**と呼ばれ，失業率X_0は自然失業率を示している。

4　点Bから点Cおよび点Dから点Eに向かう動きは，労働者が現実のインフレ率が予想よりも高いことを知り，**労働供給**を減少することを示している。

5　点B，点Dおよび点Fを結んだ垂直線は，**長期のフィリップス曲線**と呼ばれ，失業率X_1は自然失業率を示している。

難易度　＊＊

必修問題の 解説

　フリードマンの自然失業率仮説を構築する予想インフレ率，自然失業率といったキーワードや，短期と長期のフィリップス曲線の形状の違いといった基本的内容を本文で確認しよう。

1 ✕　**点Aでは予想インフレ率と現実が一致しているため，貨幣錯覚は生じない。**

　点Aは，予想インフレ率が0％の場合のフィリップス曲線上で，現実のインフレ率も０％の点である。したがって，物価が変化しない均衡状態であり，また，そのことを経済主体（労働者）が正確に理解している状態である。これを，経済主体が合理的に期待を形成しており，貨幣錯覚に陥っていないと表現する。このとき，労働市場は均衡し，現在の実質賃金の水準の下で働きたいと考える労働者はすべて雇用される。これを完全雇用と定義するが，これは非自発的失業は存在しなくても，自発的失業・摩擦的失業（**テーマ14重要ポイント1**参照）は存在しうるということであるから，失業率0％を意味しない。この完全雇用状態での失業率を，フリードマンは自然失業率と呼んだ。

2 ✕　**点Aから点Bなどの左上がりの動きは，貨幣錯覚によって生じる。**

　点Aから点B，点Cから点Dおよび点Eから点Fに向かうフィリップス曲線上の動きでは，現実の失業率が自然失業率を下回っている。これは，インフレが生じた際に，企業が生産を増加させるために必要な労働需要を増加させる一方，労働需要の増加で名目賃金率の上昇をみた労働者が，実際には物価も上昇しているのに短期的にはそれに気づかず，名目賃金率の上昇のみをみてそれを実質賃金率の上昇と混同して労働供給を増加させ，その結果として雇用が増加することが原因である。このような労働者の名目賃金率と実質賃金率の混同を貨幣錯覚という。つまり，フィリップス曲線の右下がりの形状（物価が上昇すれば失業率は低下する）は貨幣錯覚が原因である。

3 ✕　**点A，点Cおよび点Eを結んだ垂直線は，長期のフィリップス曲線になる。**

　長期的に貨幣錯覚が解消された場合，労働者は実質賃金率が上昇していなかったことに気づき，労働供給量をもとの水準に戻す。しかし，実質賃金が上昇していないのは名目賃金率がインフレ率とちょうど同率で上昇したからである。したがって，貨幣錯覚が解けると，インフレ率は上昇したままで失業率だけがもとの水準に戻り，グラフ上では点Bから点C，あるいは点Dから点Eへの動きになる。

　ここで，貨幣錯覚に陥り，それが解消される過程をたどると，当初状態が点Aであったとすると，貨幣錯覚によって点Bに移り，その解消によって点Cに至る。ここで，点Aと点Bを結んだグラフを短期フィリップス曲線とすれば，点Aと点Cを結ぶグラフは長期のフィリップス曲線ということになる。

第4章　総需要・総供給分析

4 ◎ **点Bから点Cおよび点Dから点Eに向かう動きは，貨幣錯覚の解消で生じる。**
妥当である。この動きは，労働者が，上昇していないと誤認していたインフレ率が現実には上昇していた，つまり現実のインフレ率は予想より高かったと気づくことで労働供給を減少させることで生じる。つまり，労働者の貨幣錯覚が解消されることで生じる。

5 ✕ **長期フィリップス曲線は，自然失業率X_0水準での垂直なグラフである。**
3でみたように，長期的には，失業率は点A，点Cおよび点Eを通るが，これらは失業率が**1**で説明した自然失業率水準に対応している。つまり，自然失業率仮説においては，失業率は長期的には自然失業率で一定となる。

正答　**4**

FOCUS

　フィリップス曲線は，45度線分析や*IS-LM*分析などに次ぐ，中頻度で出題されるテーマである。当初のフィリップス曲線自体はシンプルな概念なので，やや難しい理論的背景を持つ自然失業率仮説をベースに出題されることが多い。ただし，出題自体は必ずしも理論的背景に踏み込まなくても対処できることも多い。

─POINT─

重要ポイント❶ フィリップス曲線

 フィリップス曲線とは，名目賃金率上昇率と失業率の間の負の相関関係を表したグラフであり，A.フィリップスが英国の約1世紀にわたる時系列データから見出した。

 ただし，一般には名目賃金率上昇率をインフレ率（物価水準上昇率，負値の場合はデフレを表す）で置き換えて，インフレ率と失業率の間のトレード・オフ関係に修正した**修正版フィリップス曲線**（**物価版フィリップス曲線**）を用いることが多い。図は，縦軸にインフレ率，横軸に失業率をとった平面に描かれたフィリップス曲線である。

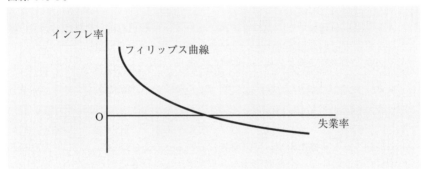

 フィリップス曲線の持つ政策上の意味は，**インフレ抑制（物価安定）と失業率低下の同時達成が困難である**（トレード・オフ）ことにある。

 また，理論上の意味として，ケインジアンの理論とは整合的であるが，古典派理論には合致しない点がある。総需要・総供給分析では，ケインジアンの立場では，拡張的財政政策または金融緩和政策によって総需要（*AD*）曲線を右シフトさせれば，物価の上昇を引き起こしつつも国民所得の増加（とそれによる失業率の低下）が達成できるが，古典派の垂直な総供給曲線（*AS*曲線）の場合，同様な政策はインフレのみを引き起こし，国民所得は完全雇用水準で一定であり，失業率は低下しない。つまり，古典派理論ではインフレが生じたときに失業率は低下しないはずである（テーマ14の**重要ポイント7（1）および（2）③**も参照）。

重要ポイント❷ 自然失業率仮説

（1）フィリップス曲線に関するフリードマンの見解

 マネタリストのフリードマンは，実際に観察される**フィリップス曲線は短期的なものであり，長期的には垂直になるはずである**と主張した。この場合，長期のフィリップス曲線は自然失業率u_Nの水準で垂直になるため，これを**自然失業率仮説**という。また，フリードマンは，経済主体の**期待インフレ率**が上昇すると，短期のフィリップス曲線が上方シフトするとした（**重要ポイント3**参照）。

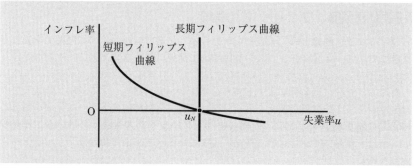

(2) 自然失業率について

　古典派の労働市場観では，完全雇用が失業ゼロを意味しない。完全雇用の下で存在する失業率が**自然失業率**である（**テーマ14重要ポイント2**参照）。

　左下図の労働需要曲線と労働供給曲線の均衡点では，

①実質賃金率$\dfrac{w}{P}$は下図のように$\left(\dfrac{w}{P}\right)_0$で一定になるから，貨幣賃金率と物価水準も一定となり，インフレ率はゼロである。

②また，労働需給が一致して完全雇用N_fが実現するが，これが現在の均衡賃金率の下で供給された労働力がすべて需要されているとの意味である。ここで非自発的失業は存在しないが，自発的失業および摩擦的失業は存在しうるため，失業率はゼロではない。

　以上より，フィリップス曲線において，縦軸のインフレ率がゼロの下で存在する失業率，つまりフィリップス曲線と横軸の交差する点の失業率が完全雇用に対応した失業率であることになり，これが自然失業率である。

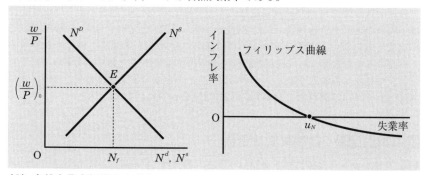

(3) 自然失業率仮説の定式化

　簡単化のためにフィリップス曲線を直線で表し，フリードマンの主張する期待インフレ率を導入すると，

$$\pi = \pi^e - \alpha(u - u_N)$$

のようになる〔$\pi\left(=\dfrac{\Delta P}{P}\right)$：インフレ率（$P$は物価水準），$\pi^e$：期待インフレ率，$u$：失業率，$u_N$：自然失業率，$\alpha$：正の定数〕。

短期において，経済主体の期待インフレ率が実際のインフレ率に一致しない（$\pi \neq \pi^e$）場合，このフィリップス曲線は，

$$\pi = (\pi^e + \alpha u_N) - \alpha u$$

とできるので，右辺のカッコ内を切片とみなせば，期待インフレ率π^eの上昇とともに上方シフトする右下がりのグラフになる。

長期において，経済主体が実際のインフレ率を正しく期待形成できることを$\pi = \pi^e$と表せば，フィリップス曲線は$\pi = \pi - \alpha(u - u_N)$になるから，$\alpha$は正値であるため，

$$u = u_N$$

となり，自然失業率水準u_Nで垂直となるフィリップス曲線が得られる。

ここから，短期的には自然失業率より低い失業率が実現しうるが，長期的には失業率は自然失業率水準で一定となる。したがって，短期的には失業率を下げる有効な政策が存在しうるが，長期的にはそのような政策は存在しないことになる。

なお，経済理論上の「期待」（予想）とは数学的期待値のことであり，特に楽観的な希望を表しているわけではない。

重要ポイント ３ 裁量的財政政策とフィリップス曲線

フリードマンは，ケインジアン的な裁量的政策（財政政策および金融政策）は短期的には有効性を持つが，長期的には無効となると主張し，その原因として経済主体，特に家計の貨幣錯覚が原因であるとする。以下ではこのことを説明する。

①当初の経済が，インフレ率ゼロで自然失業率水準にあるとする（a点）。ここで，**政府が拡張的な財政政策を行う**と，総需要が増加するためにインフレが発生する。フリードマンの労働市場における貨幣錯覚モデルに従えば，インフレは同率の貨幣賃金上昇を引き起こし，実質賃金は一定にとどまるにもかかわらず，これを実質賃金の上昇と誤解する貨幣錯覚によって，家計は労働供給量を増加させる。この結果，実際の雇用が増加するため，失業率が低下する（テーマ14重要ポイント１（3）参照）。**拡張的財政政策がインフレ率の上昇と失業率の低下をもたらしたことから，これはフィリップス曲線上のa点からb点への動きに当たる。**

②長期的に，貨幣錯覚に気づいた家計は労働供給をもとの水準に戻すため，失業率水準も自然失業率水準に復することになる。しかし，貨幣錯覚が解けたということは，政府の政策がインフレをもたらしたことを家計が理解したということであり，家計は期待インフレ率を上昇させる（政府の引き起こしたインフレ率が続くと予想する）。**貨幣錯覚の解消は，現実のインフレ率の持続と失業率の自然失業率への復帰をもたらすことから，**フィリップス曲線上のb点からc点への動きに当たる。

③失業率の上昇（自然失業率への回帰）に直面した政府が，再び拡張的財政政策を実施すると，a点ではなくc点が起点となり，ここまでのプロセスが繰り返される。c点をa′点と読み替えると，ここから短期的にb′点に移り，長期的にはc′点に移る。つまり，拡張的財政政策の頻繁な実施はインフレ率を加速させることになる。

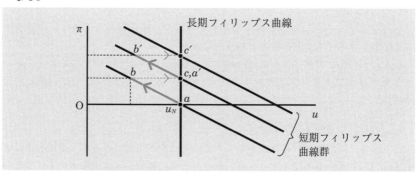

　以上より，家計が貨幣錯覚に陥っている間は，a点からb点への動きとして**短期のフィリップス曲線が右下がり**になり，これは経済主体の期待インフレ率の上昇によって，a′点からb′点の動きのようにグラフが上方にシフトする。また，**長期**では貨幣錯覚のない状態であるa点からc点（a′点），さらにc′点への動きのように，**フィリップス曲線は垂直**となる。

> **拡張的財政政策の効果**
> 　　短期：**失業率を低下させるので有効**
> 　　長期：**失業率は自然失業率にとどまるので無効**

重要ポイント 4 　失業率を分析するその他の理論

（1）オークンの法則
　オークン（オーカン）の法則とは，国民所得と失業率との間の負の相関を示す法則であり，

$$Y - Y^f = -\beta(u - u_N)$$

と表される（Y：国民所得，Y^f：完全雇用国民所得，u：失業率，u_N：自然失業率，β：正の定数）。βはオークン係数と呼ばれ，労働市場の柔軟度が低い国で大きい値をとるような定数である。

（2）UVアプローチ
　横軸に未充足求人率v（求人のうち満たされない比率＝欠員率）を，縦軸に失業率uをとってデータをプロットすると，両者の間には負の相関が見られる。これを**UV曲線**（**ベヴァレッジ曲線**）と呼ぶ。UV曲線を用いると，失業を構造的失業と需要不足失業に分解できる（UVアプローチ）。

　通常，不況は *UV* 曲線上での失業率増加方向への移動を，好況は未充足求人率増加方向への移動をもたらす（ときおり，軸にとる変数が入れ替わることがあるので注意しよう）。

　UV 曲線と 45 度線の交点に対応する失業率 u_c は，企業に欠員があるのに同数の失業が存在するという労働市場のミスマッチを表しており，構造的失業に対応している。実際の失業率がこの u_c を上回ると，その超過分は需要不足失業に当たる。

　また，産業構造の変化などによって，労働市場におけるミスマッチの度合いが増加すると，失業率が低下しないまま未充足求人率が上昇してしまうため，*UV* 曲線が右上方へシフトすることになる。

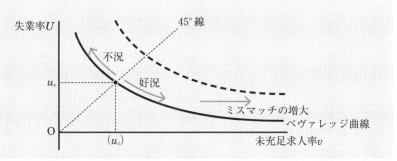

（3）賃金率や物価の硬直性の理論的基礎づけ

　ニュー・ケインジアンと呼ばれる近年のケインジアンは，従来のケインジアンが前提とした賃金率や物価の硬直性に，個々の経済主体の合理的行動から説明できる基礎を与えること（ミクロ的基礎づけ）を重視する。ここでは，代表的な例として，マンキューのメニュー・コスト理論を取り上げる。

〈メニュー・コスト理論〉

　財・サービスの価格改定に付随するコスト（レストランのメニューの書き換えコストにたとえてメニュー・コストと呼ばれるが，それ以外にも広く，新しい価格を周知させるのに必要な費用の総称である）が価格の改定で得られる利潤を上回るなら，企業は価格を変更しないことが合理的な選択であり，この場合にも，価格は硬直的なものとなる。

No.1　**インフレーションと失業に関する記述として，妥当なのはどれか。**

【地方上級（特別区）・平成29年度】

1　物価版フィリップス曲線は，インフレ率と失業率の間に成立する右下がりの関係で，失業率を低くするとインフレ率が高まり，インフレ率を抑制すると失業率が高まるというトレード・オフの関係がある。

2　合理的期待形成仮説は，1970年代アメリカの経済学者ルーカスとサージェントが主張した仮説で，現代社会では，人々は貨幣を合理的に利用して将来を予想するとした。

3　自然失業率仮説は，マネタリストのフリードマンが主張し，フィリップス曲線を短期と長期に分け，失業率は短期的には自然失業率と等しくなり，短期フィリップス曲線は垂直な直線になるとした。

4　自然失業率は，労働市場において需要と供給が一致した状況での失業率で，自然失業率のもとでの失業とは，摩擦的失業や非自発的失業であり，自発的失業ではない。

5　オークンの法則は，経済成長率と失業率との関係を示す法則で，アメリカ経済において1％の雇用の増加は生産量を3％増加させることを実証し，生産量と失業率の間には正の関係があるとした。

No.2　**フィリップス曲線および自然失業率仮説に関する次の記述のうち，妥当なのはどれか。**

ただし，フィリップス曲線，総供給曲線は，それぞれ，縦軸に物価上昇率，物価水準をとるものとする。　【国税専門官／財務専門官・令和4年度】

1　フィリップス曲線は，物価上昇率と失業率との間の正の相関関係を示す右上がりの曲線であり，1970年代のアメリカ合衆国のスタグフレーションの状況を説明するために導かれたものである。

2　1990年代後半のわが国においては，1970年代，1980年代と比べて，高い物価上昇率の下で，傾きの急なフィリップス曲線が観測されている。

3　短期フィリップス曲線と総供給曲線の関係についてみると，供給量の減少により総供給曲線が左方にシフトした場合，短期フィリップス曲線は右方にシフトする。

4　M.フリードマンは，自然失業率について，産業構造の変化などの経済の構造的・制度的要因ではなく，貨幣的要因に依存してその水準が決定されるものであるとした。

5　自然失業率仮説によると，貨幣錯覚が修正されたのちの長期フィリップス曲線は垂直となり，このとき，中央銀行の金融緩和政策には，自然失業率を下げる効果があるとされている。

No.3 ある経済において，賃金の決定式が次のように表されるとする。

$W=0.05Pu^{-1}$ 〔W：貨幣賃金率，P：生産物価格，u：失業率〕

ここでは，貨幣賃金率は生産物の限界費用と等しく，生産物価格は限界費用にマークアップを加えて決定されるものとする。マークアップ率が0.2であり，かつ，貨幣賃金率の決定と生産物価格の決定が整合的になされるときの失業率はいくらか。

【国家総合職・平成16年度】

1 0.05

2 0.06

3 0.10

4 0.12

5 0.20

No.4 自然失業率仮説の下で，期待インフレ率を考慮した短期フィリップス曲線が，

$$\pi = a + \frac{b}{u} + \pi^e$$

〔π：インフレ率，π^e：期待インフレ率，u：失業率，a，b：定数〕

で示されるものとする。短期においては$\pi^e=4$，$\pi=20$のとき，$u=4$となる。また，自然失業率は8であるものとする。このときのbの値はいくらか。

【財務専門官／労働基準監督官・平成30年度】

1 64

2 80

3 106

4 114

5 128

実戦問題 **1** の解説

→問題はP.320 **正答1**

No.1 の解説 フィリップス曲線

　　基本的にはフィリップス曲線に関する出題であるが，直接には関係のない理論に言及した選択肢があり，深読みしすぎないようにしてほしい。

1 ◎ **物価版フィリップス曲線は，インフレ率と失業率のトレード・オフを表す。**
妥当である。フィリップス自身によるものは，名目賃金上昇率と失業率の間の負の相関をグラフに表した。しかし，企業にとって費用の一項目である名目賃金率と価格の間には正の相関があるため，通常は，価格変化率（すなわちインフレ率）と失業率に読み替えたフィリップス曲線がむしろスタンダードである。

2 ✕ **合理的期待形成仮説では，情報を合理的に分析して期待形成に役立てる。**
ルーカスらの合理的期待形成仮説（**テーマ16重要ポイント3**参照）では，経済主体は情報を合理的に分析して経済変数に関する期待を形成すると考えるので，この仮説が妥当すれば貨幣錯覚のような現象は生じないことになる。自然失業率仮説においては，労働者が貨幣錯覚に陥れば，短期的には完全雇用水準以下に失業率が低下するとされる。しかし，経済主体が合理的に期待を形成し，貨幣錯覚に陥ることがないなら短期的にも失業率は完全雇用水準より下がることはない。

3 ✕ **自然失業率仮説では，長期のフィリップス曲線が垂直になる。**
フリードマンの自然失業率仮説によれば，フィリップス曲線は，短期においては失業率とインフレ率のトレード・オフ関係を反映して右下がりとなり，長期においては自然失業率水準で垂直になるとされる。

4 ✕ **自然失業率とは，非自発的失業が存在しない場合の失業率である。**
したがって，自然失業率の下では，自発的失業や摩擦的失業は存在する。なお，自然失業率が，労働市場において需要と供給が一致した状況での失業率である点は正しい。

5 ✕ **オークンの法則では，生産量と失業の間に負の相関があるとされる。**
問題文にあるように雇用の増加が生産量を増加させるなら，雇用の減少，すなわち失業の増加は生産量を減少させるはずであり，両者に正の相関があるとの記述はつじつまが合っていない。なお，オークンは，アメリカにおいては，GDPの1%の低下が失業率を0.55%増加させるとした。

No.2 の解説　フィリップス曲線
→問題はP.320　**正答3**

フィリップス曲線に関する基本的な論点をかなりの部分カバーした問題である。

1 ✗ フィリップス曲線は物価上昇率と失業率の負の相関関係を示すグラフである。

フィリップス曲線は，本来，フィリップスが，英国における1861年から1957年にかけてのデータを用いて，名目賃金上昇率と失業率の負の相関関係を導き出したものである。しかし，通常は，名目賃金上昇率を物価上昇率に置き換えた物価版フィリップス曲線がもっぱら用いられる。

2 ✗ デフレの下でのフィリップス曲線の傾きは緩やかである。

通常，フィリップス曲線は高い物価上昇率の下で傾きが急な，低い物価上昇率の下で傾きが緩やかな形状を取る（フィリップス曲線のグラフは，縦軸に物価上昇率をとった平面に描かれることに注意）。また，1990年代のわが国においては，石油ショックの発生した1970年代や1980年代に比べて，物価上昇率は低い（政府が「持続的な物価下落という意味でのデフレ状況」にあると月例経済報告に初めて記載したのは2001年）。したがって，1990年代後半以降のわが国経済のフィリップス曲線の傾きは緩やかなものとなる。

3 ◎ フィリップス曲線と総供給曲線は同じ現象を逆の視点から表している。

妥当である。フィリップス曲線は縦軸の物価水準の上昇率が高いときには横軸の失業率が低いことを表した右下がりのグラフである。一方，総供給曲線は，縦軸の物価水準が上昇すると，雇用の増加を通じて，横軸の生産量が増加することを表した右上がりのグラフである。両者を比較すると，いずれも物価の上昇が生じた際に雇用が増加することを表しているが，フィリップス曲線は失業率の低下として，総供給曲線は生産量の増加として，逆方向に表される。したがって，総供給曲線において供給量を減少させるようなグラフの左方シフトは，フィリップス曲線においては失業率を上昇させる右方シフトにあたる。

4 ✗ 自然失業率は経済の構造的・制度的要因によって決まるとされる。

フリードマンは，自然失業率仮説において，自然失業率が経済の構造的・制度的要因によって決定され，裁量的な政策によって変化させられるものではないと主張した。なお，フリードマンは，失業ではなくインフレが貨幣的現象であることを主張したことで有名である。なお，自然失業率とは，非自発的失業が存在しないとの意味において，完全雇用をなしうる水準の失業率のことである。

5 ✗ 自然失業率は金融緩和のような裁量的な政策によっては変化しない。

自然失業率仮説において，長期のフィリップス曲線が垂直となる点は正しい。そして，長期のフィリップス曲線が垂直となる水準の失業率が自然失業率であるが，これは経済の構造的・制度的要因によって決まるものであり，金融緩和政策のような裁量的な政策によっては変化しないとされる。

本問での（貨幣）賃金の決定式はフィリップス曲線に類似しているが，貨幣賃金上昇率ではなく貨幣賃金率と失業率の間の関係式であるから，厳密にはフィリップス曲線ではない。

STEP❶ 題意の定式化

限界費用をMCとおくと，貨幣賃金率は生産物の限界費用と等しいことは

$$W = MC \quad \cdots\cdots ①$$

と書ける。生産物価格は限界費用にマークアップ率0.2を加えて決定されるから，

$$P = (1+0.2)MC \quad \cdots\cdots ②$$

が成立する。

STEP❷ 失業率の計算

本問は失業率を問うているから，賃金の決定式を$u = \dfrac{0.05P}{W}$と変形して，分子に②式，分母に①式を代入すると，

$$u = \frac{0.05 \times 1.2MC}{MC} = 0.06$$

と失業率を得る。

よって，正答は**2**である。

No.4 の解説　フィリップス曲線

　　未知数が a と b の2つであるのに，式が1本しかない。自然失業率に注目して，短期のフィリップ曲線と長期のフィリップス曲線（自然失業率水準で垂直になる）の2本を立式すればよいことに気づけば，あとは容易である。

STEP❶　短期フィリップス曲線

　　自然失業率仮説においては，短期のフィリップス曲線は右下がりとなる。問題文中のフィリップス曲線に与えられた数値を代入すると，

$$20 = a + \frac{b}{4} + 4$$

が成立する。

STEP❷　長期フィリップス曲線

　　長期ではフィリップス曲線は自然失業率水準において垂直となるが，このとき経済主体の貨幣錯覚は解消されているため，インフレ率について正しく期待形成できるので $\pi = \pi^e$ となる。したがって，

$$\pi = a + \frac{b}{8} + \pi \quad \Leftrightarrow \quad 0 = a + \frac{b}{8}$$

が成立する。短期のフィリップス曲線を整理した $a = 16 - \frac{b}{4}$ を長期のフィリップス曲線に代入すると，

$$0 = 16 - \frac{b}{4} + \frac{b}{8}$$

になるので，これを整理すると，

$$b = 128$$

を得る。

　　よって，正答は**5**である。

【国家総合職・平成17年度】

1　フィリップス曲線は，名目賃金あるいは物価の変化率と失業率の間にみられるトレード・オフの関係を示すものである。こうしたフィリップス曲線によると，名目賃金の上昇率が高い場合には，企業の雇用意欲が失われるため，失業率も高くなることがわかる。

2　M.フリードマンの自然失業率仮説によると，現実のインフレ率がどのように変化しても期待インフレ率が一定の値で変化しないならば，失業率は短期的にも自然失業率の水準で一定となり，横軸を失業率，縦軸を物価上昇率とした場合，フィリップス曲線は垂直となる。

3　M.フリードマンの自然失業率仮説によると，労働に関するさまざまな制度の変化や労働市場の機能の低下などにより自然失業率が上昇するような場合でも，金融緩和政策によって成長率を高めることでフィリップス曲線をシフトさせ，自然失業率を低下させることができる。

4　横軸を失業率，縦軸を物価上昇率としたとき，フィリップス曲線の傾きは，一般にインフレーションが穏やかな時期には緩やかになる傾向がある。こうした傾向が生じる理由としては，低インフレ下では，メニュー・コストの存在により価格改定が頻繁に行われないためとする説などがある。

5　伝統的なケインジアンは，フィリップス曲線の背景にある名目賃金や価格の硬直性を基本的な理論の前提としていたが，ニュー・ケインジアンと呼ばれる学派は，そうした伝統的なケインジアンの考え方を否定し，賃金や価格の伸縮性を前提として新たな理論を展開している。

No.6 名目賃金の上昇率をg_w，失業率をU，自然失業率をU^Nとするとき，以下の賃金版フィリップス曲線が成立しているとする。

$g_w = -0.5(U - U^N)$

また，名目賃金をW，物価水準をP，労働の限界生産性μとするとき，以下の関係が成立しているとする。

$$\frac{W}{P} = \mu$$

今，労働の限界生産性の値は2で一定であるとする。

自然失業率が7％，物価上昇率が1％の場合における失業率はいくらか。

【国家一般職・令和4年度】

1　1％

2　2％

3　3％

4　4％

5　5％

次の文章の空欄A，Bに入る語句の組合せとして，妥当なのはどれか。

【市役所・平成7年度】

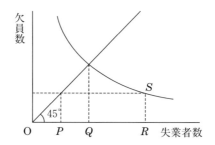

欠員数

S

O　P　Q　　R　失業者数

45

　失業者数と欠員数で示される労働市場の状況は現在，図の点Sにある。現在の失業のうち摩擦的・構造的要因による失業の大きさは　A　で示される。

　また，摩擦的・構造的失業を減らすためには　B　などの政策が有効である。

	A	B
1	OP	有効需要の拡大
2	OP	失業者の再訓練
3	OQ	有効需要の拡大
4	OQ	失業者の再訓練
5	OR	有効需要の拡大

実戦問題 2 の解説

→問題はP.326

No.5 の解説 フィリップス曲線 　　　　　　　　　　　　　　正答4

1 ✕ **フィリップス曲線では，名目賃金の上昇率が高ければ失業率は低くなる。**
トレード・オフとは両立不可能性のことであるから，名目賃金の上昇率が高い場合には，失業率は低くなければトレード・オフにはならない（フィリップス曲線は右下がりの曲線である）。

2 ✕ **自然失業率仮説では，短期のフィリップス曲線は右下がりである。**
自然失業率仮説によれば，ケインズ的政策で総需要を刺激するとインフレが発生するので，短期的には労働者の貨幣錯覚によって失業率を自然失業率以下に低下させることができる。この場合のフィリップス曲線は右下がりである。しかし，長期的には，期待インフレ率と現実のインフレ率が等しくなり，労働者の貨幣錯覚は解消されるので，失業率は自然失業率水準へ戻る。ゆえに，長期的には物価が上昇しても失業率は自然失業率水準で一定となり，フィリップス曲線は垂直になる。

3 ✕ **自然失業率は，総需要を刺激する政策では低下しない。**
自然失業率は，完全雇用に対応した失業率の水準であり，それは労働市場の流動性や市場慣行・政府の規制などに依存する。たとえば，終身雇用制度が存在したり，解雇規制が厳格であれば，自然失業率は低位で安定する傾向になる（半面，産業構造の変化時などに柔軟性を欠く可能性が高い）。したがって，拡張的財政政策や金融緩和政策などケインズ的な総需要を刺激する政策では，自然失業率そのものを低下させることはできない。

4 ◎ **メニュー・コストの存在は，価格を硬直的にする。**
妥当である。ニュー・ケインジアン（**重要ポイント4(3)**を参照）のマンキューらによるメニュー・コスト理論とは，価格改定にかかる諸費用を比喩的にメニュー・コストと呼び，その費用がかかるがゆえに，価格の改定（調整）はスムーズに進まず，硬直的になるとする。特に，小さな費用の変動では，価格変更に伴う諸費用のほうが大きくなりがちで，このような場合にはむしろ価格を変更しないほうが合理的であることから価格が硬直化するのである。
なお，現実の経済における経験上も，物価変化率については，インフレが非常な高率に達することがある一方で，同じような率ではデフレは発生しないことから，インフレーションが穏やかな時期のフィリップス曲線の傾きが緩やかになることは妥当性を有する。

5 ✕ **ニュー・ケインジアンは，伝統的なケインズ理論に理論的基礎づけを与える。**
したがって，ニュー・ケインジアンは伝統的なケインジアンの考え方を否定しない。ケインズは，名目賃金や価格の硬直性を基本的な理論の前提としていたが，ニュー・ケインジアンは，経済主体の合理的な行動の結果からそれらを導く（ミクロ的基礎づけを与える）ことで新たな理論を展開した。**4**のメニュー・コスト理論はその一例である。

STEP❷の変化率の式の変形は，他の箇所（**テーマ8**の$No.7$や**テーマ12**の$No.7$）でも用いた。その頻度は低いが，知っておいて損はないことを確認しておいてほしい。

STEP❶ 記号の確認

名目賃金の上昇率はg_wで与えられているが，名目賃金自体はWで表されているので，

$$g_w = \frac{\Delta W}{W} \quad \cdots\cdots①$$

の関係にある。

STEP❷ 労働の限界生産性の式変形

問題文の2式目を変化率の式に変形すれば，

$$\frac{\Delta W}{W} - \frac{\Delta P}{P} = \frac{\Delta \mu}{\mu}$$

を得る。ただし，労働の限界生産性μの値は一定であるからその変化率$\frac{\Delta \mu}{\mu}$はゼロである。また，①式を用いると，

$$g_w = \frac{\Delta P}{P} \quad \cdots\cdots②$$

となる。

STEP❸ 失業率の計算

②式を賃金版フィリップス曲線の左辺に代入すれば，

$$\frac{\Delta P}{P} = -0.5(U - U^N)$$

になるので，物価上昇率$\frac{\Delta P}{P} = 0.01$および自然失業率$U^N = 0.07$を与えれば，失業率は，

$$U = 0.05 \ [5\%]$$

になる。

よって，正答は**5**である。

No.7 の解説　*UV曲線*

→問題はP.328　**正答4**

本問で問われている*UV*曲線はマクロ経済学よりも社会政策（地方上級試験で出題）や労働経済（労働基準監督官試験で出題）での出題例が多いが，時事も含め労働問題に対する知識を深めてくれる。

STEP❶　*UV曲線の特徴*

*UV*曲線の特徴は，失業を，景気循環（不況）を主因とする需要不足要因によるものと労働市場のミスマッチなどによる摩擦的・構造的要因に分解できる点にある。一定の*UV*曲線の下で45度線との交点を求めると，その点では欠員と失業が図中*Q*で均衡する。これは使用者側に欠員が存在し，かつ労働者側に同数の失業者（求職者）が存在しても雇用に至らないということであるから，双方の条件が合致しない摩擦的・構造的失業を表す。また，これを超える失業は欠員の募集（求人）を超えるということであるから，労働需要の不足に対応した失業ということになる。すなわち，**A**には O*Q* が入る。

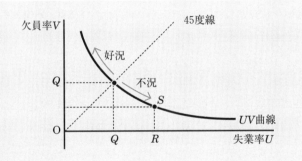

STEP❷　*S点の状態について*

失業者数が*S*点に対応した*R*であるとすると，STEP❶の*Q*で，線分 O*Q* と線分 *QR* に分離できる。O*Q* は摩擦的・構造的要因による失業であり，*QR* は需要不足要因による失業とできる。

失業のうち*QR*部分は政府・中央銀行による有効需要の拡大によって解消されるが，O*Q*部分は労働需給のミスマッチを解消させる労働政策が必要となる。たとえば，労働者の再訓練などで雇用につながるスキルを取得させる政策（**B**の答え）が有効となる。

よって，正答は**4**である。

インフレ需要曲線・供給曲線

必修問題

ある経済のインフレ供給曲線，インフレ需要曲線，期待インフレ率がそれぞれ以下のように示されている。

$$\pi_t = \pi_t^e + 5(Y_t - Y_F)$$

$$Y_t = Y_{t-1} + 0.2(m_t - \pi_t)$$

$$\pi_t^e = \pi_{t-1}$$

$$\left[\begin{array}{l} \pi_t : t \text{ 期のインフレ率}, \ \pi_t^e : t \text{ 期の期待インフレ率}, \\ Y_t : t \text{ 期のGDP}, \ Y_F : \text{完全雇用GDP}, \\ m_t : t \text{ 期のマネーサプライ増加率} \end{array}\right]$$

t 期までの経済が定常状態にあり，GDPとインフレ率は，それぞれ一定であった。今，$m_t = 5$であるとき，$(t+1)$期のマネーサプライ増加率であるm_{t+1}は10となった。このとき，$(t+1)$期のインフレ率であるπ_{t+1}はいくらか。

【国家一般職・平成25年度】

1 5

2 6

3 7.5

4 9.5

5 10

難易度 ＊＊

頻出度 | C
国家総合職 ★★★　地上特別区 ★
国家一般職 ★　　　市役所Ｃ —
国税専門官 —
地上全国型 —

16 インフレ需要曲線・供給曲線

必修問題の 解説

インフレ需要・インフレ供給分析は、総需要・総供給分析の物価水準を物価変化率に置き換えたものである。したがって、インフレ需要曲線、インフレ供給曲線は総需要曲線、総供給曲線の性質を受け継いでいる部分が多い。

一方で、出題パターンは若干異なる。本問のような期間をずらすタイプの問題は、インフレ需要・インフレ供給分析で比較的多く出題されるものである。これはGDPがフロー変数であることを踏まえ，期ごとに独立して計算を進めるものである。

STEP❶　インフレ供給曲線とインフレ需要曲線の形状の確認

インフレ版総需要・総供給分析は，縦軸にインフレ率 $\pi_t = \dfrac{\Delta P}{P_t}$（$P_t$：$t$ 期の物価水準），横軸にGDP（Y_t）をとるので，それにあわせてインフレ供給曲線とインフレ需要曲線を次のように変形する。

$$\pi_t = (\pi_t^e - 5Y_F) + 5Y_t$$
$$\pi_t = (5Y_{t-1} + m_t) - 5Y_t$$

STEP❷　（$t+1$）期の均衡

問われているのは π_{t+1} であるから，1 期だけ先にずらした $t+1$ 期のインフレ供給曲線とインフレ需要曲線を，

$$\pi_{t+1} = (\pi_{t+1}^e - 5Y_F) + 5Y_{t+1} \quad \cdots\cdots①$$
$$\pi_{t+1} = (5Y_t + m_{t+1}) - 5Y_{t+1} \quad \cdots\cdots②$$

とし，両者を連立して Y_{t+1} を消去すれば π_{t+1} は求まる。なお，視覚的配慮から，切片（定数）に当たる部分をカッコで括っている。また，問題文より $m_{t+1} = 10$，1 期ずらした期待インフレ率の式より $\pi_{t+1}^e = \pi_t$ であるから，これらを代入すると，

$$\pi_{t+1} = (\pi_t - 5Y_F) + 5Y_{t+1} \quad \cdots\cdots①'$$
$$\pi_{t+1} = (5Y_t + 10) - 5Y_{t+1} \quad \cdots\cdots②'$$

である。つまり，連立して解くには，前期（t 期）の π_t，Y_t および Y_F が必要となる。

STEP❸　t 期の均衡

t 期の均衡点を求めるために，t 期のインフレ供給曲線とインフレ需要曲線を連立する。また，問題文の条件 $m_t = 5$ および $\pi_t^e = \pi_{t-1}$ も，これらに代入すると，

$$\pi_t = (\pi_{t-1} - 5Y_F) + 5Y_t \quad \cdots\cdots③$$
$$\pi_t = (5Y_{t-1} + 5) - 5Y_t \quad \cdots\cdots④$$

となるから，連立を解いて π_t と Y_t を得るには，π_{t-1}，Y_{t-1} および Y_F が必要となる。

STEP❹　定常状態

上記の式変形を繰り返すと永久に1期ずつさかのぼらないといけないと思えるが，t 期までの経済が定常状態であったことに注意する。定常状態とは，経済変数が変動せずに一定の値をとる状態であるから，$\pi_t = \pi_{t-1}$ および $Y_t = Y_{t-1}$ が成立する。ここから，t 期のインフレ供給曲線とインフレ需要曲線は，

第4章　総需要・総供給分析

$$\pi_t = (\pi_t - 5Y_F) + 5Y_t \quad \cdots\cdots ③'$$
$$\pi_t = (5Y_t + 5) - 5Y_t \quad \cdots\cdots ④'$$

になり，③′より$Y_F = Y_t$が，④′より$\pi_t = 5$が求められる。

STEP❺ $(t+1)$期のインフレ率

STEP❹の結果を$t+1$期のインフレ供給曲線①′とインフレ需要曲線②′に代入すると，

$$\pi_{t+1} = (5 - 5Y_F) + 5Y_{t+1} \quad \cdots\cdots ①''$$
$$\pi_{t+1} = (5Y_F + 10) - 5Y_{t+1} \quad \cdots\cdots ②''$$

になる。さらに，②″を$5Y_{t+1} = (5Y_F + 10) - \pi_{t+1}$と変形して①″に代入すると，

$$\pi_{t+1} = (5 - 5Y_F) + (5Y_F + 10) - \pi_{t+1}$$

となるので，これを整理した

$$2\pi_{t+1} = (5 - 5Y_F) + (5Y_F + 10) = 15$$

より，$\pi_{t+1} = 7.5$を得る。

よって，正答は**3**である。

正答 **3**

FOCUS

　本テーマは，ある程度マクロ経済学になじんだ状態でなければ，やや難しい。しかし，近年の出題頻度は低下傾向でもあり，主な出題形態の計算問題とグラフ問題のパターンを覚えてしまうのがよい。

POINT

重要ポイント 1　期待形成

　経済主体が経済変数の値について予測を立てることを期待形成するという。すでに述べたが、「期待」の語は数学的期待値の意味である。以下では、物価上昇率（インフレ率）π を例に説明するが、もちろん他の変数でも同様である。

(1) 静学的期待形成仮説

　静学的期待形成仮説では、前期（$t-1$ 期）の実際のインフレ率が、今期（t 期）も持続すると予測する。これを次のように表す。

$$\pi_t^e = \pi_{t-1}$$

　なお、これは次の適応的期待形成の式において、$\alpha=1$ とおいた場合の特殊ケースであることから、この静学的期待の式を適応的期待と呼ぶケースがある。

(2) 適応的期待形成仮説

　適応的期待形成仮説では、今期のインフレ率を、前期の期待形成の誤り（予測誤差）の一部を、前期の予測値に加えることで予測する。これは次のように表す。

$$\pi_t^e = \pi_{t-1}^e + \alpha(\pi_{t-1} - \pi_{t-1}^e) \qquad (\alpha：調整係数 (0 \leq \alpha \leq 1))$$

　なお、この式の右辺を整理すると、

$$\pi_t^e = \alpha\pi_{t-1} + (1-\alpha)\pi_{t-1}^e$$

となり、今期のインフレ率に関する期待値が、前期（$t-1$ 期）の実際のインフレ率と前期のインフレ率の期待値の加重平均で表される。

　ここで、前期のインフレ率の期待値は、この式を 1 期ずらした $\pi_{t-1}^e = \alpha\pi_{t-2} + (1-\alpha)\pi_{t-2}^e$ になるため、前々期（$t-2$ 期）の実際のインフレ率とインフレ率の期待値を用いて求めることになる。しかし、前々期（$t-2$ 期）のインフレ率の期待値は、さらに 1 期前の値を用いるため、論理的には、今期のインフレ率の期待を形成するためには、無限に過去のデータを必要とする結果になる。

(3) 合理的期待形成仮説

　合理的期待形成仮説では、経済主体は利用可能なすべての情報を用いて期待を形成すると考える。この結果、予測誤差が一方向に偏りを持つことはないため、経済主体の期待は平均的には正しく形成される。これは、以下のように定式化される。

$$\pi_t = E[\pi_t^e \mid I]$$

　この式の右辺は、利用可能な情報の集合 I の下での π に関する条件付期待値を表しており、それが実際のインフレ率 π_t に等しくなることを示している。これは各経済主体が一斉に体系的な誤りを犯さないということを意味しているのであって、すべての経済主体が正しく実際のインフレ率を予期できる完全予見（$\pi_t = \pi_t^e$）とは異なる。ただし、過去の出題例では、簡単化のため、この**完全予見**をもって合理的期待としているケースがある。

(4) 長期均衡状態

　長期均衡とは、経済変数が時間の経過にかかわらず一定の値にとどまる状態である。この場合、静学的期待、適応的期待および合理的期待のいずれの期待形成方法を採用しても、$\pi_t^e = \pi_t = \pi_{t-1}$ となる。

重要ポイント 2 **インフレ需要・インフレ供給分析（*IAD-IAS*分析）**

物価水準Pそのものではなく，物価変化率（インフレ率）$\pi = \dfrac{\Delta P}{P}$を縦軸にとり，

横軸にとった国民所得Yとの関係を分析するものがインフレ需要・供給分析である。インフレ総需要・インフレ総供給分析（*IAD-IAS*分析）とも呼ばれる。

（1）インフレ需要曲線（*IAD*曲線）

インフレ需要曲線（*IAD*曲線）は，一般に次のように定式化される。

$Y_t = Y_{t-1} + \alpha(m_t - \pi_t) + \beta g_t$

〔Y_t：t期の国民所得，Y_{t-1}：$t-1$期前の国民所得（しばしば$t-1$期まで長期均衡にあったとして完全雇用国民所得Y^fとおく），π_t：t期のインフレ率，m_t：t期の名目マネーサプライ増加率，g_t：政府支出の増加率，α，β：正の定数〕。

ここで，g_tは財政政策の効果の大きさを示す指標であり，$m_t - \pi_t$は実質的な金融政策の効果の大きさを示す指標である。実質マネーサプライは名目マネーサプライ

Mを物価水準Pで除した$\dfrac{M}{P}$であり，金融緩和政策はインフレを生じさせるから，

インフレ率以上にマネーサプライの増加率が大きくなければ，実質的な金融緩和政策の効果が得られないことを示している。

この式を，

$$\pi_t = \frac{Y_{t-1} + \alpha m_t + \beta g_t}{\alpha} - \frac{1}{\alpha} Y_t$$

と変形すれば，**通常の総需要曲線（*AD*曲線）と同様の性質を持つ**ことがわかる。

①縦軸にインフレ率π，横軸に国民所得Yをとった平面上で，**右下がりになる。**

②拡張的財政政策（g_tの上昇）や緩和的金融政策（m_tの上昇）で右シフトする。

なお，前期の変数であるY_{t-1}は，今期（t期）から見れば，すでに決定された定数とみなせることに注意。

（2）インフレ供給曲線（*IAS*曲線）

期待インフレ率を導入したフィリップス曲線は，

$\pi_t = \pi_t^e - \alpha(u_t - u_N)$

（π_t：インフレ率，π_t^e：期待インフレ率，u_t：失業率，u_N：自然失業率，α：正の定数）

と表される。ここにオークンの法則

$Y_t - Y^f = -\beta(u_t - u_N)$

（Y_t：国民所得，Y^f：完全雇用国民所得，u_t：失業率，u_N：自然失業率，β：正の定数）

を$u_t - u_N = -\dfrac{(Y_t - Y^f)}{\beta}$と変形して代入し，$\gamma = \dfrac{\alpha}{\beta}$とおくと，以下の**インフレ供給**

曲線（*IAS*曲線）が得られる。

$\pi_t = \pi_t^e + \gamma(Y_t - Y^f)$

ここから，次のようなインフレ供給曲線の性質が得られる。

①縦軸にインフレ率 π，横軸に国民所得 Y をとった平面上で，**右上がり**になる。

②**合理的期待形成の場合に垂直**になり，財政政策と金融政策が無効となる。

インフレ供給曲線は，適応的期待形成のように，合理的期待形成でなければ（$\pi \neq \pi^e$），

$$\pi_t = (\pi_t^e - Y^f) + \gamma Y_t$$

となり，縦軸に π_t，横軸に Y_t をとった平面上で右上がりになるが，合理的に期待形成できる場合（$\pi = \pi^e$）には，$\pi_t = \pi_t + \gamma (Y_t - Y^f)$ よりカッコ内がゼロとなるから，

$$Y_t = Y^f$$

となり，垂直になる。

（3）インフレ需要曲線とインフレ供給曲線の均衡

インフレ需要曲線とインフレ供給曲線の交点で，均衡インフレ率と均衡国民所得が得られる。裁量的な財政拡張政策および金融緩和政策のこれらに与える効果を，インフレ供給曲線の形状によって確認する。

左図のように，**インフレ供給曲線が右上がりの場合，裁量的な政策はインフレ率を高めるが，国民所得を増加させることができるので有効**である。

しかし，右図のように，**インフレ供給曲線が垂直の場合，裁量的な政策はインフレ率を高めるのみで，国民所得を増加させることができないため，無効**となる。つまり，**経済主体が合理的に期待を形成する場合，裁量的な政策はすべて無効**となる。

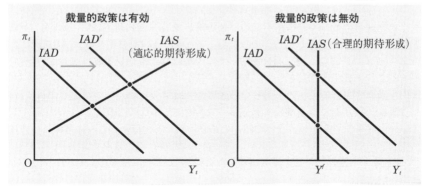

（1）合理的期待形成学派の主張

　経済主体が与えられた情報を完全に利用して合理的に期待を形成する（合理的期待形成仮説）との前提の下で理論を構築するのが，**合理的期待形成学派**である。この学派の代表的な人物に，ルーカス，ウォレス，サージェントらがいる。彼らは，予測できる政府の政策は，経済主体がそれを織り込んで意思決定を行う結果，短期でさえもすべて無効となると主張する（長期的には当然無効と考える）。

　ルーカス批判はこの有名な例である。ルーカスは，ケインズ的な裁量的政策が政策を実施しても経済構造を規定するパラメータが変化することはないとの仮定で議論を行なっている点を批判した。簡単な例でいえば，乗数効果の計算に際して，ケインジアンは限界消費性向を一定とするが，拡張的財政政策が将来の増税を予測させるなら，それに備えて人々は限界消費性向を低下させる。この結果，政府支出乗数は低下することになるから，限界消費性向の値を一定とすれば乗数効果を過大評価することになるといった批判である。

（2）合理的期待と金融政策

　重要ポイント２(3)でみた裁量的政策が経済に与える長期的影響について説明する。インフレ需要曲線（IAD曲線）とインフレ供給曲線（IAS曲線）を再掲する。

$$Y_t = Y_{t-1} + \alpha(m_t - \pi_t) + \beta g_t \quad （IAD曲線）$$
$$\pi_t = \pi_t^e + \gamma(Y_t - Y^f) \quad （IAS曲線）$$

①当初，経済変数が一定の値を保つ長期均衡にあり，国民所得は$Y^f = Y_t = Y_{t-1}$が成立していたとする。また，$g_t = 0$とする。これをインフレ供給曲線（IAS曲線）およびインフレ需要曲線（IAD曲線）に代入すれば，インフレ率は$m_t = \pi_t = \pi_t^e$である。これをE_0点で表す。

②中央銀行が，経済主体の予期しない金融緩和政策を行い，m_tが増加したとする。これによりインフレ需要曲線は右シフト（図中，IADからIAD'）し，インフレ率が上昇する。しかし，経済主体はこれを予期していなかったのであるから，$\pi_t > \pi_t^e$，つまり$\pi_t \neq \pi_t^e$であり，インフレ総供給曲線は右上がりの$\pi_t = (\pi_t^e - Y^f) + \gamma Y_t$となる（$IAS$，なお，**重要ポイント２(2)②**のように変形している）。そして，この時点での経済はE_1点であり，金融緩和政策はインフレ率を上昇させつつも国民所得を増加させている。

③経済主体が，インフレ率の上昇を認知し，それを期待形成に織り込むと，期待インフレ率π_t^eが上昇する。これはインフレ供給曲線$\pi_t = (\pi_t^e - Y^f) + \gamma Y_t$の上方シフトに当たる（$IAS'$）。そして，このインフレ供給曲線の上方シフトによって，経済はE_2点に移る。つまり，経済主体がインフレを正しく期待形成した時点で，国民所得は当初のY^fで均衡し，インフレ率だけが加速したことになる。

　結局，マネーサプライ増加のもたらす総需要刺激効果は物価上昇によって完全に相殺され，実質マネーサプライはもとの値に戻る。これはマネーサプライの伸び率とインフレ率が等しくなることを意味するから，再び新たな水準で$m = \pi = \pi^e$が

成立することになり，長期均衡に戻る。そして，長期均衡のE_0点とE_2点を結ぶ長期のインフレ供給曲線は，完全雇用国民所得水準で垂直となるのである。

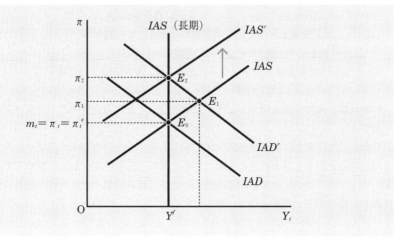

❖ **No.1** ある国の経済が次のように表されるとする。

$$\pi = \pi_e + \alpha(Y - Y_F) \quad \cdots\cdots \quad インフレ型供給曲線$$

$$Y = Y_{-1} + \beta(m - \pi) + \gamma g \quad \cdots\cdots \quad インフレ型需要曲線$$

> π：物価上昇率, π_e：期待物価上昇率, Y：実質GDP
>
> Y_F：完全雇用GDP, Y_{-1}：前期の実質GDP
>
> m：名目マネーサプライ増加率, g：実質政府支出増加率
>
> $\alpha,\ \beta,\ \gamma$：正の定数

　財政政策と金融政策を行ったときの効果についての次の記述のうち，妥当なのはどれか。

　ただし，財政拡大は実質政府支出増加率の上昇を，金融緩和は名目マネーサプライ増加率の上昇をそれぞれさすものとする。また，合理的期待形成仮説の下では完全予見モデルに従い，適応的期待形成仮説の下では各経済主体の今期の期待物価上昇率が前期の物価上昇率と等しいものとする。　【国家一般職・平成15年度】

1 合理的期待形成仮説に各経済主体が従う場合，財政拡大は実質GDPと物価上昇率をともに上昇させる。

2 合理的期待形成仮説に各経済主体が従う場合，金融緩和は物価上昇率を上昇させるのみで，実質GDPは不変である。

3 適応的期待形成仮説に各経済主体が従う場合，財政拡大は物価上昇率を上昇させるのみで，実質GDPは不変である。

4 適応的期待形成仮説に各経済主体が従う場合，金融緩和は物価上昇率と実質GDPになんら影響を与えない。

5 適応的期待形成仮説に各経済主体が従う場合，財政拡大と金融緩和はともに物価上昇率を上昇させるが，実質GDPにはなんら影響を与えない。

No.2 ＊＊ **インフレ供給曲線およびインフレ需要曲線がそれぞれ,**

$\pi = \pi^e + \alpha(Y - Y_F)$

$Y = Y_{-1} + \beta(m - \pi) + \gamma g$

$\left[\begin{array}{l} \pi：物価上昇率, \quad \pi^e：期待物価上昇率, \quad Y：実質国民所得 \\ Y_F：完全雇用実質国民所得, \quad Y_{-1}：前期の実質国民所得 \\ m：名目マネーサプライ増加率, \quad g：実質政府支出増加率 \\ \alpha,\ \beta,\ \gamma：正の定数 \end{array} \right.$

で示される経済に関する次の記述のうち, 妥当なのはどれか。なお, 初期時点では,

$\pi = \pi^e = m, \quad g = 0, \quad Y = Y_F$

とし, 政策変化は名目マネーサプライ増加率（m）, または実質政府支出増加率 (g) の変化を考える。 【国家一般職・平成5年度】

1 期待物価上昇率が当期の物価上昇率に等しい（$\pi^e = \pi$）場合, 名目マネーサプライ増加率を初期時点より高めると, 実質国民所得は増加する。

2 期待物価上昇率が当期の物価上昇率に等しい（$\pi^e = \pi$）場合, 実質政府支出増加率を高めても, 物価上昇率は変化しない。

3 期待物価上昇率が当期の物価上昇率に等しい（$\pi^e = \pi$）場合, 実質政府支出増加率を高めても, 実質国民所得は増加しない。

4 期待物価上昇率が前期の物価上昇率に等しい（$\pi^e = \pi_{-1}$）場合, 名目マネーサプライを高めても, 短期的には実質国民所得は増加しない。

5 期待物価上昇率が前期の物価上昇率に等しい（$\pi^e = \pi_{-1}$）場合, 実質政府支出増加率を高めると, 長期的には実質国民所得は増加する。

◆ **No.3** ある経済のインフレ供給曲線とインフレ需要曲線が次のように与えられている。

インフレ供給曲線：$\pi_t = \pi_t^e + (Y_t - Y^F)$

インフレ需要曲線：$\pi_t = m_t - (Y_t - Y_{t-1})$

ここで，π_tは t 期の物価上昇率，π_t^eは t 期の期待物価上昇率，Y_tは t 期の国内総生産，Y^Fは完全雇用国内総生産，m_tは t 期の貨幣供給量増加率である。

また，完全雇用国内総生産の値は$Y^F = 100$である。

物価上昇に関する期待形成は適応的であり，π_t^eは以下の式を満たすように決まる。

$\pi_t^e = \pi_{t-1}^e + 0.5(\pi_{t-1} - \pi_{t-1}^e)$

今，0期において，物価上昇率π_0および期待物価上昇率π_0^eはともに0に等しく，国内総生産Y_0は完全雇用国内総生産$Y^F = 100$に等しかったとする。また，1期の貨幣供給量増加率は$m_1 = 12$であったとする。

このとき，2期における国内総生産Y_2の値が104になる場合の2期の貨幣供給量増加率m_2はいくらか。　【国家総合職・令和4年度】

1　1

2　2

3　3

4　4

5　5

実戦問題 **1** の 解説

数式が付されているが，選択肢を見ればわかるように計算問題ではない。インフレ需要曲線とインフレ供給曲線を用いたグラフ問題である。数式の後に付された条件の解釈で正答が得られる。やや手の込んだ準備が必要であるが，図が描ければ容易に解けるので，パターン化された解法手順を覚えてほしい。

STEP① インフレ型需要曲線と政策の影響

前期の実質GDP（Y_{-1}）は今期から見れば定数である。このことを踏まえつつ，縦軸にインフレ率π，横軸に実質GDP（Y）をとるグラフに適合するようにインフレ需要曲線を変形すると，

$$\pi = \frac{Y_{-1} + \beta m + \gamma g}{\beta} - \frac{1}{\beta}Y$$

となり，右辺第1項を縦軸切片，右辺第2項の$-\frac{1}{\beta}$を傾きとみると，

①右下がりである
②gの増加（財政拡大），mの増加（金融緩和）によって右シフトする

との性質が明らかになる。つまり，通常の総需要曲線と同じ性質を持つ。**1**から**5**はすべて財政拡大か金融緩和，またはその双方を実施するので，インフレ型需要曲線がすべての選択肢で右シフトする。

STEP② インフレ型供給曲線と期待形成

合理的期待形成を完全予見（必ず正しく期待形成ができること）とすれば，これを$\pi_e = \pi$と表せるので，この場合のインフレ供給曲線は，$\pi = \pi + \alpha(Y - Y_F)$より，

$$Y = Y_F$$

が成立する。つまり，合理的期待仮説の下ではインフレ供給曲線は完全雇用GDPの水準で垂直になる。

適応的期待仮説の場合は$\pi_e = \pi_{-1}$であるが，π_{-1}は前期の物価水準であるから定数とみなせる。この場合のインフレ供給曲線は，

$$\pi = (\pi_{-1} - \alpha Y_F) + \alpha Y$$

となり，右辺第1項（カッコ内）が縦軸切片であり，右辺第2項のαが傾きになる。つまり，インフレ総供給曲線は右上がりになる。

STEP③ 期待形成と政策効果（選択肢の検討）

以上をグラフで表すと，**1・2**の場合は左図のように，**3～5**の場合は右図のようになる。なお，インフレ供給曲線をIAS，インフレ需要曲線をIAD（政策によるシフト前）またはIAD'（政策によるシフト後）としている。

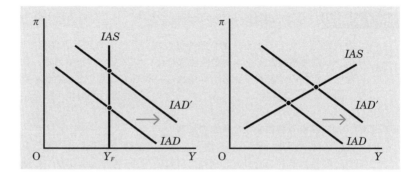

1 ✕ 合理的期待形成の場合，財政拡大は物価上昇率を上昇させるのみである。つまり，実質GDPを上昇させない。

2 ◎ 合理的期待形成の場合，金融緩和は物価上昇率を上昇させるのみである。妥当である。つまり，実質GDPを上昇させない。

3 ✕ 適応的期待形成の場合，財政拡大は物価上昇率と実質GDPを上昇させる。

4 ✕ 適応的期待形成の場合，金融緩和は物価上昇率と実質GDPを上昇させる。

5 ✕ 適応的期待形成の場合，財政拡大と金融緩和はともに有効性を持つ。物価上昇率も上昇するが，実質GDPが上昇するからである。

No.2 の解説　インフレ需要・インフレ供給分析　　→問題はP.341　**正答3**

インフレ需要・インフレ供給のグラフ問題に，短期および長期の概念を導入している。**テーマ15**の貨幣錯覚同様，短期では経済主体は物価変化に気づかずに前期のまま変化していないと考えるかもしれないが，長期では物価変化に気づくはずである。このことを踏まえて考える。

STEP❶　短期と長期の概念の導入

短期では経済主体は物価変化に気づかずに前期のまま変化していないと考えるかもしれない。これを**4・5**では$\pi^e = \pi_{-1}$と表している。これは静学的期待形成と呼ばれるものであるが，適応的期待と呼んでいる過去の出題例もある。

短期でも所与の情報を合理的に判断できれば，現実の物価上昇率を正しく期待形成できる。これを**1〜3**では$\pi^e = \pi$と表現している。一般にこれは合理的期待形成と呼ばれる。ところで，短期では物価上昇率の変化に気づかない経済主体も長期的にはこれに気づくため，正しく期待形成できる。したがって，**5**は$\pi^e = \pi$のケースとみなすことができる。長期では物価変化によって均衡（定常状態）が実現するので，変数は一定にとどまり，$\pi^e = \pi = \pi_{-1}$となるので，選択肢の記述とも整合的になる。

STEP❷　インフレ供給曲線について

合理的期待形成 $\pi^e = \pi$ の場合，インフレ供給曲線は $\pi = \pi_e + \alpha(Y - Y_F)$ より，

$$Y = Y_F$$

となり，完全雇用実質国民所得の水準で垂直となる。**STEP❶**で説明したように，長期の場合もこのケースとみなせるので，**1**〜**3**および**5**でこれを用いる。

静学的期待形成の $\pi^e = \pi_{-1}$ 場合，$\pi = \pi_{-1} + \alpha(Y - Y_F)$ より，

$$\pi = (\pi_{-1} - \alpha Y_F) + \alpha Y$$

となり（**No.1**同様，縦軸切片をカッコ内で表している），右上がりとなる。これは**4**のケースである。

STEP❸ インフレ需要曲線について

インフレ需要・インフレ供給分析では縦軸に π，横軸に Y をとることに合わせ，インフレ需要曲線を，

$$\pi = \frac{Y_{-1} + \beta m + \gamma g}{\beta} - \frac{1}{\beta} Y$$

とすると，実質政府支出増加率 g の上昇（財政拡大），名目マネーサプライ増加率 m の上昇（金融緩和）によって右シフトとすることがわかる。したがって，**1**〜**5**のすべてのケースで，インフレ需要曲線は右シフトする。

STEP❹ 期待形成と政策効果（選択肢の検討）

STEP❶〜**❸**をグラフで表す。図中，インフレ供給曲線は，**1**〜**3**および**5**の場合は*IAS*（①）で，**4**の場合は*IAS*（②）で表す。インフレ需要曲線は政策によるシフト前を*IAD*，政策によるシフト後を*IAD'* としている。

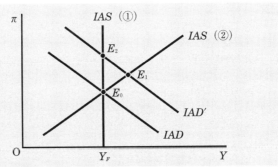

1 ✕ $\pi^e = \pi$ の場合に金融緩和を行っても，実質国民所得は増加しない。
ただし，物価上昇率は高まる。

2 ✕ $\pi^e = \pi$ の場合に財政拡大を行えば，物価上昇率は高まる。
しかし，実質国民所得は増加しない。

3 ◎ $\pi^e = \pi$ の場合に財政拡大を行っても，実質国民所得は増加しない。
妥当である。ただし，期待物価上昇率は高まる。

4 ✕ $\pi^e = \pi_{-1}$ の場合に金融緩和を行うと，短期的に実質国民所得は増加する。
なお，期待物価上昇率も高まる。

5 ✕ $\pi^e = \pi_{-1}$の場合に財政拡大を行っても，長期的に実質国民所得は増加しない。なお，期待物価上昇率は高まる。

<hr>

No.3 の解説 インフレ需要・インフレ供給分析　　　→問題はP.342　**正答5**

　　必修問題同様，国内総生産はフロー変数であるから各期ごとに決定されるので，均衡も各期を独立したものとして計算を進めればよい。

STEP❶　1期の経済の均衡

　　1期のインフレ供給曲線とインフレ需要曲線を次のように表す。

$$\pi_1 = \pi_1^e + (Y_1 - Y^F)$$
$$\pi_1 = m_1 - (Y_1 - Y_0)$$

　　ここで，π_1^eには適応的期待形成 $\pi_1^e = \pi_0^e + 0.5(\pi_0 - \pi_0^e) = 0 + 0.5(0 - 0) = 0$ を，また，$Y_0 = Y^F = 100$および$m_1 = 12$を与えると，

$$\pi_1 = 0 + (Y_1 - 100)$$
$$\pi_1 = 12 - (Y_1 - 100)$$

となり，これらを連立すれば，$\pi_1 = 6$，$Y_1 = 106$となる。

STEP❷　2期の経済の均衡

　　2期のインフレ供給曲線とインフレ需要曲線を次のように表す。

$$\pi_2 = \pi_2^e + (Y_2 - Y^F)$$
$$\pi_2 = m_2 - (Y_2 - Y_1)$$

　　ここで，π_2^eには適応的期待形成 $\pi_2^e = \pi_1^e + 0.5(\pi_1 - \pi_1^e) = 0 + 0.5(6 - 0) = 3$ （**STEP❶**で求めた $\pi_1 = 6$ を用いている）を，また，$Y^F = 100$および$Y_1 = 106$を与えると，

$$\pi_2 = 3 + (Y_2 - 100)$$
$$\pi_2 = m_2 - (Y_2 - 106)$$

となり，これらを連立すれば，

$$m_2 = 2Y_2 - 203$$

を得るので，$Y_2 = 104$を実現するような2期の貨幣供給量増加率は，

$$m_2 = 5$$

となる。

　　よって，正答は**5**である。

実戦問題❷　応用レベル

No.4 ある国の経済が次のように表されるとする。

$\pi = \pi^e + \alpha(Y - Y_F)$ …… **インフレ供給曲線**

$Y = Y_{-1} + \beta(m - \pi)$ …… **インフレ需要曲線**

$\begin{bmatrix} \pi : 物価上昇率, \quad \pi^e : 期待物価上昇率, \quad Y : 国民所得 \\ Y_F : 完全雇用国民所得（一定）, \quad Y_{-1} : 前期の国民所得 \\ m : 名目マネーサプライ増加率（一定）, \quad \alpha, \ \beta : 正の定数 \end{bmatrix}$

このとき，次の文の空欄A〜Cに当てはまる語句の組合せとして妥当なのはどれか。

【国税専門官／労働基準監督官・平成16年度】

「縦軸に物価上昇率，横軸に国民所得水準をとったグラフ上におけるインフレ供給曲線とインフレ需要曲線の短期均衡点の国民所得水準が，完全雇用国民所得水準に達していない場合，ここから完全雇用が実現される長期均衡点に至るまでの経路については，貨幣賃金率の下落速度が緩慢であればあるほど，価格の緩慢な調整を反映してインフレ　A　曲線の勾配は，より　B　になり，完全雇用に至るまでに，より　C　ことになる。」

	A	B	C
1	供給	緩やか	長い時間がかかる
2	需要	急	短い時間で済む
3	供給	急	短い時間で済む
4	需要	緩やか	長い時間がかかる
5	供給	緩やか	短い時間で済む

ある国の経済が次のように表されるとする。

$$Y = a\left(\frac{M}{P}\right) \quad \cdots\cdots \quad \text{総需要曲線}$$

$$Y = Y_F + b\,(P - P^e) \quad \cdots\cdots \quad \text{総供給曲線}$$

$$\left[\begin{array}{l} Y：\text{国民所得},\ M：\text{貨幣供給量},\ P：\text{物価水準} \\ Y_F：\text{完全雇用国民所得},\ P^e：\text{期待物価水準},\ a,\ b：\text{正の定数} \end{array}\right]$$

このとき，次の文の空欄A～Cに当てはまる語句として，妥当なもののみを挙げているのはどれか。ただし，前期まで経済が長期均衡状態にあったものとする。

【国税専門官／労働基準監督官・平成16年度】

「合理的期待形成仮説（期待物価水準が物価水準と等しくなる。）が成り立つとき，縦軸に物価水準をとり，横軸に国民所得をとったグラフ上における総供給曲線の形状は ┌ A ┐ になり，貨幣供給量が増加すると国民所得は ┌ B ┐ ，物価水準は ┌ C ┐ 。」

	A	B	C
1	垂直	変化せず	変化しない
2	垂直	増加し	下落する
3	垂直	変化せず	上昇する
4	右上がり	増加し	下落する
5	右上がり	増加し	上昇する

下図は，インフレ供給曲線およびインフレ需要曲線を示したものであるが，スタグフレーションに関する次の文の空欄A〜Eに当てはまる語句の組合せとして，妥当なのはどれか。ただし，完全雇用国民所得水準をY_F，経済がaにあるとする。　【地方上級（東京都）・平成13年度】

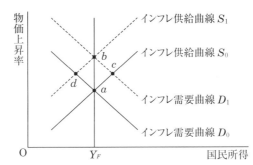

　ケインジアンの想定するスタグフレーションの原因の一つに　**A**　がある。その場合，上図において，スタグフレーションは，　**B**　への移行で表される。

　一方，マネタリストは，スタグフレーションの原因を　**C**　に求め，したがって，克服のために　**D**　を提案した。　**C**　によって呈するスタグフレーション的様相は，上図において　**E**　への移行で表される。

	A	B	C	D	E
1	過大な総需要政策	aからd	材料価格の騰貴	技術革新	cからb
2	過大な総需要政策	cからb	材料価格の騰貴	技術革新	aからd
3	貨幣賃金率の上昇	aからd	過大な総需要政策	k%ルール	cからb
4	貨幣賃金率の上昇	cからb	過大な総需要政策	k%ルール	aからd
5	企業の価格支配	aからd	実質賃金率の上昇	所得政策	cからb

実戦問題 **2** の解説

→問題はP.347

No.4 の解説　インフレ需要・インフレ供給曲線　　正答 **1**

STEP❶　インフレ需要曲線とインフレ供給曲線の導出過程

　　インフレ需要曲線が，通常の総需要曲線同様，財市場と貨幣市場の均衡から導出されるのに対して，インフレ供給曲線はフィリップス曲線とオークンの法則から導出される。労働市場での貨幣賃金率の変化は元来のフィリップス曲線の縦軸にとられた変数であるから，その変化はインフレ供給曲線に影響を与えることがわかる（**A**には「供給」が入る）。

STEP❷　インフレ供給曲線の傾き

　　インフレ供給曲線は縦軸にインフレ率，横軸に国民所得をとった平面上に，短期では右上がりのグラフとして描かれる。貨幣賃金率が緩慢にしか調整されないために，価格の調整も緩慢であるのであれば，価格変化率の変動も少なくなることから，インフレ供給曲線の傾きは緩やかなものになる（**B**には「緩やか」が入る）。

STEP❸　完全雇用に至るまでの調整時間

　　労働市場においては，貨幣賃金率が緩慢にしか調整されないと，市場メカニズムが機能しにくく，失業の解消が妨げられることになる。よって，完全雇用に達するまでの時間は長くなってしまうことになる（**C**には「長い時間がかかる」が入る）。

　　よって，正答は **1** である。

No.5 の解説 総需要・総供給分析と合理的期待形成 →問題はP.348 **正答3**

労働市場の均衡とマクロ生産関数から導出した通常の総供給曲線ではなく，貨幣錯覚モデル（**テーマ14**を参照）から導出した総供給曲線を用いた出題である。その結果，総供給関数に変数として期待物価水準が含まれている（貨幣錯覚モデルでは，現実の物価水準と労働者の期待物価水準が乖離することで貨幣錯覚が生じるとする）。そのため，総需要・総供給分析ではあるものの，合理的期待形成を含んでいるので，本テーマで取り上げた。

STEP❶ 総供給曲線の形状

合理的期待形成仮説の下では，期待物価水準と現実の物価水準が等しくなる（$P^e = P$）ので，これを総供給曲線 $Y = Y_F + (P - P^e)$ に代入すれば，

$$Y = Y_F + (P - P) \quad \Leftrightarrow \quad Y = Y_F$$

となり，総供給曲線は完全雇用国民所得で垂直になる（**A**には「垂直」が入る）。

STEP❷ 総需要曲線の形状とシフト

総需要曲線は $P = \dfrac{aM}{Y}$ とすれば明確になるように，右下がり（反比例）の

曲線であり，貨幣供給量 M の増加は，総需要曲線を右上方向にシフトさせる。

STEP❸ 総供給曲線と総需要曲線の図示

以上のことを表した図からわかるように，貨幣供給量の増加は，物価水準を上昇させるが，国民所得を変化させない（**B**には「変化せず」が，**C**には「上昇する」が入る）。

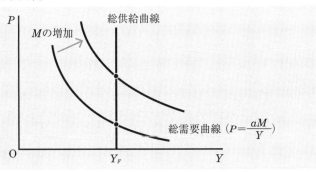

よって，正答は**3**である。

第4章

総需要・総供給分析

　　　ケインズとマネタリストの政策論の違いである裁量とルールを知っていれば，選択肢の正誤を判別しやすい。

STEP❶　ケインジアンの分析

　　　原則として，短期を分析するケインズの場合，右下がりのインフレ需要曲線に対して，右上がりのインフレ供給曲線を想定する。当初の経済はaであるとされているから，当初のインフレ需要曲線はD_0，当初のインフレ供給曲線はS_0である。すると，国民所得の低下と物価上昇率の高進を同時に実現するのは，インフレ供給曲線がS_0からS_1に左上方シフトする場合であり，これを引き起こすのは供給側の費用増加要因である貨幣賃金率の上昇であることになる（**A**の答え）。なお，企業の価格支配も供給側の要因であるが，これは価格硬直性の要因であり，費用や価格上昇の要因とはいえない。

　　　また，この場合の均衡はaからdへの移行である（**B**の答え）。なお，当初の均衡がaと明示されている以上，**2**および**4**は正答ではありえない。

STEP❷　マネタリストの分析

　　　短期と長期を区分して考えるマネタリストの場合，右下がりのインフレ需要曲線に対して，短期では右上がりの，長期では垂直のインフレ供給曲線を想定する。また，マネタリストはケインジアンの裁量的政策を批判することも考慮する。すると，拡張的な総需要政策によってインフレ需要曲線をD_0からD_1にシフトさせると，短期の均衡はaからcに移行するが，その際，経済主体の期待インフレ率が上昇してインフレ供給曲線がS_0からS_1に左上方シフトする。このようにして，均衡はさらにcからbに移行し，この際，国民所得の低下と物価上昇率の高進を同時に実現するスタグフレーションが発生する（**E**の答え）。したがって，スタグフレーションが発生する引き金となったのは総需要であったことになる（**C**の答え）。

STEP❸　k％ルール

　　　STEP❶で正答は定まっており，この時点で**D**はk％ルールになるが，フリードマンの推奨する政策としてk％ルールが挙げられることは有名な事実であり，ぜひ覚えておいてほしい。むしろ，この点から最初に選択肢を**3**か**4**に絞れるようになっておこう。

　　　よって，正答は**3**である。

第5章
経済変動理論

テーマ 17　ハロッド＝ドーマー型経済成長理論
テーマ 18　新古典派経済成長理論

試験別出題傾向と対策

	試 験 名	国家総合職 (経済区分)					国家一般職					国家専門職 (国税専門官)				
頻出度	年 度	21 l 23	24 l 26	27 l 29	30 l 2	3 l 5	21 l 23	24 l 26	27 l 29	30 l 2	3 l 5	21 l 23	24 l 26	27 l 29	30 l 2	3 l 5
	出題数	4	4	2	2	4	2	4	4	2	3	0	1	1	0	2
B	17 ハロッド=ドーマー型経済成長理論		1					1	2					1		
A	18 新古典派経済成長理論	4	3	2	2	4	2	3	2	2	3		1			2

　本章の内容は難易度がやや高いものが多いにもかかわらず，近年，出題は増加基調にある。ただし，出題頻度は試験による差が比較的大きい。

　テーマ17はハロッド=ドーマー型の経済成長理論と景気循環理論を取り上げており，テーマ18では新古典派型の経済成長理論と技術進歩について取り上げている。おのおののテーマのメインは経済成長理論であり，ハロッド=ドーマー型経済成長理論では文章題（単独もしくは新古典派経済成長理論との比較）と計算問題の双方で出題されるが，新古典派経済成長理論ではもっぱら計算問題が出題される。新古典派経済成長理論の計算問題は経済原論全体の中でも計算が最も手間のかかるものの一つとして挙げることができる。ただし，パターン化された出題が多いうえ，ミクロ経済学の生産者理論における最適生産要素投入およびマクロ経済学における総供給曲線の計算と同じコブ=ダグラス型生産関数を用いるため，そこで得た予備知識を活かして反復練習してほしい。

　なお，テーマ18の技術進歩に関する内容のうち，全要素生産性に関する問題は，コブ=ダグラス型生産関数を用いるものであるが，公式への当てはめで解けることが多いので，ぜひ基本的な解法パターンをマスターしておこう。

● 国家総合職（経済区分）

　成長理論，特に新古典派型経済成長理論の出題頻度が高く，2問出題された年度もある。出題のない年度も存在する一方で，他の試験種にはまったく例のない内生的成長理論といった出題例があるので，基本的には新古典派型経済成長理論の計算問題が出題されることを想定した学習を進めておくべきである。

● 国家一般職

　平成22年度以降，ほぼ確実に本章からの出題があり，新古典派経済成長理論の計算問題であることが多い。ただし，国家総合職と比べると経済成長理論としては典型的な出題が多いため，本書に収録された問題を反復して解けるようにしておこう。

地方上級 （全国型）					地方上級 （特別区）					市役所 （C日程）					
21 - 23	24 - 26	27 - 29	30 - 2	3 - 5	21 - 23	24 - 26	27 - 29	30 - 2	3 - 5	21 - 23	24 - 26	27 - 29	30 - 2	3 - 4	
0	0	0	0	0	2	1	2	2	2	0	2	0	1	0	
						1	1		1		1		1		テーマ 17
					2		1	2	1		1			1	テーマ 18

● 国家専門職（国税専門官）

本章からの出題は少ない。過去15年において，新古典派成長理論（平成25年度，29年度，令和4年度），全要素生産性成長率（令和3年度）の4問のみである。なお，財務専門官など他の専門職についても傾向はおおむね同様である。

● 地方上級（全国型）

本章からの出題はほぼない。上記の表の対象期間からさらにさかのぼっても平成19年度に出題があったのみである。内容は新古典派型経済成長理論であったが，空欄補充形式の文章題であり特に難解というものではなかった。

● 地方上級（特別区）

各経済成長理論（文章題，計算問題の双方から出題あり）のみならず，技術進歩率の計算問題，景気循環に関する文章題と，本章が取り上げる内容はひととおり出題されている。極度の難問は出題されず，他の章での出題同様に過去の出題の類題がしばしば繰り返されるため，幅広く過去問に当たっておくとよい。

● 市役所

出題例は過去15年間において3問と少なく，おのおのがすべて異なる内容であるため，特定の内容に特化せず，幅広く基本知識を身につけておきたい。

第5章 経済変動理論

ハロッド=ドーマー型経済成長理論

必修問題

　ハロッド=ドーマー・モデルに関するA～Dの記述のうち，妥当なもののみをすべて挙げているのはどれか。　【国家一般職・平成24年度】

A：ハロッド=ドーマー・モデルは，ケインズ体系を動学化したモデルであり，**投資の持つ二面性**を考慮したモデルである。すなわち，投資について見ると，需要面においては，投資の増加が乗数効果を通じて総需要を拡大させる効果を持ち，供給面では投資による資本蓄積で総供給を拡大させる効果を持つ。

B：ハロッド=ドーマー・モデルでは，資本係数は資本1単位が生み出す産出量の大きさを示しており，産出量を資本量で割った値で示される。したがって，**資本係数**の大きさは，資本量が大きくなるにつれて比例的に低下する。

C：ハロッド=ドーマー・モデルでは，資本の完全利用が維持される産出量の増加率は保証成長率と定義され，資本係数を貯蓄率で割った値で示される。一方，労働人口増加率から技術進歩率を差し引いた値は自然成長率と定義される。このモデルによると，**保証成長率と自然成長率**が等しくなることは偶然以外にはないとされる。

D：ハロッド=ドーマー・モデルでは，**投資成長率が保証成長率を上回る**と，総需要の拡大が総供給の拡大を上回って需要過剰が生じるが，需要過剰が生じると供給不足を解消するため投資が促進され，それが乗数効果を通じてさらなる需要拡大をもたらす結果，需要過剰はより大きくなる。

1　A，B

2　A，D

3　B，C

4　B，D

5　C，D

難易度　＊＊

必修問題の解説

　ハロッド=ドーマー型経済成長モデルは，一定の頻度での出題が見られる。計算問題はかなりパターン化されているので，本問でその考え方や用語の使い方になじんでおいてほしい。

国家総合職 ★
国家一般職 ★★
国税専門官 ★★
地上全国型 ―

地上特別区 ★★
市 役 所 Ｃ ★

⓱ハロッド=ドーマー型経済成長理論

A○ ハロッド=ドーマー・モデルは，投資の二面性を考慮している。

投資は有効需要の１項目であると同時に，生産要素としての資本を蓄積する効果を持つ。この点は，モデルの結論である不安定性原理に大きくかかわる（**D**を参照）。

B✕ ハロッド=ドーマー・モデルでは，資本係数は一定であるとされる。

ハロッド=ドーマー・モデルに限らず，資本係数とは，産出量を資本量で割った値 $\dfrac{Y}{K}$ ではなく，資本量を産出量で割った値 $\dfrac{K}{Y}$ のことである。これは，産出量１単位当たりに必要な資本の投入量を示すものである（ゆえに，最適資本投入係数あるいは必要資本投入係数などとも呼ばれる）。そして，ハロッド=ドーマー・モデルでは，この値は定数とされる。

C✕ ハロッド=ドーマー・モデルでは，保証成長率と自然成長率が一致する理由はない。

保証成長率とは資本の完全利用を維持する成長率であり，記述とは逆に，貯蓄率を資本係数で割った値で示される。一方，労働力の完全雇用を維持する成長率である自然成長率は，労働人口増加率と技術進歩率の和で示される。つまり，両者は別の要因で決まるため，ハロッド=ドーマー・モデルにおいては，両者が等しくなることは偶然以外にはない（この点の記述は正しい）。なお，このモデルにおいては，現実の経済成長率と望ましい成長率の乖離は拡大するのみであり，これをハロッド=ドーマー・モデルの不安定性原理（ナイフ・エッジ原理）という（**D**を参照）。

D○ ハロッド=ドーマー・モデルでは，需要過剰は時間の経過とともに大きくなる（不安定性原理）。

ハロッド=ドーマー・モデルでは，現実の投資の成長率が，資本の完全稼動を保証する成長率を上回ると，投資需要の増加がその乗数倍の生産の増加をもたらす。ただし，このモデルでは資本係数が一定であるから，生産の増加には比例的な資本の増加が必要となるため，資本蓄積を図るために投資がなされると，実際の投資の成長率はさらに高まってしまい，適正な保証成長率との差がいっそう拡大する。これがハロッド=ドーマー・モデルの結論が不安定成長であることの理由である。

　　よって，正答は**2**である。

正答 2

FOCUS

　経済成長モデルは，大きくハロッド=ドーマー型と新古典派型（ソロー=スワン型）に二分される。ハロッド=ドーマー型は不安定成長，新古典派型は安定成長と逆の結論に至るが，モデルの違いは，生産技術における資本と労働の代替性を認めるか否かだけである。そして，この点がしばしば問われている。

第5章 経済変動理論

重要ポイント 1　ハロッド=ドーマー型経済成長理論

(1) 経済成長モデルの前提

　経済成長理論モデルに共通して，次のことを前提とする。

①**財市場のみを想定し**，貨幣市場や労働市場などは考慮しない。

②**閉鎖経済を想定し**，原則として政府部門も考慮しない。

③**労働人口増加率は定数**とし，$\dfrac{\Delta N}{N}=n$とおく。

④**貯蓄率 s を定数**とする。

　経済成長理論は長期理論であるから，消費関数としてクズネッツ型の$C=cY$を想定する。この場合，貯蓄関数Sは，

　　$S=Y-C=Y-cY=(1-c)Y=sY$

とできる。ここで，$\dfrac{S}{Y}=s$を貯蓄率とするが，これは平均貯蓄性向かつ限界貯蓄性向$s=1-c$でもある。

(2) 資本と労働の非代替性の仮定

　ケインジアンの成長理論であるハロッド=ドーマー型モデルでは，財の生産に必要な資本と労働の投入量が一定であると仮定する。これを資本投入係数と労働投入係数が固定的であると呼ぶ。ここから，資本と労働は代替できないことになる。

レオンチェフ型生産関数

　資本と労働が代替できない生産技術は次のレオンチェフ型生産関数で表される。

> **$Y=\min\{\alpha K,\ \beta N\}$〔$Y$：生産，$K$：資本，$N$：労働，$\alpha$，$\beta$：正の定数〕**

　$\min\{\ ,\ \}$はカッコ内の小さいほうの値を選ぶという意味である。よって，αKとβNの値の大きい生産要素を増加させても生産量Yは増えない。たとえば，生産設備（資本）に対して十分に存在する労働をさらに増加させても，それが資本設備の代わりにはならないということである。したがって，資本と労働は互いに他の生産要素を代替できないのである。これを代替弾力性がゼロであるという。

　この場合，等量曲線（図では生産量Yが$Y=Y_0$の場合を表している）はL字型になり，最適な生産は等量曲線の屈折点（N_0, K_0）になる。この点以外では生産要素が過剰となるからである。つまり，一般的に最適点は，ある生産量Yに対して，

　　　$Y=\alpha K$　　かつ　　$Y=\beta N$

を満たし，また必ず$\alpha K=\beta N$を満たす直線$K=\dfrac{\beta}{\alpha}N$上にあることがわかる。

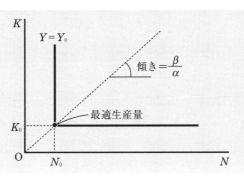

なお，αの逆数$\dfrac{1}{\alpha}=\dfrac{K}{Y}$は，資本投入係数$v$である。

（3）3つの経済成長率概念

ハロッド=ドーマー型経済成長モデルでは，3つの成長率を想定する。

①現実成長率G

現実の経済における経済成長率（実質国民所得の変化率）を$G=\dfrac{\Delta Y}{Y}$とおく。

②保証成長率G_w

資本が完全に利用（完全稼動）される場合の経済成長率を保証成長率G_wと定義する。これは資本の最適投入条件$Y=\alpha K$の変化率をとることで，

$$G_w=\frac{\Delta Y}{Y}=\frac{\Delta K}{K}$$

となる。ところで，資本の定義より$\Delta K=I$であり，財市場が均衡しているなら$I=S=sY$であるから，この式は，$G_w=\dfrac{\Delta Y}{Y}=\dfrac{sY}{K}$になるが，$v=\dfrac{K}{Y}$に注意すれば，

保証成長率：$G_w=\dfrac{\Delta Y}{Y}=\dfrac{s}{v}$　　〔s：貯蓄率，v：資本投入係数〕

になる。つまり，保証成長率は2つの定数sとvの比で表される。

③自然成長率G_n

労働を完全に利用した（完全雇用）場合の経済成長率を自然成長率G_nと定義する。これは労働の最適投入条件$Y=\beta N$の変化率をとった$\dfrac{\Delta Y}{Y}=\dfrac{\Delta N}{N}$より，$G_n=\dfrac{\Delta N}{N}=n$となる（2つ目の等号は**重要ポイント1 (1)③の仮定**）。通常，この水準を超えた経済成長は，労働が不足して不可能となるため，**自然成長率G_nをもって現実の経済成長率の上限（潜在成長率）とみなすことが多い。**

ただし，労働の平均生産性 $\beta = \dfrac{Y}{N}$ が定数ではなく，その向上（労働増大型技術進歩）が生じると（**テーマ18重要ポイント1参照**），$Y = \beta N$ の変化率は $\dfrac{\Delta Y}{Y} = \dfrac{\Delta \beta}{\beta}$ $+ \dfrac{\Delta N}{N}$ となり，自然成長率は，

$$G_n = \frac{\Delta N}{N} + \lambda = n + \lambda \qquad 〔n：労働人口成長率，\lambda：技術進歩率〕$$

と表せる。ここで $\lambda = \dfrac{\Delta \beta}{\beta}$ は労働の平均生産性上昇率または技術進歩率である。

（4）安定成長条件と不安定性原理

　資本の完全利用と労働の完全雇用を同時に実現する，つまり**保証成長率G_wと自然成長率G_nが一致した状態を安定成長または均衡成長**と定義すると，その条件は，

$$\frac{s}{v} = n + \lambda \qquad 〔s：貯蓄率，v：資本投入係数，n：労働人口成長率，\lambda：技術進歩率〕$$

になる。

　ハロッド=ドーマー型モデルでは，資本投入係数vは企業の技術によって定まり，貯蓄率sは家計部門が決定する定数であるから，両者の比である**保証成長率G_wは定数**となる。また，労働人口増加率nと技術進歩率λもおのおの外生的に与えられるから，両者の和である**自然成長率G_nも定数**である。そして，以上の4つの値は互いに独立に決まるから，**保証成長率G_wと自然成長率G_nが等しくなる理由はまったくない。したがって，安定成長条件が実際に実現する経済理論上の根拠はなく，$G_w = G_n$が成立するとすれば，それは偶然の一致でしかない。**

　さらに，完全雇用を達成していない（自然成長率という上限を達成していない）経済において，**現実の経済成長率Gが保証成長率G_wとわずかでも乖離すると，その乖離は広がる一方であり，自律的には安定成長を回復できないことになる。**これをハロッド=ドーマー型経済成長モデルの不安定性原理，または**ナイフ・エッジ原理（不安定性原理）**という。

①$G > G_w$のケース

　現実の成長率が保証成長率を上回るケースでは，

$$\frac{s}{\left(\dfrac{K}{Y}\right)} > \frac{s}{\left(\dfrac{K}{Y}\right)^*}$$

が成立している。つまり，国民所得Yの成長率が高いため，現実の資本係数$\left(\dfrac{K}{Y}\right)$が低下し，望ましい資本係数$\left(\dfrac{K}{Y}\right)^*$を下回る。

これは資本不足を意味するが，企業が投資によって生産能力を増強しようとすると，投資という需要の増加が乗数効果により，さらなる国民所得の増加をもたらしてしまい，ますます現実の経済成長率は上昇してしまう。**投資が生産側の増強と同時に需要側の刺激にもなる**との「**投資の二重性**」によって，この過程が繰り返されるたびに，現実の経済成長率Gはいっそう高まり，保証成長率G_wとの乖離は広がる一方となるのである。

②$G<G_w$のケース

現実の成長率が保証成長率を下回るケースでは，

$$\frac{s}{\left(\dfrac{K}{Y}\right)^*} > \frac{s}{\left(\dfrac{K}{Y}\right)}$$

が成立している。つまり，国民所得Yの成長率が低いため，現実の資本係数$\left(\dfrac{K}{Y}\right)$が上昇し，望ましい資本係数$\left(\dfrac{K}{Y}\right)^*$を上回る。

これは資本過剰を意味するため，企業が投資の水準を低下させれば，投資需要の減少からその乗数倍の国民所得を減少させてしまい，結局はさらに現実の経済成長率は低下してしまう。そして，この過程が繰り返されるたびに，保証成長率G_wと現実の経済成長率Gとの（負の）乖離はますます大きなものとなるのである。

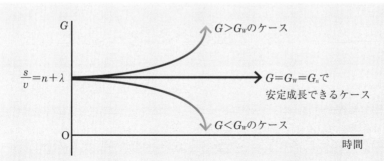

（5）拡張されたハロッド=ドーマー型経済成長モデルの安定成長条件

減価償却と政府部門を考慮する。資本減耗率がδ（$0<\delta<1$）の場合の資本の増加分（純投資）は，

$\Delta K = I - \delta K$

になる。また，租税Tを税率t（$0<t<1$）の所得税$T=tY$とすると，貯蓄Sは可処分所得$Y_d = Y - tY = (1-t)Y$の一定割合の，

$S = sY_d = s(1-t)Y$

とする。以上より，

$\Delta K = s(1-t)Y - \delta K$

が成立する。これらを導入した場合の保証成長率は，

$$G_w = \frac{\Delta K}{K} = \frac{s(1-t)Y - \delta K}{K} = \frac{s(1-t)Y}{K} - \delta = \frac{s(1-t)}{v} - \delta$$

となる。一方，自然成長率G_nはこれまでどおりであるので，**拡張されたハロッド=ドーマー型モデルの安定成長条件は**，

$$\frac{s(1-t)}{v} - \delta = n + \lambda \quad \left\{ \begin{array}{l} s：貯蓄率，\ t：税率，\ v：資本投入係数， \\ \delta：資本減耗率，\ n：労働人口成長率，\ \lambda：技術進歩率 \end{array} \right\}$$

である。

重要ポイント 2 景気循環

（1）景気循環の定義と種類

　景気循環は，景気回復期→好況期→景気後退期→不況期の4つの局面を1サイクルとする循環である（わが国の内閣府による景気循環日付では，山と谷を確定させる2局面）。

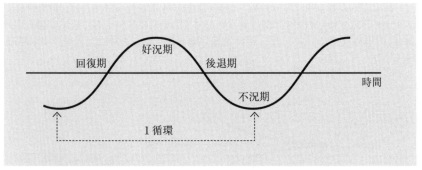

（2）景気循環の種類

　景気循環は次のように，周期と原因によって大別される。

名称（発見者）と通称	周　期	原　　因
キチンの波（小循環）	40か月程度	在庫投資の調整
ジュグラーの波（主循環）	10年程度	生産設備の調整
クズネッツの波（建築循環）	20年程度	建築投資の調整
コンドラチェフの波（長期波動）	50年程度	技術革新（シュンペーターが指摘）

実戦問題 ❶ 　基本レベル

◆ **No.1** ハロッド=ドーマー型成長理論を考える。生産関数は固定係数型であり，限界消費性向が0.7，資本係数が5，労働生産性の上昇率が0.02であるとする。この経済において，次の記述のうち，妥当なのはどれか。ただし，資本減耗率は0であるとする。　　　　　　　　　　　　　　　　　　　　【国家一般職・平成27年度】

1 保証成長率は，0.6である。

2 均斉成長経路における成長率は，0.04である。

3 労働力の増加率が0.01であるとき，自然成長率が保証成長率を上回っている。

4 労働力の増加率が0.03であるとき，保証成長率が自然成長率を上回っている。

5 労働力の増加率が0.05であるとき，均斉成長経路にある。

No.2 ハロッド=ドーマーの経済成長理論に関する記述として，妥当なのはどれか。ただし，貯蓄率の値は0.1，必要資本係数の値は2とする。
　　　　　　　　　　　　　　　　　　　　【地方上級（特別区）・令和4年度】

1 労働の完全雇用と資本の完全利用を同時に実現する均斉成長の状態は，安定的に持続する。

2 資本の完全利用を保証する成長率を保証成長率といい，その値は0.2である。

3 労働の完全雇用を実現する成長率を自然成長率といい，その値が0.06のとき，均斉成長が実現する。

4 均斉成長の状態で，技術進歩率の値が0.02である場合の労働人口の増加率の値は，0.03である。

5 均斉成長の状態でなく，労働人口の増加率の値が0.03，技術進歩率の値が0.04である場合の自然成長率の値は，保証成長率の値を下回る。

◆ **No.3** ハロッドの経済成長理論に関する記述として，妥当なのはどれか。
　　　　　　　　　　　　　　　　　　　　【地方上級（特別区）・平成17年度】

1 ハロッドは，その経済成長理論において，必要資本係数が生産要素価格によって変化すると仮定した。

2 ハロッドは，経済成長について，現実の成長率がいったん適正成長率と一致しなくなると，その差は累積的に拡大するという不安定な性質があるとした。

3 ハロッドは，資本と労働は代替可能であるとし，この代替が十分に働けば，現実の成長率，自然成長率および適正成長率は長期的に一致するとした。

4 ハロッドは，適正成長率は資本の完全な稼働の下で可能となる成長率であるとし，貯蓄性向が増加すれば適正成長率は減少するとした。

5 ハロッドは，現実の成長率が適正成長率を下回る場合には資本不足の状態となり，現実の成長率を上昇させるためには金融緩和政策が有効であるとした。

No.4 政府部門を含むハロッド=ドーマーの経済成長モデルが次のように表されているとする。

$$Y=\min\left[\frac{K}{5},\ L\right]$$

$$Y=C+I+G$$

$$C=0.8(Y-T)$$

$$G=T=tY$$

$$\Delta K=I$$

$$\Delta L=0.036L$$

Y：国民所得，K：資本量
L：労働量，C：民間消費
I：民間投資，G：政府支出
T：租税，t：税率
ΔK：Kの増分
ΔL：Lの増分

このモデルにおいて，資本の完全利用と労働の完全雇用が同時に維持される均斉成長を実現するためには，税率 t の値はいくらでなければならないか。

【地方上級（特別区）・平成29年度】

1 0.10

2 0.15

3 0.20

4 0.25

5 0.30

No.5 景気循環に関するA～Dの記述のうち，妥当なもののみをすべて挙げているのはどれか。

【国家一般職・平成29年度】

A：キチン循環は，産業構造の変化によってもたらされると考えられ，周期が短いことから，短期循環や小循環とも呼ばれており，J.A. シュンペーターによって注目された。

B：ジュグラー循環は，約3年周期の波とされ，企業の売行き予測に基づく企業の在庫の変動がその原因として考えられることから，在庫循環とも呼ばれる。

C：クズネッツ循環は，約20年周期の波とされ，住宅や商工業建築の建て替えがその原因として考えられることから，建築循環とも呼ばれる。

D：コンドラチェフ循環は，約10年周期の波とされ，ほぼ設備投資の更新時期と一致して起こることから，設備投資循環とも呼ばれる。

1 B

2 C

3 A，C

4 A，D

5 B，D

実戦問題 **1** の 解説

→問題はP.363 **正答4**

No.1 の解説 ハロッド=ドーマー型経済成長理論

経済成長のハロッド=ドーマー型モデルの3つの成長率のうち，保証成長率と自然成長率（もう1つは現実成長率）に関する基本的出題である。公式

$\dfrac{s}{v}=n+\lambda$（s：貯蓄率または限界貯蓄性向，v：資本係数，n：労働人口成長率，λ：技術進歩率または労働生産性上昇率）を知っていれば解ける。

1 ✕ 限界消費性向が0.7であれば，限界貯蓄性向は0.3である。

資本係数は5である。よって，保証成長率は$G_w=\dfrac{0.3}{5}=0.06$である。なお，経済成長理論のような長期の分析の場合，限界消費性向と平均消費性向の区別はない。よって，限界貯蓄性向と平均貯蓄性向（貯蓄率）の区別もない。

2 ✕ 均斉成長下では，保証成長率と自然成長率の等しい状態が実現する。

1の結果より，これは保証成長率の0.06（6%）である。

3 ✕ 労働力の増加率が0.01であるとき，自然成長率は0.03になる。

労働力の増加率が$n=0.01$であるとき，自然成長率G_nは労働力の増加率nと労働生産性の上昇率λの和であるから$G_n=0.01+0.02=0.03$になり，保証成長率（0.06）を下回る。

4 ◎ 労働力の増加率が0.03であるとき，自然成長率は0.05になる。

妥当である。労働力の増加率が$n=0.03$，労働生産性の上昇率が$\lambda=0.02$なら，自然成長率は$G_n=0.03+0.02=0.05$になり，保証成長率（0.06）を下回る。

5 ✕ 労働力の増加率が0.05であるとき，自然成長率は0.07になる。

労働力の増加率が$n=0.05$，労働生産性の上昇率が$\lambda=0.02$なら，自然成長率は$G_n=0.05+0.02=0.07$になり，保証成長率（0.06）と一致しないため，均斉成長経路上にはない。

No.2 の解説 ハロッド=ドーマー型経済成長理論

→問題はP.363 **正答4**

前問の類題であり，計算自体は難しくない（ハロッド=ドーマー型経済成長理論で極度に計算が難しいものは少ない）が，定義をきちんと覚えていないと迷ってしまうタイプの出題である。

1 ✕ ハロッド=ドーマー型経済成長理論の帰結は不安定成長である。

ハロッド=ドーマー型経済成長理論においては，均斉成長は偶然にしか実現しない（不安定性原理またはナイフ・エッジ原理）。また現実の経済が均斉成長の状態から乖離すると，その乖離は大きくなるばかりで，自律的に均斉成長に戻ることはできない。

2 ✕ 保証成長率は$\dfrac{貯蓄率}{必要資本係数}$と定義される。

したがって，その値は，$\dfrac{0.1}{2} = 0.05$である。

3 ✕ 均斉成長では保証成長率と自然成長率は一致する。

2でみたように保証成長率は0.05であるから，自然成長率が0.06では，均斉成長は実現しない。

4 ◎ 自然成長率は，労働人口増加率と技術進歩率の和である。

妥当である。均斉成長条件（保証成長率＝自然成長率）は$\dfrac{貯蓄率}{必要資本係数} =$労働人口増加率＋技術進歩率と表される。ここに与えられた条件を与えると0.05＝労働人口増加率＋0.02であるから，労働人口増加率は0.03になる。

5 ✕ 労働人口増加率が0.03，技術進歩率が0.04なら自然成長率は0.07である。

この場合，自然成長率は保証成長率（0.05）を上回る。

No.3 の解説 ハロッド=ドーマー型経済成長理論　　→問題はP.363　**正答 2**

　　ハロッド=ドーマー・モデルとして知られる経済成長理論は，英国のハロッドと米国のドーマーが個別に提唱したものであり，本問のようにハロッド理論として問われることもある。内容的には基本事項の確認が多い。

1 ✕ ハロッド理論においては，必要資本係数は定数とされる。

2 ◎ ハロッド理論では経済は不安定な性質を持つとした。

妥当である。これは，①現実の成長率が適正成長率（通常は保証成長率と呼ばれる）とは偶然にしか一致しないこと，②両者の乖離は拡大するのみであることの2つの要素からなる。

3 ✕ 資本係数が一定であることと資本と労働が非代替であることは同値である。

生産技術の点で資本と労働が代替的であれば，ある生産量に対して資本の投入割合（資本係数）は一定でなくてもよい。資本を減少させても労働で代替できるからである。逆にいえば，資本と労働が非代替であるから資本係数が一定となるのである。ハロッド理論ではこの考え方を前提としている。

4 ✕ 適正成長率（保証成長率）は貯蓄率を資本係数で除したものである。

したがって，貯蓄率の上昇は適正成長率（保証成長率）を上昇させる。

5 ✕ 現実の成長率が適正成長率より低ければ，資本は過剰である。

適正成長率（保証成長率）とは資本の完全稼働の下での成長率である。それより低い成長率であれば，資本は完全には稼働しておらず，現在の生産量に対して過剰であることになる。なお，このような状況での金融緩和政策は，利子率を引き下げて投資を刺激するので，資本の過剰を促進する可能性があり，適切ではない。

No.4 の解説 ハロッド=ドーマー型経済成長理論 →問題はP.364 **正答1**

　レオンチェフ型生産関数は，総合職経済区分を除けば，理解していないと困ることはあまりない。しかし，この関数がハロッド=ドーマー型モデルにおいてよく言及される資本投入係数が固定的（一定）であることを表していることは覚えておこう。

STEP❶　保証成長率

①政府が存在する場合の貯蓄率

　ハロッド=ドーマー型経済成長モデルにおいて，政府部門の存在は，保証成長率G_w中の貯蓄率のみが影響を受ける。政府部門を含む場合の貯蓄関数を一般的に求める。可処分所得Y_dを$Y_d=Y-T=Y-tY=(1-t)Y$とすると，貯蓄関数Sは，

$$S=Y_d-C=Y_d-cY_d=(1-c)Y_d=(1-c)(1-t)Y=s(1-t)Y$$

となる。最後の等号で，限界消費性向cと限界貯蓄性向sの和は1であること（$c+s=1$）を用いている。ここから貯蓄率は，

$$\frac{S}{Y}=s(1-t)$$

となる。

②レオンチェフ型生産関数の資本係数

　保証成長率G_wの分母に当たる資本係数については，レオンチェフ型生産関数$Y=\min\left\{\dfrac{K}{5},L\right\}$より$v=5$である。レオンチェフ型生産関数では，最適生産が行われる場合，$Y=\dfrac{K}{5}$かつ$Y=L$が成立し，前者を変形すれば$v=\dfrac{K}{Y}=5$になるからである。通常，レオンチェフ型生産関数の資本係数は，生産関数中の資本Kにかかる値（本問では$\dfrac{1}{5}$）の逆数になる。

③保証成長率の計算

　①および②より，保証成長率G_wは貯蓄率と資本投入係数の比であるから，

$$G_w=\frac{(1-t)s}{v}=\frac{(1-t)0.2}{5}=0.04(1-t)$$

になる（問題文の消費関数より$c=0.8$であるから，$s=0.2$である）。

STEP❷　自然成長率

　自然成長率G_nは，労働増加率と技術進歩率（本問では定義されていないのでゼロ）の和であるから，

$$G_n=n+\lambda=0.036+0=0.036$$

である。ここで，労働量Lの増分の式を変形して，その増加率を$n=\dfrac{\Delta L}{L}=0.036$としている。

STEP❸　自然成長率の一致

均斉成長は保証成長率と自然成長率が一致することで達成されるから，$G_w = G_n$とおけば，このときの税率 t は，

$$0.04(1-t) = 0.036$$

より，$t = 0.10$になる。

よって，正答は**1**である。

No.5 の解説　**景気循環の種類**

教養試験でも出題例のある内容である。組合せの誤りを指摘するタイプか空欄補充のいずれかが出題例の大半を占める。したがって，提唱者名（とそれを冠した循環の名称），周期，原因をセットで覚えればよい（**重要ポイント2**参照）。

A ✗ **キチン循環は，在庫投資の変動が主因であるとされる。**
40か月程度の周期の短いキチン循環は，産業構造の変化ではなく，在庫投資の変動が主因であるとされる。

B ✗ **主循環ともいわれるジュグラー循環は，その周期がおよそ10年である。**
この循環の原因は設備投資であるとされている。

C ○ **クズネッツ循環は，約20年周期の建築循環である。**

D ✗ **コンドラチェフ循環は，周期が約50年の長期波動である。**
この主因はシュンペーターによって技術革新であるとされた。

よって，正答は**2**である。

実戦問題 2 応用レベル

No.6 ハロッド=ドーマーの経済成長モデルが，

$aY \leqq K$ Y：産出量，国民所得，K：資本量，L：労働量
$bY \leqq L$ a：必要資本係数，b：必要労働係数，C：消費，I：投資
$Y = C + I$ c：平均消費性向，ΔK：Kの増分，ΔL：Lの増分
$C = cY$ n：労働量の増加率
$\Delta K = I$
$\Delta L = nL$

で示されるものとする。ただし，$a = 5.0$，$b = 3.0$，$n = 0.04$とする。

資本の完全利用と労働の完全雇用が同時に維持されるためには，平均消費性向cの値はいくらでなければならないか。　　　　【地方上級（全国型）・平成8年度】

1 0.6

2 0.65

3 0.7

4 0.75

5 0.8

No.7 経済成長の理論に関する記述として，妥当なのはどれか。

【地方上級（東京都）・平成19年度】

1 ハロッド=ドーマー理論では，投資の二重効果に着目し，投資が需要を創出するだけでなく，投資が資本ストックを増加させ生産能力をも増大させるとし，経済成長理論を展開している。

2 ハロッド=ドーマー理論では，資本と労働とは代替が可能であるとし，資本ストックと労働投入量とが同率で成長したとき，労働資本比率は一定となり，経済は均衡成長するとしている。

3 ハロッド=ドーマー理論では，価格メカニズムの働きにより生産物の需給均衡および完全雇用が実現されるため，一時的に生産物の需給に乖離が生じた場合においても再び均衡に向かい，経済は常に安定的に成長し続けるとしている。

4 新古典派成長理論では，生産要素市場において，資本と労働との価格調整がなされず，資本と労働との代替ができないことを前提としているため，経済成長は不安定にならざるをえないとしている。

5 新古典派成長理論では，労働の完全雇用と財の需給均衡とを同時に実現するためには，現実の成長率が労働人口の成長率に等しい自然成長率に等しくなる必要があるが，両者が等しくなるのは偶然以外にありえないとしている。

実戦問題 ❷ の 解説

ハロッド=ドーマー型経済成長モデルで最もよく出題されるのは安定成長条件（均衡成長条件）を用いた計算である。計算問題で注意すべき点は資本係数の見いだし方である（この値が与えられているケースも多いが）。

STEP❶　保証成長率の計算

資本が完全利用される場合の成長率が保証成長率G_wであり，これは貯蓄率を資本係数で除したものである。本問では資本係数は，$aY \leq K$より得られる。この不等式の意味は，ある生産量Yを達成するにはその一定割合（a）かそれ以上の資本Kの投入が必要であるということである。費用最小化する生産者は最も少ない投入量を選択するから，この式は等号で満たされる（$aY = K$）ことになり，変形すれば資本投入係数の定義の$\dfrac{K}{Y} = a$になる。一方，平均消費性向（消費関数$C = cY$の場合，限界消費性向と同値である）が問われていることから，通常，公式で用いる貯蓄率を$s = \dfrac{S}{Y} = \dfrac{Y - C}{Y} = \dfrac{Y - cY}{Y} = \dfrac{(1 - c)Y}{Y} = 1 - c$と変形しておく。以上より，保証成長率は，

$$G_w = \frac{1 - c}{a} = \frac{1 - c}{5}$$

である。

STEP❷　自然成長率の計算

労働が完全雇用される場合の成長率である自然成長率G_nは，労働量の増加率と技術進歩率の和であるが，技術進歩率はモデルに含まれないので，

$$G_n = n + 0 = 0.04$$

である。

STEP❸　安定成長条件の計算

資本の完全利用と労働の完全雇用を同時に達成するには，保証成長率と自然成長率が等しいこと（$G_w = G_n$）が条件であるから，

$$\frac{1 - c}{5} = 0.04$$

が必要である。これを解けば条件を満たす平均消費性向を$c = 0.8$とできる。

よって，正答は **5** である。

No.7 の解説　経済成長理論の比較

→問題はP.369　**正答 1**

　　形式上，ハロッド=ドーマー型経済成長モデルと新古典派型経済成長モデルの比較問題であるから，次のテーマに取り組んだ後に立ち返るとより効果的であることは間違いない。しかし，ハロッド=ドーマー型経済成長モデルの特徴を理解していれば，ほぼ正答できる。

1 ◎ **投資は需要項目である一方，生産要素としての資本を蓄積する二重性を持つ。**
妥当である。

2 ✕ **ハロッド=ドーマー理論では，資本と労働の代替は不可能と仮定される。**
ハロッド=ドーマー理論では，資本投入係数と労働投入係数は一定と仮定される。これはある生産量を達成するのに必要な資本と労働の投入量がおのおの一定であるということであり，互いに代替できないことを意味する。また，定常状態において，資本と労働と生産が同率で成長するとの安定成長が実現すると考えるのは，新古典派成長理論である。

3 ✕ **ハロッド=ドーマー理論では，均衡成長からの乖離は拡大するのみである。**
ハロッド=ドーマー理論の不安定性原理では，資本の完全利用を表す保証成長率と労働の完全利用を表す自然成長率は偶然にしか一致しないので，通常は乖離する。また，現実の成長率が保証成長率を上回れば，乖離は開くのみであり，安定成長状態に収束することはない。

4 ✕ **新古典派成長理論では，資本と労働の代替性を仮定する。**
新古典派経済成長理論では，資本と労働の代替性を仮定したうえで，要素市場で価格メカニズムが働くため，過剰となっている生産要素はその要素価格が下落して需要が発生するため，結果として資本と労働の双方の完全利用が達成されることになる。また，新古典派経済成長理論においては，時間の経過とともに定常状態に収束し，安定成長が達成される。

5 ✕ **新古典派成長理論では，現実の成長率と自然成長率は自律的に等しくなる。**
現実の成長率が保証成長率と自然成長率が等しくなる水準に一致することは偶然にしか起こりえないとするのは，ハロッド=ドーマー理論である。なお，財の需給一致を実現する成長率とは保証成長率のことをさしている。

新古典派経済成長理論

必修問題

ソローの新古典派成長論の枠組みで考える。マクロ生産関数は以下のように示される。

$$Y_t = 4\sqrt{K_t L_t}$$

〔Y_t：t期の産出量，K_t：t期の資本ストック，L_t：t期の労働人口〕

労働人口は時間を通じて一定の率で増加し，以下の式で示される。

$$\frac{L_{t+1}}{L_t} = 1 + n \qquad 〔n：労働人口成長率〕$$

一方，資本ストックは，以下の式で示される。

$$K_{t+1} = K_t - dK_t + sY_t \qquad 〔d：資本減耗率，s：貯蓄率〕$$

また，労働人口成長率が0.02，資本減耗率が0.04，貯蓄率が0.12で，それぞれ一定であるとする。このとき資本・労働比率$\frac{K_t}{L_t}$が時間の経過とともに収束していく値はいくらか。

ただし，資本ストックと労働人口の初期値は正であるとする。

【国家一般職・令和元年度】

1　16

2　32

3　64

4　128

5　256

難易度　＊＊

必修問題の 解説

ソロー型の新古典派経済成長理論（以下，ソロー・モデル）は計算がやや難しい。モデルの前提や含意はPOINTと実戦問題に譲り，ここでは結論に当たる安定成長条件（収束条件）の解法に絞って説明する。ソロー・モデルの特徴は1人当たり所得を分析する点にあるが，この点もここでは無視する。

STEP❶ 収束条件の確認とハロッド=ドーマー型モデルとの相違

ソロー・モデルの時間の経過とともに到達する定常状態では，ハロッド=ドーマー・モデルと同じ $\frac{s}{v}-d=n+\lambda$ が成立する（s：貯蓄率，v：資本係数，d：資本減耗率，n：労働人口成長率，λ：技術進歩率）。ハロッド=ドーマー・モデルとの相違は，ソロー・モデルでは資本係数が一定ではない点である。

STEP❷ 収束条件の各要素の吟味

労働人口成長率，資本減耗率および貯蓄率については，おのおの，$n=0.02$，$d=0.04$，$s=0.12$ と与えられている。

技術進歩率については，生産関数がコブ=ダグラス型 $Y=AK^\alpha L^\beta$（Y：生産量，K：資本，L：労働，α，β：0と1の間の値をとる定数）の場合，A が技術水準（全要素生産性）を表すので，本問の生産関数 $Y_t=4\sqrt{K_t L_t}=4K_t^{\frac{1}{2}}L_t^{\frac{1}{2}}$ ではそれが4に固定されていることから，その変化率すなわち技術進歩率は $\lambda=0$ である。

資本係数 $v=\frac{K}{Y}$ は定数ではないことを，分母の Y にマクロ生産関数を代入することで表す。これは $v=\dfrac{K_t}{4K_t^{\frac{1}{2}}L_t^{\frac{1}{2}}}=\dfrac{K_t^{\frac{1}{2}}K_t^{\frac{1}{2}}}{4K_t^{\frac{1}{2}}L_t^{\frac{1}{2}}}=\dfrac{K_t^{\frac{1}{2}}}{4L_t^{\frac{1}{2}}}=\dfrac{1}{4}\left(\dfrac{K_t}{L_t}\right)^{\frac{1}{2}}$ と計算できる。

STEP❸ 収束条件の計算

STEP❷の結果を $\frac{s}{v}-d=n+\lambda$ に代入すると，

$$\frac{0.12}{\frac{1}{4}\left(\frac{K_t}{L_t}\right)^{\frac{1}{2}}}-0.04=0.02+0 \quad \Leftrightarrow \quad \frac{0.12}{\frac{1}{4}\left(\frac{K_t}{L_t}\right)^{\frac{1}{2}}}=0.06 \quad \Leftrightarrow \quad \frac{1}{4}\left(\frac{K_t}{L_t}\right)^{\frac{1}{2}}=\frac{0.12}{0.06}$$

$$\left(\frac{K_t}{L_t}\right)^{\frac{1}{2}}=8$$

となるので，両辺を2乗すれば，

$$\left\{\left(\frac{K_t}{L_t}\right)^{\frac{1}{2}}\right\}^2=8^2 \qquad \left(\left\{\left(\frac{K_t}{L_t}\right)^{\frac{1}{2}}\right\}^2=\left(\frac{K_t}{L_t}\right)^{\frac{1}{2}\times 2}=\frac{K_t}{L_t}\ \text{である}\right)$$

$$\frac{K_t}{L_t}=64$$

を得る。よって，正答は**3**である。

正答 **3**

FOCUS

ソロー型の新古典派経済成長理論は，時間の経過とともに定常状態に収束していくことをソローの経済成長基本方程式で描写するが，ハロッド=ドーマー・モデルの安定成長条件と同じものである。ただし，具体的な計算方法は異なるので両者の違いに目を向けよう。

第5章

経済変動理論

重要ポイント 1 　技術進歩

(1) 技術進歩の分類

　技術進歩とは**生産要素（労働 N および資本 K ）の生産性の向上**である。技術水準の簡便な指標は労働の平均生産性 $\dfrac{Y}{L}$ である（Y：生産量）が，以下，よく用いられる技術進歩のタイプを説明する。

①ハロッド中立型技術進歩

　資本の限界生産性を一定（結果として，$\dfrac{Y}{K}$ も一定）と仮定し，**労働の限界生産性を増加させるような技術進歩**であり，**労働増大型技術進歩**ともいう。

②ソロー中立型技術進歩

　労働の限界生産性を一定（結果的に $\dfrac{Y}{N}$ も一定）として，**資本の限界生産性を増加させるような技術進歩**であり，**資本増大型技術進歩**ともいう。

③ヒックス中立型技術進歩

　資本と労働の限界生産性を同率で増加させる（$\dfrac{K}{N}$ **が一定になる**）ような技術進歩であり，**産出増大型技術進歩**ともいう。

(2) 成長会計

　労働と資本の双方を合わせた全要素生産性の上昇率は，**成長会計**の手法で求めることができる。この全要素生産性の上昇率は，しばしば技術進歩率の指標となる。

　マクロ生産関数をコブ＝ダグラス型 $Y = AK^{\alpha}N^{1-\alpha}$ とし，国民所得 Y，資本 K，労働 N は時間とともに変化するが，資本分配 α および労働分配率 $1-\alpha$ は時間を通じて一定とする。このとき，実質国民所得の成長率は，次のように分解できる。

$$\frac{\Delta Y}{Y} = \frac{\Delta A}{A} + \alpha\frac{\Delta K}{K} + (1-\alpha)\frac{\Delta N}{N}$$

の形になる。

　なお，この式は，マクロ生産関数 $Y = F(K, N)$ が1次同次性さえ満たせば，コブ＝ダグラス型でなくても成立する。

重要ポイント 2 　新古典派経済成長理論（ソロー＝スワン型モデル）

(1) 新古典派経済成長モデルの特徴

　ソローやスワンによる新古典派成長モデルは，要素市場が競争的であり，市場メカニズムが機能することを前提に，以下のような特徴を持つ。

①**生産要素（資本と労働）間の代替性**を仮定する。

②**1人当たりの所得**について分析する。

　生産要素間の代替が可能なマクロ生産関数の典型例がコブ=ダグラス型生産関数であり，これを$Y=AK^{\alpha}N^{1-\alpha}$（$Y$：産出量，$K$：資本，$N$：労働，$\alpha$：資本分配率，$1-\alpha$：労働分配率）とする。資本と労働の分配率の和が1であるから，この関数は一次同次である。この式の両辺を労働Nで割れば，

$$\frac{Y}{N}=\frac{AK^{\alpha}N^{1-\alpha}}{N}=A\frac{K^{\alpha}N^{1-\alpha}}{N^{\alpha}N^{1-\alpha}}=A\frac{K^{\alpha}}{N^{\alpha}}=A\left(\frac{K}{N}\right)^{\alpha}$$

となる。ここで，1人当たり所得を$y=\dfrac{Y}{N}$，1人当たり資本（資本装備率）を$k=\dfrac{K}{N}$とおけば，1人当たり生産関数を，

$$y=Ak^{\alpha}$$

と計算できる。

　なお，新古典派経済成長理論と共通するハロッド=ドーマー型モデルの前提（テーマ17重要ポイント1）を再掲しておく。

①**財市場のみを想定**し，貨幣市場や労働市場などは考慮しない。

②**閉鎖経済を想定**し，原則として政府部門も考慮しない。

③**労働人口増加率は定数**とし，$\dfrac{\Delta N}{N}=n$とおく。

④**貯蓄率sを定数**とする。貯蓄関数は，$S=sY$である。

(2) ソローの経済成長基本方程式

　1人当たり所得は1人当たり資本の関数であるから，その蓄積が1人当たり所得を高める。1人当たり資本$k=\dfrac{K}{N}$の変化率をとれば，

$$\frac{\Delta k}{k}=\frac{\dfrac{\Delta K}{N}}{\dfrac{K}{N}}=\frac{\Delta K}{K}-\frac{\Delta N}{N}$$

になる。この式に，財市場均衡条件$I=S$に，$\Delta K=I$（投資の定義）および$S=sY$（貯蓄関数）を用いた$\Delta K=sY$と，労働人口増加率$\dfrac{\Delta N}{N}=n$を代入すれば，

$$\frac{\Delta k}{k}=\frac{sY}{K}-n=\frac{s\left(\dfrac{Y}{N}\right)}{\left(\dfrac{K}{N}\right)}-n=\frac{sy}{k}-n$$

となり，これを両辺にkを掛けることで整理した次の式を，**経済成長の基本方程式（ソロー方程式）**という。

$\Delta k=sy-nk$
〔k：1人当たり資本，s：貯蓄率，y：1人当たり所得，n：労働人口成長率〕

（3）定常状態

1人当たり生産関数

$$y = Ak^{\alpha}$$

および，ソロー方程式

$$\Delta k = sy - nk$$

を図示する。$0 < \alpha < 1$より，1人当たり生産関数は，通常の生産関数同様，図の点線のように資本の限界生産性が逓減する形状になる。すると，ソロー方程式の左辺は，1人当たり生産関数の横軸上の動きで表されることになる。右辺のsyは1人当たり生産関数をs倍（$0 < s < 1$に注意）した形状であり，nkは傾きnの直線になる。

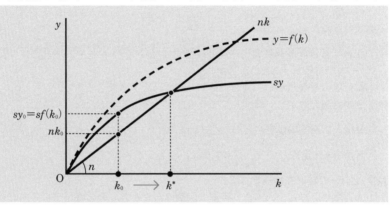

当初の1人当たり資本が図中のk_0であるとする。すると，グラフより$sy > nk$であるから，$\Delta k > 0$になる（1人当たり貯蓄を投資に回し，それを新たに増加した労働者に現状の1人当たり資本の水準で装備しても余裕があるために，既存の労働者の1人当たり資本が増加するという意味である）。これは1人当たり資本の変化Δkが増加するということであるから，翌期の1人当たり資本は$k_1 = k_0 + \Delta k$になり，横軸上を右に移動する。翌期にも同じ変化が生じるため，**時間の経過とともに1人当たり資本はk^*に向かう**。

逆に，当初の1人当たり資本がk^*より大きい（右側）の場合には，$sy < nk$であり，$\Delta k < 0$になるから，時間の経過とともに1人当たり資本は減少し，k^*に向かう。

したがって，**長期的には1人当たり資本はk^*になる**。ここでは$sy = nk$であるから$\Delta k = 0$が達成され，1人当たり資本kは変化せず，一定値にとどまる。これを**定常状態**と呼ぶ。

（4）定常状態の性質

①定常状態の安定性

定常状態k^*は生産と投資を通じて自律的に達成されるので，安定的である。

②自然成長率と保証成長率の一致

定常状態では，$\Delta k = 0$または$sy = nk$が成り立つので，以下の関係が成立する。

$$n = \frac{sy}{k} = \frac{s\left(\dfrac{Y}{N}\right)}{\left(\dfrac{K}{N}\right)} = \frac{sY}{K} = \frac{s}{\dfrac{K}{Y}} = \frac{s}{v} \quad \Leftrightarrow \quad n = \frac{s}{v}$$

つまり，**定常状態では保証成長率と自然成長率が一致する。**なお，自然成長率nは定数であるから，保証成長率がそれに等しくなるように変化する。

③**マクロの成長率（均斉成長）**

②より資本Kと労働Nは同率のnで成長するが，生産関数の一次同次性より産出量Yも同率で成長する。このため，定常状態では労働，資本，国民所得が同率で成長することになる。これを**均斉成長（斉一的成長）**という。

④**1人当たりの成長率**

定常状態では，1人当たり所得の成長率$\dfrac{\Delta y}{y}$は，次のようにゼロになる。

$$\frac{\Delta y}{y} = \frac{\Delta\left(\dfrac{Y}{N}\right)}{\dfrac{Y}{N}} = \frac{\Delta Y}{Y} - \frac{\Delta N}{N} = n - n = 0$$

(5) 拡張されたソロー＝スワン型モデル

新古典派経済成長理論に技術進歩と資本減耗を導入して拡張する。

マクロ関数を$Y = AK^{\alpha}N^{1-\alpha}$とし，1人当たり所得および1人当たり資本のおのおのを効率労働単位で$y = \dfrac{Y}{AN}$，$k = \dfrac{K}{AN}$と定義する。効率労働とは質で測った労働投入量のことであり，労働量Nと技術水準Aの積で表される。

1人当たり資本$k = \dfrac{K}{AN}$の時間の経過に伴う変化率は$\dfrac{\Delta k}{k} = \dfrac{\Delta K}{K} - \left(\dfrac{\Delta A}{A} + \dfrac{\Delta N}{N}\right)$であるが，ここに，純投資$\Delta K = I - \delta K$（$\delta$：資本減耗率），財市場均衡条件$I = S$，貯蓄関数$S = sY$をまとめた$\Delta K = sY - \delta K$，および技術進歩率$\dfrac{\Delta A}{A} = \lambda$，労働人口増加率$\dfrac{\Delta N}{N} = n$の定義式を代入すると，

$$\frac{\Delta k}{k} = \frac{\Delta K}{K} - \left(\frac{\Delta A}{A} + \frac{\Delta N}{N}\right) = \frac{sY - \delta K}{K} - (\lambda + n) = \frac{sY}{K} - \delta - (\lambda + n)$$

$$= \frac{sy}{k} - \delta - (\lambda + n)$$

になる。そして，これを整理すれば，

$$\Delta k = sy - \delta k - (\lambda + n)k$$

と拡張されたソロー方程式を得る。このときの定常状態（$k = 0$）は，

$$sy - \delta k = (\lambda + n)k$$

になる。マクロの経済成長率$\frac{\Delta Y}{Y}$は$sy-\delta k=(\lambda+n)k$の両辺をkで除して整理した，

$$\frac{s}{v}-\delta=n+\lambda \quad \left\{ \begin{array}{l} s：貯蓄率，\ v：資本投入係数，\ \delta：資本減耗率，\\ n：労働人口成長率，\ \lambda：技術進歩率 \end{array} \right\}$$

になる（税率を考慮しないハロッド=ドーマー型モデルの安定成長条件に等しい）。

一方，（効率単位でない）1人当たり所得$y=\frac{Y}{L}$の成長率は，

$$\frac{\Delta y}{y}=\frac{\Delta Y}{Y}-\frac{\Delta L}{L}=(n+\lambda)-n=\lambda>0$$

とできる。つまり，1人当たり所得の成長率は技術進歩率に等しい値になる。

重要ポイント 3 ▶ 資本蓄積の黄金律

新古典派経済成長モデルで貯蓄率を変更できるとする。このとき，定常状態における**1人当たりの消費を最大にする**ような1人当たり資本を求める。

1人当たりの消費を，$c=\frac{C}{N}$と定義する。これは，

$$c=\frac{C}{N}=\frac{Y-S}{N}=\frac{Y}{N}-\frac{S}{N}=\frac{Y}{N}-\frac{sY}{N}=y-sy$$

となる。ここに均斉成長条件$sy=nk$を代入すると，

$$c=y-nk$$

になる。このcを最大にする条件は，kで微分してゼロとおくことで，

$$\frac{dc}{dk}=\frac{dy(k)}{dk}-n=0$$

$MPK=n$ 〔MPK：資本の限界生産性，n：労働人口成長率〕

である（資本の限界生産性については，1人当たり生産量yを1人当たり資本kで微分しても，マクロの生産量Yをマクロの資本Kで微分しても同じ結果となる）。つまり，**資本の限界生産性＝労働人口成長率**との条件を得ることになる。これを**資本蓄積の黄金律**という。これを表した下図は，k^*の下での1人当たり所得y^*が1人当たり貯蓄sy^*との差である1人当たり消費が最大化されている。このとき，生産関数上の点の接線の傾き，すなわち資本の限界生産性MPKと直線nkであるnが等しくなっている。

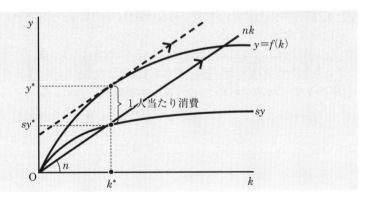

重要ポイント 4 経済成長理論の展開

（1）経済成長の「6つの定型化された事実」

カルドアは先進国の経済成長から次の「6つの定型化された事実」を指摘した。

①国民総生産Y，労働生産性$\dfrac{Y}{N}$はほぼ定常的に成長している。

②資本労働比率$\dfrac{K}{N}$はほぼ定常的に成長している。

③利潤率はほぼ一定を保っている。

④資本産出比率$\dfrac{K}{Y}$はほぼ一定の値を保っている。

⑤投資比率$\dfrac{I}{Y}$と利潤の分配比率$\dfrac{rK}{Y}$の間には正の相関がある。

⑥国民総生産，労働生産性は各国で大きなばらつきがある。

　ハロッド=ドーマー型経済成長理論の不安定性原理はまったく①を説明できない。また，新古典派経済成長理論も①のうちの$\dfrac{Y}{N}$，すなわち1人当たり所得の成長および②を説明できない。

（2）内生的経済成長理論

　ハロッド=ドーマー型および新古典派型の経済成長理論では，技術進歩がモデルの外から与えられる外生変数であると仮定していた。一方，1人当たり所得の成長に重要な役割を果たす技術水準もモデルの中で決定される内生変数として扱う理論を**内生的経済成長理論**という。

　代表的なモデルであるレベロによるAKモデルやローマーによるR&D開発モデルでは，技術進歩率の上昇が1人当たり所得上昇につながることがいえる。

◆ **No.1** 成長会計におけるマクロ的生産関数が以下のように示されている。

$$Y = AK^{0.4}L^{0.6}$$

〔Y：産出量，A：全要素生産性（TFP），K：資本ストック量，L：労働投入量〕

全要素生産性の増加率が1.2%，資本ストック量の増加率が4.4%，労働投入量の増加率が0.9%のとき，経済成長率（産出量の増加率）はいくらか。

【国税専門官／財務専門官／労働基準監督官・令和3年度】

1 2.0%

2 2.5%

3 3.0%

4 3.5%

5 4.0%

No.2 ある経済の生産関数が，

$$Y = AK^{0.25}L^{0.75}$$

〔Y：生産量，A：全要素生産性，K：資本ストック量，L：労働投入量〕

で示されるとする。

この経済における経済成長率（生産量の増加率）が4%，全要素生産性の増加率が1%であるとき，(1)労働者1人当たり資本ストック量の増加率，および(2)労働投入量の増加率の組合せとして妥当なのは，次のうちどれか。

【国家一般職・平成29年度】

	(1)	(2)
1	1%	1.5%
2	2%	1.75%
3	2%	2.0%
4	3%	2.25%
5	3%	2.5%

◆ **No.3** ソロー・モデルの枠組みで考える。t期の産出量をY_t，資本ストックをK_t，労働人口をL_tとして，マクロ的生産関数が，

$$Y_t = K_t^{0.5}L_t^{0.5}$$

で与えられているとする。また，労働人口は0.02の成長率で増加する。一方，資本ストックはt期の投資をI_tとすると，

$$K_{t+1} = K_t + I_t$$

で示される。ここでは，資本減耗率はゼロであるとする。さらに，各期では財市場が均衡し，貯蓄率をsとして，

$$I_t = sY_t$$

となり，この経済では，貯蓄率は一定で0.4であるとする。このとき，定常状態における労働人口1人当たりの産出量はいくらか。　　【国家一般職・令和2年度】

1　10

2　15

3　20

4　25

5　30

No.4 経済成長理論を考える。t 期における，産出量をY_t，資本の生産性をA，資本ストックをK_tとするとき，マクロ生産関数が，

$$Y_t = AK_t$$

で与えられている。ここでの資本は物理的な資本だけでなく，人的資本等も含むものとする。$t+1$ 期の資本ストックK_{t+1}は，資本減耗率をd，投資をI_tとするとき，以下の式で示される。

$$K_{t+1} = (1-d) K_t + I_t$$

また，平均消費性向がaであるt 期の消費関数C_tが以下の式で示される。

$$C_t = aY_t$$

さらに，毎期，財市場の需給が均衡し，

$$Y_t = C_t + I_t$$

が成立している。今，資本の生産性Aは0.4，資本減耗率dは0.1，平均消費性向aは0.6であり，それぞれ一定とする。このとき経済成長率$\left(\dfrac{Y_{t+1}}{Y_t} - 1\right)$はいくらか。

【国家一般職・令和3年度】

1　0％

2　2％

3　4％

4　6％

5　10％

実戦問題 **1** の 解説

No.1 の解説　コブ=ダグラス型生産関数の成長率　　　　→問題はP.380　**正答4**

　　コブ=ダグラス型生産関数を用いた全要素生産性上昇率の計算問題である。成長率への変形は，両辺の自然対数を取ったうえで時間を変数とみて全微分すれば得られるが，対数微分の知識が必要なので，数学的難易度は高い。したがって，結果のみ公式として覚えてしまうのが得策である。本問のように，当てはめのみで解けるケースも過去の出題例には多い。

STEP❶　生産関数の変形

　　コブ=ダグラス型のマクロ的生産関数 $Y=AK^{0.4}L^{0.6}$ を成長率で表すと，

$$\frac{\Delta Y}{Y}=\frac{\Delta A}{A}+0.4\frac{\Delta K}{K}+0.6\frac{\Delta L}{L}$$

となる。

STEP❷　数値の代入

　　STEP❶の結果に，$\frac{\Delta A}{A}=0.012$，$\frac{\Delta K}{K}=0.044$ および $\frac{\Delta L}{L}=0.009$ を代入すれば，$\frac{\Delta Y}{Y}=0.012+0.4\times0.044+0.6\times0.009=0.035$ となる。つまり，経済成長率は3.5%となる。

　　よって，正答は**4**である。

No.2 の解説　全要素生産性の成長率　　　　→問題はP.380　**正答4**

　　全要素生産性の成長率についての出題であるが，1人当たり変数を求めるため難易度がやや高くなっている。

STEP❶　マクロ生産関数の成長率表示への変形

　　問題文の（マクロ的な）生産関数を成長率に変形すると，

$$\frac{\Delta Y}{Y}=\frac{\Delta A}{A}+0.25\frac{\Delta K}{K}+0.75\frac{\Delta L}{L}\quad\cdots\cdots※$$

になる。なお，問題文より，$\frac{\Delta Y}{Y}=0.04$，$\frac{\Delta A}{A}=0.01$ である。

STEP❷　1人当たり資本ストックの変化率表示

　　1人当たり資本ストック量を $k=\frac{K}{L}$ と定義すると，この式の変化率は $\frac{\Delta k}{k}=\frac{\Delta K}{K}-\frac{\Delta L}{L}$ とできる。この式を $\frac{\Delta K}{K}=\frac{\Delta k}{k}+\frac{\Delta L}{L}$ と移項して，**STEP❶**の※式の $\frac{\Delta K}{K}$ に問題文の数値と合わせて代入すると，

$$0.04=0.01+0.25\left(\frac{\Delta k}{k}+\frac{\Delta L}{L}\right)+0.75\frac{\Delta L}{L}$$

$$0.03 = 0.25\frac{\Delta k}{k} + \frac{\Delta L}{L}$$

になるので，これを満たす組合せである**4**が正答となる。

No.3 の解説 新古典派経済成長理論 →問題はP.380　**正答3**

本問では（労働人口）1人当たりの産出量$\frac{Y}{L}$が問われているので，マクロ的生産関数$Y_t = K_t^{0.5}L_t^{0.5}$の両辺をLで割ることで，次のように，

$$\frac{Y}{L} = \frac{K^{0.5}L^{0.5}}{L} = \frac{K^{0.5}L^{0.5}}{L^{0.5}L^{0.5}} = \frac{K^{0.5}}{L^{0.5}} = \left(\frac{K}{L}\right)^{0.5}$$

1人当たり生産関数を求めておく。ここから，1人当たりの産出量$\frac{Y}{L}$を得るためには，1人当たりの資本$\frac{K}{L}$がわかればよいことになる。また，1人当たりの資本（資本労働比率）は定常状態の条件$\frac{s}{v} - d = n + \lambda$（$s$：貯蓄率，$v$：資本係数，$d$：資本減耗率，$\lambda$：技術進歩率）から求まる（**重要ポイント2(5)**参照）。なお，定常状態では時間を通じてマクロ変数は一定値にとどまるので，時間を表す下付添字tは省略する。

STEP❶ 資本係数の計算

経済成長の新古典派モデルは，理論上，1人当たりで分析するべきであるが，次のように，資本係数をマクロ生産関数のまま計算しても同じである。

$$v = \frac{\left(\dfrac{K}{L}\right)}{\left(\dfrac{Y}{L}\right)} = \frac{K}{Y}$$

したがって，分母のYにマクロ生産関数を代入すると，

$$v = \frac{K}{Y} = \frac{K}{K^{0.5}L^{0.5}} = \frac{K^{0.5}K^{0.5}}{K^{0.5}L^{0.5}} = \frac{K^{0.5}}{L^{0.5}} = \left(\frac{K}{L}\right)^{0.5}$$

と，資本係数を計算できる。

STEP❷ 定常状態の計算

定常状態の条件$\frac{s}{v} - d = n + \lambda$に，問題文の$s = 0.4$，$n = 0.02$，$d = \lambda = 0$および$v = \left(\frac{K}{L}\right)^{0.5}$を代入すると，

$$\frac{0.4}{\left(\dfrac{K}{L}\right)^{0.5}}-0=0.02+0$$

$$\left(\frac{K}{L}\right)^{0.5}=\frac{0.4}{0.02}=20$$

となる（なお，この式の両辺を2乗すれば，1人当たり資本を$\dfrac{K}{L}=400$と得る）。

STEP❸　1人当たりの産出量の計算

1人当たり生産関数にSTEP❷の結果を代入すれば，1人当たりの所得を，

$$\frac{Y}{L}=\left(\frac{K}{L}\right)^{0.5}=20$$

と得る。

よって，正答は**3**である。

No.4 の解説　**人的資本を含む経済成長モデル**　　　→問題はP.381　**正答4**

本問では資本と労働を分離するのではなく，労働も人的資本として広義の資本と理解している。これはAKモデルと呼ばれ，過去の出題例は多くないが，成長理論の出題が多い国家系の試験では今後も出題されるかもしれない。

また，問題文中では成長率を表すのに変化分を表す記号Δを用いていないが，これを用いたほうが計算しやすいので，変形できるようにしておいたほうがよい。

STEP❶　生産関数の成長率への変形

マクロ生産関数$Y_t=AK_t$の成長率をとると，

$$\frac{\Delta Y}{Y_t}=\frac{\Delta K}{K_t} \quad\cdots\cdots①$$

となる（Aは0.4で一定であるから変化しない）。問題文の経済成長率は，

$\dfrac{Y_{t+1}}{Y_t}-1=\dfrac{Y_{t+1}-Y_t}{Y_t}=\dfrac{\Delta Y}{Y_t}$と書き直せるので，これが求めたい経済成長率に当たる。

STEP❷　資本ストックの式の変形

問題文で与えられた資本ストックの式を投資の式に変形する。

$$K_{t+1}=(1-0.1)K_t+I_t$$
$$K_{t+1}-K_t=-0.1K_t+I_t$$
$$\Delta K_t=-0.1K_t+I_t$$
$$I_t=\Delta K_t+0.1K_t \quad\cdots\cdots②$$

ここでも，資本ストックの差分$K_{t+1}-K_t$を変化分ΔK_tに書き換えていること
に注意しよう。

STEP❸ 財市場均衡条件の利用

　財市場の均衡条件$Y_t=C_t+I_t$に，消費関数$C_t=0.6Y_t$および②式を代入する
と，

$$Y_t=0.6Y_t+\Delta K_t+0.1K_t$$
$$\Delta K_t=0.4Y_t-0.1K_t \quad \cdots\cdots③$$

になる。

STEP❹ 経済成長率の計算

　③式を経済成長率を表す①式に代入すると，

$$\frac{\Delta Y}{Y_t}=\frac{0.4Y_t-0.1K_t}{K_t}=0.4\frac{Y_t}{K_t}-0.1$$

になる。また，マクロ生産関数より$\dfrac{Y_t}{K_t}=A=0.4$であるから，これも代入す
ると，

$$\frac{\Delta Y}{Y_t}=0.4\times0.4-0.1=0.06$$

つまり，経済成長率として6%を得る。

　よって，正答は**4**である。

実戦問題 ❷   応用レベル

No.5 ソローモデルの枠組みで考える。t期の産出量をY_t、資本ストックをK_t、労働人口をL_tとすると、マクロ生産関数が以下のように示される。

$$Y_t = 0.2K_t^{\frac{1}{2}}L_t^{\frac{1}{2}}$$

また、労働人口は0.05の成長率で増加する。一方、資本ストックはt期の投資をI_tとすると、以下のように示される。

$$K_{t+1} = K_t + I_t$$

なお、資本減耗率はゼロとする。今、貯蓄率をsとすると、t期の投資I_tは以下のように示される。

$$I_t = sY_t \qquad (s > 0)$$

また、t期の消費C_tは以下のように示される。

$$C_t = (1 - s)Y_t$$

このとき、定常状態の労働人口1人当たりの消費を最大にする貯蓄率sの値はいくらか。 【国家一般職・令和4年度】

1　0.05

2　0.1

3　0.2

4　0.5

5　0.8

No.6 経済成長理論に関する次の記述として、妥当なのはどれか。

【地方上級（特別区）・令和元年度】

1　ハロッド=ドーマーの理論では、保証成長率が現実の成長率を上回る場合に、生産者は資本ストックが不足していると考え、投資を増加させるので、経済は拡大への傾向をたどるとする。

2　新古典派成長理論のAKモデルでは、生産量が資本投入量と労働投入量に依存し、資本と労働間の生産要素代替が可能であることを仮定して、生産要素の市場において価格の調整メカニズムが長期的に働き、経済成長率は逓減していくものになるとする。

3　ルーカスは、総生産量と労働生産性は長期間にわたって一定の率で成長、1人当たりの資本は持続的に増加、資本の収益率である利潤率はほぼ一定、資本産出比率は一定、総生産量と1人当たり労働生産性の成長率は各国間で異なる等の定型化された事実をまとめた。

4　内生的経済成長理論は、経済成長の源泉を外生的に与えられる技術進歩率に求めるのではなく、モデルに現れる内生変数の中に求めようとする考え方である。

5　内生的経済成長理論のソロー・モデルでは、資本の投入に関して資本の限界生

産性は逓減せず一定であるとし、長期的に、生産量は資本ストックの増加とともに比例的に増加していくことに特徴があるとする。

*＊＊

No.7 ソローの新古典派成長モデルを考える。生産関数はコブ=ダグラス型で、技術進歩が労働節約的であるとし、次のように示される。

$$Y_t = K_t^{\alpha}(A_t L_t)^{1-\alpha} \qquad (0 < \alpha < 1)$$

ここで、Y_t は t 期の産出量、K_t は t 期の資本、L_t は t 期の労働、A_t は t 期の労働の効率性である。財市場は毎期均衡しており、資本については減耗がないと仮定して、資本蓄積は、

$$K_{t+1} - K_t = sY_t$$

で与えられているものとする。ここで、s は貯蓄率である。

労働の効率性の上昇率が g、労働の成長率が n でそれぞれ一定であるとすると、定常状態における効率労働単位の産出量 $y_t = \dfrac{Y_t}{A_t L_t}$ はいくらか。

なお、g, n はそれぞれ十分に小さな正の値であり、$gn = 0$ と近似できることを利用して計算すること。　　　　　　　　　　　　　【国家総合職・令和4年度】

1 $\left(\dfrac{g+n}{s}\right)^{\frac{\alpha}{\alpha-1}}$

2 $\left(\dfrac{g+n}{s}\right)^{\frac{1}{\alpha-1}}$

3 $\left(\dfrac{n}{s}\right)^{\frac{\alpha}{\alpha-1}}$

4 $\left(\dfrac{1}{s+g}\right)^{\frac{\alpha}{\alpha-1}}$

5 $\left(\dfrac{1}{s+g}\right)^{\frac{1}{\alpha-1}}$

実戦問題❷の解説

→問題はP.386

No.5 の解説 資本蓄積の黄金律　　　　　　　　　　　　　　　**正答4**

　一般に，ソロー型の新古典派経済成長モデル（ソロー・モデル）では，貯蓄率は一定とされているが，貯蓄率が変化すると定常状態も変化する。そして，1人当たり消費を最大化するような貯蓄率の下での定常状態を与える条件を資本蓄積の黄金律という（**重要ポイント3参照**）。これも現状での出題頻度は低いが，今後の出題もありうる。

STEP❶　生産関数の1人当たり化

　ソロー・モデルに従って，生産関数を1人当たり化すると，

$$\frac{Y_t}{L_t} = \frac{0.2K_t^{\frac{1}{2}}L_t^{\frac{1}{2}}}{L_t} = 0.2\frac{K_t^{\frac{1}{2}}L_t^{\frac{1}{2}}}{L_t^{\frac{1}{2}}L_t^{\frac{1}{2}}} = 0.2\frac{K_t^{\frac{1}{2}}}{L_t^{\frac{1}{2}}} = 0.2\left(\frac{K_t}{L_t}\right)^{\frac{1}{2}} \quad \cdots\cdots①$$

となる。ここで，$\frac{Y_t}{L_t}=y_t$，$\frac{K_t}{L_t}=k_t$とおいて，1人当たり生産関数を，

$$y_t = 0.2k_t^{\frac{1}{2}} \quad \cdots\cdots①'$$

と表す。

STEP❷　定常状態の導出

　ソローの経済成長基本方程式（**重要ポイント2（2）参照**）は，

$$\Delta k = sy - nk \quad （n：労働人口増加率）\quad \cdots\cdots②$$

であるが，ここに$n=0.05$および①′式を代入し，定常状態として$\Delta k=0$とおくと，

$$0 = s \times 0.2k_t^{\frac{1}{2}} - 0.05k_t$$

$$s = \frac{0.05k_t}{0.2k_t^{\frac{1}{2}}}$$

$$= 0.25k_t^{\frac{1}{2}} \quad \cdots\cdots②'$$

を得る。

STEP❸　黄金律の適用

　1人当たり消費を最大にする条件（黄金律）は，資本の限界生産性と自然成長率が等しいことである。資本の限界生産性は①′式を微分することにより

$$\frac{dy_t}{dk_t} = \frac{1}{2} \times 0.2k_t^{\frac{1}{2}-1} = 0.1\frac{1}{k_t^{\frac{1}{2}}}$$

であり，自然成長率は労働人口成長率に等しいため，この条件は，

$$0.1\frac{1}{k_t^{\frac{1}{2}}} = 0.05$$

$$k_t^{\frac{1}{2}} = 2 \quad \cdots\cdots③$$

である。なお，技術進歩率が存在すれば，自然成長率は労働人口成長率＋技術進歩率となるが，本問では生産関数中の技術水準が0.2で一定であるために，技術進歩率は0である。

　③式を②′式に代入すれば，貯蓄率は，

$$s = 0.25 \times 2 = 0.5$$

と求められる。

よって，正答は**4**である。

【STEP❷の別解】

経済成長モデルの安定成長条件である保証成長率＝自然成長率（$\frac{s}{v}=n+\lambda$）を用いる。ここで，労働人口成長率 $n=0.05$，技術進歩率 $\lambda=0$（生産関数中の技術水準が0.2で一定であるために，技術進歩率は0である），資本係数 $v=$

$$\frac{K_t}{Y_t}=\frac{K_t}{0.2K_t^{\frac{1}{2}}L_t^{\frac{1}{2}}}=5\frac{K_t^{\frac{1}{2}}K_t^{\frac{1}{2}}}{K_t^{\frac{1}{2}}L_t^{\frac{1}{2}}}=5\frac{K_t^{\frac{1}{2}}}{L_t^{\frac{1}{2}}}=5\left(\frac{K_t}{L_t}\right)^{\frac{1}{2}}$$ を与えると，

$$\frac{s}{5\left(\frac{K_t}{L_t}\right)^{\frac{1}{2}}}=0.05+0 \quad\Leftrightarrow\quad s=0.25\left(\frac{K_t}{L_t}\right)^{\frac{1}{2}} \quad\cdots\cdots\text{②}''$$

を得る。ここで，$\frac{K_t}{L_t}=k_t$ とおくと②″式は②′式と同じものになる。なお，資本係数の計算を $v=\frac{k_t}{y_t}=\frac{k_t}{0.2k_t^{\frac{1}{2}}}$ のように1人当たり生産関数を用いても結果はまったく変わらない。

第5章 経済変動理論

No.6 の解説 経済成長理論の比較
→問題はP.386 **正答4**

ハロッド=ドーマー型経済成長理論，新古典派経済成長理論（ソロー・モデル）以後の経済成長理論の展開にも触れた出題である。現状では出題頻度はそれほど高くないので，概要を覚えておく程度でよい。

1✕ ハロッド=ドーマー理論では，現実成長率が低い場合，資本は過剰である。
保証成長率とは，投資によって蓄積された資本の完全稼働を保証するような成長率である。したがって，これが現実の成長率を上回っているということは，現実には資本が過剰で，完全稼働していないということである。なお，この場合，資本が過剰なために投資が抑制され，需要が減少するためにますます成長率が低下し，縮小の傾向をたどることになる（不安定性原理）。

2✕ AKモデルにおける資本Kは，人的資本を含めた広義の資本と定義される。
AKモデルは，マクロ生産関数を $Y=AK$ とおき，生産量Yを全要素生産性Aと広義の資本Kで説明するものである。したがって，資本と労働を代替するかどうかを問うことに意味はない。また，全要素生産性Aを一定とすれば，KとYは比例するから，Kを λ 倍すればYも λ 倍になり，規模に関して収穫一定である。つまり，経済成長率は必ずしも逓減しない。なお，このモデルはソロー=スワン型の典型的な新古典派経済成長モデルとは言い難い。

3✕ 「6つの定型化された事実」を主張したのはカルドアである。
経済成長に関する「6つの定型化された事実」に関しては**重要ポイント3**参照。なお，ルーカスは合理的期待形成学派の代表者の一人である。

4 ◎ 内生的経済成長理論は，経済成長をモデル内で決定しようとするものである。妥当である。その一例が**2**の*AK*モデルである。なお，経済成長理論におけるハロッド=ドーマーのモデルやソロー・モデルは，技術水準やその進歩率を外生的なものとしており，内生的経済成長理論とは区別される。

5 × ソロー・モデルは経済成長を内生的に決定するモデルではない。
4で触れたように，通常のソロー・モデルでは，技術進歩率を内生変数ではなく外生的に与えられるものとしている。また，通常のソロー・モデルでは，マクロ生産関数にコブ=ダグラス型を仮定するため，資本の限界生産性は逓減する。

No.7 の解説　資本蓄積の黄金律　→問題はP.387　**正答 1**

　本問は，新古典派経済成長理論の計算問題の中でも計算が面倒なものの一つである。ただし，この理論でよく用いる計算パターンの練習になる。

STEP❶　生産関数の効率労働単位化

　題意に沿って計算するため，通常は1人当たり化するマクロ生産関数を，次のように効率労働単位に変形しておく。

$$y_t = \frac{K_t^{\,\alpha}\,(A_t L_t)^{1-\alpha}}{A_t L_t} = \frac{K_t^{\,\alpha}}{(A_t L_t)^{\alpha}} = \left(\frac{K_t}{A_t L_t}\right)^{\alpha} = k_t^{\,\alpha} \quad \cdots\cdots ①$$

ここで，$k_t = \dfrac{K_t}{A_t L_t}$ としている。

STEP❷　定常状態の導出

　効率労働単位の資本k_tの変化が0になる定常状態を考える。k_tの変化率は，

$$\frac{\Delta k}{k_t} = \frac{\Delta K}{K_t} - \left(\frac{\Delta A}{A_t} + \frac{\Delta L}{L_t}\right) \quad \cdots\cdots ②$$

と近似できるが，右辺第1項については，分子は問題文より $\Delta K = K_{t+1} - K_t = sY_t$ であることから，

$$\frac{\Delta K}{K_t} = \frac{sY_t}{K_t} = \frac{\dfrac{sY_t}{A_t L_t}}{\dfrac{K_t}{A_t L_t}} = \frac{sy_t}{k_t}$$

となる。また，問題文より，右辺第2項のカッコ内は $\dfrac{\Delta A_t}{A_t} = g$，$\dfrac{\Delta L_t}{L_t} = n$ である。これらを②式に代入すれば，

$$\frac{\Delta k}{k_t} = \frac{sy_t}{k_t} - (g+n) \quad \cdots\cdots ③$$

になるので，分母を払えば，

$$\Delta k = sy_t - (g+n)k_t \quad \cdots\cdots ③'$$

を得る。ここで，定常状態を求めるために $\Delta k_t = 0$ とおけば，

$$s\frac{y_t}{k_t}=g+n \quad \cdots\cdots⑤$$

となるので，⑤式の y_t に①式を代入すれば，

$$s\frac{k_t^{\,a}}{k_t}=g+n$$

を得るので，これを整理すれば，

$$\frac{k_t^{\,a}}{k_t}=\frac{g+n}{s}$$

$$k_t^{\,a-1}=\frac{g+n}{s}$$

$$k_t=\left(\frac{g+n}{s}\right)^{\frac{1}{a-1}} \quad \cdots\cdots⑥$$

となる。

STEP❸　効率労働単位の産出量の計算

　　⑥式を①式に差し戻せば，

$$y_t=\left\{\left(\frac{g+n}{s}\right)^{\frac{1}{a-1}}\right\}^{a}=\left(\frac{g+n}{s}\right)^{\frac{a}{a-1}}$$

と，効率労働単位の産出量を得る。

　　よって，正答は **1** である。

【STEP❷の別解】

　　経済成長モデルの安定成長条件である保証成長率＝自然成長率 $\left(\frac{s}{v}\times n+\lambda\right)$

を用いる。ここで，労働人口成長率 n，技術進歩率 λ は g であり，資本係数は

$$v=\frac{K_t}{Y_t}=\frac{K_t^{\,a}K_t^{1-a}}{K_t^{\,a}(A_tL_t)^{1-a}}=\left(\frac{K_t}{A_tL_t}\right)^{1-a}=k_t^{1-a}$$ であるから，安定成長条件は，

$$\frac{s}{k_t^{1-a}}=n+g$$

$$k_t^{-(1-a)}s=n+g$$

$$k_t^{\,a-1}=\frac{n+g}{s}$$

$$k_t=\left(\frac{n+g}{s}\right)^{\frac{1}{a-1}}$$

となり，⑥式が求められる。

索 引

【英数字】

2段階アプローチ…………148
6つの定型化された事実
　　…………………………379
45度線分析…………………57
*AD-AS*分析………264，291
*AD*曲線……………………264
*AS*曲線……………………288
*BP*曲線……………………236
CGPI…………………………25
CPI…………………………25
DI……………………………20
GDE…………………………23
GDI…………………………23
GDP…………………………20
GDPギャップ………………58
GDPデフレーター…………24
GNI…………………………20
GNP…………………………21
*IAD*曲線…………………336
*IAS*曲線…………………336
*IS-LM*分析………………188
*IS*曲線……………………188
*IS*バランス式……………24
k％ルール………………215
*LM*曲線……………188，191
M1…………………………149
M2…………………………149
M3…………………………149
NDP…………………………20
NI……………………………20
NNI…………………………20
SNA…………………………20
*UV*曲線…………………318

【あ】

安全資産……………………148
安定成長……………………360

【い】

イールド・カーブ…………153

【一】

一般物価指数………………25
インカム・ゲイン…………152
インターバンク市場………148
インフレーション…………294
インフレ・ギャップ
　　……………………58，243
インフレ供給曲線…………336
インフレ需要曲線…………336

【う】

売りオペ……………………148

【え】

営業余剰…………………23，39

【お】

オークン（オーカン）の法則
　　…………………………318
オープン市場………………148

【か】

買いオペ……………………148
海外からの純要素所得受取
　　……………………20，22
海外需要…………………23，56
外国為替相場………148，234
外需…………………………23
懐妊期間……………………126
開放経済……………………57
拡張的財政政策
　　…………195，239，317
可処分所得…………………76
加速度原理…………………126
株式…………………………152
株式市場……………………148
貨幣ヴェール観……………168
貨幣錯覚……………………288
貨幣残高方程式……………168
貨幣市場……………148，168
貨幣需要の利子弾力性
　　……………………169，214

貨幣乗数……………………151
貨幣数量説…………………168
貨幣賃金率…………………286
貨幣の所得速度……………168
貨幣の流通速度……………168
カルドア……………………379
為替レート…………………235
間接金融……………………112
完全雇用国民所得…………58
完全予見……………………335
緩和的金融政策……195，240

【き】

企業物価指数………………25
危険資産……………………148
帰属計算……………………22
基礎消費……………………56
期待インフレ率……………315
キチンの波…………………362
キャピタル・ゲイン………152
均衡国民所得………57，74
均衡成長……………………360
銀行の銀行…………………148
均衡予算乗数定理…………77
均斉成長……………………377
金融資産市場………………148
金融収支……………………234
金融政策……………213，239
金利操作……………………149
金利平価説…………………244

【く】

空間的相対所得仮説………95
クズネッツ…………………94
クズネッツ型消費関数……94
クズネッツの波……………362
クラウディング・アウト
　　…………………………210

【け】

景気循環……………………362

経常収支 ……………………… 234
ケインジアン ………………… 8, 286
ケインズ ……… 56, 114, 148,
　　　　　　　 169, 282, 286
ケインズ型消費関数 …………… 94
減価償却 ……………………… 20
限界消費性向 ………………… 56
限界税率 ……………………… 78
限界の q …………………… 129
現金通貨 ……………………… 149
現実成長率 …………………… 359
衒示的消費 …………………… 95
建設国債原則 ………………… 210
建築循環 ……………………… 362

【こ】

公開市場操作 ………………… 148
広義流動性 …………………… 149
公債 …………………………… 210
公債の市中消化原則 ………… 211
恒常所得仮説 ………………… 95
構造的失業 …………………… 282
公的需要 ……………………… 56
購買力平価説 ………………… 244
効率市場仮説 ………………… 152
合理的期待形成学派 ………… 338
合理的期待形成仮説 ………… 335
コール市場 …………………… 148
国際資本移動 ………………… 235
国際収支表 …………………… 234
国内需要 …………………… 23, 56
国内所得 ……………………… 20
国内純生産 …………………… 20
国内総固定資本形成 ………… 23
国内総支出 …………………… 23
国内総所得 …………………… 23
国内総生産 …………………… 20
国富 …………………………… 21
国民経済計算体系 …………… 20
国民純所得 …………………… 20
国民所得 ……………………… 20

国民総所得 …………………… 20
コストプッシュ・インフレ
　　　　　　　　　　　…… 294
固定為替相場制 ……………… 235
固定資本減耗 ……………… 20, 22
古典派 ……………… 8, 163, 282
古典派の第一公準 …………… 283
古典派の第二公準 …………… 285
古典派の二分法 ……………… 168
雇用者報酬 ………………… 23, 39
コンドラチェフの波 ………… 362

【さ】

サービス収支 ………………… 234
債券 …………………………… 153
債券市場 ……………………… 148
在庫品増加 …………………… 23
在庫理論アプローチ ………… 172
最終需要 …………………… 22, 38
財政政策 ………………… 212, 240
裁定取引 ……………………… 151
サプライサイド学派 ………… 293
産業連関表 …………………… 38
産業連関分析 ………………… 39
産出増大型技術進歩 ………… 374
三面等価の原則 ……………… 20

【し】

時間的相対所得仮説 ………… 95
資産動機 ……………………… 170
支出面から見たGDP ………… 23
市場価格表示 ………………… 21
自然失業率 …………………… 316
自然失業率仮説 ……………… 315
自然成長率 …………………… 359
実質GDP ……………………… 24
自発的失業 …………………… 282
資本 …………………………… 112
資本移転等収支 ……………… 234
資本減耗 ……………………… 112
資本ストック調整原理 ……… 127

資本増大型技術進歩 ………… 374
資本蓄積の黄金律 …………… 378
習慣形成仮説 ………………… 95
修正版フィリップス曲線
　　　　　　　　　　　…… 315
ジュグラーの波 ……………… 362
主循環 ………………………… 362
需要不足失業 ………………… 282
純間接税 …………………… 20, 23
純輸出 ……………………… 23, 56
証券投資 ……………………… 234
小循環 ………………………… 362
乗数効果 ……………………… 74
消費者物価指数 ……………… 25
所得税率 ……………………… 78
ジョルゲンソン型投資関数
　　　　　　　　　　　…… 128
新貨幣数量説 ………………… 172
新古典派型投資関数 ………… 128
新古典派経済成長理論 ……… 374
信用乗数 ……………………… 150
信用創造 ……………………… 150
信用秩序維持政策 …………… 149

【す】

スタグフレーション ………… 294
ストック …………………… 21, 23

【せ】

静学的期待形成仮説 ………… 335
政策金利 ……………………… 149
政策割当論 …………………… 242
成長会計 ……………………… 374
政府最終消費支出 …………… 23
政府支出乗数 ……………… 74, 78
政府の銀行 …………………… 148
絶対所得仮説 ………………… 94
潜在国民所得 ………………… 58
潜在成長率 …………………… 359
全要素生産性の上昇率 …… 374

【そ】

総供給曲線 ……………………288
操作変数 ……………………148
総需要管理政策 ………………76
総需要曲線 …………………264
総需要・総供給分析
　 ………………………264，291
相対所得仮説 …………………94
租税 …………………………24
租税乗数 ………………76，78
ソロー＝スワン型モデル
　 ……………………………374
ソロー中立型技術進歩 ……374

【た】

第一次所得収支 ……………234
第二次所得収支 ……………234
短期消費関数 …………………94

【ち】

中央銀行 ……………………148
中間目標 ……………………148
長期金融市場 ………………148
長期消費関数 …………………94
長期波動 ……………………362
調整係数 ……………………127
直接金融 ……………………112
直接投資 ……………………234
貯蓄 …………………………24
貯蓄関数 ……………………97
貯蓄のパラドックス …………98

【て】

定額税 …………………76，78
ディマンドプル・インフレ
　 ……………………………294
適応的期待形成仮説 ………335
デフレ・ギャップ ……58，243
デモンストレーション効果
　 ……………………………95
デューゼンベリー ……………94

【と】

投機的動機 …………………169
投資 …………………………112
投資関数 ……………………115
投資効果曲線 ………………126
投資の限界効率曲線 ………114
投資の限界効率理論
　 …………………………114，116
投資の調整費用 ……………126
投資の二重性 ………127，361
投資の利子弾力性
　 ………………115，190，213
投入係数 ……………………39
トービン ………………96，129
トービンのq理論 …………129
取引動機 ……………………169

【な】

内需 …………………………23
内生的経済成長理論 ………379
ナイフ・エッジ原理 ………360

【に】

日本銀行 ……………………148
ニュー・ケインジアン ……319

【は】

パーシェ指数 …………………25
ハイパワード・マネー ……150
発券銀行 ……………………148
ハロッド中立型技術進歩
　 ……………………………374
ハロッド＝ドーマー型経済成
　 長理論 …………………358

【ひ】

ピグー効果 ………264，266
非自発的失業 ………………282
ヒックス中立的技術進歩
　 ……………………………374

ビルトイン・スタビライザー
　 ……………………………79

【ふ】

不安定性原理 ………………360
フィッシャーの交換方程式
　（数量方程式）……………168
フィッシャー方程式 ………267
フィッシャー効果 …………267
フィリップス曲線 …………316
封鎖経済 ……………………57
付加価値 ………20，22，38
不胎化政策 …………………240
物価版フィリップス曲線
　 ……………………………315
フリードマン
　 …………95，172，212，315
プルーデンス政策 …………149
フロー …………………21，23
フロート制 …………………235
分配面から見たGDP ………23

【へ】

平均消費性向 …………………94
平均のq ……………………129
閉鎖経済 ……………………57
ベヴァレッジ曲線 …………318
変動為替相場制 ……………235
ペンローズ曲線 ……………126

【ほ】

貿易収支 ……………………235
法定準備率操作 ……………149
保証成長率 …………………359
ポリシー・ミックス ………242
本源的預金 …………………150

【ま】

マーシャルのk ……………168
マクロ生産関数 ……………282
摩擦的失業 …………………282

マネーサプライ…………149
マネーストック…………149
マネタリー・ベース………150
マネタリスト………215, 288
マンデル=フレミング・モデル
　…………236, 238, 241

【み】
民間最終消費支出…………23
民間消費…………56
民間投資…………56

【む】
無限等比数列の和の公式…76

【め】
名目GDP…………24
メニュー・コスト理論……319

【も】
モディリアーニ…………96

【ゆ】
有効需要の原理…………56
輸出…………24, 56
輸入…………24, 56
輸入関数…………80

【よ】
要素費用表示…………20
預金通貨…………149
予備的動機…………169

【ら】
ライフサイクル仮説………96
ラスパイレス指数…………25
ラチェット効果…………94

【り】
利子率…………151

リスク・プレミアム・レート
　…………152
流動資産仮説…………96
流動性選好説…………169
流動性のわな
　…………170, 193, 212

【る】
ルーカス批判…………338

【れ】
レーガノミクス…………293
レオンチェフ型生産関数
　…………358

【ろ】
労働供給…………285
労働供給曲線…………288
労働需要…………283
労働需要曲線…………288
労働増大型技術進歩……374
労働の限界生産性…………282

【わ】
割引現在価値…………113
ワルラス法則…………148

索引

●**本書の内容に関するお問合せについて**

『新スーパー過去問ゼミ』シリーズに関するお知らせ，また追補・訂正情報がある場合は，小社ブックスサイト (books.jitsumu.co.jp) に掲載します。サイト中の本書ページに正誤表・訂正表がない場合や訂正表に該当箇所が掲載されていない場合は，書名，発行年月日，お客様の名前・連絡先，該当箇所のページ番号と具体的な誤りの内容・理由等をご記入のうえ，郵便，FAX，メールにてお問合せください。

〒163-8671　東京都新宿区新宿 1-1-12　実務教育出版　第二編集部問合せ窓口
FAX：03-5369-2237　　　　E-mail：jitsumu_2hen@jitsumu.co.jp

【ご注意】
※電話でのお問合せは，一切受け付けておりません。
※内容の正誤以外のお問合せ (詳しい解説・受験指導のご要望等) には対応できません。

公務員試験
新スーパー過去問ゼミ7　マクロ経済学

2023年10月31日　初版第1刷発行　　　　　　　　　　　　〈検印省略〉
2024年 5月15日　初版第2刷発行

編　者　資格試験研究会
発行者　淺井　亨

発行所　株式会社 実務教育出版
　　　　〒163-8671　東京都新宿区新宿1-1-12
　　　　☎ 編集　03-3355-1812　　販売　03-3355-1951
　　　　振替　00160-0-78270

組　版　編集室クルー
印　刷　図書印刷
製　本　ブックアート

［公務員受験BOOKS］

実務教育出版では、公務員試験の基礎固めから実戦演習にまで役に立つさまざまな入門書や問題集をご用意しています。

過去問を徹底分析して出題ポイントをピックアップするとともに、すばやく正確に解くためのテクニックを伝授します。あなたの学習計画に適した書籍を、ぜひご活用ください。

なお、各書籍の詳細については、弊社のブックスサイトをご覧ください。

https://www.jitsumu.co.jp

人気試験の入門書

何から始めたらよいのかわからない人でも、どんな試験が行われるのか、どんな問題が出るのか、どんな学習が有効なのかが1冊でわかる入門ガイドです。「過去問模試」は実際に出題された過去問でつくられているので、時間を計って解けば公務員試験をリアルに体験できます。

★「公務員試験早わかりブック」シリーズ ［年度版］※●資格試験研究会編

地方上級試験 早わかりブック

市役所試験 早わかりブック

警察官試験 早わかりブック

消防官試験 早わかりブック

社会人 が受けられる **公務員試験** 早わかりブック

高校卒 で受けられる **公務員試験** 早わかりブック
［国家一般職（高卒）・地方初級・市役所初級等］

公務員試験で出る **SPI・SCOA** 早わかり問題集
※本書のみ非年度版●定価1430円

公務員試験 **職務基礎力試験 BEST**
早わかり予想問題集

過去問正文化問題集

問題にダイレクトに書き込みを加え、誤りの部分を赤字で直して正しい文にする「正文化」という勉強法をサポートする問題集です。完全な見開き展開で書き込みスペースも豊富なので、学習の能率アップが図れます。さらに赤字が消えるセルシートを使えば、問題演習もバッチリ！

★上・中級公務員試験「過去問ダイレクトナビ」シリーズ

過去問ダイレクトナビ **政治・経済**
資格試験研究会編●定価1430円

過去問ダイレクトナビ **日本史**
資格試験研究会編●定価1430円

過去問ダイレクトナビ **世界史**
資格試験研究会編●定価1430円

過去問ダイレクトナビ **地理**
資格試験研究会編●定価1430円

過去問ダイレクトナビ **物理・化学**
資格試験研究会編●定価1430円

過去問ダイレクトナビ **生物・地学**
資格試験研究会編●定価1430円

一般知能分野を学ぶ

一般知能分野の問題は一見複雑に見えますが、実際にはいくつかの出題パターンがあり、それに対する解法パターンが存在しています。基礎から学べるテキスト、解説が詳しい初学者向けの問題集、実戦的なテクニック集などで、さまざまな問題に取り組んでみましょう。

標準 判断推理 ［改訂版］
田辺 勉著●定価2310円

標準 数的推理 ［改訂版］
田辺 勉著●定価2200円

判断推理がわかる！新・解法の玉手箱
資格試験研究会編●定価1760円

数的推理がわかる！新・解法の玉手箱
資格試験研究会編●定価1760円

判断推理 必殺の解法パターン ［改訂第2版］
鈴木清士著●定価1320円

数的推理 光速の解法テクニック ［改訂版］
鈴木清士著●定価1175円

文章理解 すぐ解ける〈直感ルール〉ブック
［改訂版］ 瀧口雅仁著●定価1980円

公務員試験 **無敵の文章理解メソッド**
鈴木鋭智著●定価1540円

年度版の書籍については、当社ホームページで価格をご確認ください。https://www.jitsumu.co.jp/

地方上級／国家総合職・一般職・専門職試験に対応した過去問演習書の決定版が、さらにパワーアップ！　最新の出題傾向に沿った問題を多数収録し、選択肢の一つひとつまでを検証して正誤のポイントを解説。強化したい科目に合わせて徹底的に演習できる問題集シリーズです。

★公務員試験「新スーパー過去問ゼミ7」シリーズ

◎教養分野
資格試験研究会編●定価1980円

新スーパー過去問ゼミ7 **社会科学** [政治／経済／社会]	新スーパー過去問ゼミ7 **人文科学** [日本史／世界史／地理／思想／文学・芸術]
新スーパー過去問ゼミ7 **自然科学** [物理／化学／生物／地学／数学]	新スーパー過去問ゼミ7 **判断推理**
新スーパー過去問ゼミ7 **数的推理**	新スーパー過去問ゼミ7 **文章理解・資料解釈**

◎専門分野
資格試験研究会編●定価1980円

新スーパー過去問ゼミ7 **憲法**	新スーパー過去問ゼミ7 **行政法**
新スーパー過去問ゼミ7 **民法Ⅰ** [総則／物権／担保物権]	新スーパー過去問ゼミ7 **民法Ⅱ** [債権総論・各論／家族法]
新スーパー過去問ゼミ7 **刑法**	新スーパー過去問ゼミ7 **労働法**
新スーパー過去問ゼミ7 **政治学**	新スーパー過去問ゼミ7 **行政学**
新スーパー過去問ゼミ7 **社会学**	新スーパー過去問ゼミ7 **国際関係**
新スーパー過去問ゼミ7 **ミクロ経済学**	新スーパー過去問ゼミ7 **マクロ経済学**
新スーパー過去問ゼミ7 **財政学**	新スーパー過去問ゼミ7 **経営学**
新スーパー過去問ゼミ7 **会計学** [択一式／記述式]	新スーパー過去問ゼミ7 **教育学・心理学**

受験生の定番「新スーパー過去問ゼミ」シリーズの警察官・消防官（消防士）試験版です。大学卒業程度の警察官・消防官試験と問題のレベルが近い市役所（上級）・地方中級試験対策としても役に立ちます。

★大卒程度「警察官・消防官 新スーパー過去問ゼミ」シリーズ

資格試験研究会編●定価1650円

警察官・消防官 新スーパー過去問ゼミ **社会科学** [改訂第3版] [政治／経済／社会・時事]	警察官・消防官 新スーパー過去問ゼミ **人文科学** [改訂第3版] [日本史／世界史／地理／思想／文学・芸術／国語]
警察官・消防官 新スーパー過去問ゼミ **自然科学** [改訂第3版] [数学／物理／化学／生物／地学]	警察官・消防官 新スーパー過去問ゼミ **判断推理** [改訂第3版]
警察官・消防官 新スーパー過去問ゼミ **数的推理** [改訂第3版]	警察官・消防官 新スーパー過去問ゼミ **文章理解・資料解釈** [改訂第3版]

一般知識分野の要点整理集のシリーズです。覚えるべき項目は、付録の「暗記用赤シート」で隠すことができるので、効率よく学習できます。「新スーパー過去問ゼミ」シリーズに準拠したテーマ構成になっているので、「スー過去」との相性もバッチリです。

★上・中級公務員試験「新・光速マスター」シリーズ

資格試験研究会編●定価1320円

新・光速マスター **社会科学** [改訂第2版] [政治／経済／社会]	新・光速マスター **人文科学** [改訂第2版] [日本史／世界史／地理／思想／文学・芸術]
新・光速マスター **自然科学** [改訂第2版] [物理／化学／生物／地学／数学]	

過去問演習を通して実戦力を養成

要点整理＋理解度チェック